KB058250

붉은 백합의 도시, 피렌체

여행자를 위한 인문학

붉은 백합의 도시, 피렌체

글 · 김상근 │ 사진 · 김도근 │ 번역 · 하인후

시공사

일러두기
- 본문에 삽입된 사진이나 그림의 저작권은 442쪽 '그림 출처'에 따로 명기하였습니다.
- 마키아벨리 《피렌체사》에서 인용된 부분은 모두 하인후가 번역하였습니다.

"어떤 폭력으로도 굴복시킬 수 없고,
어떤 이익으로도 대체할 수 없으며,
아무리 긴 시간이 지나도 소멸하지 않는 자유라는 이름이
얼마나 강력한 것인지 생각해보셨습니까?"
_마키아벨리《피렌체사》2권 34장

차례

피렌체,
피에 젖은 한 송이 백합

아름다운 꽃은 꺾지 않는다. 꺾은 꽃은 버리지 않는다. 버린 꽃은 다시 줍지 않는다. 이것들은 내 삶의 신조였다. 내가 인연을 맺는 방식이자, 바람직한 관계를 위한 다짐이기도 했다.

먼저, 아름다운 꽃은 꺾지 말아야 한다. 어떤 대상과 관계를 맺을 때, 우선 적절한 거리를 유지하겠다는 다짐이었다. 너무 가까이 다가가면 위험하다. 그 대상이 사람이든, 생각이든, 심지어 장소라 할지라도, 나는 우선 적당한 거리를 두고 관찰하는 것이 좋다. 때로는 소유하는 것보다 그저 바라만 보는 것이 더 큰 기쁨을 준다. 관계의 지나침은 식상함으로 가는 지름길이다. 두 번째 신조, 꺾은 꽃은 버리지 않는다. 좋든 싫든 일단 인연을 맺고 난 후 반드시 지켜야 할 인간의 도리를 말한다. 상대의 아픔까지 수용해야만 관계가 무책임해지지 않고 완전해지는 법이다. 그래서 꽃을 한번 꺾었다면 절대로 버리지 말아야 한다(영민한 독자들은 이 대목에서 내가 30년이 넘도록 결혼 생활을 잘 유지하고 있는 비결을 알게 되었을 것이다). 마지막 신조, 버린 꽃은 다시 줍지 않는다. 관계가 청산되었을 때 뒤를 돌아보며 머뭇거리지 않고 새 길을 찾아나서는 미래지향적인 결단을 말한다. 한번 흘러간 물로는 물레방아를 다시 돌리지 못한다. 끝난 인연이라면 깨끗이 잊어야 한다. 그래야만 새로운 대상이 시야에 들어오고 우리의 관점도 미래로, 새로운 사람으로, 더 아름다운 꽃으로 한 걸음 다가갈 수 있게 된다.

이것들이 내가 지키고 싶었던 삶의 준칙이었다. 이 준칙을 사랑에 도입하자면, 함부로 사랑에 빠지지 말아야 한다는 말이 된다. 달콤함은 물리기 쉬운 맛이니, 아무리 사랑이 달콤하다고 해도 날카로운 첫 키스의 추억은 영원히 지속될 수는 없다. 그런데 나는 피렌체라는 아름다운 도시와 너무 쉽게, 단 한 번의 만남으로, 치명적인 사랑에 빠지고 말았다. 모든 첫사랑이 그렇듯이, 나는 피렌체를 사랑한 것이 아니라, 피렌체를 사랑하는 나 자신을 사랑했는지 모른다. 내가 사랑한 것은 그대였을까, 그때였을까?

로미오는 줄리엣을 사랑한 것이 아니다. 그저 또래 청소년들처럼 내분비계 호르몬 분비가 왕성했을 뿐이다. 로미오는 줄리엣을 처음 본 순간, 단숨에 사랑에 빠졌다. 꺾지 말아야 할 아름다운 꽃을 단번에 꺾어버린 것이다. 그것은 사랑의 호르몬이 과도하게 분비되어 초래된, 거의 광기에 가까운 행동이었다. 셰익스피어가 쓴 〈로미오와 줄리엣〉을 자세히 읽어보라. 로미오는 줄리엣을 만나기 전에 로절린이라는 여성을 목숨까지 바칠 정도로 사랑하고 있었다. 로미오가 로절린에게 빠져 몽유병 환자처럼 숲을 헤매고 다녀서, 사촌들이 "사랑에 미친 놈"이라고 놀려대는 장면이 나온다.[1] 그러다가 우연히 줄리엣을 만난 것이다. 그리고 사랑에 빠졌다. 사촌들은 혀를 찬다. 로절린이 좋다고 할 때는 언제고, 갑자기 줄리엣과 사랑에 빠졌다고? 그렇다. 로미오는 가슴으로 사랑한 게 아니라, 눈으로 사랑한 것이다.[2] 줄리엣의 아름다운 외모에 정신줄을 놓아버린 한 청년의 무모한 사랑이었다.

붉은 백합의 도시, 피렌체

나도 그랬다. 줄리엣을 처음 본 로미오처럼, 처음 본 피렌체에 내 마음을 송두리째 빼앗기고 말았다. 꽃의 도시, 피렌체! 만약 내가 그때 제정신이었다면, 그 아름다운 꽃을 꺾지 않았을 것이다. 그저 바라만 보며 그 아름다운 도시를 사랑했을지 모른다. 그러나 무모한 사랑이 언제나 무모한 고백으로 이어지게 마련이듯, 나는 서둘러 아름다운 피렌체를 향한 고백을 책으로 찍어내기 시작했다. 세상의 모든 연애편지가 그러하듯이, 성급한 사랑에 빠져 쓴 내 책들은 모두 어설픈 사랑 고백으로 채워졌다.

2010년, 첫사랑을 고백하는 사람처럼 서둘러 《천재들의 도시 피렌체》를 썼다. 내가 쓴 피렌체 3부작의 첫 번째 책이었다. 아마 피렌체를 본격적으로 소개하는 첫 번째 책이었을 것이다. SBS가 이 책의 내용을 바탕으로 특별 다큐멘터리를 제작해서 SBS스페셜 3부작 〈천재들의 도시 피렌체〉라는 제목으로 방영하기도 했다(시청률은 낮았지만). 이듬해에는 메디치 가문의 이야기를 담은 《사람의 마음을 얻는 법》을 출간했다. 이 책은 2011년, 삼성경제연구소(현 삼성글로벌리서치)가 매년 발표하는 'SERI CEO 여름휴가 추천도서'로 선정되어 순식간에 베스트셀러가 되었다. 책을 쓰고 돈을 벌 수 있다는 사실을 그때 처음 알게 되었는데, 아쉽게도 그런 일은 다시 일어나지 않았다. 피렌체 3부작의 마지막 책은 2013년에 출간된 《마키아벨리: 세상에서 가장 위험한 현자》였다. 그러나 지금 돌이켜 생각하면 이 모든 것들이 무모하고 성급한 사랑의 고백이었던 것 같다. 사랑에 빠진 모든 사람이 그러하듯이, 나도 피렌체를 잘 알지 못하는 상태에서 그 꽃의 도시와 사랑에 빠졌고 섣부른 고백을 읊조렸으니, 지금 남은 것은 후회와 부끄러움이다. 피렌체란 아름다운 꽃은 처음부터 꺾지 말았어야 했다.

그나마 내가 계속해서 피렌체에 대한 사랑 고백을 이어간 이유는 '꺾은 꽃은 버리지 않는다'라는 두 번째 준칙을 지키고 싶었기 때문이었다. 사랑 고백을 계속하다 보면 진짜 사랑을 하게 되지 않을까? 벼락같은 사랑도 있지만, 봄비 같은 사랑도 있으니 가랑비에 옷이 젖듯, 사랑 고백을 계속하다 보면 어떻게든 되겠지. 그러나 꺾은 꽃은 결국 시든다는 것이 늘 문제다. 시든 꽃을 고이 말려서 형태를 보존한다고 해도 꽃의 향기까지 보존할 수는 없는 노릇이다. 피렌체도 그랬다. 꽃의 도시 피렌체를 방문하는 횟수가 늘어나자 점차 첫사랑의 감격이 줄어들었다. 처음 그 도시를 방문했을 때 그렇게 넓어 보였던 시뇨리아 광장이, 이제는 유럽 여느 도시에서 볼 수 있는 작은 도심 광장 크기로 느껴졌다. 전방의 보초처럼 눈을 부라리면서 산타 크로체 성당Basilica di Santa Croce에 서 있는 거대한 단테Dante Alighieri(1265~1321년 추정) 동상도 점점 작게 보였다.

로마와 베네치아에 대해 제법 두둑한 인문 여행기를 집필하면서 피렌체에 대한 마음의 거리가 잠시 멀어진 영향도 있었다. 피렌체가 섬세하고 여성적인 도시라면, 로마는 강인하고 남성적인 제국이다. 피렌체가 흔들리지 않고 굳건하게 버티는 육지의 도시라면, 베네치아는 파도에 감미롭게 넘실대는 바다의 도시다. 로절린을 가슴 절절히 사랑했지만 줄리엣이라는 새 연인을 만난 로미오처럼, 나는 로마와 베네치아의 아름다움에 잠시 눈이 멀었다.

피렌체와 조금 멀어진 것은 단지 내가 잠시 딴 도시와 바람났기 때문만은 아니었다. 내 생각 속 피렌체가, 상상으로 만든 가공의 도시, 그러니까 현실이 아닌 막연한 유토피아의 도시로 잘못 해석되었을지도 모른다는 의구심이 들었기 때문이기도 하다. 내가 지금까지 성급하게 묘사하고 설명했던 피렌체가 사실은 다른 모습을 가진 도시일지 모른다는 생각이 들었다. 중세의 암흑을 걷어낸 르네상스의 도시, 피렌체! 레오나르도 다 빈

붉은 백합의 도시, 피렌체

치Leonardo da Vinci와 미켈란젤로 부오나로티Michelangelo Buonarroti를 배출한 천재들의 도시! 습관처럼 사용하는 이 문장에 오류가 있는 것은 아닐까?

사실 역사의 흐름으로 볼 때 중세에서 바로 르네상스 시대로 발전한 것은 아니다. 두 시대 사이에는 엄연한 역사적 간격이 존재했다. 중세 시대와 르네상스 시대 사이에는 유럽 대학의 태동, 십자군 운동, 흑사병의 창궐, 프랑스와 영국이 맞붙은 100년 전쟁 등 중요한 역사적 사건이 연달아 발생했다. 르네상스 시기의 '밝은 빛' 때문에 중세의 '어둠'이 사라졌다는 말도 역사의 전개 과정을 너무 단순하게, 인과론적으로 표현한 것이다. 피렌체의 천재성을 대표하는 단테와 미켈란젤로의 시대적 간격을 살펴보는 것만으로도 이 사실을 쉽게 확인할 수 있다.

피렌체가 중세 시대의 천재인 단테와 르네상스 시대의 천재인 미켈란젤로를 모두 배출했다는 것은, 피렌체를 단순히 한 시대의 특징으로 규정할 수 없다는 뜻이다. 피렌체의 비밀은 '르네상스의 고향'처럼 어떤 시대의 특징으로 규정될 수 없고, 원래 피렌체가 가지고 있는 내밀한 특징으로 해석되어야 한다. 피렌체에는 독특한 "마음의 습관Habit of the Heart"이 있었다는 말이다.[3] 피렌체를 피렌체답게 만든 것은 르네상스라는 한 시대의 문화 현상이 아니라, 이미 피렌체 사람들의 내면에 존재하고 있던 "마음의 습관"이다.

그렇다면 어떻게 피렌체는 중세의 단테와 르네상스의 미켈란젤로를 동시에 배출한 것일까? 사망 연도로만 따지면, 단테(1321년 사망)와 미켈란젤로(1564년 사망) 사이에는 무려 243년의 간격이 존재한다. 영국의 식민지였던 아메리카가 영국으로부터 독립을 선언한 1776년부터 오늘까지 걸린 시간과 얼추 같다. 한 나라가 건국에서부터 세계를 지배하는 초강대국으로 성장할 때까지의 시간만큼이나 단테와 미켈란젤로의 역사적 간격은 멀기만 하다. 이런 두 인물과 두 시대의 엄청난 간격을 하나로 만들어버리는 피렌체의 "마음의 습관"이란 무엇이었을까? 이것을 파악하지 못한다면, 우리는 피렌체를 계속 오해하게 될 것이다.

피렌체와 맺은 첫사랑으로 돌아가다

피렌체라는 옛 연인의 진짜 속마음이 궁금했던 내게, 이 도시와의 질긴 인연을 다시 연결해준 작은 사건이 있었다. 2020년 봄, 아주 흥미로운 이메일을 받았다. 일면식도 없는 하인후라는 분이 내게 대뜸, 마키아벨리Niccolò Machiavelli (1469~1527년)의 《피렌체사Istorie fiorentine》 번역본을 출간하고 싶은데 도와달라는 것이었다. 마키아벨리가 남긴 필생의 역작을 어렵게 번역했는데 어느 출판사에서도 원고를 받아주지 않는다는 하소연과 함께, 초역한 원고를 내게 보내 왔다. 아마 하인후 선생이 내게 그런 부탁을 한 이유는, 내가 2013년 마키아벨리 《군주론Il Principe》 집필 500주년 학술 행사에서 논문 발표를 한 인연으로 살림출판사를 통해 마키아벨리의 저작 중 하나인 《카스트루초 카스트라카니의 생애Vita di Castruccio Castracani》의 출간을 도운 적이 있기 때문인 것 같았다.

사실 마키아벨리의 《피렌체사》는 나도 번역을 시도한 적이 있었다. 십여 년 전에, 지금은 세종대학교에 재직 중인 김현섭 박사가 연세대학교 대학원생이었을 때 함께 초역을 진행하다가 중단한 책이었다. 나 역시 출판사들로부터 출간을 거절당한 경험이 있기에 하인후 선생에게 동병상련의 마음을 갖게 되었다. 서점에 가면 정말 쓰레기 같은 책들도 매대를 떡하니 차지하고 있는데, 마키아벨리의 생애 마지막 역작이 출간되지 못하는 한국의 출판 현실이 야속하게만 느껴졌다.

어쨌든 나는 하인후 선생이 공들여 번역을 마친 마키아벨리의 《피렌체사》를 읽게 되었고, 마키아벨리의 천재성에 다시 한 번 놀랐다. 그의 책은 내가 피렌체에 대해 품고 있던 의구심을 해소해줄 해답의 실마리를 제시하고 있었다! 마키아벨리는 이 책을 통해 피렌체가 단순히 르네상스의 도시가 아니라 고유한 "마음의 습관"을 가지고 있는 도시임을 성공적으로 증명하고 있었다.

나는 언제나 피렌체의 3대 천재로 단테, 미켈란젤로, 마키아벨리를 지목해왔다. 다들 레오나르도 다 빈치를 천재라고 말하는데, 실상을 잘 모르고 하는 말이다. 그는 거의 내쫓기다시피 고향 피렌체를 떠나야만 했다. 그러고는 밀라노, 베네치아, 로마 등 타지를 전전하다가 결국 프랑스에서 죽었다. 물론 단테도 피렌체에서 쫓겨난 신세이지만, 피렌체의 산타 크로체 성당에 가보라. 그의 가묘가 '위대한 시인'의 귀향을 지금도 기다리고 있다. 레오나르도 다 빈치의 가묘는 피렌체의 성당 어디에도 없다. 천재들의 도시 피렌체는 그의 귀향을 바라지 않는다. 제발 그를 천재라고 부르지 마시라. 그가 그린 〈모나리자〉는 명작이 아니라, 파리 루브르 박물관의 마케팅 전략의 산물이자 어느 피렌체 여성의 평범한 초상화일 뿐이다. 피렌체는 천재들의 도시이고, 그 천재들은 대부분 산타 크로체 성당에 안치되어 있다. 단테의 가묘와 미켈란젤로의 영묘, 그리고 이 두 천재가 피렌체에 동시에 존재할 수밖에 없었던 이유를 밝힌 또 다른 천재 마키아벨리의 영묘가 모두 산타 크로체 성당에 일렬로 안치되어 있다.

하인후 선생에게 역으로 제안했다. 시공사에서 내가 연작으로 출간하고 있는 '여행자를 위한 인문학' 시리즈의 피렌체 편에 마키아벨리의 《피렌체사》를 소개하자는 것이었다. 그렇게나마 이 안타까운 원고를 살려보고 싶었다. 이런 명작을 번역했는데 출간할 수 없는 사정도 안타깝지만, 그렇다고 출판사에게 무조건 금전적인 손해를 감수하고 수백 쪽짜리 학술 고전을 출간하자고 요구할 수도 없는 노릇이었다. 이런 저간의 사정에 대한 공동의 이해를 바탕으로 이번 책이 탄생하게 된 것이다. '버린 꽃은 다시 줍지 않는다'는 것이 내 삶의 중요한 신조였는데, 이런 인연으로 나는 다시 첫사랑의 도시 피렌체로 돌아가게 되었다.

이 책은 나와 독자들이 함께 떠나는 피렌체와의 이별 여행이 될 것이다. 이제부터 우리는 눈으로 피렌체와 사랑을 나누는 것이 아니라 마음으로 사랑을 나누게 될 것이다. 피렌체라는 도시의 아름다움에 현혹되지 않고, 차분히 그 도시의 가슴속을 들여다볼 것이다. 나도 이제 눈이 아니라 마음으로 사랑할 나이가 되었다.

피렌체 가이드, 마키아벨리를 소개합니다

이탈리아 여행에는 현지 가이드의 도움이 꼭 필요하다. 일관성보다 즉흥성을 선호하는 이탈리아에서 여행자들은 당혹스러운 일을 자주 겪는다. '기술보다 예술이, 실력보다 매력이, 품격보다 파격이' 가치의 상위를 차지하는 곳이 이탈리아다. 예상치 못한 일을 만나 낭패를 당하는 경우가 많기에 우리를 이탈리아인들의 변덕으로부터 보호해줄 현지 가이드가 필요하다.

나는 피렌체에서 태어나서 피렌체에서 최고의 주가를 올리다가 피렌체에서 죽은 마키아벨리에게 가이드를 맡아달라고 요청했다. 니콜로 마키아벨리! 산타 크로체 성당의 영묘에 새겨져 있는 짧은 묘비명이 증언하듯이, "어떤 이름도 그보다 뛰어나지 않다TANTO NOMINI NVLLVM PAR

ELOGIVM."**4** 피렌체의 아들로 태어나 피렌체의 최고 공직에 올랐으며, 《피렌체사》를 집필한 마키아벨리보다 더 뛰어난 자질을 가진 현지 가이드가 있을까?

혹여 이미 500여 년 전에 죽은 사람이 어떻게 우리 가이드가 될 수 있느냐고 분위기 깨는 질문을 하시는 독자가 있다면, 이런 일은 피렌체에서 심심치 않게 일어난다는 사실을 강조하고 싶다. 《신곡La Divina Comme-dia》이라는 뛰어난 문학 작품으로 중세의 암흑을 걷어냈던 단테도 지옥과 연옥을 여행할 때 오래전에 죽은 사람을 가이드로 고용했다. 단테가 고용했던 가이드는 그보다 무려 1,300여 년이나 앞서 살았던 로마의 시인 베르길리우스Vergilius(기원전 70~19년)다. 피렌체 사람들의 상상력은 시간의 차이를 가볍게 뛰어넘는다. 그러니 우리도 상상력을 발휘하여 500년도 더 전의 인물인 마키아벨리를 가이드로 고용하고 피렌체와의 이별 여행을 시작해보자. 그가 우리 여행을 멋지게 인도할 것이다. 그는 요리조리 굽어진 피렌체의 좁은 골목길에서도 길을 잃는 법이 없다. 피렌체에서 태어나, 격동의 역사가 펼쳐지던 피렌체에서 외교와 군사 업무를 총괄했던 제2서기장Secondo Cancelliere 마키아벨리는**5** 가이드북 몇 권 읽고 얻은 얄팍한 지식을 녹음기처럼 틀어대는 가이드와는 차원이 다른 이야기를 들려줄 것이다.

우리의 가이드 마키아벨리의 전공은 르네상스가 아니다. 예술을 전공하지 않았다. 그는 15세기 피렌체 르네상스의 3대 천재였던 마사초Masac-cio(회화), 필리포 브루넬레스키Filippo Brunelleschi(건축), 도나텔로Donatello(조각)에 대해 침묵을 지킨다. 레오나르도 다 빈치나 미켈란젤로에 대해서도 아무런 언급이 없다. 대신 그가 우리에게 들려줄 피렌체 이야기는 피렌체 사람들의 일상이다. 한 조각 빵을 얻기 위해 부자들의 밥상 밑에 앉아 있었던 가난한 사람들의 이야기, 넘쳐나는 부를 주체하지 못했지만 어떻게든 세금을 적게 내려고 온갖 꼼수를 부렸던 귀족들의 이야기, 죽어도 귀족들의 지배를 받지 않겠다고 절규했던 평민들의 이야기, 질투와 배신으로 마음에 상처를 입은 사람들이 그 분노를 다른 사람들에게 쏟아내다가 결국 자신이 망가지는 이야기 등이 적나라하게 펼쳐질 것이다.

이 책은 우리의 일상을 다룬다. 권력, 분노, 배신, 아첨, 보복의 이야기다. 한번 생각해보자. 우리는 김환기, 이우환, 박서보, 김창렬, 이대원 같은 화가들에 대해 들어보기는 했지만, 그들의 예술 세계에 대해서 잘 모른다. 일부 수집가나 전문가, 학자 정도가 그들의 예술 세계와 미학을 이해한다. 일반 대중은 그 작가들의 그림이 다들 아름답다고 하고, 또 엄청난 고가에 팔리니 그들의 이름을 어렴풋이 기억할 뿐이다. 피렌체 사람들의 "마음의 습관" 속에 박혀, 가이드 마키아벨리의 입을 통해 우리에게 소개되는 주인공들은 레오나르도 다 빈치나 미켈란젤로가 아니다. 피렌체 사람들은 이들의 예술 세계 속이 아니라 냉혹한 현실 속에 살았다. 어느 가문이 권력을 잡고 부자가 되었는지, 왜 어떤 집안의 자식은 태어나면서부터 금수저인데 내 입에는 흙수저는 고사하고 재갈이 물려 있는지 고민하고 좌절하고 분노했다.

산티 디 티토Santi di Tito가 그린 〈마키아벨리의 초상화〉. 시뇨리아 정청Palazzo della Signoria 안에 있는 마키아벨리의 집무실에 걸려 있다.

우리는 2인자들도 기억한다. 박정희 시대의 김종필을, 전두환 시대의 노태우를, 노무현 시대의 문재인을. 피렌체 시민들도 그랬다. 그들의 "마음의 습관" 속에는 메디치 가문이나 종신 곤팔로니에레Gonfaloniere(공화국의 우두머리 행정관)였던 피에로 소데리니Piero Soderini(1451~1522년)만 있었던 것이 아니다. 도나티Donati, 바르디Bardi, 피티Pitti, 알비치Albizzi, 알베르티Alberti, 스트로치Strozzi, 파치Pazzi, 토르나부오니Tornabuoni 가문 등 수많은 2인자들의 이름이 있었다. 이들은 낮에는 1인자들의 집무실에서 머리를 깊숙이 조아렸지만, 밤이면 키안티 포도주를 들이키며 주군에 대한 뒷담화를 늘어놓았다. 그들의 삶은 그야말로 와신상담과 절치부심, 그리고 1인자들의 몰락을 바라는 이심전심의 연속이었다. 피렌체의 제2서기장으로 임명되어 이런 권력 투쟁의 이면을 속속들이 관찰했던 우리 가이드 마키아벨리는 지금부터 우리에게 피렌체 시민들의 "마음의 습관"을 보여줄 것이다. 이제부터 진짜배기 피렌체가 그의 안내를 통해 드러날 것이다.

마키아벨리 최후의 야심작 《피렌체사》

널리 알려진 마키아벨리의 대표작은 《군주론》이다. 권모술수에 능하다는 뜻의 '마키아벨리적인Machiavellian'이라는 일반 형용사가 널리 사용될 정도로, 《군주론》은 서구의 정치학과 처세술에 큰 영향을 남겼다. 그런데 이 책은 원래 메디치 가문에 제출된 개인 이력서였다(이에 대해서는 내 전작 《마키아벨리: 세상에서 가장 위험한 현자》에 자세히 설명해두었다). 1498년부터 1512년까지 14년 동안 유지해온 공직에서 쫓겨난 마키아벨리가, 1512년부터 다시 피렌체 권력을 장악한 메디치 가문에 자신의 등용을 호소하며 쓴 처절한 취업용 포트폴리오였다. 그러나 마키아벨리의 《군주론》은 메디치 가문의 환영을 받지 못했다. 사실 관심조차 끌지 못했다. 낙담하고 좌절한 그는 1518년부터 공부 모임인 '루첼라이 정원Orti Oricellari'에서 피렌체의 유력 가문 자제들에게 자신의 공직 경험과 로마사 연구의 결과, 그리고 전쟁의 기술 등을 강의하게 된다. 마키아벨리는 1519년에 《로마사 논고Discorsi sopra la prima deca di Tito Livio》를 펴냈고, 1520년 루카Lucca 방문을 계기로 그곳 영주의 생애를 다룬 《카스트루초 카스트라카니의 생애》를 썼다. 또한 이와 비슷한 시기인 1519~1520년에 《전쟁의 기술Arte della Guerra》을 펴냈으며, 1524년에는 희극 대본인 〈만드라골라 Mandragola〉를 발표했다.**6**

당시 피렌체는 1512년에 복귀한 메디치 가문에 의해 통치되고 있었다. 피렌체의 실질적인 권력은 줄리오 데 메디치Giuliano de' Medici 추기경이 장악하고 있었다. 당시 줄리오 추기경의 사촌인 레오 10세Leo X가 교황으로 재위(1513~1521년)하고 있었기 때문에 메디치 가문은 그야말로 천국으로 가는 사다리에 올라타고 있었다. 1520년, 마키아벨리는 루첼라이 정원 원우들의 도움으로 줄리오 추기경을 알현하게 된다. 1520년 11월 8일, 지금의 피렌체대학의 전신인 스투디움Studium의 총장이었던 줄리오 추기경은 마키아벨리를 '피렌체의 역사와 연대기를 집필하는ad componendum annalia et cronacas florentinas' 공식 역사관으로 임명했다. 피렌체대학에서 2년간 '연구원'으로 재직하면서 피렌체의 역사 자료에 접근할 수 있는 권리까지 허락했다. 생계 유지에 어려움을 겪고 있던 마키아벨리에게 이 자리는 큰 희망을 주었을 것이다. 공직에서 쫓겨난 지 8년 만에 피렌체 역사를 집필하는 준공무원 신분으로 돌아온 것이다.

여기서 한 가지 기억해야 할 점은, 1522년 5월 마키아벨리가 몸담고 있던 루첼라이 정원의 원우들이 줄리오 추기경을 암살하려는 계획을 꾸몄다가 실패로 끝났다는 것이다. 이 암살 음모는 사전에 발각되어 가담자 중 2명이 처형을 당하고 다른 핵심 주동자 2명이 피렌체에서 탈출하는 것으로 종결되었다. 당시 《피렌체사》를 집필하고 있던 마키아벨리는 암살 음모에 가담하지 않았다는 것이 밝혀져서 특별한 처벌을 받지 않았다. 그러나 자신의 제자들이 암살 사건에 연루되었다는 사실은 그가 《피렌체사》를 집필할 때 상당한 부담감으로 작용했을 것

세바스티아노 델 피옴보가 그린 〈교황 클레멘스 7세Clemens VII 의 초상화〉. 1531년경에 제작되었으며 현재 J. 폴 게티 박물관에 소장되어 있다.

이다. 자신의 책을 제일 먼저 읽게 될 메디치 가문의 수장이자, 곧 교황 클레멘스 7세(1523~1534년 재위)가 될 줄리오 추기경의 눈치를 보지 않을 수 없었기 때문이다.

그렇다면 마키아벨리는 자신이 처한 애매한 입장, 즉 피렌체 역사를 쓰면서 메디치 가문을 비판해야 할 때 어떤 태도를 취했을까? 메디치 가문 사람들이 읽게 될 책에, 조상들이 나쁜 짓을 했다고 감히 쓸 수 있었을까? 그렇다고 명색이 피렌체의 공식 역사관인데 역사적 사실을 왜곡할 수도 없는 노릇이었다. 마키아벨리는 특유의 재치로 이 어려움을 극복했다. 메디치 가문을 비판해야 할 때 직접 이를 언급하지 않고, 당시 메디치 가문을 반대하던 사람의 말이나 행동을 빌려 간접적으로 표현한

것이다. 자기 책의 첫 번째 독자가 될 줄리오 추기경의 숙부인 '위대한 자' 로렌초 데 메디치Lorenzo de' Medici (1449~1492년)를 다룰 때는 특히 그러했다. 마키아벨리의 표현을 빌리자면, "내가 직접 말하기보다 그의 적의 입을 빌려 말하도록 할 것"이었다.[7]

이렇게 조심스럽게 써 내려간 책《피렌체사》의 내용을 바탕으로 우리가이드 마키아벨리가 피렌체의 이야기를 펼쳐낼 것이다. 우리는 피렌체의 주요 장소 13곳을 차례로 방문할 계획인데, 이는 13세기부터 16세기 초반까지 펼쳐졌던 피렌체 역사의 전환점이 되는 장소들이다. 이 이야기는 다른 사람의 해석이 가미되지 않은 마키아벨리의 생생한 육성과, 피렌체 역사에 나타난 인간 군상들의 행동 패턴에 대한 놀라운 분석을 담고 있다.

현대 학자들은 마키아벨리가 군주제와 공화제 사이에서 어떤 선택을 했는지에 대해 서로 반대되는 주장을 펼치고 있다. 1513년에 쓴《군주론》에서는 마키아벨리가 제목 그대로 군주제를 지지한 것처럼 보이고, 1519년에 쓴《로마사 논고》에서는 로마 공화정을 찬양하는 듯한 인상을 풍긴다. 그러나 누구나 죽음이 가까이 다가오면 진짜 속내를 드러내는 법이다. 마키아벨리가 생애 마지막 순간에 불꽃처럼 타오르면서 쓴 1525년의《피렌체사》를 읽어야만 그의 진면모를 알게 된다. 마키아벨리의《피렌체사》는 그를 "위대한 사상가의 반열에 세운 역작"이라는 평가를 받고 있지만,[8] 우리에게는 익숙하지 않은 책이다. 마키아벨리가《군주론》이나《로마사 논고》를 통해 권력의 속성을 근대적 의미로 해석했다는 평가는 들어보았지만, 그가 "위대한 사상가"라는 표현은 들어보지 못했다. 마키아벨리의《피렌체사》가 도대체 어떤 책이기에 그런 대단한 평가를 받고 있는 것일까?

마키아벨리가《피렌체사》를 쓰면서 참고한 사료들

마키아벨리가 생애 마지막 역작으로 펴낸《피렌체사》는 단순한 메디치 가문의 역사도 아니고, 그가 개인적으로 좋아했던 영웅담도 아니다. 한 도시국가의 역사를 사실 그대로 기술해야 했을 뿐만 아니라, 피렌체가 지향해야 하는 공동체 정신을 고양하는 책이어야 했다. 그는 먼저 로마의 역사가 리비우스Titus Livius (기원전 64/59~기원후 12/17년)가 쓴《로마사Ab Urbe Condita Libri》를 참고했을 것이다. 이 책은 아우구스투스 황제 시대의 역사가 리비우스가 로마의 정신을 고양하기 위해 쓴 책이다.

마키아벨리는《로마사》의 내용에 대해서 잘 알고 있었다. 어릴 때부터 탐독해온 책이었으며, 루첼라이 정원에서 이 책에 대한 강독을 했고, 1519년 자신의 해석을 곁들인《로마사 논고》도 발표했다. 저자는 자신이 읽은 책을 바탕으로 책을 쓰게 된다. 태양 아래에 새것이란 없으니, 마키아벨리는 책의 구성 면에서 리비우스를 모방했다. 리비우스는 로마의 역사를 각 권으로 분리해서 묘사했는데, 마키아벨리도 같은 구성을 취해 총 8권의 '책'으로 피렌체 역사를 분리했다.[9] 우리는 지금 이 책을《피렌체사》로 부르고 있지만, 책 제목을 직역하면《피렌체의 역사들》이 된다.

마키아벨리가 반드시 참고해야 했던 책이 한 권 더 있었다. 바로 레오나르도 브루니Leonardo Bruni (1370~1444년 추정)가 쓴《피렌체인들의 역사 Historiarum Florentinarum》다. 그가 1416년부터 1422년까지 집필하고 1428년에 최종 출간한 이 책은 마키아벨리의《피렌체사》보다 거의 100년을 앞선 것으로, 15세기 피렌체의 공식 역사서였다. 마키아벨리는 레오나르도 브루니를 자신의 인생 멘토로 여겼을 가능성이 큰데, 둘 다 피렌체의 '공

식 역사관'이었을 뿐만 아니라 거의 같은 직급의 공직에 종사한 공통점
이 있기 때문이다.

1370년경에 출생한 레오나르도 브루니는 아레초 출신이다. 피렌체 인
근 도시인 아레초는 인문학자 프란체스코 페트라르카Francesco Petrarca를 배
출한 유서 깊은 학문의 도시다. 곡식 유통
업자인 아버지 곁을 떠나 피렌체에서 법
률을 공부하던 레오나르도는 1375년부터
시뇨리아의 서기장을 맡고 있던 콜루초
살루타티Coluccio Salutati (1331~1406년)의 후
원을 받았고, 그의 직계 제자가 되었다.

산타 크로체 성당에 안치되어 있는 〈레오나르도
브루니의 영묘〉. 베르나르도 로셀리노Bernardo
Rossellino의 작품이다.

콜루초는 탁월한 인문학자였다.[10] 그
는 제자 레오나르도에게 자신의 도서관을
사용하게 해주고, 그리스와 로마 고전을
쓰고 읽을 수 있도록 철저한 고전어 훈련
을 시켰다. 레오나르도의 첫 번째 직업이
었던 교황 인노켄티우스 7세Innocentius VII
(1404~1406년 재위)의 비서직도 콜루초가
주선한 것이다. 당시 로마 교황청은 '아비
뇽 유수기(1309~1376년)'의 교회 분열을
겨우 극복한 상태였다. 로마 교황청의 비
능률과 도덕적 타락을 목격했던 레오나
르도는 1427년, 스승의 뒤를 이어 피렌체
의 서기장으로 임명된다. 그는 외무 관계
를 주로 담당했고, 약 80년 후 등장할 마

　　　　　　　　　　　　　붉은 백합의 도시, 피렌체

키아벨리처럼 군사 업무를 담당하는 10인회의 서기장을 2번이나 역임했다. 그는 임종할 때까지 서기장 자리에 있었으니, 공직에서 쫓겨났던 마키아벨리와는 달리 비교적 평탄한 공직 생활을 했다. 《피렌체인들의 역사》는 그가 서기장으로 취임하기 전, 피렌체의 공식 역사관으로 임명되어 쓴 책이다. 그는 공식 역사서를 쓰는 대가로 국가 세금을 전액 면제받았다.

앞으로 자세히 설명되겠지만, 레오나르도가 《피렌체인들의 역사》를 집필했던 15세기 초반에 피렌체의 유력 인사들과 지성인들은 시대적 고민을 거듭하고 있었다. 1402년 밀라노의 잔 갈레아초 비스콘티Gian Galeaz-zo Visconti 공작(1351~1402년)이 피렌체를 공격한 사건 때문이었다. 내부의 고질적인 분열과 당파 싸움으로부터 고통받고 있던 피렌체 사람들은 외부의 군사 공격까지 받고 엄청난 충격에 빠졌다. 콜루초와 레오나르도처럼 공직을 맡고 있던 인문학자들의 충격은 더욱 컸다. 그들은 피렌체의 내우외환이 단순한 정책의 부재나 외교의 실패 때문이 아니라고 생각했다. 그들이 내린 결론은 결국 '사람의 문제'라는 것이었다. 그들은 '고대 로마의 영광'으로 돌아가자고 호소했다. 피렌체의 위기를 극복하는 길은 법률이나 외교 정책의 수정이 아니라, 개인의 탁월한 역량을 추구했던 고대 로마의 정신으로 돌아가는 것이다.

《피렌체인들의 역사》의 업적은 서양 역사상 최초로 유럽의 역사를 고대, 중세, 현대로 3등분한 것이다. 이전에 그리스도교의 역사관에 기초했던 천지창조, 인간의 타락, 예수의 탄생 그리고 최후의 심판이라는 역사 전개 구도는 레오나르도에 의해 극복된다. 그가 쓴 피렌체 공식 역사서는 '평민Popolo(포폴로)'의 자유를 세상의 어떤 가치보다 소중하게 여겼던 피렌체 사람들의 전통을 역사적으로 확인하는 데서 출발했다. 그는 피렌체의 이런 "마음의 습관"이 원래 이탈리아 중부 지역(토스카나)에 자리 잡고 있던 "에트루리아인들의 자유 정신Etruscan Liberty"에서 출발한다고 보았다. 이 양보할 수 없는 자유 정신이 고대 로마인들이 추구했던 탁월함의 추구와 결합될 때 피렌체가 위대해질 수 있다는 것이 그의 핵심 주장이었다.

마키아벨리는 선배 공직자이자 자신과 같은 피렌체 공식 역사관이자 서기장이었던 레오나르도 브루니의 책으로부터 큰 영향을 받았다. 그래서 자신의 《피렌체사》에서도 피렌체의 평민이 어떻게 귀족의 지배에서 벗어나기 위해 투쟁했는지를 지나칠 정도로 자세히 추적하고 있다.[11] 그러나 마키아벨리는 레오나르도의 역사관에 한계가 있음을 잘 알고 있었다. 왜냐하면 레오나르도가 임종한 1444년 즈음하여, 메디치 가문의 수장 코시모 데 메디치Cosimo de' Mecidi (1389~1464년)가 베네치아에서의 유배를 마치고 귀환함으로써(1434년) 메디치 가문의 피렌체 통치가 시작되었기 때문이다. 그는 메디치 가문의 등장 이후에 나타난 변화가 피렌체 시민들이 원래 가지고 있던 "마음의 습관"과 어떤 충돌을 일으키는지 목격하지 못했다.

마키아벨리에게 맡겨진 사명은 '평민의 자유 수호'라는 피렌체의 고유한 전통이 메디치 가문의 등장과 더불어 어떤 변화를 겪었는지 역사적으로 고찰하는 것이었다. 메디치 가문은 평민의 자유를 억압한 참주였을까? 아니면 평민의 자유를 보호하면서 피렌체의 영광을 드높인 '평민의 수호자'였을까? 레오나르도가 임종을 맞은 이후로 피렌체 시민들의 "마음의 습관"에는 어떤 변화가 나타났을까? 그래서 마키아벨리는 자신의 역사책을 크게 두 부분으로 나누었다. 제1부는 피렌체에서 펼쳐졌던, 지난한 '평민의 자유' 투쟁사다. 피렌체 시민들이 귀족의 압제에서 벗어나기 위해, 그리고 그 소중한 자유를 지키기 위해 어떤 희생을 치렀는지 자세히 설명한다. 제2부는 1434년부터 자신이 《피렌체사》를 마무리한 1525년까지 메디치 가문이 걸어온 영광의 역사를 기술한다. 《붉은 백합의 도시, 피렌체》란 제목을 가진 이 책도 같은 형식을 따를 것이다.

　아르노 강변에 핀 한 송이 백합은 붉은 피로 물들었다. 피렌체에서는 귀족과 귀족이, 귀족과 평민이, 평민과 평민이, 평민과 하층민이, 하층민과 하층민이 서로 싸우다가 결국 메디치 가문의 지배를 받게 된다. 피렌체, 그곳은 피로 물든 거리였다. 지금까지 알던 피렌체는 잊어버리시라. 눈이 아닌 마음으로 피렌체를 보아야 한다! 피렌체는 아름다운 예술만 존재한 곳이 아니라 권력을 차지하려는 피 튀기는 투쟁, 이웃에 대한 끝없는 시기심, 조직적인 군사 반란과 길거리의 주먹다짐, 비열한 암살 시도와 간이라도 당장 빼서 줄 것 같은 아첨, 지배받지 않으려는 평민과 하층민의 절규와 비명이 거리를 메웠던 곳이다. 피렌체의 성당과 공방, 수도원과 저택을 장식하고 있는 아름다운 예술 작품들은 어쩌면 피로 물든 피렌체의 진면목을 은닉하기 위한 수단이었는지 모른다. 가장 과격한 장소에 가장 아름다운 예술의 꽃이 피어오른 도시가 바로 피렌체다. '버린 꽃은 다시 줍지 않는다'는 세 번째 준칙을 어기고 피렌체란 꽃을 다시 주워 자세히 살펴보니, 그것은 붉은 피에 젖은 한 송이 백합이었다.

⑤ 산타 크로체 광장

⑥ 산타폴리나레 광장

② 단테의 집

① 산타 마리아 델 피오레 대성당

⑩ 메디치 저택

⑨ 산 로렌초 대성당

① 산 마르코 수도원

VIALE DELLA GIOVINE ITALIA

VIA DEI MALCONTENTI

VIA DEI PILASTRI

VIA DI MEZZO

VIA G. VERDI

VIA DEI BENCI

VIA DELLA PERGOLA

VIA S. EGIDIO

VIA DEI SERVI

VIA DE' GINORI

VIA SANTA REPARTA

VIA S. ZANOBI

VIA FAENZA

VIA GUELFA

VIA VALFONDA

① 베키오 다리
② 시뇨리아 광장
③ 단테의 집
④ 레푸블리카 광장 (메르카토 베키오)
⑤ 산타 크로체 광장
⑥ 산타폴리나레 광장
⑦ 산타 마리아 노벨라 성당
⑧ 피티 궁전
⑨ 산 로렌초 대성당
⑩ 메디치 저택
⑪ 산타 마리아 델 피오레 대성당
⑫ 산 마르코 수도원
⑬ 루첼라이 정원

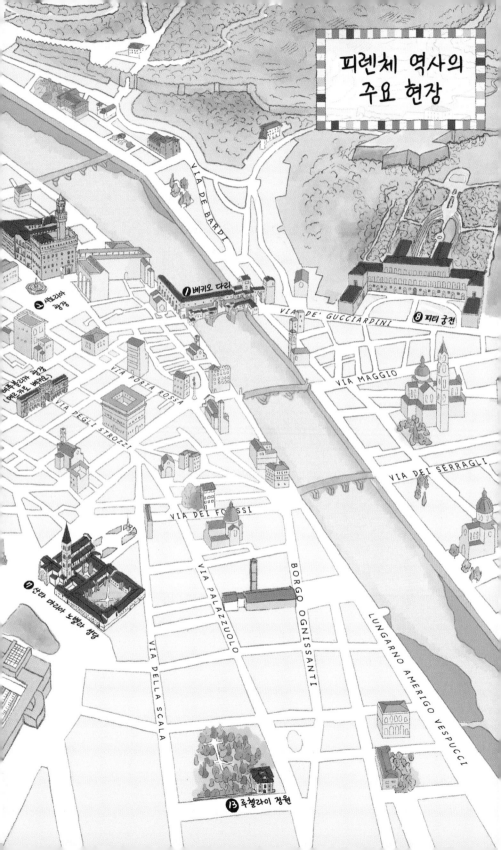

피렌체 역사의
주요 현장

VIA DE' BARDI

① 베키오 다리

VIA DE' GUCCIARDINI

⑧ 피티 궁전

① 시뇨리아 광장

VIA MAGGIO

VIA PORTA ROSSA

레푸블리카 광장
(메르카토 베키오)

VIA PEGLI STROZZI

VIA DEI SERRAGLI

VIA DEI FOSSI

BORGO OGNISSANTI

⑦ 산타 마리아 노벨라 성당

VIA PALAZZUOLO

VIA DELLA SCALA

LUNGARNO AMERIGO VESPUCCI

⑬ 루첼라이 정원

1부

평민의 시대
(1216~1434년)

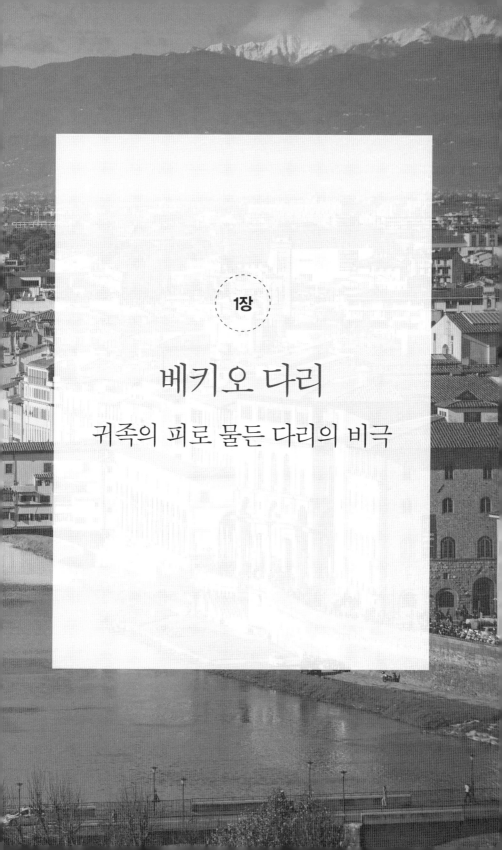

1장

베키오 다리
귀족의 피로 물든 다리의 비극

베키오 다리,
피렌체 역사의 출발점

모든 것은 다리에서 시작되었다. 피렌체를 동서로 가로지르는 아르노 강 위에 베키오 다리Ponte Vecchio가 놓여 있다. 이곳에서 분열과 투쟁의 역 사가 시작되었다. 우선 아르노강 북쪽, 그러니까 시뇨리아 정청과 두오 모가 있는 쪽을 대충 강북이라고 하고, 피티 궁전Palazzo Pitti이 있는 반대 쪽을 강남이라고 하자. 피렌체의 경우, 강남보다 강북이 더 잘사는 동네 였다. 강남 사람들이 더 가난했다는 것은 건물의 크기가 강북보다 작고 내부도 협소하다는 사실에서 금방 확인된다. 이 강남 지역을 현지인들은 '올트라르노Oltrarno'라고 하는데, 아르노강 건너편이라는 뜻이다. 피렌체 에서는 강북 사람들이 강남 사람들보다 훨씬 경제적으로 부유했다. 그러 니 베키오 다리를 건너간다는 것은 다른 정치·경제적 환경으로 이동한 다는 뜻이었다.

'오래된 다리'라는 뜻을 가진 베키오 다리는 실제로 피렌체에서 가장 오래된 다리 중 하나로, 피렌체의 탄생과 더불어 만들어졌다.[1] 아르노강 의 폭이 가장 좁은 지역에 세워졌는데, 맨 처음에는 현재 위치보다 좀 더 상류 쪽에 건축되었을 것이다. 이 최초의 다리는 기원전 1세기 중반에 만들어진 것으로 추정된다. 그리고 123년경 하드리아누스 황제Hadrianus

산타 트리니타 다리Ponte Santa Trinita에서 바라본 베키오 다리.

(117~138년 재위)의 증축을 통해 확장되었다. 건축과 도시 설계에 남다른 관심을 가졌던 하드리아누스는 수도 로마와 토스카나 지방을 연결하는 카시아 가도Via Cassia를 재정비하면서 베키오 다리를 증축했을 것이다. 아르노강이 자주 범람했기 때문에 베키오 다리는 수차례 증축과 보수를 거쳤고, 1345년 현재 모습을 갖추게 되었다. 다리의 중앙에 있는 로지아(광장에 붙어 있는 아치형 홀)에는 이탈리아어로 다음과 같은 글귀가 새겨진 것을 볼 수 있다. "1300년 이후 33번째 해에, 홍수가 일어나 다리가 무너졌다. 10년 후, 시의 뜻에 따라 지금과 같은 형태로 재건되었다."[2]

　베키오 다리의 양 끝에는 원래 방어와 통제를 위해 총 4개의 탑이 설치되어 있었다. 그중 지금까지 남아 있는 것은 남쪽의 마넬리 탑Torre dei Manelli 하나뿐이다.[3] 이 탑 또한 1565년 대공 코시모 1세Cosimo I de' Medici (1519~1574년)가 피티 궁전과 우피치 미술관Galleria degli Uffizi을 연결하는 비밀 통로를 만들 때 파괴되거나 변형될 위험에 처했지만, 마넬리 가문의 적극적인 반대로 지금까지 그 모습을 유지할 수 있었다. 그래서 코시모 1세의 비밀 통로는 일직선 형태가 아닌 마넬리 탑을 우회하는 경로로 건축되어야만 했다. 이 공사를 주관했던 조르조 바사리Giorgio Vasari의 이름을 따서 이 비밀 통로는 '바사리 통로Corridoio Vasariano'라고 불리고 있다. 바사리 통로는 베키오 다리 위에 설치되었다.

베키오 다리 위에서는 여러 가지 물건을 팔고 있다. 현재는 귀금속, 예술품, 기념품 가게들이 영업 중이지만 1345년, 지금과 같은 모습으로 다리가 완성되었을 때는 정육점과 가죽상점 들이 운영되었다. 육류와 가죽 처리 과정에서 풍기는 역겨운 냄새를 없애기 위해 상인들과 직공들은 폐기물을 아르노강에 바로 던져 처리했다. 14세기의 피렌체 역사가 조반니 빌라니Giovanni Villani의 기록에 따르면 피렌체 정부의 결정에 따라 총 43개의 상점이 임대되었는데, 이를 통해 매년 80플로린(피렌체 지방에서 사용되던 금화) 이상의 임대료를 받아 20년 안에 다리 건축 비용을 회수하려고 했다.[4] 또 다리의 정중앙을 양측이 트인 공터로 만들어 피렌체 시민들이 도시의 경관을 다리 위에서 감상할 수 있도록 했다.

붉은 백합의 도시, 피렌체

우리 가이드 마키아벨리의 발걸음이 재빠르다는 것은 동시대의 사람들도 모두 인정할 정도였다. 스스로 "엉덩이를 책상에 붙이고 있을 시간이 없었을" 정도라고 표현했을 만큼, 마키아벨리는 다람쥐처럼 여기저기 돌아다니기를 좋아했다. 그의 익살은 더 유명했다. 피렌체의 고위 공직에서 쫓겨난 후, 마키아벨리는 자신의 신분을 "역사가, 희극 작가, 비극 작가"로 기록했다. 이 중에서 마키아벨리가 늘 자랑했던 것은 자신이 희극 작가라는 사실이었다. 촌철살인의 유머를 빛의 속도로 쏟아내는 것이 그의 특기였다. 야한 농담을 해서 주위 사람들을 놀라게 만들기도 했다. 약간 허풍선이 기질도 있었던 것 같다. 한창 공직자로 잘나갈 때, 마키아벨리는 피렌체 거리를 걸으면서 이렇게 소리쳤다고 한다. "물렀거라! 마키아벨리님 나가신다!" 이만하면 가이드로서는 최고의 자질을 갖추었다. 여행을 하는데 가이드가 게으르고, 말재주가 없고, 농담도 할 줄 모른다면 우리는 실망할 것이다.

　자, 이제 우리 가이드 마키아벨리가 자기 고향을 소개한다. 그의 소개는 레오나르도 브루니처럼 장엄하지 않다. 레오나르도의 피렌체 소개를 먼저 들어보자.

"불멸의 신이여, 이제부터 제가 이야기하려는 이 도시, 피렌체의 영광에 필적할 만한 웅변력을 제게 주십시오. 그것이 허락되지 않는다면, 적어도 이 도시를 찬양하는 데 필요한 열정과 희망만이라도 제게 주십시오. 웅변력이나 열정, 그 둘 가운데 어느 것을 통해서라도, 이 도시의 위대함과 존엄성이 충분히 표현될 수 있어야 한다고 저는 믿습니다. 어느 누구도 이 세상에서 이 도시보다 더욱 빛나고 영광스러운 곳을 발견할 수 없을 것입니다. 피렌체는 이처럼 위대하고 장엄한 도시입니다."[5]

정말 멋진 소개말이다. 위대하고 장엄한 도시! 레오나르도는 아무리 뛰어난 웅변력과 지칠 줄 모르는 열정을 가졌다 해도 충분히 표현될 수 없는 위대한 도시가 피렌체라고 주장했다. 그러나 우리 가이드 마키아벨리는 이렇게 주절거렸을 것이다. "이 무슨 자다가 봉창 두드리는 소리인가?" 그는 자기 고향을 그렇게 미화하지 않는다.

우리 가이드의 설명에 의하면 피렌체는 가이우스 율리우스 카이사르 Gaius Julius Caesar(기원전 100~44년)가 암살된 이후, 암살자들에게 복수를 감행했던 제2차 삼두정치(기원전 43~32년)의 주역들이 강제로 만든 도시다. 로마 공화정의 몰락을 재촉했던 제2차 삼두정치의 주역, 가이우스 옥타비아누스 Gaius Octavianus와 마르쿠스 안토니우스 Marcus Antonius는 어떤 사람들이었는가? 카이사르가 암살당한 후 살인자들인 브루투스 일당을 타도했고, 제국의 권력과 클레오파트라의 마음을 차지하기 위해 서로 혈투를 벌였던 인물들이 아닌가? 마키아벨리는 악티움 해전(기원전 31년)에서 명운을 건 싸움이 벌어지고 있을 때 피렌체가 탄생했다고 설명하는데, 그의 의도는 무엇일까? 피렌체는 패권을 장악하고 약자들을 짓밟았던 무리한들이 만든 도시라는 것이다. 권력 투쟁을 일삼던 로마의 못된 버릇을 태생적으로 안고 태어난 도시가 바로 피렌체다. 우리 가이드에 의하면 피렌체는 처음부터 분열된 도시로 탄생했고, 남 잘되는 꼴을 못 보는 도시였으며, 권력 투쟁이 그치지 않던 곳이었다. 이제 우리 가이드는 특유의 재담을 펼치며 피렌체가 이런 파벌 싸움과 분열로 고통받게 되는 첫 번째 사건을 설명해줄 것이다. 이야기는 베키오 다리에서 시작된다.

피로 물든 베키오 다리

로마 군대의 숙영지에 불과하던 이탈리아 중북부의 작은 도시는 베키오 다리 위에서 끊임없는 권력 투쟁의 도시국가로 탄생한다. 물론 그 문제의 다리는 지금 우리가 보고 있는 베키오 다리가 아니다. 1333년 11월 4일 아르노강이 범람하면서 무너진 다리, 그 '옛 다리'에서 피렌체의 진짜 역사가 시작되었다.

베키오 다리 남쪽, 즉 피렌체 강남의 중심은 산토 스피리토 성당Basilica di Santo Spirito 부근이다. 피렌체 강남의 거대한 피티 궁전은 한참 후에 세워졌다. 이 산토 스피리토 지역에 부온델몬티Buondelmonti 가문이 살고 있었다. 12세기부터 위세를 떨치기 시작한 부온델몬티 가문은 강남의 맹주이자 교황파 귀족의 리더였다. 당시 이탈리아와 전 유럽 국가들이 교황파Guelph와 황제파Ghibelline로 분열되어 있었고, 피렌체도 예외가 아니었다. 토지를 기반으로 하는 전통 봉건 영주 가문이 교황파에 속했고, 상공업을 통해 부를 축적한 신흥 부자들이 황제파에 속했다. 토스카나의 기름진 땅과 직접 연결되는 피렌체 남쪽에서는 교황파가 우세했고, 모두 부온델몬티 가문의 지도를 따르고 있었다.

우리 가이드 마키아벨리는 베키오 다리에서 피렌체의 역사가 어떻게 시작되었는지에 대한 설명을 시작한다. 이야기는 이렇다. 피렌체 강남의 교황파 맹주인 부온델몬테 데 부온델몬티Buondelmonte de' Buondelmonti는 기사 서임을 받은 오도 아리기Oddo Arrighi를 축하하는 연회에 친구와 함께 참석하게 되었다. 두 친구가 함께 식탁에 앉아 있을 때, 한 광대가 부온델몬테를 자극하는 말을 하는 바람에 두 사람 사이에 작은 다툼이 일어났다. 연회의 주인공인 오도가 단지 재미를 위한 장난이었을 뿐이라고 광대를 변호한 것이다. 결국 작은 다툼이 난투극으로 이어졌고, 오도가 팔에 상처를 입었다. 그런데 문제는 오도가 황제파에 속해 있었다는 것이다. 교황파 가문인 부온델몬테에게 폭행을 당했으니, 황제파 가문 사람들이 가만히 있을 리 없었다. 폭행을 당한 아리기 가문 사람들을 포함하여 우베르티Uberti, 아미데이Amidei, 람베르티Lamberti 가문 등 황제파 사람들이 모여 대책을 논의했다. 이들은 대개 피렌체 강북에 살고 있었다. 교황파의 부온델몬테에게 보복할 것인가, 아니면 도시의 평화를 위해 화해할 것인가?

도발을 당한 강북 황제파 가문들의 대표는 부온델몬테를 만나 화해 조건을 제시했다. 그가 모욕을 당한 오도의 질녀와 결혼하면 없었던 일로 해주겠다는 것이다. 불필요한 갈등을 피하고 싶었던 부온델몬테는 조건을 받아들였지만, 정작 그 질녀의 얼굴을 보고는 약혼을 취소해버린다. 황제파의 보복을 당하는 일이 있더라도 그런 아내와 평생을 보낼 수 없다고 손사래를 쳤다. 대신 부온델몬테는 또 다른 황제파 가문이었던 람베르투초 아미데이Lambertuccio Amidei의 딸과 약혼하겠다고 역제안을 했다. 오도는 두 번이나 모욕을 당한 것이다.

그런데 여기서 또 다른 변수가 발생한다. 강남 교황파의 맹주인 부온델몬티 가문과 사돈을 맺고 싶어 하던, 같은 교황파 도나티 가문이 있었다. 도나티 가문의 딸 베아트리체는 얼굴도 예뻤고, 두둑한 지참금을 챙

겨울 수 있는 경제력도 있었다.⁶ 당시 딸 가진 부모들은 권세 있는 집안에 시집보내기만을 바랐으니, 도나티 가문은 딸의 외모와 재산을 무기로 부온델몬테를 사위 삼고 싶어 했던 것이다. 어느 날 부온델몬테가 자기 집 앞을 지나가는 것을 본 베아트리체의 어머니는 대문을 활짝 열고 자기 딸의 모습을 보게 했다. 그는 단숨에 베아트리체의 미모에 빠져, 아미데이 가문의 딸과 맺은 혼인 약속을 파기하고 도나티 가문의 사위가 되겠다고 선언했다. 그리고 1216년 부활절 아침에 결혼식을 올릴 것이라고 이웃들에게 알렸다.

황제파 아미데이 가문은 부온델몬테의 파혼 선언에 심한 모욕을 느끼고, 강북 황제파의 맹주인 우베르티 가문을 찾아갔다. 남쪽의 교황파가 자기 가문과 황제파를 모욕하고 있으니 복수해달라고 호소했다. 우베르티 가문은 강북의 황제파 가문들과 함께 부온델몬테의 암살을 모의하게 된다. 그 현장에 또 다른 강경파가 있었으니, 모스카 데이 람베르티Mosca dei Lamberti라는 인물이었다. 그는 암살 모의 장소에서 "이미 정해졌으니 단행되는 일만 남았다!Capo ha cosa fatta!"라고 소리치며, 선두에 서서 부온델몬테를 죽이겠다고 다짐했다.

마침내 1216년의 부활절 아침이 밝았다. 베아트리체와 결혼식을 올리기 위해 베키오 다리를 건너던 부온델몬테는 황제파 일당의 공격을 받고 피살된다. 부온델몬테는 군신軍神 마르스의 석상이 있는 베키오 다리의 끝부분에서 살해당했다. 그에게 최후의 일격을 가한 사람은 두 번이나 모욕을 당했던 오도 아리기였다. 베키오 다리 위에서 벌어진 이 암살 사건은 장차 피렌체를 두 진영으로 분열시키는 계기가 되었다. 강남을 대표하던 교황파 부온델몬티 가문과 강북을 대표하던 황제파 우베르티 가문의 반목이 시작된 것이다. 베키오 다리를 가로지르던 기쁨의 결혼식

프란체스코 사베리오 알타무라Francesco Saverio Altamura가 1860년에 그린 〈부온델몬테의 장례식〉. 로마의 국립 현대 미술관에 전시되어 있는 작품이다.

행진은 눈물의 장례식 행진으로 변했다. 웃음과 환호는 통곡 소리에 묻혔고, 햇살처럼 밝던 신부의 미소는 차디찬 대리석처럼 얼어붙었으니, 그녀의 눈물이 흘러내려 부온델몬테의 붉은 피와 함께 베키오 다리를 적셨다.

　베키오 다리 위에서 벌어진 부온델몬테의 암살 사건은 피렌체 역사에 먹구름을 드리웠다. 마키아벨리는 이것이 피비린내 나는 피렌체 역사의 시작이었다는 것을 정확하게 파악했지만, 사실 이런 생각을 먼저 품은 사람이 있었다. 《신곡》의 저자 단테다. 《신곡》의 마지막 천국 편의 제16곡에서는 단테가 문학적으로 표현한 피렌체의 역사가 파노라마처럼 펼쳐진다. 단테는 십자군의 일원이기도 했던 먼 조상 카차구이다Cacciagui-da를 "천국"에서 만나, 자기 가문과 피렌체가 어떻게 지금의 모습을 갖추게 되었는지 묻는다. 카차구이다는 자기가 살던 12세기 초반에는 단테

　　　　　　　　　　　　　　　　　　붉은 백합의 도시, 피렌체

시대 인구의 약 5분의 1밖에 없었다고 회고한다. 피렌체가 혼란스러운 이유는 외부 사람들이 너무 많이 유입되면서 원래 피렌체가 가지고 있던 순수성이 훼손되었기 때문이라는 설명도 이어진다. 피렌체가 처음 출발했을 때 도시의 명성을 드높였던 많은 귀족 가문들이 이름도 없이 사라진 것을 한탄하는 장면 마지막 부분에서, 부온델몬테의 이름이 나온다.

> 오, 부온델몬테여. 곤경에 처한 혼례를 파기하라던
> 그 조언은 당신에게 얼마나 잘못된 것이었던가?
> 당신이 처음 피렌체로 왔을 때 차라리
> 하느님께서 당신을 에마Ema에게 넘겨주셨더라면
> 지금 슬퍼하는 많은 사람이 기뻐했을 텐데.[7]

여기서 단테는 피렌체 강남에서 교황파의 맹주가 된 부온델몬티 가문이 처음 피렌체로 이주할 때 에마강을 건너며 목숨을 걸었던 이야기를 언급하고 있다. 차라리 그가 에마강에서 빠져 죽었더라면 장차 피렌체의 분열 때문에 괴로워할 사람이 없었을 것이란 뜻이다. 단테도 부온델몬테의 피로 물든 베키오 다리를 피렌체의 역사의 출발점이라고 보았다. 그래서 지금도 베키오 다리에 가면 단테가 쓴 아래 구절 일부가 적힌 현판이 장식되어 있다.

> 그러나 다리를 지키고 있는 저 일그러진 돌덩이 앞에서
> 부온델몬테는 피렌체의 마지막 희생 제물이 되어
> 도시에 평안을 가져왔노라. 이 도시는 슬퍼할 일이 없었고,

이런 가문 사람과, 또 저런 가문 사람과 함께
눈물을 흘리거나 곡을 하지 않고
피렌체에서 분쟁이 사라졌음을 보게 되었다.

도시에서 영광과 정의가 지켜지는 것을 보았으며
창끝에 매달린 백합화가 결코 거꾸로 게양되지 않았으니
피렌체는 분열로 인해 붉게 물들지 않았다.[8]

여기에서 "일그러진 돌덩이"는 베키오 다리 위에 있던 군신 마르스 조각상이다. 형태가 일그러진 모습으로 조각되어 있었기 때문에 단테가 이런 표현을 사용했을 것이다. 부온델몬테는 바로 이 마르스 조각상 앞에서 살해당했다. 여기서 단테는 교황파와 황제파의 갈등 때문에 피렌체에서 피의 역사가 시작되었지만, 흰색 백합화가 붉은색으로 물들지 않는 평화로운 피렌체의 미래를 꿈꾼다. 원래 피렌체를 상징하는 도시의 휘장은 붉은색 바탕에 그려진 흰색 백합화였는데, 황제파가 만든 깃발이었다. 그러나 1250년 교황파가 다시 득세한 후 흰색 바탕에 붉은 백합화 장식으로 바뀌었다. 단테는 교황파였기 때문에 피렌체의 휘장이 다시 붉

단테의《신곡》천국 편 제16곡 145~147행의 내용이 베키오 다리 위에 현판으로 걸려 있다.

붉은 백합의 도시, 피렌체

은색 바탕이 되지 않는 것, 즉 황제파의 도시가 되지 않는 것이 피렌체에 평화를 가져온다고 믿었다. 베키오 다리에서 흘러내린 부온델몬테의 피가 흰 백합화를 붉게 물들이면서 피렌체 역사가 시작되었다.

부온델몬티 가문과 우베르티 가문의 반목은 베키오 다리의 유혈사태로 끝나지 않았다. 부온델몬티 가문은 피의 복수를 다짐했다. 세월이 흘러 1239년, 베키오 다리 살인 사건이 일어난 지 24년이 지났을 때였다. 이번에는 부온델몬티 가문이 우베르티 가문을 몰살한다.

피렌체 공식 휘장을 들고 행진하는 모습. 흰 바탕에 붉은 백합화가 장식되어 있다.

라이니에리 데 부온델몬티Rainieri de' Buondelmonti는 자기 딸과 우베르티 가문의 아들을 결혼시켜 두 가문의 대립과 반목을 끝내자고 제안했다.**9** 물론 피의 복수를 위한 계략이었다. 두 사람의 결혼식이 끝나고 피로연이 펼쳐지고 있을 때, 부온델몬티 가문에서 보낸 자객들이 난입해 우베르티 가문 사람들을 살해했다. 이번에도 흥겨운 결혼식장이 참혹한 장례식장으로 바뀌었다. 교황파 자객들은 결혼식을 축하하기 위해 찾아온 다른 황제파 가문 사람들까지 죽여버렸다. 이 결혼식장 몰살 사건과 더불어 1250년 신성로마제국의 황제 프리드리히 2세Friedrich II (1220~1250년 재위)가 사망함으로써 피렌체의 황제파는 몰락의 길을 걷게 된다. 황제파의 구심점인 황제가 서거했기 때문이다. 결혼식 연회에 참석하지 않았던 일부 우베르티 가문 사람들은 다른 황제파 사람들과 함께 피렌체에서 추방되었다.

그러나 피는 다시 피를 부르는 법. 복수의 이야기는 여기서 멈추지 않는다. 북유럽 국가의 귀족들처럼, 이탈리아 피렌체에서도 귀족들은 폭력 행사로 자긍심을 표현했다. 당시에는 가족의 일원이 모욕을 당했을 때 끝까지 복수하는 관행이 귀족들 사이의 기사도 정신으로 간주될 정도였다.**10** 복수하지 않으면 귀족이 아니다. 이번에는 다시 우베르티 가문이 복수할 차례가 돌아왔다.

1260년 9월, 피렌체에서 추방을 당했던 파리나타 델리 우베르티Farinata degli Uberti는 황제파 군대를 이끌고 몬타페르티Montaperti 전투의 선두에 섰다. 교황파가 집권하고 있던 피렌체와 황제파가 집권하고 있던 시에나가 맞붙은 전투였다. 한때 피렌체 황제파의 우두머리였던 우베르티 가문은 조국을 배신하고 시에나 편에 서서 피렌체 교황파와 치열하게 싸웠다. 신성로마제국은 나폴리 국왕의 조언을 받고 시에나에 독일 기사들을 용병으로 파견해주었다. 황제가 황제파를 도운 것은 당연한 일이었으나, 자국 군대를 가지지 못한 피렌체의 교황파에게는 매우 불리한 형국이 펼쳐졌다.

결국 피렌체의 교황파는 몬타페르티 전투에서 참패를 당했다. 시에나에서는 600여 명이 희생되었지만 피렌체에서는 약 1만 명이 전사했다. 전투에서 붉은 백합화가 그려진 피렌체의 휘장을 노획한 시에나(현재 이 휘장의 깃대는 시에나 대성당Duomo di Siena에 전리품으로 전시되어 있다)는 기세를 몰아 피렌체까지 진격했다. 시에나와 독일 용병들은 로마가 카르타고를 초토화했던 것처럼 피렌체를 아예 지도에서 지워버리자고 주장했지만, 사령관이었던 파리나타는 이것을 단호하게 물리쳤다. 자신은 황제파이기 이전에 먼저 피렌체 사람이라는 것을 강조하면서, 도시를 초토화하는 대신 교황파 가문들의 저택을 약탈하는 것으로 타협을 보았다. 그들은 교황파 가문들의 재산을 모두 빼앗고 저택 103채, 일반 주택 580채, 탑 85개를 무너트리거나 불태웠다. 이번에는 교황파 귀족 가문들의 생존자들이 피렌체 밖으로 추방되었다.

그러나 황제파의 집권은 오래가지 못했다. 교황파는 불과 6년 후인 1266년에 군대를 일으켜 피렌체를 탈환한다. 힘을 회복해 다시 돌아온 교황파가 제일 먼저 달려간 곳은 피렌체 황제파의 수장인 우베르티 가문의 저택이었다. 웅장했던 저택은 철저하게 파괴되었다. 피렌체의 지도를 펼쳐놓고 보면, 베키오 다리는 시뇨리아 정청과 일직선으로 연결되는 광장에 건축되지 않았고 한 블록 빗겨나 있다. 이렇게 불편하게 도시를 설계한 이유가 있다. 피렌체를 다시 차지하게 된 교황파가 우베르티 가문의 저택을 무너뜨린 것을 기념하기 위해 그곳에 시뇨리아 정청을 새로 건축했기 때문이다.

베키오 다리에서 시작된 피렌체의 피로 물든 역사는 수많은 사람에게 악몽으로 기억되었다. 단테는 결혼식 행렬이 장례식 행렬로 바뀐 베키오 다리에서의 비극과 그 후 이어진 황제파와 교황파의 거듭된 보복이 피렌체를 불행의 역사로 몰아넣었다는 동시대인들의 해석에 동의했다. 단테는 지옥 편 제8원의 아홉 번째 구덩이에서 불화와 폭력을 일으켜 다른 사람들을 희생시킨 인간 군상들을 등장시키는데, 그중의 1명이 바로 부온델몬테를 암살하는 데 동참했던 모스카 데이 람베르티다. 그러나 결국 그도 교황파의 보복을 당해 양팔을 잃게 된다. 단테는 그의 비참한 모습을 이렇게 소개한다.

> 양손이 다 잘린 다른 한 놈은
> 짤막한 팔을 어두운 하늘을 향해 쳐들고
> 얼굴이 피투성이가 된 채 소리를 질렀다.
> 그대는 "정해진 일은 단행되어야 한다"고 말했던
> 모스카를 기억하라! 아아!
> 그의 말은 토스카나 사람들에겐 불행의 씨앗이었다.[11]

우리 가이드 마키아벨리는 힘주어 말한다. 피렌체는 반목과 갈등을 거듭하던 귀족 가문의 몰락으로부터 시작되었다고. 베키오 다리에 피가 뿌려졌을 때 피렌체에 불행의 씨앗이 뿌려졌다고. 이제 귀족의 시대는 피렌체에서 끝이 났다. 서로 죽고 죽이며, 피의 보복을 거듭한 결과였다. 우리 가이드 마키아벨리는 베키오 다리에서 한동안 흘러가는 강물을 내려보다가, 이렇게 말한다.

"이제 피렌체는 평민들의 도시로 변하게 됩니다. 귀족의 시대는 끝이 났습니다. 이 베키오 다리에서 일어난 살인 사건은 어쩌면 앞으로 펼쳐질 피렌체 역사의 축소판인지 모릅니다. 역사의 주인공들이 귀족에서 평민으로 바뀐 것뿐, 피렌체에서는 평민들 사이에서도 피의 투쟁이 시작됩니다. 그럼, 우리 다음 장소로 이동할까요? 피렌체 평민들의 정치 공간, 시뇨리아 광장Piazza della Signoria입니다. 여기서 그리 멀지 않습니다. 자, 절따라서 오실까요?"

우베르티 가문의 저택을 허물고 세워진 시뇨리아 정청. 피비린내 나는 권력 투쟁이 이어졌던 피렌체의 역사를 상징적으로 보여주는 건물이다.

2장

시뇨리아 광장

자유 만세! 피렌체 만세!

시뇨리아 정청의
안과 밖

 시뇨리아 정청은 '평민의 정청Palazzo del Popolo'으로도 불린다. 이 이름만으로도 이곳이 피렌체 평민의 자유를 선포했던 공간임을 확인할 수 있다. 앞 장에서 설명한 대로 1266년, 교황파는 피렌체를 탈환하고 이곳에 있던 우베르티 가문의 저택을 허물었다.[1] 권력을 잡은 교황파는 1299년 피렌체 두오모 공사를 총괄하고 있던 건축가 아르놀포 디 캄비오Arnolfo di Cambio(1240~1300/1310년 추정)에게 건축을 맡겼다. 아르놀포는 우베르티 저택과 붙어 있던 포라보스키Foraboschi 저택의 탑을 새로 건축한 시뇨리아 정청 건물에 편입시켰고, 그때부터 이 종탑은 바카La Vacca(황소)라 불리게 된다. 종소리가 황소 우는 소리처럼 들린다고 해서 붙여진 이름이다. 정문 상단에는 IHS로 표기된 그리스도의 모노그램과 "왕 중의 왕, 구세주 중의 구세주Rex Regum et Dominus Dominantium"라는 라틴어 경구가 새겨져 있고 시뇨리아의 권력을 상징하는 2마리 사자가 좌우에 배치되어 있다.

 정문 안으로 들어서면 작은 중정이 펼쳐지는데, 15세기 중엽에 미켈로초 디 바르톨롬메오 미켈로치Michelozzo di Bartolomeo Michelozzi가 설계한 것을 바탕으로 16세기에 조르조 바사리가 확장한 공간이다.[2] 피렌체 예술에 대한 책이 아니기 때문에, 이쯤 해서 아쉬운 발걸음을 시뇨리아 정청 밖으로 돌릴 수밖에 없다. 미켈란젤로와 레오나르도 다 빈치의 작품이 숨어 있는 500인 대회의장이나 마키아벨리의 집무실 등은 이 책의 뒷부분에서 다시 방문하게 될 것이다.

다시 시뇨리아 정청의 정문을 통과해서 밖으로 나오면 미켈란젤로의 〈다비드〉가 오른쪽에 늠름한 자태를 뽐내며 서 있다. 이 유명한 조각상은 1504년부터 1873년까지 시뇨리아 정청을 지키는 거대한 경비병처럼 서 있다가, 보존을 위해 아카데미아 박물관Galleria dell'Accademia으로 옮겨졌다. 현재 시뇨리아 정청 입구에 서 있는 〈다비드〉는 복제품이다. 미켈란젤로는 다비드를 거인 골리앗을 죽인 승리자의 모습으로 조각하지 않고, 적을 뚫어지게 노려보고 있는 소년의 모습으로 조각했다. 여러 가지 다양한 해석이 있지만, 지금 소년 다비드가 눈을 부라리고 있는 대상은 끊임없이 피렌체 평민의 자유를 빼앗으려고 했던 귀족들의 동태다. 자유를 빼앗는 자는 누구든지 돌팔매질로 일격을 가하겠다는 피렌체 평민들의 결심이 보인다. 미간을 잔뜩 찌푸린 다비드는 거인처럼 서서 시뇨리아 광장을 오가는 사람들을 노려보고 있다. 두 눈에 쌍심지를 켜고 귀족들의 행태를 감시하는 목동 다비드야말로 자유를 목숨보다 소중히 여기는 피렌체 평민의 상징이다.

피렌체는 로마나 베네치아와는 근본이 다른 도시다. 로마처럼 제국의 수도도 아니고, 베네치아처럼 해상 무역을 위해 바다만 바라보고 사는 곳도 아니다. 근본이 달랐으니 세월이 흘러 갖추어진 나라의 생김새 또한 완전히 다를 수밖에 없었다. 피렌체가 단테, 미켈란젤로, 마키아벨리를 탄생시킬 수 있었던 것은 도시의 근본이 달랐기 때문이다. 피렌체는 평민의 도시로 출발했다. 피렌체는 평민들이 만세를 부르던 곳이었으니, 그들의 함성 속에서 귀족들은 세력을 상실해갔다.

　1216년 베키오 다리의 비극 이후, 귀족들은 서로 죽고 죽이다가 자멸해갔다. 피렌체에서 '노빌리스Nobilis' 혹은 '마그나스Magnas'로 불리던 귀족 가문들에게는 13세기 후반부터 '엑스 노빌리시미스 파밀리스ex nobilissimis familiis'라는 다소 경멸적인 명칭이 붙었다. 대충 '옛 시대의 사람들'이라는 뜻이다. 이탈리아와 유럽 전역에서 귀족들이 공고한 세습적 권력을 아직 유지하고 있던 13세기, 피렌체에서는 딴 세상이 펼쳐지고 있었던 것이다.

　로마의 경우를 보자. 유서 깊은 오르시니Orsini와 콜론나Colonna 가문을 필두로 체사리니Cesarini, 보르게세Borghese, 알도브란디니Aldobrandini, 루도

비시Ludovisi, 주스티니아니Giustiniani, 팜필리Pamphili, 바르베리니Barberini 등의 전통 귀족 가문들이 로마의 부와 권력을 독점하고 있었다. 수많은 교황이 로마의 귀족 가문에서 배출되었다. 베네치아의 경우는 더 심했다. 베네치아가 상업과 무역의 도시이기 때문에 상인 계급이 주도한 것처럼 보이지만 사실은 그렇지 않다. 베네치아는 철저한 귀족 중심의 도시국가였다. 지금도 베네치아의 두칼레 궁전Palazzo Ducale에 보관되어 있는 《황금의 책Libro d'Oro》은 1297년에 결정된 베네치아의 귀족 명부다. 이 귀족 명부에 이름을 올리지 못한 가문의 사람은 베네치아의 주요 정책을 결정하는 대회의장에 입장조차 허락되지 않았다. 베네치아의 최고 통치권자인 '도제'로 선출될 수 있는 후보는 전통 귀족 가문 59개 출신으로 제한되었다. 그중에서도 콘타리니Contarini, 모체니고Mocenigo, 모로시니Morosini, 단돌로Dandolo, 코르네르Corner 등의 전통 귀족 가문은 여러 명의 도제를 배출하며 실권을 장악했다.

그러나 피렌체는 달랐다. 전통 귀족으로 간주되던 교황파 당수 부온델몬티 가문과 황제파 당수 우베르티 가문은 서로 피를 부르는 복수극을 펼치다가 함께 괴멸되고 말았다. 그 이후부터 권력을 좌지우지한 사람들은 '유력한 평민들Grandi popolani'이었다. 메디치 가문이 등장하면서 15세기 중엽부터 권력 독점이 발생했지만, 메디치 가문 역시 평민 출신이었다는 사실을 기억해야 한다. 그래서 피렌체는 '자유'를 이 세상의 어떤 가치보다 더 소중하게 여겼다. 여기서 자유란 당연히 평민들이 누리는 자유를 의미했다. 더 정확하게 말하자면 더 이상 귀족이나 유력자들의 지배를 받지 않을 권리다. 피렌체의 평민들은 황제파든 교황파든 어떤 가문의 귀족정aristocracy도 자유의 이름으로 모두 배척했다.

그러나 이들이 자유의 가치를 어떻게 지켜나가야 할지 잘 모른다는 것이 문제였다. 지배를 받지 않기 위해서는 지배의 논리를 알아야 하는데, 평민들에게 그런 교육이 되어 있지 않았다. 또한 자유는 자칫 방종과 무질서로 이어지기 쉽다. 귀족들은 이런 자유의 위험성을 누구보다 잘 알고 있었고, 그래서 권력 집중만이 이런 자유의 부작용을 막을 수 있다고 늘 주장해왔다. 뛰어난 소수가 지배하는 것이 다수의 지배로 인한 혼란과 무질서를 막을 수 있다! 그러나 13세기 후반부터 피렌체 평민들은 이런 옛 귀족들의 설득에 넘어가지 않았다. 이를 소수의 지배를 계속 유지하기 위한 귀족들의 술수이자 궤변으로 보았다.

피렌체 평민들의 자유를 위한 공간, 시뇨리아 광장.

붉은 백합의 도시, 피렌체

자유를 지키기 위한 피렌체 평민들의 눈빛이 빛나던 곳, 가히 적의라고 부를 수 있을 만큼 의심에 찬 시선으로 귀족들의 동태를 노려보던 곳, 그곳이 우리가 방문해야 할 다음 목적지다. 우리들의 명민한 가이드 마키아벨리가 이제부터 우리를 그곳으로 인도할 것이다. 황제파 귀족 가문이었던 우베르티의 거대한 저택을 무너뜨리고 세운 자유의 상징, 시뇨리아 정청이다. 베키오 다리를 지나 2~3분만 발걸음을 옮기면 큰 광장이 나오고, 그곳에서 우리는 거대한 시뇨리아 정청을 만나게 된다.

시뇨리아 정청이 탄생한 순간

마키아벨리가 들려주는 시뇨리아 정청 이야기는 자유를 지키기 위해 투쟁하던 평민들의 숨 막히는 드라마로 시작된다. 앞 장에서 우리는 1266년에 교황파가 도시를 다시 탈환하고 황제파를 몰아냈다는 설명을 들었다. 피렌체는 이제 교황파 귀족의 세상이 되었다. 그러나 역사가 거듭해서 보여주는 것처럼, 절대 권력은 절대 부패로 이어진다. 권력을 손에 쥐게 된 교황파 귀족들은 오만한 행동을 일삼았다. 권력의 전횡을 목격하던 평민들은 귀족들의 약점을 잘 알고 있었다. 그들은 언제나 수적인 열세에 놓여 있다. 바로 이 점을 노린 피렌체 평민들은 새로운 제도를 만들었다. 당시의 상황을 우리 가이드의 음성으로 직접 들어보자.

때는 바야흐로 1282년이었다. 행정장관직과 부대를 통솔할 힘이 '조합 연맹Corpi delle Arti'에 주어지자, 이들의 평판은 크게 높아졌다. 이때부터 조합 연맹은 자신들의 권한으로 14명의 '마지스트라티Magistrati' 대신 3명의 '프리오리Priori'를 임명했다. 그들은 2달 동안 공화국을 통치했는데, 상인이거나 기술을 익힌 사람이면 평민이든 귀족이든 누구나 프리오리가 될 수 있었다. 첫 임기가 끝난 후 프리오리는 6명으로 늘었고, 도시의 6개 구역에서 각각 1명씩 임명되었다. 그 수는 1342년까지 계속 유지되다가, 1342년에 도시가 다시 크게 4개의 구역으로 조정되자 각 구역에서 2명씩 총 8명으로 증가했다. 하지만 이 시기에는 비상 사건들로 인해 때때로 12명의 프리오리가 임명되기도 했다.[3]

이것은 혁명적인 변화였다. 1282년부터 시작된 이 정치적 변화는 귀족이 아니라 "상인이거나 기술을 익힌 사람"들이 피렌체의 권력을 주도했다는 사실을 보여준다. 아무리 귀족 출신이라고 해도 "상인이거나 기술을 익힌 사람"만이 프리오리, 즉 피렌체의 선출직 행정장관이 될 수 있었다. 그동안 귀족들이 나누어 가졌던 장관직 14명의 권력은 완전히 해체되었고 "상인이거나 기술을 익힌 사람" 3명이 피렌체를 통치한 것이다. 그렇다면 어떤 조합에서 이 프리오리를 배출할 수 있었을까? 먼저 '큰 조합'으로 번역할 수 있는 아르티 마조리Arti Maggiori 7개는 다음과 같다. 괄호 안은 그 조합의 문양이다.

직조 조합(독수리)
양모 조합(양)
은행 조합(플로린 금화)
비단 조합(금고)
법률 조합(별)
약제 조합(성모자상)
모피 조합(양과 족제비 털)

붉은 백합의 도시, 피렌체

피렌체의 권력은 아르티 마조리에서 나왔다. 이들은 '유력한 평민들'로 불리며 전통 귀족들이 축출당하고 나서 생긴 권력의 빈자리를 빠르게 메꾸어갔다. 전통 귀족들이 영지를 기반으로 한 농업 중심이었다면 아르티 마조리는 피렌체의 주요 산업을 일으켜 부를 축적한 신흥 상공인들이 주축을 이루었다. 12세기 말부터 피렌체 역사 기록에 등장하는 7개의 큰 조합은 구성원들의 정치적 단합과 관련 산업의 보호를 위해 만들어졌다. 피렌체의 산업이 발전되고 분화되면서 14개의 조합이 추가로 결성되었는데 이를 '작은 조합'이라는 뜻으로 아르티 미노리Arti Minori 라 부른다.**4**

도축 조합(숫양)

철공 조합(집게)

제화 조합(흑백 줄무늬)

석공 조합(도끼)

리넨 조합(적백 방패)

양조 조합(붉은 포도주 잔)

숙박 조합(흰 바탕에 붉은 별)

가죽 처리와 염색 조합(흑백 방패)

올리브와 곡식 유통 조합(올리브를 든 붉은 사자)

안장 조합(아랫부분의 붉은 물결)

자물쇠 조합(2개의 열쇠와 후드)

무기 제작 조합(칼과 갑옷)

목공 조합(나무와 옷장)

제빵 조합(붉은 바탕에 흰 별)

이들 조합은 시간이 지나면서 '중간 조합'이라는 뜻의 아르티 메디아네Arti Mediane와 아르티 미노리로 분화된다. 초기에 아르티 미노리에 속했던 도축, 철공, 제화, 석공, 리넨 조합이 나중에 아르티 메디아네로 독립했다. 일종의 신분 상승으로 보면 된다. 이 아르티 메디아네는 시뇨리아를 구성할 때 아르티 마조리에 버금가는 권리를 누리게 된다. 어쨌든 마키아벨리의 설명대로 1282년부터 3명의 프리오리들이 각 직능을 대표한 조합에서 선출되면서 피렌체의 권력 중심축은 귀족에서 평민에게로 넘어갔다. 정확하게 말하자면, "상인이거나 기술을 익힌 사람"이 피렌체의 주인이 된 것이다. 마키아벨리는 이 권력 이동의 중요성을 예리하게 관찰했고, 그 의미를 아래와 같이 설명한다.

곧 보게 되는 것처럼, 이 행정장관직이 바로 귀족의 몰락을 초래한 원인이 되었다. 왜냐하면 평민들은 이런저런 구실들로 귀족들을 행정장관직에서 배제했고, 결국 귀족들은 아무런 존중도 받지 못하고 파멸했기 때문이다. 서로 대립하고 있던 귀족들은 처음에는 이런 변화에 저항하지 않았고, 그래서 귀족들끼리 서로 정부를 빼앗으려 애쓰다가, 마침내 그들 모두 권력을 잃고 말았다. 이전에 행정장관들이나 평의회는 성당에서 회의를 여는 것이 관례였다. 그러나 새 행정장관들에게는 계속 거주할 수 있는 궁도 하나 배정되었고 필요한 관리들도 붙었다. (⋯) 처음에 행정장관들은 단순히 프리오리라고 불렸지만, 나중에는 자신들에게 더 큰 영예를 부여하기 위해 스스로 '시뇨리Signori(각하들)'라는 칭호를 추가했다.[5]

마키아벨리의《피렌체사》에서 어쩌면 가장 중요한 부분일 것이다. "이 행정장관직이 바로 귀족의 몰락을 초래한 원인이 되었다"라는 구절은 피렌체 역사를 이해하는 출발점이다. 조합의 대표였던 이 행정장관들을 처음에는 프리오리로 부르다가 나중에 존중의 의미로 시뇨리로 부르게 되었고, 여기서 '시뇨리아'가 탄생한 것이다. 물론 초기에는 이 시뇨리아에 옛 귀족이 참여할 때도 있었지만, 언제나 절대 권력은 조합 출신의 "상인이거나 기술을 익힌 사람" 즉 평민에게 있었다. 시뇨리아가 설치된 이후의 모습을 마키아벨리는 이렇게 설명한다.

> 외부의 전쟁과 내부의 평화로 인해 피렌체에서 황제파와 교황파는 거의 소멸했지만, 모든 도시의 귀족과 평민 사이에 널리 퍼진 그런 갈등은 피렌체에서도 여전히 타오르고 있었다. 평민들은 법에 따라 자유롭게 살기를 원하고, 귀족들은 법을 매개로 평민들을 지배하기를 원하기 때문에, 양측이 오랫동안 서로 좋은 관계를 유지하는 것은 어떻게 보면 가능하지 않다. (…) 매일 평민 중 누군가가 침해를 당했지만, 법도 행정장관들도 그의 원수를 갚지 못했다. 왜냐하면 모든 귀족이 친척이나 친구의 도움을 받아, 프리오리와 '민중의 지도자Capitano del Popolo'의 권한에 맞서 자신을 변호했기 때문이다. 이런 폐단을 없애기 위해 조합의 수장들은, 각 시뇨리가 2달의 임기를 시작할 때 평민 중에서 '정의의 곤팔로니에레Gonfaloniere di Giustizia'를 1명 임명하고, 그에게 20개 부대에 등록된 1,000명의 군사를 내주어야 하며, 정의의 곤팔로니에레는 프리오리나 민중의 지도자가 부르면 자신의 깃발 아래 모인 1,000명의 무장 병력을 이끌고 언제라도 법을 집행할 준비를 해야 한다는 법을 통과시켰다.[6]

이 설명을 통해 권력을 빼앗긴 귀족들이 처음에는 순순히 물러서지 않았다는 것을 확인할 수 있다. 그동안 누려온 특혜가 얼만데, 그 권리를 쉽게 포기하겠는가? 권력은 평민들에게 넘어갔지만, 여전히 연줄로 얽혀 있는 피렌체에서 귀족들은 교묘하게 법과 제도의 허점을 노렸다. 이에 맞서기 위해 평민들도 자구책을 강구했다. 정의의 깃발을 든 곤팔로니에레로 하여금 시뇨리아의 권리, 즉 평민의 권리를 무력으로 보호하기 시작했다. 곤팔로니에레의 명령을 따르는 병력은 이후 1,000명에서 4,000명까지 늘어났다. 이 병사들의 임무는 평민의 자유를 보호하는 것이었다. 아예 시뇨리아 정청의 1층에 그들의 상주를 위한 숙소까지 마련되었다.

첫 번째 정의의 곤팔로니에레로 선출된 우발도 루폴리Ubaldo Ruffoli는 시뇨리아의 요직을 차지하고 있던 일부 귀족들을 모두 축출했다. 우발도 루

피렌체에서 가장 강력한 아르티 마조리 중의 하나였던 양모 조합의 문장.
안드레아 델라 로비아Andrea della Robbia가 1487년에 테라코타로 제작했으며 두오모
오페라 박물관Museo dell'Opera del Duomo에 전시되어 있다.

붉은 백합의 도시, 피렌체

폴리와 함께 피렌체의 첫 번째 시뇨리아를 장악했던 평민 정부의 지도자들은 만치니Mancini, 마갈로티Magalotti, 알토비티Altoviti, 페루치Peruzzi, 체레타니Cerretani 등 평민 가문 출신들이었다.**7** 출생 신분이 아니라 "상인이거나 기술을 익힌 사람"이 자유를 누릴 수 있는 도시국가가 탄생한 것이다.

피렌체 시뇨리아는 입법권과 사법권을 동시에 통제하는 막강한 권력을 가지고 있었다. 외국과 동맹을 체결하거나 전쟁을 선포하는 것도 시뇨리아의 소관이었다. 프리오리의 숫자는 때에 따라 늘거나 줄었지만, 항상 이들이 최종 결정권을 쥐고 있었다. 프리오리를 선출하는 방식도 민주적이었다. 각 조합에 포함된 30세 이상의 모든 성인 남성의 이름을 투표 주머니 안에 넣고, 무작위로 뽑았다. 이들은 반드시 시뇨리아 정청에서 합숙하며 2달 동안 철저하게 격리된 생활을 했다. 보통 시뇨리아는 8명의 프리오리와 1명의 곤팔로니에레로 구성되는 집행부(이를 줄여

시뇨리아 광장에 집결한 피렌체 시뇨리아 군대의 재현 장면.

서 '시뇨리아'로 부르기도 한다. 임기 2개월), 4개 지역구Sestieri 대표라고 할 수 있는 '12인의 선한 자Dodici Buonomini (임기 3개월)' 그리고 4개 지역구 기수단(각 4명으로 총 16명, 임기 4개월)으로 구성되어 있었다.**8** 이 기구들을 합쳐 '트레 마조리Tre Maggiori (중요한 3개의 기구)'라 불렀다. 귀족의 통치는 끝나고 트레 마조리의 시대, 즉 '유력한 평민들'이 주도하는 시대가 개막된 것이다.

그리고 1300년, 한 남자가 시뇨리아 정청에 당당하게 들어섰다. 한때 피렌체를 풍미한 사랑의 서정 시인이었던 그는 이제 프리오리로 임명되면서 정치가로 변신했다. 그를 처음 본 사람들은 우뚝 솟은 코와 네모진 턱을 보며 강인한 성품의 인물일 것이라고 짐작했으리라. 그 신임 프리오리의 이름은 단테 알리기에리. "중세의 장송곡"이라 일컬어지는《신곡》의 저자다.

붉은 백합의 도시, 피렌체

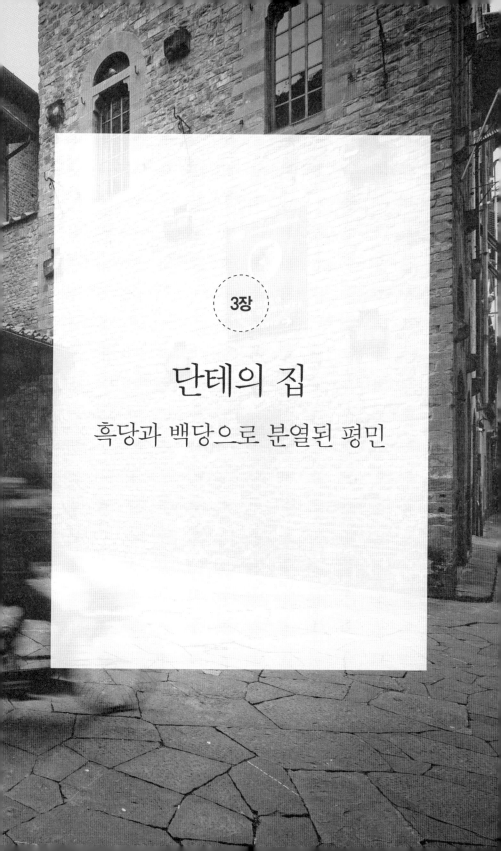

3장

단테의 집

흑당과 백당으로 분열된 평민

단테의 집에
단테가 살았을까?

　산타 크로체 성당에 있는 단테의 영묘는 비어 있다. 마찬가지로 단테의 생가Casa di Dante도 텅 비어 있다. 단테가 정치적 이유로 추방당해 다른 지역에서 사망했고 유해도 그곳에 잠들어 있기 때문이다. 피렌체 관광 당국은 단테의 유해가 돌아오지 못하고 있으니 단테의 생가라도 조성해야겠다고 판단했고, 추방당하기 전 단테가 살았던 집을 복원하기로 했다. 우선 단테의 집을 찾기 위한 조사가 시작되었다. 이 조사는 1865년부터 약 2년에 걸쳐 진행되었고, 연구자들은 카스타냐 탑Torre della Castagna과 산타 마르게리타 데 체르키 성당Chiesa di Santa Margherita de' Cerchi 사이에 있는 작은 저택이 단테의 생가일 것이라는 결론을 내렸다.

　단테의 생가를 찾는 작업은 단테가 직접 써둔 "바디아 피오렌티나 성당Badia Fiorentina의 그림자 아래에서 태어났다"는 글에서 시작되었다. 또 산 마리노 교구가 알리기에리 가문을 상대로 낸 소송의 자료도 중요한 단서가 되었다. 알리기에리 가문의 집 안에서 자라던 나무뿌리가 울타리를 파고 들어가 인근 성당의 담장이 훼손되었기 때문에 벌어진 법적 다툼이었다. 이런 역사 자료를 바탕으로 연구를 거듭해 1911년 지금의 '단테의 집' 박물관이 문을 열게 되었다. 그러나 단테의 집이라는 이름과는 달리, 이 박물관은 단테가 실제 태어났거나 거주했던 건물이 아닐 확률이 높다. 단테의 사망 이후 그의 형제 프란체스코가 생가 일부를 매각했다는 기록이 남아 있고, 나머지 부분 또한 후손들의 보수 작업으로 원래 모습을 잃어간 것으로 추정된다. 단테의 집은 단테 생가가 있었던 곳으로 짐작되는 지역의 저택들을 허물고 새로 세운 20세기의 건축물이다. 실제 단테의 생가는 박물관 앞에 있는 산 마르티노 광장Piazza San Martino에 있었을 것이라는 설이 유력하다.

단테의 집 외관.

나쁜 짓은 욕하면서 배우는 법

이제 피렌체는 평민들의 도시가 되었다. 로마나 베네치아처럼 귀족이 지배하는 봉건 도시국가가 아니라 "상인이거나 기술을 익힌 사람"이 주인이 된 자유와 평등의 도시로 재탄생했다. 부모를 잘 만난 금수저들만 출세가 보장된 곳이 아니라 누구든 노력하면 성공할 수 있는 역동적인 도시의 터전이 마련된 것이다. 그러나 그것이 마냥 좋은 일이었을까? 평민의 도시 피렌체는 귀족들이 다스릴 때보다 더 살기 좋은 곳이 되었을까?

도시의 주인이 된 평민들은 자유를 획득하기는 했으나, 자유를 어떻게 유지해야 할지 몰랐다. 평민들이 피렌체를 차지했다고 해서, 귀족들이 다스리던 때보다 더 효율적인 도시로 변하지는 않았다. 마키아벨리를 포함한 피렌체의 많은 역사가가 이 점을 통탄해 마지않았다. 무엇보다 아쉬운 점은 귀족의 권리를 빼앗은 평민들이 귀족의 구습을 닮아가기 시작했다는 것이다. 시뇨리아를 장악한 평민들은 14세기로 접어들면서, 어쭙잖게 귀족 흉내를 내기 시작했다. 욕하면서 배운다는 말이 있다. 원수와 싸우면서 원수를 닮아가는 현상. 피렌체 평민들이 딱 그랬다.

붉은 백합의 도시, 피렌체

물론 불가피한 측면도 있었다. 귀족을 몰아내고 평민들이 권력을 잡았지만, 여전히 피렌체의 경제권은 귀족들 손에 놓여 있었다. 그들은 전통 지주 계급이었고, 또 거대 은행을 소유한 가문들도 많았다. 피렌체 도심의 많은 건물들이 귀족 소유였기 때문에, 평민들은 어떤 방식으로든지 그들과 거래를 해야만 했다. 상업 도시였던 피렌체에서 상점을 열자면 귀족들의 건물을 임대해야 했다. 앞에서는 귀족들을 무시하는 태도를 취했지만, 뒤에서는 그들에게 잘 보이려 노력해야 했다. 결혼으로 얽힌 혈연도 평민과 귀족의 관계를 애매모호하게 만들었다. 주고받는 지참금 속에 싹트는 우정도 무시하지 못할 변수였다. 자연스럽게 두 계층 간의 묵시적인 합의가 이루어졌다. 피렌체의 평민들은 시간이 지나면서 그들이 그토록 싫어하고 경계하던 귀족들의 행태를 따라 하기 시작했다. 욕하면서 배우는 것이 인류의 변치 않는 학습 방법이다. 이제 평민들도 서로 권력을 차지하기 위해 패를 갈라 싸우기 시작했다. 경쟁자를 악의 세력으로 몰아붙이고, 사소한 잘못에도 명목상의 법과 정의를 들이대며 상대방을 파괴하려 드는 귀족들의 고질병이 재현된 것이다.

피렌체 평민의 권력 투쟁과 동반 타락은 엉뚱하게도 피스토이아Pistoia라는 인근 도시에서 시작된다. 피스토이아는 피렌체에서 북서쪽으로 약 30킬로미터 정도 떨어져 있는 작은 위성도시다. 대로 교황파에 속했던 이 도시에 칸첼리에레Cancelliere라는 유력한 사람이 있었는데, 아내가 2명이었다. 한 아내의 이름이 비안카(흰색이라는 뜻)였기 때문에, 그녀에게서 태어난 자녀들은 모두 '비안키'로 불렸다. 다른 아내는 비안카와 반대되는 네라(검은색이라는 뜻)로 불렸는데, 자연히 그 자녀들은 '네리'로 불렸다. 이 후손들로 인해 교황파가 비안키파(백당)와 네리파(흑당)로 분열되었다. 1300년 일어난 피스토이아의 분열은 곧 같은 교황파 도시인 피렌체로 확산되었다. 단테는 이 분열의 도시 피스토이아를 저주하고 있다.

> 피스토이아, 아, 피스토이아, 너는 어찌하여
> 불에 타올라 한 줌 재가 되어 사라지지 않는가?
> 죄를 지음에 있어 너의 조상이 뿌린 씨앗을 능가하는데.[1]

《신곡》의 지옥 편 제25곡에서, 단테는 지금 피스토이아에 저주를 퍼붓고 있다. 피렌체에서 추방되어 객지를 떠돌아다녔던 단테로서는 피스토이아가 원망스러웠을 것이다. 불에 타서 한 줌 재로 사라져야 할 도시였다. 왜냐하면 교황파 흑당이 주도하던 피렌체 재판정이 백당에 속했던 단테를 추방했기 때문이다. 그가 견뎌야 했던 모든 고난의 출발점이 피스토이아에서 일어난 교황파의 분열이었던 것이다.[2]

어쨌든 피스토이아의 칸첼리에레 가문은 14세기 초반에 피렌체로 집단 이주했다. 이때 흑당과 백당의 분열이 피렌체로 옮겨갔으니 갈등의 씨앗이 피렌체에 파종되었다. 흑당은 코르소 도나티Corso Donati를 찾아갔고, 백당은 비에리 데 체르키Vieri de' Cerchi를 찾아갔다. 둘 다 피렌체의 옛 귀족들이었다. 이들은 평민들에게 권력을 넘겨주었지만 교황파의 당수 자리는 계속 유지하고 있었다. 결국 14세기 초반 피렌체에는 평민이 권력을 잡은 가운데 옛 귀족들이 백당과 흑당으로 갈라져서 싸움을 계속하는 형국이 펼쳐진 것이다. 평민이 주도하던 시뇨리아도 옛 귀족들과 어떻게든 거래를 해야 했으므로 이 귀족들의 분열에 가세하게 된다. 우리 가이드 마키아벨리는 두 진영으로 분열된 당시의 상황을 《피렌체사》에 다음과 같이 정리해놓았다.[3]

마키아벨리가 굳이 각 당파에 속했던 가문의 이름을 기록해둔 것은 이

당수 가문	교황파 백당(비앙키) 가문	교황파 흑당(네리) 가문
	체르키(비에리 데 체르키)	도나티(코르소 도나티)
전체 가담 가문	아디마리Adimari, 아바티Abati, 모치Mozzi, 스칼리Scali, 게라르디니Gherardini, 카발칸티Cavalcanti, 말레스피니Malespini, 보스티키Bostiki, 잔도나티Giandonati, 베키에티Vecchietti, 아리구치	파치, 비스도미니Visdomini, 마니에리Manieri, 바니에시Banieci, 토르나퀸치Tornaquinci, 스피니Spini, 부온델몬티, 잔필리아치Gianfigliazzi, 브루넬레스키Brunelleschi
일부 가담 가문	토신기Tosinghi, 바르디, 로시Rossi, 프레스코발디Frescobaldi, 네를리Nerli, 만넬리Mannelli	토신기, 바르디, 로시, 프레스코발디, 네를리, 만넬리
협력 세력	피렌체에 남아 있던 황제파	

책이 도시의 공식 역사서로서 상세한 연대기적 정보를 담고 있어야 하기 때문이기도 하지만, 이 책을 주문했던 메디치 가문의 정책적 판단을 돕기 위해서였다. 사실 이 책이 헌정된 클레멘스 7세 교황에 대한 암살 시도(1522년)까지 있었으니, 그 사건에 연루된 사람들의 가문 역사를 조사해보는 의도도 있었을 것이다. 여기서 일단 강조해두고 싶은 점은 아직 메디치 가문의 이름이 드러나지 않고 있다는 것이다. 당시까지만 해도 메디치 가문은 역사의 표면에 드러나지 않았던 미미한 가문이었을 수도 있고, 의도적으로 마키아벨리가 명단에서 제외했을 수도 있다.

단테의 아내는 흑당의 당수 가문 출신

위 명단에서 우리는 단테가 속했던 알리기에리 가문의 이름도 찾을 수 없다. 알리기에리 가문은 피렌체에서 고리대금업을 하던 중산층이었고, 교황파 백당에 속해 있었다. 메디치 가문처럼 알리기에리 가문도 피렌체에서 존재감이 크지 않았던 것으로 추정된다. 정확한 생년월일은 알 수 없지만, 학자들은 단테가 1265년경에 태어났다고 추정한다. 1266년부터 교황파가 다시 피렌체를 접수했으니, 단테의 성장 과정은 교황파의 통치 기간과 겹친다. 단테는 아버지의 강요로 교황파 흑당의 당수였던 도나티 가문의 딸 젬마 도나티Gemma Donati와 11살 때 결혼했다. 마키아벨리의 기록을 통해 새롭게 알게 된 사실은, 젬마가 흑당의 당수였던 코르소 도나티의 사촌 여동생이라는 것이다.

흑당의 당수였던 도나티 가문은 옛 귀족 세력을 대표하는 집단이었다. 수시로 사적인 보복을 일삼던 폭력 집단이었고, 용병 일로 벌어들인 돈을 부동산에 투자해서 피렌체 곳곳에 다수의 임대 주택을 소유하고 있던 부호였다. 그들이 백당의 당수 비에리 데 체르키와 갈등을 일으킨 것도 비에리가 도나티 가문의 저택 바로 옆에 부동산을 구매하면서 최고의 부동산 갑부였던 자신들의 자존심을 건드렸기 때문이다. 단테 집안도 도나티 가문의 세입자였다.

단테는 자신의 많은 책과 저술에서 아내 젬마의 이름을 한 번도 언급하지 않은 것으로 유명하다. 9살 때 만난 동갑내기 첫사랑 베아트리체Beatrice Portinari는 자신을 천국으로 인도하는 천사로 묘사했지만, 불쌍한 아내의 이름은 단 한 번도 언급하지 않았다. 단테는 아내의 가문에 대해서 잘 알고 있었지만, 그렇다고 도나티 가문을 무조건 싫어하지는 않았다.

《신곡》의 지옥, 연옥, 천국에 도나티 가문 사람들이 최소한 1명씩은 배정된 것을 보아, 어떤 사람은 좋아했고 어떤 사람은 미워했던 것 같다.

　단테가 지옥으로 던진 도나티 가문 사람은 흑당의 당수이자 아내의 사촌 오빠 코르소다. 백당의 신분으로 피렌체에서 추방을 당한 단테의 입장으로서는 반대파 도당의 두목을 지옥에 처넣어야 했을 것이다. 사실 코르소는 당대 기록을 남긴 역사가로부터 "로마의 반역자 카탈리나 같은 놈이지만, 좀 더 잔인한 악당" 혹은 "평민들의 적"으로 불렸다.**4** 단테는 코르소를 남의 소유물을 강탈한 도둑들이 영원한 형벌을 받는 지옥 제8원의 일곱 번째 구덩이에 등장시킨다. 비록 문학적인 방식이지만 단테가 도나티 가문에 지옥의 형벌을 가하는 방식은 독특하다. 그는 코르소의 이름을 지우고 괴물로 만들었다. 귀족 명문가에 모욕을 주는 최선의 방식은 그들의 이름을 무시하고 언급하지 않는 것이다. 아예 투명 인간으로 취급하는 방식이다. 그래서 단테는 지옥의 구렁텅이에 빠져 있는 3명의 '작은' 도둑들에게 달려드는 '큰' 도둑 치안파 도나티^{Cianfa Donati}를 등장시킨다. 치안파는 다리가 6개 달린 흉측한 뱀으로 등장해 세 도둑의 몸을 휘감으며 괴물로 변해간다. 단테는 피렌체의 '큰' 도둑이었던 도나티 가문의 명성에 모욕을 가하기 위해, 익명의 치안파를 몸서리쳐지는 괴물로 등장시킨 것이다.**5** 부오소 도나티^{Buoso Donati}라는 인물도 등장하는데, 단테는 그에게도 익명의 지옥 괴물로 변해가는 형벌이 내리기를 탄원한다.**6**

황제파 귀족의 마지막 저항, 캄팔디노 전투

　문학청년으로 유명했던 단테가 피렌체의 정치판에 뛰어들게 된 것은

1280년 교황청에서 온 대표단이 피렌체에서 새로운 정치 제도를 실험했기 때문이다. 로마의 명문가인 오르시니 가문 출신의 교황 니콜라우스 3세Nicholaus III(1277~1280년 재위)는 피렌체에서 불필요한 정쟁政爭을 없애기 위해 교황파와 황제파가 모두 참여하되, 전원 평민들로만 구성된 정부를 구성하라고 제안했다.[7] 귀족과 평민 모두에게 혜택을 줄 테니 서로 화해하라는 권고였다. 단테는 유럽 최초의 대학교인 볼로냐대학교에서 1286년부터 1287년까지 법률과 철학, 신학을 공부하고, 고향 피렌체로 돌아와 정치판에 뛰어들게 된다. 평민의 세상이 교황청으로부터 정식으로 인정을 받았으니, 글솜씨로 유명한 단테도 정치에 관심이 생긴 것이다.

그러나 피렌체에서 오래전에 축출되었던 황제파 귀족들은 교황이 개입한 피렌체의 정치 체제 개편에 반감을 품었다. 시뇨리아 구성에서 귀족이 완전히 배제된다는 조건은 받아들일 수 없었다. 결국 황제파는 전쟁을 일으켰다. 1289년 6월 11일, 검은 먹구름이 구릉 어귀에 걸려 있던 토요일, 8,000명의 황제파 군대와 1만 2,000명의 교황파 군대가 아레초 인근의 캄팔디노Campaldino에서 맞붙었다. 교황의 지지를 받고 있던 교황파는 토스카나 지방의 모든 도시에 군사 동원령을 내렸다.

산타 크로체 광장에 전시되어 있는 단테 동상.

붉은 백합의 도시, 피렌체

이것은 단순히 피렌체의 내전이 아니라, 복권을 노리는 귀족들과 자신의 권리를 지키겠다는 평민들 사이의 전쟁이었다. 23살 청년 단테는 교황파 기사단에 소속되어 있었고, 그 처절했던 전투에서 직접 싸웠다. 단테는 캄팔디노 평원에서 펼쳐졌던 자신의 전투 경험을 《신곡》에 생생하게 되살려놓았다.

> 내 일찍이 기사들이 행군하며
> 공격을 개시하다가 제 위용을 나타내고
> 때로는 후퇴해 가는 것을 보았다.
> 오, 아레초인들이여! 나 그대들의 지방에서
> 기병들을 보았고, 또 말 탄 척후병들이 돌진해
> 서로 대적하면서 겨루어 치닫는 것을 보았다.
> 때로는 나팔 소리에 때로는 종소리에
> 혹은 북소리에 혹은 성에서 보내는 신호에
> 우리 신호와 남의 신호에 맞추어 치닫는 것을.[8]

단테가 참전했던 캄팔디노 전투에서 피렌체의 교황파를 대표했던 인물은 귀족의 권리를 포기하고 스스로 평민이 된 백당의 당수 비에리 데 체르키였다. 반대 진영인 황제파 군대는 피사 출신의 부온콘테 다 몬테펠트로Buonconte da Montefeltro가 이끌고 있었다. 전투는 수적 열세를 극복하지 못한 황제파의 패배로 끝났다. 부온콘테는 1,700명의 황제파 군인들과 함께 장렬한 최후를 맞이했다. 그러나 그의 시신은 발견되지 않았다. 전투 현장에서 그리 멀지 않은 곳에 아르노강이 흘러가고 있었는데 마침 쏟아진 폭우 때문에 급류가 형성되었다. 이 격류에 부온콘테의 시신이 떠내려간 것이다. 그는 성모의 이름을 부르며 최후를 맞았다. 그래서《신곡》의 저자 단테는 마지막 순간에 회개한 영혼들이 가는 연옥의 두 번째 비탈에 적장 부온콘테를 등장시킨다. 부온콘테는 폭우가 쏟아지는 캄팔디노 평원에서 목에 상처를 입고 맨발로 도망치다가 아레초 평원을 붉은 피로 적시며 죽어갔다. 그리고 구멍이 뚫린 듯 폭우가 쏟아지는 하늘을 향해 두 팔을 벌리고 성모의 이름을 불렀다. 그 현장에 있었던 단테의 문장이다.

> 비가 내렸고 땅이 감당 못하는
> 나머지 비는 물줄기로 변해가더니만
> 마침내 크나큰 강(아르노강)에 다급하게
> 모아졌으니 아무것도 이를 막지 못했다오.
> 노기 가득한 아르키아노는 싸늘한 내 몸을
> 강어귀에서 보고는 아르노강에 밀어 넣으니
> 고통이 나를 사로잡을 때 내 스스로
> 가슴에 그린 십자가를 풀어 헤쳤다오.
> 아르노강은 나를 강둑과 물 밑으로 굴리더니
> 나중에 제 찌꺼기로 나를 덮치고 휘감았다오.[9]

아레초 인근에서 발원하여 피렌체를 관통하는 아르노강의 도도한 물줄기는 황제파들의 시신을 집어삼켰다. 교황파 군대는 승리를 거두었다. 피렌체에서 온 평민들이 사력을 다해 싸운 덕분이다. 이 전투에서만 이기면 자신들의 세상이 올 것이라 믿었던 피렌체 평민들은 캄팔디노에서 목숨을 걸었다. 승리를 거둔 피렌체 평민들은 자신감을 얻었다. 함께 힘을 모아 싸우면 귀족들도 두려워할 필요가 없다. 뭉치면 살고 흩어지면 죽는다. 다시는 귀족들로부터 수탈당하지 않겠다는 평민들의 함성이 캄팔디노 평원에 울려 퍼졌고, 단테는 그 도도한 역사의 흐름을 현장에서 직접 지켜보았다. 24살 청년 단테는 캄팔디노 평원에서 정치적인 인물로 변신했다. 세상의 이치를 깨달은 것이다.

프리오리로 선출된 단테와 이어진 추방

20대 후반부터 30대 중반까지, 단테는 정치에 투신했다. 사실 단테의 변신에는 베아트리체의 이른 죽음도 큰 역할을 했다. 캄팔디노 전투 이후 약 2년이 지났을 때다. 1290년 9월 9일 저녁 9시, 베아트리체가 갑자기 죽었다. 삼위일체의 숫자 3을 3번 곱했을 때 나오는 숫자가 9다. 9는 인간이 성취할 수 있는 가능성의 끝을 상징한다. 하느님의 완전하심을 상징하는 완전수가 10이라면, 인간이 도달할 수 있는 최고의 단계는 10에서 하나를 뺀 9다. 베아트리체는 9로 환치될 수 있는 인간 사랑의 최고 단계인 셈이다. 그래서 그녀의 죽음도 9월 9일 9시에 일어났다. 단테는 베아트리체의 임종을 꿈속에서 지켜보았다. 인간 사랑의 절정이었던 베아트리체를 떠나보낸 후 단테는 한 "고귀한 여인"을 만났다고 고백했다. 단테는 그 여성의 정체에 대해 "철학의 여신"이라고 강변했지만, 실은 아내 젬마 도나티였다고 주장하는 학자가 많다. 실제로 이 시기에 단테와 그의 아내는 3명의 아들과 1명의 딸을 낳았다. 단테는 이때 태어난 딸아이의 이름을 안토니아로 정했지만, 평소에는 베아트리체라 불렀다고 한다. 수녀가 된 단테의 딸은 자신을 '베아트리체 수녀'로 명명했다.

단테가 피렌체의 프리오리로 선출될 수 있었던 것은 1293년 1월 18일,

당시 프리오리였던 자노 델라 벨라Giano della Bella가 발표한 '정의의 규칙 Ordinamenti di Giustizia' 때문이다. 자노는 원래 황제파였으나 교황파로 전향한 후 피렌체 평민들의 절대적인 지지를 받던 인물이다. 그는 '정의의 규칙'을 발표하면서 피렌체의 귀족 가문 72개를 특정한 다음, 이들의 공직 진출을 원천적으로 막아버렸다. 귀족들의 복귀를 법으로 금지하고, 조합을 중심으로 한 신흥 상공인들의 권익을 보호하기 위해 프리오리가 반드시 평민 중에서 선발되도록 했다. '정의의 규칙'은 피렌체에 혁명적인 변화를 불러왔다. 조합과의 협력 관계를 통해 간신히 권력을 유지하던 귀족 세력을 완전히 몰락시키는 계기가 된 것이다.

조토 디 본도네가 그린 단테. 이 프레스코는 바르젤로 국립 미술관Museo nazionale del Bargello 안에 있는 막달레나 채플에 소장되어 있다. 가운데 붉은 망토를 입은 인물이 단테다.

붉은 백합의 도시, 피렌체

단테는 서둘러 아르티 마조리에 속한 약제 조합에 가입했다. 당시 출판업은 약제 조합의 하부 업종이었기에 이상할 것이 전혀 없는 선택이었다. 상위 조합에 소속된 단테는 인상적인 연설로 피렌체 정계에 화려하게 데뷔했다. 1294년 3월, 단테가 29살 되던 해에 프랑스와 시칠리아의 권력을 장악하고 있던 앙주Anjou 가문의 샤를 마르텔Charles Martel 왕자가 피렌체를 공식 방문했다. 당시 감미로운 청신체Dolce still novo 문학의 거장으로 인정받던 단테는 샤를 마르텔 왕자 앞에서 인상적인 연설을 해서 피렌체 시민들의 찬사를 받았고, 그의 정치적 통찰력에 대한 깊은 인상을 남겼다.[10]

이제 때는 바야흐로 1300년, 단테의 《신곡》이 시작되는 시점에 이르렀다. 단테는 그해 여름, 프리오리로 선출되어 피렌체 정계에 입문하게 된다. 권력의 정점에 선 것이다. 그러나 단테는 《신곡》의 앞부분에 그 정치적 성공이 자신에게는 오히려 뼈저린 비극의 시작이었다고 기록하고 있다.

내 인생의 최전성기에
문득 길을 잃고 뒤를 돌아보니
어두운 숲속에서 방황하고 있는
나 자신을 발견하였다.[11]

피렌체 교황파는 다시 분열되었다. 도나티 가문이 주도하던 교황파 흑당과 체르키 가문이 주도하던 교황파 백당은 피렌체 거리를 피로 붉게 물들였다. 세례자 성 요한 축일인 1300년 6월 24일, 두 당파는 광장과 골목에서 패싸움을 벌였다. 걷잡을 수 없는 혼란이 계속되는 가운데 단테는 백당과 흑당의 분열을 극복할 수 있는 묘안을 시뇨리아에 제시했다. 피렌체 외곽과 시골로 가서, 도시의 분열에 가담하지 않은 시민들을 동원하라는 "사려 깊은 충고"를 한 것이다.[12] 피렌체 시뇨리아는 단테의 조언에 따라 도시 외곽에서 모여든 평민을 무장시켰고 결국 그들의 힘으로 도시의 지긋지긋한 파당 싸움을 끝냈다. 그리고 문제적 인물들을 색출해서 도시에서 쫓아내버렸다. 이번에 추방된 사람들은 주로 흑당에 속한 사람들이었다. 시뇨리아는 판결의 중립성을 보여주기 위해 백당에 속한 일부 과격분자들도 추방했지만, 그들은 조금 세월이 지난 다음 슬그머니 피렌체로 돌아왔다. 단테는 백당에 속해 있었다.

단테는 두 당파 사이의 패싸움에 개입할 의도가 없었기에 계속 중립을 지키며 분쟁을 피해 가다가, 1301년에 로마 대사로 파견되었다. 당시 친親 프랑스파 교황이었던 보니파시우스 8세Bonifacius VIII(1294~1303년 재위)는 반反 프랑스파인 백당을 설득하기 위해 피렌체 외교관들에게 위험하고 성급한 약속을 했다. 피렌체 백당이 자신과 프랑스 편에 서준다면, 흑당 당수인 코르소를 교수형에 처하겠다고 밀약을 맺은 것이다.

피렌체에서 쫓겨난 코르소는 교황 보니파시우스 8세에게 자신의 억울한 처지를 호소하기 위해 로마로 달려갔다. 교황이 자신의 목숨을 걸고 흥정하고 있는 것을 모르는 상태였다. 그는 백당의 득세가 결국에는 교황에 대한 반역으로 이어질 것이라고 하소연하면서, 도시의 분열이 결국 모든 사람에게 피해를 입힐 것이므로 교황청에서 피렌체를 통치할 외부의 왕을 보내달라고 탄원했다. 내부의 갈등이 진정될 조짐이 보이지 않으니 외부의 힘으로 도시의 평화를 이루자고 청원한 것이다. 교황에게 충성을 바쳐온 흑당 당수의 간절한 호소에, 마음 약한 교황은 생각을 바꾸었다. 교황 보니파시우스 8세는 프랑스 왕 필리프 4세의 동생인 샤를 드 발루아Charles de Valois(1270~1325년) 백작을 피렌체의 통치자로 임명해

붉은 백합의 도시, 피렌체

버렸다. 피렌체는 이제 외국인 왕의 통치를 받게 된 것이다.

샤를 드 발루아 백작은 1301년 11월 1일, 코르소의 호위를 받으며 피렌체로 입성했다. 무장한 군인들이 그 뒤를 따르고 있었고, 그들 손에는 교황의 깃발과 프랑스의 깃발이 함께 휘날렸다. 피렌체에서 실권을 장악하고 있던 백당은 외국인 왕의 입성에 분노했지만, 어쨌든 자신들도 교황 지시를 따라야 하는 교황파가 아니던가. 백당 당수 비에리가 엉거주춤한 자세를 취하는 동안, 샤를 드 발루아 백작의 프랑스 군대와 코르소가 이끄는 흑당 군대는 당당하게 피렌체 입성을 완료했고, 시뇨리아 정청을 접수해버렸다. 다시 피렌체는 혼란에 빠졌다.

느닷없는 외국인 왕의 등장에 백당은 코르소와 흑당이 조국을 배신하고 외국인을 끌고 왔다고 분노하며 저항의 무기를 들었다. 이미 시뇨리아 정청을 장악한 흑당과 도시 외곽에서 진을 치고 반발하던 백당이 무력 충돌을 일으켰다. 팽팽한 세력 다툼은 프랑스 군대의 지원을 받고 있던 흑당의 승리로 끝나게 된다. 백당은 흑당과 프랑스 침략자들을 물리치기 위해 "모종의 음모"를 꾸미다가 사전에 발각되면서 일격을 당했다. 이번에는 백당이 피렌체에서 쫓겨날 차례였다. 물론 마키아벨리의 《피렌체사》에서조차 이 "모종의 음모"가 흑당의 조작이었을 것이라고 추정한다. 어쨌든 이제 피렌체는 흑당 천하가 되었고, 체르키 가문 사람들과 백당의 주요 인물들은 모두 추방을 당했다. 로마에 체류 중이던 백당의 외교관 단테에게도 같은 추방 명령이 떨어졌다. 이듬해인 1302년 6월에는 단테 집안의 14세 이상 자손들도 피렌체에서 추방한다는 판결문이 발표되었다. 단테는 이제 유랑자가 되어 이탈리아 전역을 떠돌면서 《신곡》을 집필하게 된다. 단테의 첫 번째 도피처는 베로나였는데, 유랑자 단테는 당시의 심정을 이렇게 노래하고 있다.

너는 스스로 경험하리라,

남의 빵이 얼마나 쓴지,

남의 집 계단을 오르내리는 고통도! [13]

　단테는 방랑자가 되어 1321년까지 이탈리아 전역을 떠돌다가 피렌체에서 150킬로미터 정도 떨어진 라벤나에서 파란만장했던 생애를 마감했다. 피렌체는 단테에게 반역죄를 스스로 인정하면 고향으로 귀환할 수있게 해주겠다고 제안했지만, 명예로운 귀향을 원했던 단테는 그 제안을 단호하게 거절했다. 피렌체의 위대한 인물들이 잠들어 있는 산타 크로체 성당에는 단테의 영묘가 마련되어 있다. 그러나 이 영묘는 그 안이 텅 비어 있는, 일종의 기념비다. 실제 유해는 단테가 숨을 거둔 라벤나에 안치되어 있는데, 그곳의 영묘에는 다음과 같은 비문이 적혀 있다. "이 시인은 적은 사랑만을 주었던 어머니 피렌체에서 추방당했다." 라벤나로부터 단테의 유해를 돌려받기 위해 많은 노력을 기울였지만 결국 실패한 피렌체는 1829년 산타 크로체 성당에 단테의 가묘를 만들고, 1865년에는 성당 앞에 거대한 단테 조각상을 세움으로써 아쉬움을 달래야만 했다.

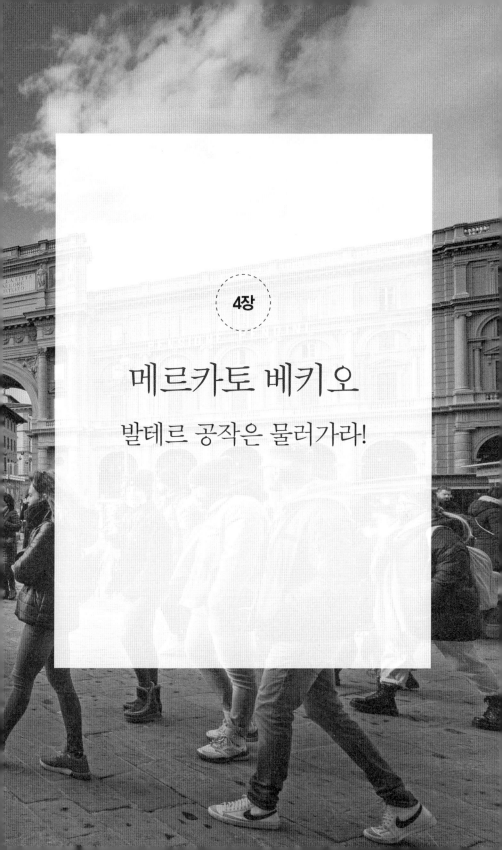

4장

메르카토 베키오

발테르 공작은 물러가라!

상업의 도시,
그 중심에 자리 잡은 메르카토 베키오

단테가 살았던 13세기 초반에 피렌체 인구는 9만 명에 달했다. 당시 로마 인구가 2만 5,000명 정도였고, 런던 인구도 4~5만 명에 불과했다. 1252년부터 피렌체가 금화 플로린을 주조하면서 폭발적인 경제 성장을 겪었고, 인구도 급격히 늘었다. 당시 유럽 최강의 도시는 파리였고 인구는 10만 명 정도였다. 흑사병이 막 퍼지기 시작했던 1348년, 피렌체 인구는 12만 명까지 팽창했다.

피렌체는 110개의 성당, 39개의 수도원, 200여 개의 직물 가게가 성업 중인 유럽 최고의 상업 도시였다. 유럽의 다른 오래된 도시들처럼 피렌체도 종교와 정치를 연결하는 지점이 도심을 차지하고 있다. '두오모'라 불리는 산타 마리아 델 피오레 대성당Cattedrale di Santa Maria del Fiore과 시뇨리아 정청이 피렌체의 양대 구심점이다. 피렌체가 워낙 크기가 작은 도시국가다 보니, 종교와 정치의 양대 구심점은 직선거리로 400미터 정도밖에 떨어져 있지 않다. 천천히 걸어도 10분이면 충분하다. 그런데 어느 쪽에서든지 정확하게 200미터를 걷다가 좌우를 돌아보면, 갑자기 광장이 나타나고 사람들이 북적거리는 광경을 볼 수 있다.

19세기 말에 진행된 공사로 인해 이 도심의 중심부가 레푸블리카 광장Piazza della Repubblica으로 확장되었지만 원래 그 자리에는 로마 포럼이 있었다. 피렌체를 남북으로 가로지르는 도로Cardo와 동서를 가르는 도로 Decumanus Maximus가 서로 교차하는 지점에 위치해, 로마 시대부터 '피렌체의 배꼽'으로 여겨지던 곳이다. 르네상스 시대의 피렌체 사람들은 이곳에 기념비를 세워 상업 도시의 중심부임을 표시했다. 광장의 이름도 로마 포럼에서 메르카토 베키오Mercato Vecchio(구舊 시장)로 바꾸었다. 상업의 도시 중심에 시장을 개설한 것이다.

지금도 광장 중앙에 있는 대리석 기둥 위에는 풍요와 자선의 여신 도비지아Dovizia가 상업에 종사하는 피렌체 사람들의 마음가짐을 새롭게 하고 있다. 이 여신상은 원래 1430년경 조각가 도나텔로가 제작했지만

16세기 후반의 메르카토 베키오 광경. 작가 미상이며 칼렌자노Calenzano에 있는 안토니오 베리니Antonio Berini 컬렉션에서 소장하고 있는 그림이다.

오랜 세월의 풍파를 견디지 못하고 훼손되어, 1722년에 조반니 포지니 Giovanni Foggini가 조각한 여신상으로 대체되었다.[1] 비록 지금은 유실되고 말았지만, 그 시대 피렌체의 풍경을 그린 회화 작품들이나 문헌 기록을 통해 도나텔로가 만든 도비지아 조각상의 모습을 유추해낼 수 있다. 한 손으로는 머리 위의 과일 바구니를 잡고 있고, 다른 한 손은 아래로 내린 채 풍요의 상징인 코르누코피아(과일이 가득 담긴 짐승의 뿔)를 들고 있는 모습이었을 것으로 추정된다.[2]

16세기까지 메르카토 베키오는 시장 기능을 포함한 도심 중앙 광장의 모습을 갖추고 있었다. 그러나 피렌체가 이탈리아 통일 정부의 임시 수도가 되면서 메르카토 베키오는 대규모 도심 정비 사업의 대상으로 지정되었다. 그 지역에 거주하던 사람들은 모두 다른 곳으로 이주해야 했고, 대다수 건물이 철거되면서 메르카토 베키오가 있던 곳에 지금의 레푸블리카 광장이 들어섰다. 이 과정에서 역사적 가치를 가진 수많은 건축물이 유실되었다.

붉은 백합의 도시, 피렌체

외부의 충격, 카스트루초의 침공과 카를로 공작의 통치

단테는 1321년, 라벤나에서 숨을 거두었다. 위대한 시인은 결국 고향으로 돌아오지 못했다. 단테가 이탈리아 전역을 유랑하는 동안 피렌체에서는 크고 작은 사건들이 일어났다. 프랑스 군대를 앞세우고 피렌체를 점령한 샤를 드 발루아 백작은 시칠리아 원정을 위해 곧 도시를 떠났다. 교황의 지지와 프랑스 군대의 호위를 받던 코르소는 피렌체를 흑당 천하로 만들었다. 그러나 전횡과 오만 때문에 외국 점령군의 눈 밖에 났고, 결국 1308년에 참수되었다. 코르소가 죽었다는 소식을 들은 단테는 그를 지옥의 제8원 일곱 번째 구덩이에 처넣었다.

피렌체에 또 다른 위기가 찾아왔으니, 그것은 외부로부터 온 충격이었다. 피렌체에서 얼마 떨어지지 않은 거리에 루카라는 작은 도시국가가 있다. 국가라 부르기에 민망할 정도로 작은 크기이지만 항구 도시인 피사와의 근접성 때문에 피렌체에게 꽤 중요한 전략적 거점이었다. 그런데 그 루카가 교황파의 도시인 피렌체와 갈등을 일으키게 된다. 루카는 원래 교황파에 속한 도시였다. 이 도시는 인근 피사의 통치를 받고 있다가, 한 특출한 인물의 등장과 더불어 토스카나 황제파의 새로운 강자로 떠오르고 있었다.

그 인물은 1316년부터 루카를 통치했던 용병 대장 카스트루초 카스트라카니Castruccio Castracani다. 우리 가이드 마키아벨리는 이 용병 대장에 대해서 하고 싶은 이야기가 많을 것이다. 왜냐하면 이 사람의 짧은 일대기를 썼기 때문이다. 뒤에서 자세히 설명되겠지만 마키아벨리는 1520년, 친구의 부탁을 받고 사소한 법적 문제를 해결하기 위해 루카를 방문한 적이 있었다. 그는 그곳에 머무르는 동안 《카스트루초 카스트라카니의 생애》를 집필했는데, 일종의 간략한 《군주의 거울》로 볼 수 있는 책이다.[3] 마키아벨리는 《피렌체사》에 이 인물과 시대를 소개하면서 많이 망설였을 것이다. 《카스트루초 카스트라카니의 생애》는 줄리오 데 메디치 추기경의 암살을 계획했던 루첼라이 정원의 두 핵심 원우, 자노비 부온델몬티Zanobi Buondelmonti와 루이지 알라만니Luigi Alamanni에게 헌정된 책이기 때문이다. 카스트루초에 대한 언급이 정치적으로 민감한 문제로 확대될 여지가 있었다.

그럼에도 불구하고 마키아벨리는 이 인물에 대해 자세한 역사적 정보를 제공한다. 루카의 용병 대장 카스트루초는 1316년부터 피렌체를 위협하는 새로운 변수로 떠올랐다. 파죽지세로 세력을 확장하며 피사를 집어삼키고 토스카나 황제파의 맹주가 된 그는 방향을 동쪽으로 틀어 피렌체를 향해 군대를 전진시켰다. 피렌체 시민들의 당혹감은 이루 표현할 수 없었다. 피렌체가 처음으로 외국의 대규모 군사 공격을 받았기 때문이다. 카스트루초의 군대가 인근 프라토Prato까지 진격하자 시뇨리아는 특단의 조치를 내려야만 했다. 귀족을 쫓아내고 백당까지 쫓아내면 피렌

체의 패권이 자기 것이 될 것이라 믿었던 흑당은 이제 흑묘백묘黑猫白猫
를 가릴 형편이 아니었다. 피렌체 시뇨리아는 코앞에 닥친 위기를 모면
하기 위해 긴급 조치를 발동했다. 피렌체에서 추방된 시민들은 신분이나
당파를 모두 불문하고 돌아와서 조국을 위해 싸워달라는 호소문을 낸 것
이다. 누구든지 프라토로 와서 카스트루초의 군대와 대적하는 자에게는
사면을 내려주겠다고 약속했다. 이 소식을 들은 추방자들은 사면을 받기
위해 프라토로 몰려들었는데, 그 숫자가 무려 4,000명에 달했다. 당시
상황을 마키아벨리는 이렇게 전한다.

이렇게 빠르게 결집한 대군을 본 카스트루초는 깜짝 놀라, 자신의 무운
을 시험해보려 하지도 않고 루카로 철군해버렸다. 카스트루초의 후퇴는
피렌체 진영 안의 귀족과 평민 사이에 논쟁을 불러일으켰다. 평민들은 카
스트루초를 쫓아가 끝장내기를 원했다. 반면, 귀족들은 프라토를 구하기
위해 피렌체를 위험에 빠뜨린 것으로 충분하다고, 필요가 강제할 때는 운
을 시험하는 것도 괜찮지만, 이제는 그럴 필요가 사라졌다고, 그리고 얻을
것은 거의 없고 잃을 것만 많을 때 운을 시험하는 것은 현명하지 않다며
피렌체로 돌아가기를 원했다.[4]

카스트루초가 초래한 위기는 엉뚱한 결과로 끝이 났다. 쫓겨났던 귀
족, 황제파, 교황파 백당이 대거 피렌체로 되돌아갈 수 있게 된 것이다.
그들은 권력을 잡고 있던 교황파 흑당과 충돌을 일으켰다. 그러나 더 심
각한 문제는 마키아벨리가 관찰한 대로 귀족과 평민의 대결이 다시 펼쳐
진 것에 있다.

귀족들은 피렌체로 돌아가자고 했고, 평민들은 카스트루초를 끝까지

추적하자고 주장했다. 프라토 전투에서 목숨을 걸었던 추방자들은 카스트루초를 추적하는 것을 포기하고 피렌체로 행진했다. 시뇨리아가 그들의 사면을 약속했기 때문이다. 그런데 이들이 피렌체 성문에 다가오자 평민들은 추방자들의 성내 진입을 막았다. 귀족들이 나약해서 카스트루초를 끝까지 추적하지 않고 루카로 철군하도록 방조했다며, 그들의 입성을 허락하지 않았다. 추방자들은 8명의 대표단을 시뇨리아로 보내 약속을 지켜달라고 요구하고, 또 호소하기를 반복했다. 그러나 끝내 피렌체의 성문은 열리지 않았다. 피렌체 내부에 있던 귀족의 후예들은 시뇨리아의 표리부동과 평민들의 비타협적인 태도에 치를 떨었다. 그들은 성밖에 있던 추방자들과 연락을 주고받으며, 피렌체 내부에서 먼저 반란을 일으키는 최후의 수단까지 고려하고 있었다. 그러나 이들의 반란 모의는 사전에 발각되었고, 평민들은 경계를 더 튼튼히 하며 피렌체 성문을 굳게 지켰다.

결국 추방자들은 다시 뿔뿔이 흩어질 수밖에 없었다. 평민들이 주축이 된 시뇨리아는 자신들의 위치가 영원히 보장될 수 없다는 것을 다시 한 번 깨닫게 되었다. 귀족들이 피렌체로 귀환할 기회를 호시탐탐 노릴 것이기 때문에 확실한 대비책이 필요했다. 그래서는 그들은 2달마다 시뇨리아로 선발될 사람들의 신분을 확실하게 하기 위해서 공직자 선발에 사용하는 투표용 주머니에 향후 40개월간 선택될 사람들의 이름을 적어 그 안에 넣어두었다. 특정 평민들이 시뇨리로 계속 선출되도록 선거 방법을 바꾸어버린 것이다.

루카의 용병 대장 카스트루초는 프라토 전투에서 후퇴하기는 했지만 여전히 토스카나 지방의 황제파를 대표하는 인물이었다. 프라토에서 패배를 인정하고 물러갔다고 해도 절대로 포기할 사람이 아니었다. 카스트

루카의 영주이며 토스카나 지방의
황제파를 이끈 카스트루초
카스트라카니.

루초의 최종 목표는 교황파의 맹주 도시 피렌체였다. 황제파의 수장으로서 명예를 걸고 호시탐탐 피렌체를 노리게 된다. 결국 피렌체 시뇨리아는 다시 외국 군주의 도움을 받기로 했다. 귀족들의 압력에 굴복하느니 차라리 외국 군주의 통치를 받으면서 카스트루초의 위협에서 벗어나는 것이 더 이롭다고 판단했다.

시뇨리아는 나폴리 왕의 아들이며 칼라브리아의 공작인 카를로Carlo d'Angiò(1298~1328년)를 자신을 통치할 시뇨레Signore로 추대했다. 차라리 외국 왕이 와서 카스트루초의 공격과 귀족들의 반동 정치를 막아달라는 고육지책이었다. 임시로 초청된 외국 왕의 임기는 최대 10년으로 정했다. 당시 카를로 공작은 시칠리아에서 전쟁 중이었지만, 피렌체라는 굴러들어온 호박을 차지하기 위해 군대를 이끌고 서둘러 와서 1326년 7월 피렌체에 입성했다. 그러나 카를로 공작의 목적은 카스트루초의 위협과 귀족의 침탈에서 피렌체를 구하는 것이 아니었다. 그는 1년에 20만 플로린의 보수를 받기로 계약을 맺었지만, 이를 무시하고 매년 40만 플로린을 요구했다. 피렌체 시민들은 귀족과 평민, 황제파와 교황파, 흑당과 백당을 막론하고 카를로 공작의 수탈에 시달렸다. 피렌체 시민들은 카스트루초보다 카를로 공작이 더 무섭다고 한탄했지만, 이미 나폴리 군대가 피렌체 시내를 점령하고 있었으므로 숨을 죽이고 목소리를 낮추어야만 했다.

토스카나의 판세를 뒤흔들었던 카스트루초는 1328년 9월, 루카에서 임종했다. 피스토이아의 반란군을 정벌하러 갔다가 과로로 사망했다. 우리 가이드 마키아벨리는 《카스트루초 카스트라카니의 생애》에서 카스트루초가 피사 평원의 전투에서 "감기에 걸려" 죽었다고 기록하고 있지만, 이것은 일종의 문학적 장치다. 위대한 장군도 운명의 여신이 돌리는 수레바퀴의 힘에 굴복할 수 없다는 것을 보여주기 위해서였다. 감기에 걸려 죽었든, 과로로 죽었든 피렌체 시민들에게 카스트루초의 갑작스러운 죽음은 낭보였다. 사람의 죽음을 경사로 표현하는 것이 좀 경망스럽긴 하지만, 여기에 경사가 겹쳤다. 나폴리에서는 카를로 공작이 갑작스럽게 사망한 것이다. 피렌체 시민들은 안도의 한숨을 쉬었다. 마키아벨리는 두 사람의 죽음을 담담하게 설명하고 있다.

카스트루초는 루카로 돌아간 지 얼마 안 되어 죽었다. 하나의 선과 악을 거의 항상 또 다른 선과 악이 뒤잇게 하는 운명(의 여신)의 성향 때문인지, 칼라브리아의 공작이자 피렌체의 군주인 카를로도 나폴리에서 죽었다.[5]

두 사람의 예상치 못한 죽음에서 피렌체 시민들은 교훈을 얻었다. 도시의 분열, 귀족과 평민의 갈등이 결국에는 모두에게 손해를 입힌다는 것이다. 귀족들의 피렌체 입성을 막은 평민들이 속 좁은 판단으로 귀족들의 피렌체 입성을 막고 외국의 왕을 모셨는데, 그것이 그들을 커다란 고통으로 몰고 갔다. 그래서 그들은 함께 모여 도시의 면모를 일신하자고 합의했다. 다시 마키아벨리의 증언이다.

피렌체인들은 그들의 우려와는 반대로 아주 짧은 시간 안에, 한 사람에 대한 두려움과 다른 한 사람이 가하는 압제에서 모두 벗어나게 되었다. 자유로워진 피렌체인들은 정부를 개혁하는 데 힘써, 옛 평의회의 모든 법령

을 폐기하고 새로이 두 평의회를 만들었
다. 그중 하나는 300명의 평민으로만 구
성된 콘실리오 디 포폴로(평민 의회)였고,
다른 하나는 귀족과 평민 중에서 뽑힌
250명으로 구성된 콘실리오 디 코무네
(도시 의회)였다.[6]

이로써 피렌체에서 귀족과 평민이 공
존할 수 있는 제도적 장치가 마련되었
다. 대타협과 화해의 가능성이 열린 것
이다. 그래서 카스트루초와 카를로 공작
이 동시에 죽은 1328년부터 1340년까지
피렌체에는 짧은 평화가 찾아왔다. 귀족
과 평민들이 서로 견제하며 권력을 함께
나누어 가졌기 때문이다. 이런 평화기에
는 문화가 창달한다. 이 시기에 조토 디

산타 마리아 델 피오레 대성당 옆에 서 있는
조토의 종탑.

본도네Giotto di Bondone (1267~1337년 추정)가 그 유명한 산타 마리아 델 피
오레 대성당의 종탑 기초를 쌓아 올렸다. 예술에 대해 무관심했던 마키
아벨리가 예외적으로 조토를 언급한 것을 보면, 그의 유명세가 대단했다
는 사실을 알 수 있다. 하기야 단테의 《신곡》에도 조토가 "이름을 날리기
시작"했다는 구절이 있다.

오, 인간 능력의 영광이란 부질없구나!
무디어진 세대에 이르지 않는다 해도

딱딱한 봉우리 위에선 푸르름이 왜 그리 단명한지!

그림에 있어 터줏대감이라 믿었던 치마부에Cimabue마저

이제는 조토가 이름을 날리기 시작하자

명성이 흐려지게 된 것처럼 (…)**7**

외국인 경비대장의 횡포와 귀족들의 반란

안타깝게도 평화기는 오래가지 못했다. 1340년부터 새로운 변화가 꿈틀대기 시작했다. 평민 의회와 도시 의회를 설치해 평민과 귀족 들이 권력을 나누어 가졌지만, 정권의 꼭대기에 있는 사람들이 농간을 부리는 것은 평민 의회나 도시 의회나 다르지 않았다. 이들은 서로 기득권을 유지하기 위해 선출직 후보들의 명단을 임의로 조작하기도 했다. 결국 새로운 국정의 감시자를 두는 것으로 양측이 합의를 보았고 이때 만들어진 직책이 피렌체의 경비대장Capitano del popolo 직이었다. 새로 신설된 이 공직은 오늘날 치안감에 해당하는데, 선출에 따르는 갈등을 방지하기 위해 외부 사람을 고용하기로 했다.

제1대 경비대장은 구비오Gubbio라는 도시에서 온 야코포 데 가브리엘리Jacopo de' Gabrielli (1295~1363년)가 맡았다. 피렌체의 국정 감시와 치안 유지를 다시 외부인이 맡게 된 것이다. 외부에서 온 카를로 공작으로부터 그렇게 괴로움을 당했지만 피렌체 시민들은 다시 외부인을 초청했다. 그러나 경비대장도 카를로 공작 못지않았다. 그는 주로 피렌체의 귀족들을 노렸다. 전혀 맞지 않는 상황에 법을 들이대면서 귀족들의 재산을 강탈했다. 이미 오래전부터 이탈리아 전역에서 부정한 방법으로 부를 축적하고 있던 야코포는 "피렌체의 독재자"라는 별명을 얻게 되었다.

이 외국인 경비대장에게 재산을 강탈당한 귀족 중에 피에로 데 바르디 Piero de' Bardi와 바르도 프레스코발디Bardo Frescobaldi가 있었다. 그들은 귀족 대부분과 일부 평민 세력을 규합해, 외국인 경비대장과 시뇨리아의 권력자들을 1340년 성인 축일(11월 1일)에 모두 살해하려는 반란 음모를 꾸몄다. 그러나 바르디 가문 사람 하나가 주위 사람들과 대화를 나누다가 반란 계획을 누설하고 말았다. 명백한 실패가 예상되었지만 피에로와 바르도는 귀족답게 '부끄럼 없이 죽기 위해서' 계획대로 반란을 일으켰다.

반란군들의 지역적 기반은 강남이었다. 이들은 피렌체 시민들이 자신들의 저항을 지지할 것이라는 희망을 품고 강북 시뇨리아 쪽을 바라보며 아르노강을 가로지르는 다리 위에 진지를 구축했다. 강남 귀족들의 반란 소식이 야코포 경비대장에게 보고되긴 했지만, 정작 창과 칼을 들고 시뇨리아 광장으로 달려온 사람은 피렌체의 평민들이었다. 특히 강남에 살고 있던 평민들은 시뇨리아 정청에서 울려 퍼진 바카의 웅장한 종소리를 듣고 제일 먼저 무기를 들었다. 그들은 자기 동네의 귀족인 피에로와 바르도를 향해 창과 칼을 들이대며 항복을 요구했다. 베키오 다리와 산타 트리니타 다리에서 배수진을 치고 있던 강남 귀족들은 진퇴양난에 빠졌다. 시뇨리아의 일원이었던 행정관 마페오 다 마라디Maffeo da Marradi는 두 다리에 진을 치고 있던 귀족 반란군 진영을 찾아와 휴전을 제안했다.[8] 외국인 경비대장의 횡포 때문에 시작된 반란이었으니 정상참작의 가능성이 높다고 설득했다. 지금 휴전하면 평민 시뇨리아가 공정한 재판을 거쳐 귀족들을 사면해줄 것이라고 약속했다. 피렌체 귀족들은 행정관의 약속을 믿고 무기를 손에서 내려놓고, 재판을 받았다.

그러나 평민 시뇨리아는 사면 약속을 뒤집고 바르디 가문의 재산을 몰수했으며, 다른 귀족 가문들도 모두 시내에서 반경 30킬로미터 이내에는 성채를 소유할 수 없다는 법령을 공포해 재산을 강탈했다. 성채를 허락하지 않겠다는 말은 귀족의 패권을 인정하지 않겠다는 뜻이었다. 심지어 프레스코발디 가문에 속한 한 사람은 몇 달 후에 참수를 당했다. 프레스코발디 가문과 귀족들은 크게 반발했으나, 평민 시뇨리아는 꿈쩍도 하지 않았다. 두 진영 사이의 적대감은 어느 때보다 높아졌다. 비록 권력을 빼앗겼지만 귀족들도 호락호락 물러설 사람들이 아니었다. 바르디 가문과 프레스코발디 가문이 몰락한 이후, 피렌체 거리에는 팽팽한 긴장감이 흘렀다. 한편 경비대장 야코포는 살해 음모에서 살아남았고 결국 1341년 1월 고향 구비오로 돌아갔다. 고향으로 돌아가던 그의 철제 금고에는 피렌체에서 벌어들인 금화 3만 플로린이 보관되어 있었다고 한다. 피렌체는 늘 이런 식으로 분열의 대가를 지불해야 했다.

귀족들의 복수심이 초래한
발테르 공작의 폭압적인 통치

    다수의 평민이 소수의 귀족을 미워하는 것이 일반적인 사회적 관례다. 보통 귀족들이 평민들의 불만을 불러일으키고, 복수심의 대상이 된다. 그런데 피렌체에서는 반대 현상이 일어났다. 권력은 평민이 차지하고 있었고, 복수심은 귀족이 품게 되었다. 그들이 품은 복수의 칼날은 언제나 평민들을 향하고 있었고 호시탐탐 권력으로의 복귀를 노리고 있었다. 평민들도 이 사실을 잘 알고 있었다. 그래서 그들은 시뇨리아 정청의 바카가 울리기만 하면 강북에서든 강남에서든 일제히 도심을 향해 달려갔다. 평민들이 믿는 것은 절대 우위를 점하고 있는 숫자였다. 절대 다수를 차지하던 평민의 무장 앞에서 귀족들은 소수의 설움을 삼켜야만 했다.

평민 시뇨리아의 선처 약속을 믿고 투항한 프레스코발디 가문 사람이 참수당하는 것을 지켜본 귀족들은 결국 외부의 힘을 빌리기로 했다. 카를로 공작이 엄청난 세금을 걷어갔을 때 힘들기는 했지만, 그래도 평민들의 지배를 받는 것보다는 낫다고 판단했다. 피렌체의 귀족들은 다시 나폴리의 왕이자 이탈리아 교황파의 실질적인 리더인 로베르토Roberto d'Angiò(1309~1343년 재위)에게 하소연했고, 이에 로베르토는 1342년, 아테네 공작과 브리엔 백작의 호칭을 동시에 가지고 있던 발테르 6세Walter VI(1304~1356년)를 피렌체로 파견해주기로 약속했다.9 가련한 피렌체 사람들! 외부에서 온 경비대장 야코포가 금화 3만 플로린의 거액을 착복하고 떠난 지 불과 1년 만에, 이번에는 프랑스인 외부 통치자를 모시게 된 것이다. 도시의 분열로 인해 피렌체가 치러야 하는 대가는 혹독하기만 했다.

귀족들은 발테르 공작이 피렌체의 군주가 되어 자신들의 불타는 복수심을 채워줄 것이라고 믿었다. 여기에 일부 평민 가문들이 귀족들의 극단적인 해결책을 지지했다. 다른 가문들에 큰 채무를 진 자들이었다. 다시 외부의 통치자가 피렌체를 혼란에 빠뜨리면 자신들의 채무도 탕감될 것이라 믿고, 귀족들의 이 위험한 도박을 지지하고 나선 것이다. 여기에 조합을 구성할 자격이 없었던 피렌체의 하층민들도 동조했다. 이래 죽으나 저래 죽으나 마찬가지 신세이니 세상이 뒤집어지는 것을 보고 싶다는 하층민들의 숫자가 늘어났다. 귀족들의 복수심과 채무를 지고 있던 평민들의 탐욕 그리고 하층민들의 절망이 하나로 뭉쳐졌다. 평민 시뇨리아가 발테르 공작의 대리 통치에 동의할 수밖에 없는 외부적 요인도 있었다. 피렌체 유력 가문들이 운영하던 은행의 영국 지점에서 연쇄 부도가 났고, 루카와의 전쟁으로 인한 지출 때문에 국가 부채가 눈덩이처럼 불어났기 때문이다. 국가 부도 사태의 위기에서 평민 시뇨리아는 1년 동안만이라는 조건을 붙여 발테르 공작의 대리 통치를 승인하게 된다. 피렌체의 문제는 피렌체 사람들이 해결하지 못할 정도로 악화되고 있었다.

1342년 피렌체의 임시 군주로 취임한 발테르 공작은 피렌체의 귀족과 하층민들의 지지가 중요하다고 판단했다. 평민 시뇨리아의 지배에 반감을 품고 있던 사람들이었다. 그래서 발테르 공작은 평민들에게 강압적인 태도를 보이면서 동시에 귀족들과 하층민들에게는 선심을 베풀었다. 평민 가문 중에서 본보기를 골라 위법 혐의로 기소하고 사형에 처하거나, 추방하거나, 엄청난 세금을 물려 귀족과 하층민의 열광적인 지지를 받았다. 당시의 상황을 마키아벨리의 설명으로 들어보자.

이 가혹한 처벌을 본 중간 계층의 모든 시민은 경악했으나, 귀족들과 하층민들은 만족했다. 왜냐하면 악을 기뻐하는 것은 하층민들의 본성이고, 귀족들은 이 처벌로 그동안 수없이 당하기만 하던 평민들에게 복수했다고 생각했기 때문이다. 그러므로 발테르 공작이 거리를 지나가면 군중은 그의 정직한 영혼을 큰소리로 칭찬하며, 통치자들의 부정을 찾아 이를 처벌해달라고 공개적으로 요청했다. 그러자 20인회의 권한은 줄어들고 공작의 명성은 커졌으며, 공작에 대한 두려움은 모든 이들이 공작을 향한 지지를 증명하기 위해 자신의 집에 공작의 문장紋章을 그려 넣을 정도로 훨씬 커졌다. 실제로, 그는 군주라는 칭호만 없을 뿐이지 절대 군주나 다름없었다.**10**

발테르 공작은 하층민들의 인기를 독차지하게 되었다. 그는 기세를 몰아 '누구에게도 간섭받지 않는 자유로운 통치권'을 요구했다. 물론 시뇨리아는 이를 단호히 거절했다. 기세가 꺾인 발테르 공작은 산타 크로체 성당의 부속 수도원에 자신의 거처를 마련하겠다고 고집을 피웠다. 그리고 모든 피렌체 시민이 산타 크로체 광장에 모여 자신의 정책 발표를 들어야 한다고 요구했다. 피렌체의 하층민들이 많이 거주하는 구역에 있는 산타 크로체 광장으로 모이라고 한 것은 그의 지지 세력이 어느 계층인지를 보여준다. 이때 시뇨리 중의 1명이 독재자가 될 조짐을 보이고 있던 발테르 공작 앞에서 이렇게 말했다. 마키아벨리는 이 주장의 중요성을 독자들에게 각인시키기 위해 제법 긴 지면을 허락해주고 있다.

전하, 저희가 이렇게 전하를 뵈러 온 이유는 전하께서 저희한테 요구하신 통치권과 내일 아침 시민들을 광장 앞에 집결시키라는 하명 때문이옵니다. 저희 생각에, 전하께서는 평소 같으면 저희가 결코 전하께 드리지 않을 예외적인 권한을 얻으려 하시는 것 같습니다. 저희가 감히 힘으로 전하의 계획을 막을 생각은 전혀 없습니다. 다만, 저희는 그저 전하께서 얼마나 무거운 짐을 지려 하시고 또 얼마나 위험한 길을 가려 하시는지 말씀드리려 합니다. 저희의 진심 어린 조언과, 전하의 이익이 아니라 오직 자신들의 원한을 풀기 위해 전하께 달리 이야기한 자들의 조언을 비교해보시기를 바랄 따름입니다.

전하께서는 지금 항상 자유롭게 살아온 도시를 노예로 삼으려 하고 계십니다. 사실, 저희가 과거에 나폴리 왕실에 양도한 통치권은 군주가 아니라 친구에게 준 것이었습니다. 이곳과 같은 도시에서 자유가 얼마나 중요한 가치인지 숙고해보셨습니까? 어떤 폭력으로도 굴복시킬 수 없고, 어떤 이익으로도 대체할 수 없으며, 아무리 긴 시간이 지나도 소멸하지 않는, 자유라는 이름이 얼마나 강력한 것인지 생각해보셨습니까?

전하, 이 위대한 도시를 노예 상태로 유지하는 데 얼마나 많은 군대가 필요할지 곰곰이 한번 헤아려보십시오. 전하께서 항상 지휘하실 수 있는 외국의 군대만으로는 절대 충분하지 않을 것입니다. 전하께서 의지하고 계신 내부의 세력 역시 결코 믿으실 수 없습니다. 왜냐하면 오늘 전하의 친구를 자청하며 전하께 이 길을 가라고 부추기는 자들은, 전하의 힘을 빌려 자신의 적들을 궤멸하고 나면 그 즉시 전하를 제거하고 스스로 도시의 주인이 되려 할 것이기 때문입니다. 또한 전하께서 신뢰하시는 하층민들은 아무리 사소한 사건이라도 자신들에게 불리한 상황이 오면 그 입장을 손바닥 뒤집듯 바꿀 것입니다. 그러면 얼마 지나지 않아, 전하께서는 온 도시가 전하의 적으로 변해버린 모습을 보시게 될 테고, 결국 도시와 전하 모두 파멸에 이르고 말 것입니다.

시간이 자유를 향한 열망을 없앨 수 없다는 사실은 너무나 분명합니다. 왜냐하면 우리는, 결코 자유를 누리지 못했지만 선조들이 남긴 기억만으로 자유를 사랑하게 된 이들에 의해 도시에서 자유가 되살아나고, 또 그렇게 자유를 회복시킨 이들은 어떤 위험을 무릅쓰고라도 이것을 꿋꿋하게 지켜내는 이야기들을 자주 듣기 때문입니다. 아니, 심지어 선조들이 자유를 전해주지 않더라도, 회의에 쓰이던 공공 건물들이나 행정장관의 직무실 혹은 조합의 기치 등이 자유를 상기시킵니다. 확실히 이것들은 자유에 대한 간절한 열망 없이는 결코 바라볼 수 없는 그런 대상들입니다. 대체 무엇으로 자유의 기쁨을 능가하고, 대체 무엇으로 이전 상태(자유로운 삶)로 돌아가려는 시민들의 갈망을 멈추게 할 생각이십니까? 토스카나 전체를 피렌체의 영토로 만들고, 매일 우리의 적들을 물리치고 도시로 돌아오신다고 해도 그러실 수는 없을 것입니다. 왜냐하면 모든 영광은 피렌체가 아니라 전하의 것이 될 테고, 시민들은 동료 시민이 아니라 동료 노예를

붉은 백합의 도시, 피렌체

얻어, 그들을 보며 자신의 예속을 더욱 괴로워할 것이기 때문입니다.

　비록 전하의 삶이 순수하고, 전하의 태도가 친절하며, 전하의 판단이 올바르다 할지라도 그것들만으로 전하를 사랑하게 만들지는 못할 것입니다. 하오나, 만일 전하께서 그것들만으로 충분하다고 믿으신다면, 이는 스스로를 기만하시는 것입니다. 자유롭게 사는 데 익숙한 사람에게는 아무리 가벼운 사슬도 무겁게 느껴지고, 아무리 느슨한 결박도 영혼을 옥죄듯 느껴지기 때문입니다. 게다가, 폭력적인 정부가 선한 군주를 수장으로 갖는 일은 불가능합니다. 왜냐하면 필연적으로 선한 군주는 곧 폭력적인 정부를 닮아가고, 아니면 폭력적인 국가가 재빨리 선한 군주를 파멸시키기 때문입니다.

　그러므로 전하께서는 전적으로 폭력에 의지해 이 도시를 장악하시거나, 그럴 경우 성채나 친위대나 외국의 친구들은 거의 도움이 되지 못하고, 그게 아니면 저희가 이미 드린 권한에 만족하시거나, 둘 중 하나를 선택하셔야 합니다. 전하, 머리 숙여 간곡히 요청드립니다. 후자의 길을 선택하십시오. 다스림을 받는 이들이 동의하지 않는 지배는 결코 지속될 수 없음을 잊지 마십시오. 작은 야심에 눈이 멀어, 멈출 수도 더 오를 수도 없는 진퇴양난의 질곡에 빠져, 결국 전하와 저희 모두에게 치명적인 위해를 가할 그곳으로 전하 스스로를 이끌고 가지 마십시오.[11]

마키아벨리가 이 연설을 군이 길게 옮기고 있는 이유가 있다. 자유를 지키겠다는 피렌체 평민들의 의지가 얼마나 절실했는지를 보여주기 위함이다. 피렌체 시뇨리아는 복수심을 불태우던 귀족들의 그치지 않는 권력욕과 하층민들의 무지를 악의 세력으로 간주하고 있었다. 그들을 등에 업고 피렌체를 예속으로 이끌어 간다면 당신은 큰 위해를 당할 것이라는 경고였다. 시뇨리아는 발테르 공작에게 통치를 위한 절대적인 권한을 주겠다고 약속했지만, 한시적인 권한으로 제한하겠으며 그 약속의 장소를 옮기기를 원했다. 하층민 동네인 산타 크로체 광장이 아니라 평민들의 자유 공간인 시뇨리아 광장에서 한시적인 통치권을 인정해주겠다는 것이었다.

1342년 9월 8일, 피렌체 시뇨리아 광장에서 발테르 공작의 임시 통치권 인정 계약서가 낭독되었다. 피렌체의 귀족, 평민, 하층민이 모두 도열한 상태에서 행정 서기가 발테르 공작에게 1년간의 피렌체 통치를 허락한다는 부분을 읽어 내려가고 있을 때, 갑자기 웅성거리는 소리가 들리기 시작했다. 그리고 "아 비타!A vita! 아 비타!"라는 함성이 계속 들렸다. "죽을 때까지!"라는 뜻이다. 발테르 공작에게 1년이 아니라 종신 통치권을 주라는 말이었다. 물론 이렇게 소리친 주인공은 피렌체의 하층민들이었다. 시뇨리아는 하층민들의 거센 함성에 기가 눌려 발테르 총독에게 종신 통치권을 허락해버렸다. 그토록 애써 지켜왔던 피렌체의 자유 정신은 이제 프랑스인의 발 아래에 놓이게 되었다. 당시 상황을 마키아벨리는 이렇게 전한다.

종신 군주로 추대된 발테르 공작은 시뇨리아 정청 안으로 들어갔다. 그러자 겁에 질리고 명예가 실추된 시뇨리들은 집으로 돌아갔고, 정청은 공작의 부하들에게 약탈당했으며, 평민의 깃발은 갈가리 찢기고, 대신 공작의 깃발이 시뇨리아 정청 위에 나부꼈다. 이 사건은 모든 선량한 이들한테는 이루 말할 수 없는 슬픔과 고통으로 다가왔고, 무지하거나 사악해서 그일에 동조한 자들에게는 더할 나위 없는 기쁨으로 받아들여졌다.[12]

붉은 백합의 도시, 피렌체

피렌체의 빼앗긴 자유

    종신 군주로 취임한 발테르 공작은 곧바로 재앙을 불러일으키기 시작했다. 귀족들의 복수심에 의해 초청되었고, 하층민들의 무지에 의해 탄생한 독재자가 제일 먼저 착수한 일은 평민 시뇨리아의 전격 해산이었다. 발테르 공작은 시뇨리아가 회동하는 것 자체를 금하고 그들을 모두 감금했다. 곤팔로니에레로부터 '정의의 깃발'도 압수했다. 귀족들에게 불리했던 제도와 세금을 모두 없애주었으며, 감옥에 갇혀 있던 그들의 친척을 모두 풀어주었다. 바르디 가문과 프레스코발디 가문에게 내려졌던 추방 명령은 모두 해제되었다. 발테르 공작이 부과한 새로운 세금은 피렌체 평민들의 금고와 주머니를 노렸다. 마키아벨리가 전하는 당시의 상황을 들어보자.

    발테르 공작이 시민들에게 부과한 세금은 가혹했고, 그의 판결은 부당했으며, 그가 처음에 가장했던 성실함과 친절함은 교만함과 잔인함으로 바뀌었다. 그 결과, 많은 훌륭한 시민들과 뛰어난 평민들이 벌금을 물거나 추방당하거나 살해당했으며, 들어본 적도 없는 방법으로 고문을 받기도 했다. 그는 피렌체 성벽 밖의 통치가 그 안의 통치와 다르지 않도록 피렌체 교외에도 새로 6명의 '레토레Retore(관리)'를 임명했으며, 레토레들은 공작이 시키는 대로 농민들을 억압하고 수탈했다.

    비록 그는 귀족들의 지지를 받았고 또 귀족들 중 상당수를 다시 조국으로 돌아오게 해주었지만, 그럼에도 계속 귀족들을 의심했다. 왜냐하면 자부심 강한 귀족이 자신의 절대 권력에 순순히 복종하며 살지 확신이 서지 않았기 때문이었다. 따라서 그는 하층민들에게 이득을 주기로 했다. 외국의 용병에다 하층민의 지지만 있으면 독재를 유지할 수 있다고 판단했기 때문이다. 그는 피렌체인들이 항상 기념하고 축하하는 5월의 깃발 던지기 행사Il Trofeo Marocco가 다가오자, 하층민으로 구성된 군대를 만들어 그들에게 멋진 칭호로 경의를 표하고 돈과 깃발을 수여했다. 그리고 나서 그 부대들 가운데 일부는 축제 행렬을 지어 도시의 거리를 행진했고, 다른 일부는 그들을 위해 마련된 곳으로 가 아주 멋지고 화려한 축하 행사를 누렸다. (…) 그렇게 정부의 위신은 땅에 떨어지고, 질서는 완전히 무너지고, 법은 지켜지지 않고, 정직한 것은 타락하고, 모든 겸양은 사라진 조국을 보면서, 피렌체인들은 분노에 가득 찼다.[13]

피렌체 시민들, 특히 평민들은 또 한 번 외국 통치자의 전횡으로 인해 큰 고통을 겪게 된다. 가장 충격적인 사건은 발테르 공작이 지나친 세금을 부과한다고 자신을 비난한 사람의 혀를 잘라버린 사건이었다.[14] 이 사건의 여파는 상상할 수 없을 정도로 퍼져나갔다. 마키아벨리는 그 원인을 아래와 같이 설명한다.

이 잔혹한 행위는 공작에 대한 시민들의 분노와 증오를 한층 더 배가했다. 왜냐하면 피렌체인들은 예로부터 모든 것을 아주 자유롭게 행하고 말하는 것에 익숙해 있었으므로, 손이 묶이고 입까지 봉해진 작금의 상태를 더는 참을 수 없었기 때문이다. 이렇게 부글부글 끓어오르던 도시의 분노와 증오는 마침내, 자유를 유지하는 방법은 모르지만 예속은 참을 수 없던 시민들은 말할 것도 없고, 가장 순종적인 사람들까지도 잃어버린 자유를 되찾아야 한다는 자극을 받을 만큼 커졌다. 그리하여 모든 계급에서 많은 이들이 목숨을 잃을 각오를 하고 자유를 되찾기로 결심했다.[15]

정말 가련한 피렌체 사람들이다. 내부의 분열 때문에 끊임없는 자중지란을 일으키다가 결국 프랑스인에게 종신 통치권을 넘길 수밖에 없는 처지에 몰렸다. 그리고 다시 그 분열과 갈등의 피해를 피렌체의 모든 계층이 고스란히 안게 된 것이다. "자유를 유지하는 방법은 모르지만 예속은 참을 수 없던" 피렌체 시민들은 스스로 고난을 자초했다. 견딜 수 없는 고통을 경험한 후에야 겨우 정신을 차리는 것이 인간이란 동물이다. 피렌체 시민들은 발테르 공작의 전횡과 폭압이 절정에 달하자 그때서야 소중한 자유를 되찾아야겠다고 결심했다. 피렌체의 모든 계층이 분노했다. 귀족들은 아직 권력을 회복하지 못했기 때문에 분노했고, 평민들은 권력을 빼앗겼기 때문에 분노했고, 하층민들은 수입이 계속 줄어들고 있어 분노했다.[16] 고통은 같았으나 그 고통의 원인에 대한 분석은 모두 달랐다. 그러나 자유를 소중히 여기는 마음에는 차이가 없었으니, 그들은 다시 한마음이 되어 궐기하게 된다.

발테르 공작을 축출하기 위한 3개의 반란 집단

당시 피렌체 대주교는 귀족 출신의 안젤로 아차이우올리Angelo Acciaiuoli가 맡고 있었다.[17] 그는 1342년부터 1355년까지 피렌체 대주교로 활동했는데, 공교롭게도 발테르 공작의 통치 기간과 겹친다. 그는 공식 석상에서 발테르 공작의 취임을 축하하고 공적을 치하한 적이 있었다. 물론 의례적인 말이었지만 사태가 점점 심각해지면서 자신의 발언에 대한 죄책감을 가지게 되었다. 대주교는 발테르 공작을 몰아내는 일의 선봉에 서는 것이 추락한 가문의 명성을 회복할 수 있는 길이라고 믿게 되었다. 그래서 그는 반역을 결심하고 지지자들을 모았다. 그의 휘하에 모인 반란 집단은 셋으로 나눌 수 있는데, 첫 번째는 대주교를 주축으로 한 옛 귀족 가문들이고 두 번째는 교황과 흑당 사람들을 주축으로 한 가문들, 세 번째가 안토니오 아디마리Antonio Adimari를 수장으로 한 평민 가문들이다.

여기서 우리는 익숙한 가문의 이름을 처음으로 접하게 된다. 세 번째 반역 집단의 일원으로 참가한 메디치 가문이다. 앞으로 이 가문의 이름이 끊임없이 등장하게 되는데, 여기서 기억해야 할 사실은 14세기 중엽까지만 해도 메디치 가문은 평범한 평민이었다는 것이다. 앞으로 그 가문이 피렌체 정치, 경제, 문화를 좌지우지하게 되고, 그 가문에서 '나라의 아버지Pater Patriae'로 추대되는 인물이 나오는가 하면, 2명의 교황과 2명의 프랑스 왕비가 탄생하는 장면을 목격하게 될 것이다. 그러나 14세기 중엽에 처음으로 피렌체 거리에 등장한 메디치 가문의 출발은 미미하기만 하다.

발테르 공작을 제거하기 위한 3개의 반란 집단은 각각 경마장이나 산책길을 노려 암살을 시도했지만, 그때마다 발테르 공작이 나타나지 않아 실패로 돌아갔다. 몇 번의 시도가 무위로 끝나고 결국 암살 계획이 발테르 공작에게 발각된다. 세 번째 반란 집단 사람들이 친한 시에나 사람들에게 입방정을 떤 것이다. 그 시에나 사람 중 1명이 프란체스코 브루넬레스키Francesco Brunelleschi라는 사람을 만나 암살 계획을 말해주었다. 이 시에나 사람은 프란체스코도 당연히 발테르 공작을 싫어하는 줄 알고 떠든 것이다. 프란체스코는 이 사실을 발테르 공작에게 즉각 고해바쳤다.

발테르 공작도 만만치 않은 인물이었다. 그는 시뇨리아 정청을 차지한 후, 이 거대한 건물을 난공불락의 요새로 바꾸어놓았다. 지금 시뇨리아 정청이 가운데 중정中庭을 가진 사각형 건물이 아니라 긴 성채처럼 보이는 것도, 발테르 공작이 외부 공격을 막기 위해 이 건물을 견고한 성채로

붉은 백합의 도시, 피렌체

탈바꿈시켰기 때문이다. 그는 만약의 사태를 대비해서 은밀한 비상 탈출구도 만들었다. 그 입구는 시뇨리아 정청과 현재 우피치 미술관 사이 골목에 있다. 시뇨리아 정청의 남쪽 큰 문 바로 옆에 작은 문이 있는데, 이곳이 바로 발테르 공작의 비상 탈출구다. 비상시 내부에 있는 좁은 회전식 복도를 타고 내려와 탈출할 수 있도록 비밀 문을 새로 만든 것이다.

한편 세 번째 반란 집단의 비밀 계획을 사전에 입수한 발테르 공작은 핵심 주동자를 긴급 체포했다. 그러나 암살을 계획하고 있는 집단은 2개나 더 있었다. 3개의 반란 집단이 따로 암살 계획을 꾸밀 정도면 온 도시가 그를 대적하고 있다는 뜻이었다. 발테르 공작은 모든 암살자를 한꺼번에 처단해야 한다고 판단했다. 그래서 그는 주요 시민 300명의 명단을 작성하고, 그들 모두에게 시뇨리아 정청으로 출두하라는 명령을 내렸다. 한곳에 모아놓고 한꺼번에 죽이려는 계획이었다.

발테르 공작의 비밀 통로로 연결된 작은 문. 두 대문 중간에 있다.

발테르 공작이 300명의 시민에게 출두 명령을 내렸다는 소문이 좁은 피렌체 전역으로 퍼져나갔다. 이 과정에서 300명에 달하는 살생부 명단이 모두 노출되었다. 발테르 공작의 손에 어느 특정 가문 사람들이 죽임을 당할 것이라는 소문이 빠르게 퍼져나갔다. 살생부에 포함된 가문 사람들은 함께 모여 "짐승처럼 맥없이 도살장으로 끌려가느니 차라리 손에 칼을 들고 남자답게 죽는 게 낫다며, 군사를 일으켜 싸우자고 서로를 격려했다."[18] 이해관계에 따라 3개의 반란 집단으로 분열되어 있던 피렌체 시민들은 공공의 적 앞에서 한마음으로 단결하게 된다. 그들은 소환 일자에 시뇨리아 정청으로 출두하기를 거부하고, 그다음 날인 1343년 7월 26일에 모두 중무장한 상태로 메르카토 베키오에 집결하기로 했다. 다시 한 번 피렌체 시민들의 무장봉기가 일어난 것이다.

메르카토 베키오에서 울려 퍼진 함성

드디어 운명의 날이 밝았다. 1343년 7월 26일. 귀족과 평민이 하나가 되어 싸운 날이었다. 메르카토 베키오로 몰려든 그들은 서로의 얼굴을 바라보며 옛 적의를 버리고 함께 용기를 내서 싸우자고 서로를 격려했다. 귀족들은 평민들을 보며 그들의 숫자와 열기에 감사했고, 평민들은 귀족들을 보면서 용기와 솔선수범에 찬사를 보냈다. 피렌체 역사에서 좀처럼 보기 드문 장면이었다.

그러나 여기서 우리는 피렌체 역사의 새로운 주역이 등장하는 것을 눈여겨보아야 한다. 메르카토 베키오에 집결된 반란의 물결에 모든 귀족과 평민이 동참한 것은 아니었기 때문이다. 우선 귀족이었던 부온델몬티와 카발칸티 가문은 발테르 공작 편에 서서 피렌체 시민들의 실망과 원성을 샀다. 그리고 발테르 공작을 초청하는 것에 동의했던 4개의 평민 가문은 반란에 동참하지 않았다. 오히려 이들은 발테르 공작 편에 서서 반란군을 진압하려고 했다. 더 놀라운 점은 그들의 지휘를 받던 발테르 공작의 군대는 피렌체의 하층민들이 주류를 이루고 있었다는 것이다.

이제 '하층민'이라는 피렌체의 또 다른 사회경제적 집단이 처음으로 정치 세력화하고 있다. 우선 피렌체의 실권을 장악했던 시뇨리아는 아르티 마조리(큰 조합)에 의해 통제되고 있었는데, 피렌체의 하층민은 아르티 미노리(작은 조합) 출신이 많았다. 이들은 사회 불만 세력으로 변해갔다. '유력한 평민들'이 옛 귀족들과 야합해 권력을 독식하고 있다고 보았고, 무엇보다 옛 귀족들의 행태를 답습하는 것에 치를 떨며 분노했다. 이 하층민들은 '미누티Minuti'라 불렸다. 여기서 앞으로 등장할 또 다른 하층민, 정확하게 말하자면 최하층민의 이름만 먼저 소개해둔다. 피렌체 사회의 밑바닥에 있었던 '치옴피Ciompi'다. 이들은 아직 역사의 전면에 등장하지 않고 있다. 장차 미누티와 치옴피가 결합하면, 이 세력은 무시 못할 정치적 힘을 가지게 될 것이다.

피렌체 역사의 큰 흐름으로 본다면 지금 메르카토 베키오에 집결한 귀족과 평민은 발테르 공작과 싸우고 있는 것이 아니다. 그들은 시뇨리아 광장에서 발테르 공작의 지휘를 받으며 방어를 준비하고 있는 하층민들, 즉 미누티와 전투를 벌이고 있는 것이다. 그러니까 1343년의 무장봉기는 피렌체에서 처음으로 평민과 하층민의 투쟁이 나타난 분기점이다. 가련한 피렌체! 귀족과 귀족이 싸우다가, 귀족이 평민으로 위장한 채 서로 싸우고, 다시 평민과 평민끼리 싸우다가, 이번에는 평민과 하층민의 싸움이 시작된 것이다.

메르카토 베키오에 집결한 반란군과 시뇨리아 광장에 집결한 발테르 공작 지지자들은 좁은 골목 하나를 사이에 두고 팽팽한 대치를 이어갔다. 좁은 골목길 너머로 보이는 낯익은 얼굴을 바라보며, 그들은 새로운 시대가 다가오고 있음을 절감했다. 새벽에 일찍 일어나 밀가루 반죽을 치대던 제빵사들이, 열쇠를 만들던 철물점 주인들이, 소가죽을 벗기던 백정들이 창과 칼을 들고 상대를 노려보고 있었다. 도심의 바리케이드 너머에서 "발테르 공작은 물러가라!"라고 고함을 치는 사람은 자신들의 고용주였다. 어제까지 '유력한 평민들' 앞에서 머리를 조아리던 미누티들이 이제 고개를 빳빳이 들고 건물주와 고용주 들과 대치하고 있었다. '유력한 평민들'은 미누티들의 불만이 많다는 사실은 알고 있었지만, 이렇게 창과 칼을 쥐고 자신들과 대치할 줄은 상상하지 못했다. 바야흐로 새로운 시대가 시작되고 있었으니, 프랑스에서 1789년에나 일어날 혁명이 피렌체에서는 이미 1343년 7월 26일에 발생했던 것이다.

팽팽했던 대치를 깨고, 공격의 최선봉에 서서 제일 먼저 시뇨리아 광장으로 돌격하는 사람들이 있었다. 그들은 발테르 공작으로부터 가장 심한 박해를 받던 메디치, 카비치올리Cavicchioli, 루첼라이Rucellai 가문 사람들이었다. 그들은 선제공격을 하지 않으면 발테르 공작 측에 점점 더 많은 하층민이 합류할 것이라고 판단했다. 피렌체 도심에서 치열한 시가전이 펼쳐졌다. 분노로 가득 찬 군대와 남을 도와주려고 모인 군대가 맞붙으면 당연히 분노의 군대가 승리할 가능성이 높다. 사력을 다해 싸우기 때문이다. 전세가 점점 불리하게 기울자 발테르 공작 편에 섰던 잔노초 카발칸티Giannozzo Cavalcanti는 메르카토 누오보(신新 시장)의 긴 의자 위에 올라서서 하층민들의 지지와 도움을 요청하는 연설을 했다. 그러나 이미 전세가 기울었다고 판단한 하층민들은 그의 선동에 말려들지 않았다.

결국 발테르 공작은 패배를 인정하고 시뇨리아 정청에서 펄럭이던 자신의 깃발을 내린 후, 피렌체의 붉은 백합 깃발을 대신 게양함으로써 항복을 선언했다. 발테르 공작은 무장 병력을 길거리에서 철수시켰지만 시뇨리아 정청에서 물러나지는 않았다. 피렌체 시민들은 산타 레파라타 성당Basilica di Santa Reparata(옛 두오모 성당)으로 몰려가 그곳에서 임시 정부를 구성했다. 안젤로 아차이우올리 대주교와 함께 피렌체 정부를 이끌고 갈 14명의 대표가 선출되었다. 새 정부가 제일 먼저 실행한 조치는 부역자들에 대한 처단이었다. 발테르 공작의 최측근이었으며 장관직에 있던 굴리엘모 다 시시Guglielmo da Scesi와 그의 어린 아들이 제일 먼저 지목되었다. 마키아벨리는 당시 피렌체 시민들의 분노가 어느 정도였는지를 아래의 묘사를 통해 보여주고 있다.

확실히, 자유를 지킬 때보다 박탈당했던 자유를 회복할 때, 인간의 분노는 더 크고 복수는 더욱 잔혹하다. 굴리엘모의 아들은 그때 아직 채 18살이 되지 않았다. 그러나 그의 어린 나이나 준수한 용모, 결백도 군중의 무자비한 분노에서 그를 구할 수는 없었다. 부자父子는 순식간에 살해당했고, 굴리엘모와 그의 아들이 살아 있을 때 그 둘에게 해를 가하지 못한 자들은 죽은 그 둘의 사지를 절단했으며, 사지를 칼로 자르는 데 만족하지 못하고 손과 이빨을 써서 갈기갈기 찢었다. 이렇게 그 둘의 울부짖음을 듣고, 그 둘의 상처를 보고, 그 둘의 찢긴 살점들을 손으로 만진 뒤에도, 군중은 자신들의 모든 감각이 복수를 만끽할 수 있도록 그 둘을 음미하기를 원했으며, 그래서 외부의 모든 기관器官을 충분히 만족시킨 후, 그 둘의 살로 자신들의 내부 기관 역시 충족시켰다.**19**

광란의 식인 행위를 동반한 복수극을 지켜본 다음에야 발테르 공작은

안드레아 오르카냐 Andrea Orcagna 가 1343년에 그린 〈시뇨리아 정청에서
추방되는 발테르 공작〉. 시뇨리아 정청(베키오 궁전 박물관) 소장.

피렌체의 14인 대표자와 퇴각 협상을 시작했다. 발테르 공작은 1343년
8월 6일, 나폴리에서 온 부하들과 함께 피렌체를 무조건 떠나기로 합의
를 보았다. 추가적인 협상은 피렌체의 영토 밖인 카센티노 Casentino 에서
마무리 짓기로 했다. 발테르 공작은 피렌체 대표단의 요구 조건에 굴복
해 모든 권리를 포기하겠다는 서류에 서명했다.

　발테르 공작의 짧은 통치는 피렌체에 새로운 가능성과 위험성을 동시
에 보여주었다. 타지 사람의 폭정 때문에 피렌체의 귀족들과 평민들이
의견의 일치를 이루었다는 것은 새로운 가능성이었다. 피렌체 시민들이
절대적 가치로 여기던 자유의 정신으로 하나가 될 수 있다는 가능성을
보여주었기 때문이다. 반면 위험성은 잠시 정치적 역량을 보여주었지만

발테르 공작의 몰락과 더불어 다시 피렌체의 약자가 된 하층민들의 존재 감이었다. 미누티들은 발테르 공작의 철수와 동시에, 다시 침묵을 지키는 사회적 불만 집단으로 변했다. 그러나 언제고 다시 폭발할 수 있는 민의의 휴화산이었다. 마키아벨리는 발테르 공작의 통치 기간을 아주 짧은 평가로 마무리한다.

이 공작은, 그의 행동에서 알 수 있듯 탐욕스럽고 잔인했으며, 다가가기 어려웠고 대담할 때는 거만했다. 그는 사람의 선의가 아니라 굴종을 원했고, 사랑받기보다는 두려움의 대상이 되기를 바랐다. 키는 작고 얼굴은 거무스름한 데다 길고 가는 수염을 가진 그의 외모는 그의 성격 못지않게 혐오스러웠다. 한마디로 말해, 그는 모든 면에서 밉살스러웠다. 그렇게 10개월 만에 그는 남들의 사악한 충고로 얻었던 피렌체의 통치권을 자신의 사악한 행위로 잃고 말았다.[20]

새로 재편된 피렌체의 권력 구조와 복귀

피렌체 시민들이 치를 떨었던 2번의 외국인 통치가 끝났다. 그러나 발테르 공작이 떠나고 남은 권력의 빈자리를 다시 채우기 위해 귀족들과 평민들은 협상의 테이블에 함께 앉았다. 평민의 통치가 얼마나 위험한 일인가에 대해 평민들 자신이 먼저 절감했다. 그들은 자신들의 권력 독점이 결국 2번에 걸친 외국인의 독재로 이어졌고, 그 결과 자신들의 소중한 가치인 자유가 침해당하는 것을 경험했다. 그래서 그들은 피렌체의 권력 구조를 수정하기로 귀족들과 합의했다.

평민들은 귀족들에게 전체 시뇨리아 자리의 3분의 1을 할당하겠다는 대승적인 제안을 했다. 피렌체의 행정구역은 모두 6개였는데, 차제에 행정구역을 대표하는 지역별 시뇨리 6명을 선출하기로 했다. 지금까지 조합에서 시뇨리를 선출했는데 그 전통을 폐지한 것이다. 6개의 행정구역을 대표하는 시뇨리가 선출된다는 것은 직능이 아닌 지역별 대표자를 선출한다는 뜻이었다. 지역별로 대표가 선출된다면 당연히 귀족들에게도 기회가 있다는 말이었다. 귀족과 평민이 각각 곤팔로니에레를 선출해서 세력의 균형을 이루자고 추가로 합의했다. 그러나 이런 기계적인 통합은 얼마 지나지 않아 부작용을 일으켰다. 지금 사용하는 정치 용어로 설명하자면, 피렌체에서 극심한 게리맨더링Gerrymandering이 일어난 것이다. 행정구역을 대표하는 지역별 시뇨리로 선출되기 위해 지역구를 조작하는 부정행위가 여러 차례 발생했다. 피렌체의 귀족과 평민 협의체는 도시를 다시 4개의 구역으로 분할하고, 각 행정구역에서 3명의 시뇨리를 선출해서 총 12명으로 확대된 시뇨리아를 구성하기로 합의했다. 또 귀족과 평민이 각각 선출한 곤팔로니에레가 서로 충돌하는 부작용을 없애기 위해, 귀족과 평민 중에서 각각 4명의 대표를 선발해서 8명으로 구성된 콘실리에리consiglieri (자문관)를 두기로 합의했다.

피렌체의 권력 구조 개편은 효과적이었을까? 안타깝게도 그렇지 못했다. 어쩌면 귀족과 평민이 권력을 나누어 가진다는 것은 처음부터 불가능한 일이었는지 모른다. 인간의 본성에 어긋나기 때문이다. 권력은 권력자에 의해 독점될 때 권력이다. 결코 나누어질 수 없는 권력의 속성 때문에 피렌체는 얼마 지나지 않아 다시 정치적 곤경으로 빠져든다. 마키아벨리는 그런 고질적인 문제의 원인을 오만한 귀족들의 책임으로 돌리고 있다.

정부가 이런 토대 위에 재수립되었으므로, 만일 귀족들이 자유로운 시민사회가 요구하는 자제력을 가지고 살았더라면, 도시는 안정되었을 것이다. 하지만 귀족들은 정반대로 행동했다. 그들은 일상생활에서 평등의 개념을 경멸했고, 공직에 오르면 군주가 되기를 원했다. 매일 그들의 오만방자한 행태가 새로 터져 나왔고, 이로 인해 평민들은 화가 났으며 1명의 폭군을 제거했더니 1,000명의 폭군이 나타났다고 한탄했다. 그렇게 한쪽에서는 오만이 증가하고, 다른 한쪽에서는 분노가 증가했다.[21]

평민들은 귀족들의 이런 오만방자한 행동과 지배하려고 드는 습성에 진저리를 치면서 다시 대주교 안젤로 아차이우올리를 찾아가 하소연했다. 발테르 공작을 축출하는 데 앞장섰던 인물이다. 마음만 좋고 귀는 얇은 대주교는 평민들의 하소연을 듣고, 모든 시뇨리아를 다시 평민들로만 구성하는 방안을 도입하고, 이를 귀족들에게 설득시키겠다고 약속했다. 이에 귀족들은 분노를 터트리며 대주교에게 지조가 없는 사람이라고 비난을 퍼부었다. 아차이우올리 가문도 귀족 출신이었다. 귀족들은 대주교를 신분의 배신자라 불렀다.

이들의 성토가 이어지고 있는 가운데, 피렌체에서 이상한 소문이 돌고 있었다. 귀족 가문들이 함께 모여 권력을 찬탈하기 위해 대책을 모의하고 있다는 소문이었다. 이에 놀란 피렌체 평민들은 무기를 들고 시뇨리아 정청으로 달려가 귀족 출신의 시뇨리들을 모두 몰아내버렸다. 평민들의 숫자에 놀란 귀족들은 시뇨리들의 무사 귀가를 약속하면 모든 공직에서 스스로 물러나겠다고 합의했다. 결국 피렌체 권력 구조는 다시 옛날로 돌아가게 된다. 4명의 귀족에게 배당되었던 콘실리에리 자리는 모두 평민들에게 돌아갔고, 평민들은 여기에 또 4명을 더해 전원 평민으로 구성된 12명의 콘실리에리를 구성했다. 1명에게 무장 병력의 지휘권을 주는 '정의의 곤팔로니에레' 제도도 부활시켰고, 각 조합에서 '평민 부대의 곤팔로니에레'를 선출해 총 16명의 평민이 각 조합의 군대를 지휘하게 했다.

피렌체 권력은 다시 평민들의 손으로 돌아왔다. 귀족들은 다시 권력을 잃고 각자의 집으로 돌아가 대문을 굳게 닫거나 도시를 조용히 떠났다. 일부 귀족들은 이대로 당할 수 없다는 결의를 불태우며, 사태의 추이를 지켜보고 있었다. 그들의 시선은 피렌체의 하층민을 향하고 있었다. 평민들에게서 권력을 뺏기 위해 귀족들은 하층민들과 손을 잡아야 했다. 마침 하층민들의 불만도 최고조에 이르고 있었다. 권력이 다시 평민들의 손에 넘어갔기 때문이 아니었다. 1346년의 대기근이 피렌체 하층민들의 삶을 벼랑 끝으로 몰아가고 있었다. 당시의 상황을 마키아벨리는 특유의 통찰력을 곁들여 이렇게 설명하고 있다.

이런 일들이 벌어지는 동안, 대기근이 피렌체를 덮쳤고, 귀족과 하층민의 불만은 함께 높아졌다. 왜냐하면 귀족들은 평민에게 밀려 위엄을 잃었고, 하층민들은 식량 부족으로 굶주림에 시달렸기 때문이다.[22]

안드레아 스트로치가 선동한 하층민의 반란

'귀족들의 저항'이란 표현은 '귀족들의 복수심'만큼이나 이상하다. 원래 '저항'이란 평민들이나 하층민들이 권력을 쥐고 있는 귀족들이나 기득권층에 품는 원한에 찬 감정이다. 그런데 피렌체에서는 정반대 현상이 벌어졌다. 평민들이 권력을 쥐고, 귀족들은 그에 저항하는 형국이 펼쳐진 것이다. 귀족들과 평민들이 권력 투쟁을 벌이고 경계심과 복수심이 뜨겁게 정국을 달구고 있을 때, 최종 결정권을 쥔 사람들은 하층민들이었다. 그들이 어느 편에 서느냐가 권력의 향배를 결정할 것이기 때문이었다.

사실 피렌체 하층민들은 권력을 잡겠다는 욕망을 품기보다, 당장 오늘 저녁 식탁에서 먹게 될 빵을 걱정하는 사람들이었다. 마침 피렌체에 대기근이 들었고, 가장 먼저 경제적 타격을 입은 하층민들이 사회적 불만 세력으로 변해가고 있었다. 이런 하층민들의 분노를 눈여겨 지켜보던 귀족이 있었으니, 안드레아 스트로치Andrea Strozzi다. 앞으로 우리는 이 부유한 은행가 가문의 이름을 자주 듣게 될 것이다. 14세기 중엽에 스트로치 가문은 메디치 가문과 더불어 피렌체 역사의 주역으로 등장하게 된다. 물론 스트로치 가문은 '옛 귀족'이고, 메디치 가문은 평민 출신이라는 점이 달랐다. 결국 두 가문은 사회적 위상의 차이 때문에 서로 다투게 될 운명으로 태어났다. 앞으로 펼쳐질 스트로치 가문과 메디치 가문의 대결은 크게 보면 귀족과 평민 사이의 주도권 갈등이었다고 해도 과언이 아니다.

1343년 9월, 안드레아는 정교한 계획 없이 다분히 귀족적인 자긍심과 자의적인 의협심에서 우러난 반란을 도모했다. 안드레아는 소수의 부하를 데리고 말에 올라 피렌체 거리를 돌아다니면서 동료 귀족들에게 반란에 동참할 것을 호소했다. 성급한 행동이었다. 그러나 예상과 달리 4,000명의 제법 많은 군중이 안드레아의 돌발적인 반란에 동참했다. 물론 대다수는 하층민들이었다. 그들에게 안드레아가 누구인지, 그가 귀족인지 평민인지는 중요하지 않았다. 오늘 먹고사는 문제를 해결해줄 수 있다면 상관없었다. 권력을 잡고 있는 평민들과 싸우려는 것이 아니라, 기근으로 인한 가난과의 싸움을 시작하려는 것이었다. 안드레아는 그들에게 자유를 선물하는 사람이기보다는 저녁 식탁에 오를 빵 한 조각을 던져 줄 수 있는 사람이었던 것이다. 안드레아는 시뇨리아 광장으로 진입하면서 "유력한 평민들에게 죽음을! 하층민들에게 영광을!"이라고 외쳤다.

반면 평민 시뇨리아는 정예군을 거느리고 있었고, 전투 경험이 풍부한 포데스타가 지휘하고 있었다. 평민이 주축이 된 16개 조합의 무장 세력도 만만치 않은 전력을 자랑했다. 전체 평민 군대의 전력은 하층민으로 급거 구성된 오합지졸의 무리와는 상대가 되지 않았다. 결국 충동과 결기로 시작된 안드레아 스트로치의 짧은 반란은 이내 진압되고 말았다. 시뇨리아 군대가 출동하자 겁을 먹은 하층민들은 저녁 식사를 핑계로 뿔뿔이 흩어졌다. 그러나 피렌체의 귀족들은 다수의 하층민 세력을 잘 규합하면 평민 정권을 타도할 수 있겠다는 희망을 품게 되었다. 안드레아가 너무 서둘지 않았다면 승산이 있었다고 판단한 것이다. 그래서 귀족들은 구체적인 작전을 짜서 평민들과 대결을 펼치기로 했다. 귀족 가문들은 일단 해산한 다음, 은밀한 시간에 다시 모여 전략을 짰다. 다수의 무장한 하층민을 중요 지점에 주둔시켜 피렌체 전체를 일시에 봉쇄하는 작전을 세웠다.

피렌체 봉쇄 작전과 메디치 가문의 활약

피렌체는 도심을 동서로 관통하며 흐르는 아르노강을 중심으로 강북(시뇨리아 정청이 있는 곳)과 강남(전통적으로 귀족 세력이 강한 곳)으로 나누어지고, 4개의 다리가 강남과 강북을 연결하고 있다. 조직적인 반란을 계획한 귀족들은 가문별로 봉쇄 지역을 할당했다. 하층민에게 전적으로 의존했다가 힘없이 무너졌던 과거의 반란 경험이 있으니, 이번에는 직접

산타 트리니타 다리에서는 프레스코발디 가문과 만델리 가문이 방어선을 펼쳤다.

무기를 들고 선두에 서기로 했다.

  귀족 가문들의 마지막 저항이 시작되었다. 갑작스러운 무장 세력의 이동은 좁은 피렌체의 골목길에서 사람들의 이목을 끌었다. 귀족들의 조직적인 움직임을 눈치챈 시뇨리아는 서둘러 바카를 울렸다. 낮은 황소 울음소리가 피렌체 골목으로 퍼져나가자, 평민들은 무기를 들고 시뇨리아 광장으로 달려갔다. 평민의 자유를 수호하기 위해 제일 먼저 광장으로 달려 나온 가문의 깃발이 창공에서 휘날리고 있었다. 방패에 몇 개의 공이 박혀 있는 생소한 깃발이었다. 메디치 가문! 처음으로 메디치 가문의 깃발이 시뇨리아 광장에서 평민들의 시선을 끌었다. 그 뒤를 이어 론디넬리Rondinelli 가문의 깃발을 든 기수가 달려왔다. 두 가문은 강북의 평민들이 모여 살던 시장통에 거주하던 사람들이었다. 자연스럽게 이 두 가문이 귀족들의 반란을 진압하는 작전을 지휘하게 된다.

메디치 가문과 론디넬리 가문이 이끄는 시뇨리아 군대는 먼저 지금의 산 조반니 광장Piazza di San Giovanni(카비치울리Cavicciuli 가문에 할당된 봉쇄 구역)을 공격해서 도심을 탈환하고, 그 옆을 봉쇄하고 있던 산 피에로 마조레 성당 앞의 귀족들도 물리쳤다. 시뇨리아 정청과 지척의 거리에 있던 메르카토 누오보는 카발칸티 가문에 할당된 봉쇄 구역이었다. 카발칸티 가문의 거센 저항이 진압될 수 있었던 것은 정의의 곤팔로니에레가 직접 평민 부대를 이끌고 와서 공격을 감행했기 때문이다. 전력의 열세를 극복하지 못한 카발칸티 가문은 시뇨리아의 정예군에게 항복했다. 이로써 강북의 세 거점은 모두 진압되었다. 단연코 제일 먼저 시뇨리아 광장으로 달려왔던 메디치 가문의 공이 컸다.

이제 남은 것은 아르노강을 가로지르는 4곳의 다리였다. 이곳을 귀족들이 나누어 봉쇄하고 있었다. 평민 부대가 로시 가문과 바르디 가문이 점거하고 있던 베키오 다리를 공격했지만 저항선은 쉽게 무너지지 않았다. 그래서 아르노강의 상류(동쪽)에 있는 루바콘테 다리Ponte di Rubaconte (지금의 그라치에 다리Ponte alle Grazie)를 넘어가기 위해 우회 공격을 감행했다. 그러나 그곳에서도 저항이 심해 강남으로 건너가기가 불가능해 보였다. 결국 평민 부대는 다시 강 하류(서쪽)에 있는 카라이아 다리Ponte alla Carraia 쪽으로 우회했다. 그곳을 지키고 있던 네를리 가문은 방심하다가 일격을 당했다. 이제 다리 건너 강남의 서쪽을 점령한 평민 부대는 베키오 다리를 지키고 있던 바르디 가문을 양쪽에서 공격한다. 바르디 가문은 사생결단의 각오로 좌우에서 밀려드는 평민 부대의 협공에 맞서 용감히 싸웠지만, 수적 열세를 극복할 수는 없었다.

또 한 번 베키오 다리는 귀족들의 피로 물들었다. 바르디 가문의 사람들은 베키오 다리 위에서 처참하게 도륙을 당했고, 가문의 저택은 평민 군대의 공격으로 무너져 내렸다. 그들은 바르디 가문의 저택을 불태우고 가문의 탑을 모두 파괴했다. 피해 규모가 엄청났다고 전해지는데, 바르디 한 가문에서만 금화 약 6만 플로린이 약탈당했다고 한다. 한때 피렌체 최고의 부자 은행가였으며, 단테의 연인 베아트리체 포르티나리를 며느리로 삼았던 명문가 바르디 가문은 그들의 이름이 남아 있는 몇 개의 예술 작품을 제외하고는 피렌체의 역사에서 조용히 사라지게 된다.[23]

베키오 다리가 마지막으로 탈환되면서 귀족들의 반란은 실패로 끝났다. 피렌체에서 귀족과 평민이 맞붙은 대결로서는 거의 마지막 분쟁이었다. 얼떨결에 귀족들의 선동에 넘어갔던 하층민들은 재빨리 무기를 내려놓고 눈치를 살폈다. 어느 쪽이든 승리하는 쪽에 붙으면 살아남을 수 있다는 희망으로 입은 다물고 눈은 크게 떴다. 평민 군대가 베키오 다리 탈환을 마지막으로 귀족의 반란을 진압하자, 하층민들은 시뇨리아 정청으로 달려가 평민 군대에 환호했다. 반란 진압의 최선봉에 섰던 메디치 가문의 깃발 아래에서 그들의 눈도장을 찍기에 바빴다. 서로 경쟁적으로 목소리를 높여 귀족의 지배욕에 대한 저주를 퍼부었다. 그러나 평민 군대가 귀족들의 저택을 공격할 때, 그들은 제일 먼저 안으로 들어가 귀중품을 챙겼다. 그들에게는 자유라는 가치가 중요했다기보다 돈이 주는 자유가 소중했던 것이다.

메디치 가문의 활약으로 귀족의 반란을 진압한 시뇨리아는 사태의 본질을 파악하기 위해 안간힘을 썼다. 다시는 이런 반란이 일어나지 않도록 피렌체 정국을 안정시켜야 했다. 그들은 먼저 안드레아 스트로치의 선동에 넘어가 즉흥적인 반란에 잠시나마 참여했던 하층민들의 동태부터 살폈다. 평민들은 하층민들을 권력 구조 안으로 끌어들여야 나중에 발생할 수 있는 분쟁을 방지할 수 있다고 판단했다. 그래서 시뇨리아는 하층민들을 권력 구조에 편입시키는 대담한 정책을 세웠다. 시뇨리아를 구성할 때 평민 대표 3명, '유력한 평민들' 중 대표 2명 그리고 하층민 대표 3명이 참여하는 신분 할당제를 제안한 것이다. 심지어 정의의 곤팔로니에레도 세 신분이 돌아가면서 맡자고 제안했다. 사회 구성원 모두를 권력 구조 안으로 끌어들임으로써 도시의 정치적 안정을 도모한다는 취지였다. 이것은 파격적인 제안이었다. 1293년 1월 18일부터 시행되어오던 '정의의 규칙'을 포기하겠다는 의미였다. 당시 프리오리였던 자노 델라 벨라는 '정의의 규칙'을 발표하면서 피렌체의 귀족 가문 72개에 속한 사람들은 원천적으로 공직에 오를 수 없도록 못박았다. 그런데 이런 평민들의 권력 독점이 오히려 사회 불안을 조장한다고 판단한 시뇨리아가 '정의의 규칙'을 폐기하겠다고 선언한 것이다.

이 파격적인 제안의 결과는 엉뚱한 방향으로 나타났다. 귀족을 권력 구조에 끌어들이겠다는 평민의 포용성이 오히려 귀족의 항구적인 몰락으로 이어진 것이다. 이런 역설적인 현상을 관찰하고, 그 정치적 의미를 정확하게 분석했던 사람이 바로 마키아벨리다. 마키아벨리는 이 시점부터 '귀족'이라는 호칭이 사라지고 '유력한 평민들'이라는 호칭이 사용되었으며 결과적으로 귀족들의 힘이 완전히 사라지게 되었다고 분석한다. 그의 설명을 들어보자.

평민과의 전투와 이런 일련의 조치들로 귀족들은 거의 궤멸하다시피 했고, 그 결과 그들은 평민들을 상대로 다시는 무기를 들지 못했다. 아니, 실제로 귀족들은 점점 더 유순하고 무기력한 존재가 되었으며, 이것이 피렌체에서 그 군대가 없어지고 고귀한 정신마저 사라지게 된 이유였다. 이 충돌 이후, 도시는 1353년까지 평온을 유지했다.[24]

　글쎄, 여기서 마키아벨리는 귀족들의 몰락 이후 1353년까지 피렌체에 평화가 찾아왔다고 밝히고 있는데, 그것이 사실일까? 귀족들은 지배 욕망을 완전히 접었을까? 그렇지 않다. 우선 피렌체에 대재앙이 닥치면서 사회적 갈등이 수면 아래로 잦아들었다. 조반니 보카치오Giovanni Boccaccio가 《데카메론Decameron》을 쓰게 된 사건, 바로 흑사병이 1348년 창궐했기 때문에 피렌체 귀족들에게는 권력보다 생존이 급했다. 피렌체는 이 팬데믹으로 인해 엄청난 피해를 입었다. 경제가 부흥하며 12만 명에서 정점을 찍었던 피렌체 인구는 흑사병의 여파로 3만 명까지 급격하게 줄어들었다.[25] 그러나 마키아벨리는 전염병이 피렌체에 남긴 충격을 간단하게

존 윌리엄 워터하우스 John William Waterhouse 가 1916년에 그린 〈보카치오의 데카메론〉. 리버풀의 레이디 레버 미술관Lady Lever Art Gallery 소장.

언급하고 넘어간다. 피렌체의 문제는 세균이나 바이러스로 인한 전염병이 아니라 이미 만성질환이 된 귀족들의 권력욕이라는 것을 간접적으로 시사하는 대목이다.

그의 관심은 귀족에서 '유력한 평민들'로 신분의 명칭이 변한 사람들의 동향이었다. 이 책에서는 앞으로 '유력한 평민들'을 '그란디'로 부를 것이다. 과연 그란디들은 권력 욕구를 상실하고 자신들의 권력이 평민에 완전히 넘어간 것을 인정했을까? 또 힘없이 당하기만 하던 피렌체의 하층민들은 그들의 운명을 평민들의 손에 맡기고, 일용할 양식만 주어진다면 모든 것에 협조하기로 마음을 바꾼 것일까?

5장

산타 크로체 광장

광장을 점령한 피렌체의 하층민들

산타 크로체 성당과
빈자들의 광장

1226년, 아시시의 성 프란체스코San Francesco d'Assisi가 임종했다. 프란체스코는 부유한 직물 상인의 아들로 태어났지만 모든 재산을 가난한 자들에게 나누어주고 평생 누더기 같은 수도복 한 벌로 살았다. 옷과 직물을 팔아 유럽 제일의 부자 나라가 된 피렌체 시민들에게 옷 한 벌로 사는 성 프란체스코는 반가운 인물이 아니었을 것이다. 그래서인지 프란체스코가 1212년 피렌체를 방문했을 때는 별다른 환영을 받지 못했다. 그러나 그가 임종한 1226년에, 소수의 프란체스코 수도회 수사들이 모직 산업의 도시 피렌체로 돌아왔다. 그들은 풍요의 도시에서 가난한 사람들이 모여 사는 곳을 찾았고, 그곳이 바로 지금의 산타 크로체 구역이다.

가난과 청빈의 수도사들이 처음 정착했을 때, 그 지역은 피렌체 동쪽의 쓸모없는 습지였다. 아르노강의 지류가 흘렀고 우기마다 지류가 범람해서 살기가 여간 불편한 땅이 아니었다. 그러나 그 동네에 살던 가난한 사람들은 가난한 수도사들의 설교를 듣기 위해 몰려들었고, 1294년에 지금의 산타 크로체 성당 공사가 시작되었다. 건축은 피렌체 두오모와 시뇨리아 정청을 건축했던 아르놀포 디 캄비오가 맡았다.[1] 그런데 가난의 영성을 추구하던 성 프란체스코 수도회는 점점 더 부자가 되어갔고

붉은 백합의 도시, 피렌체

산타 크로체 수도원과 성당도 덩달아 거대한 건물로 확대되었다. 현재 산타 크로체 성당은 프란체스코 수도회 소속 단일 건물로는 유럽에서 가장 큰 로마네스크-고딕-르네상스-바로크 건물이다. 세월이 흐르면서 점점 확장되었기 때문에 13세기의 로마네스크와 고딕 양식, 14~15세기의 르네상스, 심지어 19세기의 바로크 정면 파사드까지 두루 포함된 독특한 건물이 만들어지게 되었다.

서문에서 언급했듯이 성당 내부에는 천재들의 무덤이 즐비하다. 단테를 위시해 미켈란젤로, 마키아벨리, 갈릴레이, 건축가 레온 바티스타 알베르티Leon Battista Alberti, 레오나르도 브루니, 작곡가 조아키노 로시니 Gioacchino Rossini 등의 영묘가 안치되어 있어 '이탈리아 영광의 성전Tempio dell'Itale Glorie'으로 불리기도 한다. 16개의 채플이 성당 내외부에 있고 조토 디 본도네의 작품이 전시되어 있는 바르디 채플과 필리포 브루넬레스키의 탁월한 르네상스 건축 모델인 파치 채플이 유명하다. 산타 크로체 광장의 하이라이트라고 할 수 있는 산타 크로체 성당의 정면 파사드가 대리석으로 아름답게 장식된 것은 1863년의 일이다. 파사드 건축을 맡은 유대인 건축가 니콜로 마타스Niccolo Matas는 파사드 상단에 유대 문양인 '다윗의 별'을 장식해 큰 논쟁을 불러일으키기도 했다. 13세기 말부터 시작된 산타 크로체 성당 건축을 마침내 종료한 니콜로 마타스는 '이탈리아 영광의 성전'에 묻히고 싶어 했지만, 종교적 이유 때문에 거부되었다. 그의 영묘는 정면 파사드 아래, 그러니까 성당의 정문 앞 바닥에 마련되었다.

산타 크로체 광장은 직사각형 형태의 큰 공터인데 마치 작은 축구장을 연상시킨다. 각종 운동 경기나 대규모 행사가 자주 열리고 여름철에는 야간 연주회, 겨울철에는 크리스마스 시장이 들어서는 곳이다. 중세 시대부터 산타 크로체 광장은 피렌체의 마상 창 경기가 열렸던 곳으로, 1469년 '위대한 자' 로렌초 데 메디치의 약혼을 기념하는 마상 창 경기도 이곳에서 개최되었다. 또한 15세기 후반부터 칼초 피오렌티노Calcio Fiorentino가 이곳에서 처음 시작된 것으로 추정된다. 칼초 피오렌티노는 이탈리아 남성들 사이에서 큰 인기를 끌었던 운동 경기로, 귀족 자제는 물론 교황들도 즐겼던 이탈리아식 전통 축구를 말한다. 축구와 럭비를 합친 것 같은 모양새지만 우리 눈에는 격투기처럼 보인다. 공의 방향과 상관없이 서로 주먹을 휘두르는 모습을 보면 투쟁의 도시 피렌체에서 탄생할 만한 스포츠란 생각이 든다. 실제로 경기 중에 부상은 물론 사망 사고도 발생하곤 한다.

산타 크로체 광장에서 지금도 연례행사로 개최되는 칼초 경기의 모습. 벨기에의 브뤼헤 출신이지만 피렌체에서 주로 활동했던 조반니 스트라다노Giovanni Stradano가 16세기 초반에 그린 그림이다.

붉은 백합의 도시, 피렌체

피렌체의 최하층민, 치옴피

　우리는 지금까지 마키아벨리의 생생한 증언을 통해 피렌체의 진짜 모습을 목격했다. 하지만 아직 완전히 그 실체를 드러내지 않고 있는 사람들이 있었으니, 산타 크로체 성당 주변에 몰려 살던 치옴피들이다. 흔히 피렌체를 '르네상스의 도시' 혹은 레오나르도 다 빈치와 미켈란젤로를 배출한 '천재들의 도시'로 말하곤 한다. 그러나 마키아벨리의 가이드를 통해 우리는 피렌체가 평민이 귀족을 제압한 인류 최초의 도시라는 것을 알게 되었다.

　세계사에서 처음 일어난 사건이라는 표현은 결코 과장이 아니다. 이집트와 메소포타미아 지역의 고대 문명사는 철저하게 절대 권력을 가진 사람들의 이야기였다. 이집트 파라오는 거의 신적인 권위를 가진 덕에 고대의 불가사의라고 일컬어지는 피라미드를 높이 쌓아 올릴 수 있었다. 인류 최초의 성문법이라고 알려진 《함무라비 법전》을 만든 사람도 함무라비Hammurabi라는 바빌로니아의 왕이었다. 그 《함무라비 법전》의 내용 중 상당 부분이 귀족과 노예의 관계를 규정하고 있다. 유럽 본토에서 태어난 최초의 문명인 미케네 문명은 전설의 아가멤논Agamemnon 왕이 통치했고, 고대 그리스 시인 호메로스Homeros 에 의하면 그는 대군을 이끌고 트로이 전쟁을 일으킨 장본인이다. 미케네의 평민들은 트로이 평원에서 무명의 용사로 죽어갔거나, 지중해의 파도에 휩쓸려 목숨을 잃었다. 그들의 이름을 기억하는 사람은 없고 오직 아가멤논, 오디세우스Odysseus, 헥토르Hector, 파리스Paris, 헬레네Helene 만 남았다. 그들은 모두 왕족이거나 귀족이었다. 위대한 그리스 문명이 태동한 스파르타와 아테네는 둘 다 귀족 중심의 도시였다. 스파르타는 왕이 다스렸으며, 아테네도 귀족과 장군 들이 나라를 이끌었다. 서구 민주주의의 고향이라 일컬어지는 아테네에서조차 솔론Solon 과 데모스테네스Demosthenes 의 민주개혁은 실패로 돌아갔고, 오히려 페이시스트라토스Peisistratos 와 같은 참주들의 등장으로 권력이 사유화되었다.

로마는 어땠는가? 비록 로물루스Romulus 가 창건한 왕정은 공화정에 의해 타도되었지만, 여전히 명문가인 브루투스Brutus 와 아그리콜라Agricola 가문 같은 귀족들의 세상이었다. 말이 공화정이지, 로마의 주인은 원로원이었다. 기원전 27년에 창건된 로마 제국은 말할 것도 없이 황제와 집정관, 귀족의 세상이었다. 단 한 나라도 예외 없이 왕실 가문이 모든 권력을 쥐었고, 일부 지역에서는 귀족들이 봉건 영주의 이름으로 평민들을 다스렸다.

피렌체가 상업 도시로 유럽에서 두각을 나타내기 시작한 13세기는 이미 신성로마제국(독일), 프랑스, 영국, 스페인에서 왕(혹은 황제)의 통치가 시작된 시점이었다. 바로 이런 시대적 환경 속에서 피렌체 평민들이 귀족들을 몰아낸 것이다. 피렌체 평민들은 왕의 존재는 물론, 귀족의 존재조차 인정하지 않았다. 피렌체의 귀족들은 이미 '엑스 노빌리시미스 파밀리스,' 즉 옛 시대의 사람들이었고 아르티 마조리의 '유력한 평민들'은 '그란디'로 불리기 시작했는데, 이 호칭들은 존경과 경계의 의미를 동시에 가지고 있었다. 피렌체의 평민들은 그란디들에게 경계심을 풀지 않았다. 그들이 신분에 걸맞지 않은 행동을 하거나 귀족처럼 오만한 지배자의 모습을 드러내면 이를 좌시하지 않았다. 여지없이 바카가 울렸고, 평민들은 두 손에 무기를 들고 시뇨리아 광장으로 달려가 오만한 자들을 응징했다.

세계사적 맥락에서 볼 때 피렌체는 단순히 '르네상스의 도시'나 '천재들의 도시'가 아니라 근대적 계몽의 도시이며, 자유와 평등을 지향한 인류 최초의 도시였다. 1789년 프랑스 혁명은 삼부회États générau의 권력 독점을 무너뜨리고 앙시앵 레짐(구 체제)을 타파한 계몽주의의 꽃으로 알려져왔다. 그러나 그 훨씬 이전에 피렌체가 먼저 평등과 자유를 외쳤다. 피렌체는 레오나르도 다 빈치나 미켈란젤로 때문이 아니라, 황소 울음 같은 바카의 종소리를 듣고 시뇨리아 광장으로 달려갔던 이름 없는 평민들로 인해 빛났다. 평민들이 다스리는 세상! 자유의 도시! 타고난 혈통으로 인정받지 않고 '상인이거나 기술을 익힌 사람'이라면 누구든지 출세할 수 있는 곳, 그곳이 피렌체였다. 그렇다면 피렌체를 인류 최초의 도시로 만든 이 자유의 정신은 계속 유지되었을까?

역사가 오직 한 방향으로 발전해간다면, 역사가들은 모두 직업을 잃게 될 것이다. 역사의 발전은 일직선이나 일방통행이 아니다. 가다가 돌아가기도 하고, 때로 역방향으로 흘러가기도 한다. 피렌체도 그랬다. 평민들이 권력을 잡았고 자유와 평등의 세상이 펼쳐졌으니 태평성대가 도래할 것이라 믿었다. 누구든지 '상인이거나 기술을 익힌 사람'이라면 타인의 지배를 물리칠 수 있는 세상이 되었으니, 모두가 행복해지리라 믿었다. 그러나 산다는 것이 그리 간단한 문제가 아님을 우리는 잘 알고 있다. 피렌체 역사도 그랬다. 또 다른 충돌, 지배하려는 욕망과 지배받지 않으려는 적대감이 다시 피렌체에서 싹트게 된다. 귀족과 귀족의 싸움(황제파와 교황파의 갈등), 옛 귀족의 추가 충돌(교황파 백당과 흑당의 갈등), 흑당과 백당에 참여한 평민끼리의 싸움이 끝났지만 하나가 더 남아 있었다. 그것은 평민과 하층민 사이의 갈등이었다.

후대에 발생한 사건이지만 1789년 프랑스 혁명의 전개 과정은 피렌체 역사를 이해하는 데 도움을 준다. 프랑스 혁명과 피렌체 혁명 사이에 유사한 현상이 발견되기 때문이다. 프랑스 혁명은 삼부회를 해체한 부르주아지Bourgeoisie의 혁명이었다. 제1계급에 속한 성직자들(일명 기도하는 사람), 제2계급에 속한 귀족들(일명 싸우는 사람) 그리고 제3계급에 속한 부르주아들(일명 일하는 사람)이 삼부회에 포함되어 있었는데, 제3계급이 상위 두 계급을 타파했다. 그래서 우리는 프랑스 혁명을 '시민 혁명'이라고 부르기도 한다. 그러나 시간이 지나면서 프랑스에 새로운 세력이 등장한다. 세금을 내지 않아 '수동 시민'으로 분류되었던 상퀼로트Sans-Culotte 들, 이른바 파리의 최하위층이 혁명 세력으로 새롭게 편입된 것이다. 1792년, 부르주아 혁명 세력에 밀려 튈르리 궁전에 은둔하고 있던 프랑스의 왕 루이 16세를 직접 공격한 것도 상퀼로트였다. 투표권과 재산 소유권이 없었던 그들은 죽기 살기로 달려들었다. 상퀼로트의 혁명을 지원하기 위해 멀리 프랑스 남쪽에서 의용군이 북쪽 파리로 행군했다. 이때 함께 부른 행진곡이 바로 지금의 프랑스 국가다. 그 가사는 이렇다.

일어나라, 조국의 자녀들아,
영광의 날이 밝았다!

붉은 백합의 도시, 피렌체

우리를 대적하는 폭군,

그의 피 묻은 깃발이 휘날린다.

저 들판에서 울려 퍼지는

흉포한 적들의 함성이 들리는가?

우리 아들들과 동지들의 목을 베려고

적들이 코앞까지 몰려왔구나.

무기를 들라, 시민들이여!

대오를 갖추어라!

전진하고, 전진하자!

저들의 더러운 피로

우리의 밭고랑을 적실 때까지!

 이 처절한 상퀼로트들의 싸움이 시작되기 약 450년 전에, 피렌체에서 같은 종류의 사건이 일어났다. 귀족, 평민, 하층민의 권력 투쟁은 귀족의 몰락과 더불어 마무리되었지만, 피렌체 역사는 이것으로 끝난 것이 아니었다. 그동안 귀족, 평민, 하층민 사이에 펼쳐졌던 권력 투쟁을 멀리서 지켜보던 피렌체의 최하층민, '치옴피'들이 역사 전면에 등장하게 된다. 이 용어는 친구를 뜻하는 프랑스어 'compère'를 이탈리아식으로 발음한 것으로, 주로 양모 조합과 직조 조합에 소속된 단순 임금 노동자들을 말했다. 그들은 천을 짜고, 역한 냄새를 풍기는 염색 작업을 도맡아 하던 피렌체의 최하층민들이었다.

 치옴피들의 불만이 가중된 것은 피렌체의 사법 정의가 실현되지 않았기 때문이다. 피렌체 평민들은 7개의 아르티 마조리와 14개의 아르티 미노리에 의해 민사적인 문제를 해결했다. 각 조합은 자체적인 법정을 운영했고, 민사적인 분쟁은 이 법정에서 해결했다. 그러나 치옴피들과 일부 하층민들은 독자적인 조합을 조직할 자격조차 주어지지 않았다. 치옴피들은 자신들을 고용하고 있는 평민들(혹은 옛 귀족들)이 횡포를 부려도 호소할 곳이 없었다. 그저 자기 고용주가 소속된 조합의 대표를 찾아가 읍소하는 것이 전부였다. 당연히 조합 대표는 고용주 편을 들었다. 어떤 경우, 치옴피들의 면담조차 허용되지 않았다.

1378년을 기준으로 했을 때 피렌체에는 약 1만 4,000명의 근로자가 직조 조합에 소속되어 있었다. 그러나 이들 중에서 오직 200명만이 조합에 가입할 수 있었다. 나머지 치옴피들은 '조합 등록 불가 인력Sottoposti'으로 불렸다. 심지어 그들은 피렌체 평민들이 사용하던 화폐를 소유하거나 사용할 수 없었다. 피렌체의 일반 통화는 금화인 플로린이었지만 치옴피들은 은화인 피치올로Picciolo(복수형은 피치올리)를 사용해야만 했다. 치옴피들에게 지급되는 쥐꼬리만 한 임금도 피치올로로만 지급되었다. 당연한 일이겠지만 세월이 지나면서 피치올로는 가치절하를 거듭했고 실제 구매력이 점점 떨어졌다. 은의 함량이 점차 줄어들면서 치옴피들의 생활은 더욱 팍팍해졌다. 이전에 1피치올로로 빵 1개를 살 수 있었다면 이제는 2피치올리를 지급해야 살 수 있었다. 치옴피들은 그 거친 빵을 씹으며, 치밀어 오르는 분노를 침과 함께 삼켰다. 더욱 가관인 것은 치옴피들도 세금은 플로린으로만 납부해야 했다는 사실이다. 치옴피들은 울며 겨자 먹기로 가치가 떨어지고 있는 피치올로를 플로린으로 환전했는데, 여기서 또 착복이 일어났다. 피렌체의 그란디들이 운영하는 은행에서 터무니없는 환전 수수료를 요구했기 때문이다.

14세기 중엽 피렌체를 강타했던 흑사병의 창궐도 치옴피들의 경제난과 불만을 가중했다. 많은 사람이 흑사병에 희생되면서 인력 부족이 심화되었지만, 치옴피들의 임금은 오히려 줄어들었다. 흑사병으로 초래된 유럽의 불경기는 무역으로 먹고사는 피렌체 경제를 강타했고, 직물 수출이 줄어들자 가장 큰 타격을 받은 사람들은 치옴피들이었다. 일거리가 없어진 피렌체 거리에서 치옴피들은 분노하기 시작했다. 그들의 분노는 귀족, 평민, 하층민의 분노와 차원이 달랐다. 사느냐 죽느냐의 문제였다. 사는 것이 죽는 것보다 못할 때, 분노는 하늘을 찌른다. 피렌체의 상징인 흰 백합화에 붉은 핏방울이 튀는 시간이 점점 다가오고 있었다.

재현된 교황파와 황제파의 대결

우리는 앞에서 베키오 다리의 비극으로 촉발되었던 부온델몬티 가문과 우베르티 가문의 갈등을 보았다. 그들은 강북과 강남의 귀족 세력을 대표하면서 도시를 분열시켰다. 이어서 우리는 옛 귀족들이 교황파 흑당과 백당으로 나뉘어 싸우는 것을 지켜보았다. 도나티 가문과 체르키 가문의 충돌이었다. 평민들도 귀족들의 분열에 가담했다. 백당에 속했던 단테가 그 와중에 추방의 쓰라린 눈물을 흘려야만 했다. 나폴리 왕이 보낸 2명의 외국인 대리 통치자들이 피렌체를 수탈했던 과정과 몰락했던 귀족들의 마지막 저항 또한 지켜보았다. 이런 분열의 역사를 가진 피렌체가 다시 한 번 두 진영으로 분열된다. 이번에는 알비치Albizzi 가문과 리치Ricci 가문의 대결이다.

14세기 후반으로 접어든 피렌체를 다시 분열의 역사로 몰고 간 1차적인 책임은 피에로 델리 알비치Piero degli Albizzi에게 있다. 그는 원래 교황파 흑당에 속했던 도나티 가문의 아들이다. 교황파 백당의 집권으로 피렌체에서 추방당한 도나티 일가는 황제파 도시 아레초에 숨어들어가 신분 세탁을 했다. 황제파의 일원이 된 것이다. 그러나 그는 피렌체의 혼란을 틈타 슬그머니 고향으로 돌아왔다. 이름도 도나티에서 알비치로 바꾸고는 자신의 정체를 숨기고 피렌체 공직에 올라, 평민 시뇨리아에서 2번이나 프리오리로 선출되었다(1349년과 1350년). 그런데 이 사람을 지켜보는 인물이 있었으니, 당시 피렌체 교황파의 당수였던 우구초네 데 리치Uguccione de Ricci였다. 피렌체의 실권을 장악하고 있던 그는 아레초에서 굴러들어 온 황제파 잔당이 자신의 출신을 속이고 세력을 키우고 있다고 판단했다. 그래서 그는 모든 공직자를 일시에 조사해서 소속 당파를 확인하고, 위장 침투해 있는 황제파를 공직에서 추방하는 법안을 제안했다.

피에로는 우구초네의 법안을 적극적으로 지지했다. 그 법안을 반대할 경우, 스스로 자신의 정체를 드러내는 것이기 때문이었다. 그가 얼마나 열심히 그 법안을 지지했던지 교황파들이 감동할 정도였다고 한다. 우구초네의 제안과 피에로의 지지로 이 법안은 일사천리로 통과되었다. 이어 대대적인 신분 확인 절차에 들어갔고, 그동안 가문을 숨기거나 이름을 바꾼 황제파와 일부 귀족들의 정체가 드러났다. 이 새로운 법안의 시행으로 공직에서 쫓겨나고 향후 공직에 오를 권리까지 박탈당한 사람을 암모니티Ammoniti, 즉 '경고받은 자'라 불렀다. 1357년부터 1366년까지 피렌체 평민 시뇨리아에서는 약 200명의 암모니티가 적발되어 공직에서 쫓겨나거나 피선거권을 영구히 박탈당했다. 물론 피에로에게도 큰 위기가 닥쳤지만, 그는 정치적 순발력을 발휘한다. 교황파의 족보에 자기 가문의 새 이름인 알비치를 끼워 넣은 것이다. 피에로는 살아남았지만, 교황파의 독주와 황제파의 영구 몰락은 피렌체의 정치 판도를 일시에 바꾸는 사건으로 이어진다.

자신의 옛 동료들이 공직에서 쫓겨나고 출마 자격을 완전히 박탈당하

붉은 백합의 도시, 피렌체

는 것을 지켜보며 전전긍긍하던 피에로에게 한 사람이 찾아왔다. 그는 이 책의 앞부분에서 소개되었던 부온델몬티 가문의 사람인 벤키 부온델몬티였다.

피렌체에서 귀족은 이미 가을비에 젖은 낙엽 신세였다. 1293년 '정의의 규칙'으로 귀족은 공직에 오를 수 없었고, 굳이 공직에 오르기를 원하는 옛 귀족들은 자신의 신분을 평민으로 강등시켜야만 했다. 실제로 1340년에 귀족 출신이라고 신고한 사람은 1,200명에 달했는데, 1382년에는 그 숫자가 200명으로 대폭 줄어들었다. 물론 흑사병의 피해로 전체 인구가 감소한 측면도 있지만, 그렇다 하더라도 이 숫자는 피렌체에서 귀족들이 얼마나 재빨리 신분 세탁을 했는지 보여준다.[2] 1361년에는 신분 세탁으로 평민이 된 귀족들에게 그동안 사용했던 귀족 가문의 문장을 폐기하고 평민의 상징이 들어간 문장으로 바꾸라는 조치까지 내려졌다.

부온델몬티 가문은 한때 피렌체 강남을 대표하는 교황파 귀족이었다. 그러나 벤키는 스스로 평민이 되기 위해 1364년 벌어진 피사-피렌체 전쟁에 말단 사병으로 참전하기까지 했다. 눈물겨운 노력이었다. 피렌체 평민 정부는 그의 노력과 전과를 인정해주고, 마침내 평민 자격을 부여했다. 그러나 힘들게 평민이 되었지만 한번 부온델몬티는 영원히 부온델몬티였다. 공직에 오르고자 하는 그의 꿈은 자꾸만 멀어져 갔다. 그는 평민 시뇨리아의 역차별에 불만을 품고 피에로를 찾아가서 동맹을 제안했다.

이것은 베키오 다리의 비극을 연상시키는 결합이었다. 여러분은 부온델몬티 가문의 아들이 도나티 가문의 딸과 결혼식을 올리기 위해 베키오 다리를 건너다가 황제파 일당에게 피살당했던 1216년의 사건을 기억할 것이다. 알비치는 원래 도나티였다. 그러니 결국 두 원수 가문이 손을 잡고, 시뇨리아 정청의 평민파를 타도하자는 도원결의를 맺은 것이다. 마키아벨리가 《피렌체사》에서 자주 탄식했듯이, 피렌체 귀족들이 가지고 있던 권력에 대한 욕구는 끝이 없는 것처럼 보였다. 그들의 권력 의지는 마치 아무리 싹을 잘라도 여기저기서 솟아오르는 비 온 뒤의 죽순과 같았다.

그러나 두 가문의 동맹은 황제파와 교황파의 결합이었기 때문에 하나가 되지 못하고 물과 기름처럼 겉돌았다. 반란의 시점과 방식, 타도의 대상을 결정할 때 두 사람은 사사건건 충돌했다. 그나마 이들이 동맹을 파기하지 않았던 이유는 우구초네가 이끄는 평민 시뇨리아의 권력이 너무 막강했기 때문이다. 피렌체는 다시 내분의 위기로 치닫게 되었다. 르네상스가 막 시작되던 14세기 중엽의 피렌체에 다시 12세기 중세의 갈등이 재현된 것이다. 도시는 두 파로 분열되어 치열한 세력 다툼을 벌이게 된다. 마키아벨리는 《피렌체사》에서 당시 피렌체가 직면했던 분열상을 질타한 한 시민을 등장시킨다. 우리는 그 사람의 이름을 알 수 없다. 마키아벨리는 그를 "큰 권위를 가진 사람"이라고만 소개한다. 내용이 좀 장황하기는 하지만, 분열과 당파 싸움으로 얼룩진 피렌체의 문제점과 해결책을 정확하게 지적하고 있다. 그의 연설을 들어보자.

만일 이탈리아의 다른 도시들이 이런 무질서로 가득 차 있다면, 우리 도시는 그 도시들보다도 더 이런 무질서가 넘쳐나고 있습니다. 왜냐하면 우리 도시의 법과 제도는 항상 자유로운 삶을 확보하기 위해서가 아니라, 정쟁에서 승리한 당파의 야심을 충족시키기 위해 만들어졌고, 또 만들어지고 있기 때문입니다. 그래서 우리 도시에서는 하나의 당파가 축출되어 하나의 분열이 종식되면, 즉시 다른 분열이 나타납니다. 왜냐하면 법이 아니라 당파에 의한 지배를 선택한 도시에서는, 하나의 당파가 승리해 반대파가 사라지면, 이전에 자신의 안전을 위해 채택한 음흉한(혹은 사적인) 방법으로는 더 이상 자신을 보호하지 못하므로, 그 당파는 필연적으로 곧 다시 분열할 수밖에 없기 때문입니다.

제 말이 진실임은, 우리 도시의 옛 분열과 작금의 분열이 분명히 보여주고 있습니다. 기벨린(황제파)이 억제되고 나면, 누구나 구엘프(교황파)가 서로를 존중하며 오래도록 행복하게 살 것이라 믿었습니다. 그렇지만 얼마 뒤 구엘프는 비앙키(백당)와 네리(흑당)로 분열되었으며, 비앙키가 제압된 후에도 우리 도시가 분열에서 안전했던 적은 결코 없었습니다. 아니, 도리어 우리는 때로는 추방당한 자들이 돌아오는 문제를 둘러싸고, 또 때로는 평민과 귀족 간의 오랜 원한 때문에, 그 이후로도 끊임없이 싸웠습니다. 서로 합의하여 가지지 못했거나 가질 수 없던 것을, 마치 남들이 소유하게 하는 것이 해결책인 양, 처음에는 나폴리 왕 로베르토에게, 다음에는 그의 동생에게, 그리고 그다음에는 그의 아들에게 차례대로 우리의 자유를 내주었으며, 마지막에는 아테네 공작에게까지 갖다 바쳤습니다. (…) 그의 잔인하고 포악한 기질은 우리를 더 현명하게 만들고, 우리가 어떻게 살아야 할지 가르쳐주고도 남음이 있었습니다만, 불행히도 우리는 그가 쫓겨나자마자 다시 손에 무기를 들고, 옛 귀족이 처참하게 패해 평민의 뜻에 완전히 굴복할 때까지, 그전보다 더 큰 증오와 더 큰 분노로 계속 서로 싸웠습니다.

그러나 그 후 당파로 인한 분열과 혼란이 다시 피렌체에 일어날 거라고 믿는 시민들은 그리 많지 않았습니다. 왜냐하면 거만함과 꺾이지 않는 야심 탓에 불화의 주원인으로 지목됐던 귀족들이 완벽하게 제압됐다고 생각했기 때문입니다. 하지만 지난 몇 년간의 경험을 통해 우리는 그들의 의견이 얼마나 잘못됐으며, 그들의 판단이 얼마나 틀렸는지 똑똑히 볼 수 있습니다. (…)

인간사에 영원하거나 안전한 것은 아무것도 없게 할 목적으로, 하늘은 모든 공화국에 이를 파괴할 치명적인 가문들이 태어나도록 예정해놓으셨습니다. 그런데 우리 공화국은 다른 어느 공화국보다도 이런 가문들이 더 넘쳐납니다. 한 가문이 아니라, 많은 가문이 공화국을 혼란에 빠뜨리고 괴롭혔습니다. 아시다시피 처음에는 부온델몬티와 우베르티 가문이, 나중에는 도나티와 체르키 가문이 그러했습니다. 그리고 지금, 아, 정말 수치스럽고 또 말도 안 되는 일입니다만, 리치와 알비치 가문이 다시 공화국을 선동하고 분열시키고 있습니다.

저희는 우리 도시의 타락한 관습과 오래되고 끊임없는 분열을 상기시켜, 감히 당신들을 놀라게 하거나 낙담시키려는 것이 아닙니다. 저희는 단지 분열의 원인을 상기시켜, 당신들처럼 저희 역시 이를 확실히 기억하고 있지만, 그렇다고 저 옛 분열들의 결과 때문에 지금의 이 분열을 막는 일을 두려워해서는 안 된다는 점을 말씀드리려는 것뿐입니다. (…) 게다가 다른 공화국과 달리 우리 공화국은, 비록 예전의 사례들은 그 반대의 모습을 보여주고 있지만, 이제 도시를 단결시킬 힘이 있을 뿐만 아니라, 만일 시뇨리께서 그럴 의지를 품으시기만 한다면 훌륭한 풍습과 시민사회의 규율로 도시를 개혁할 수도 있습니다.

그러니 존엄하신 시뇨리시여, 저희가 다른 사심 없이 오직 조국에 대한 사랑으로 여기에 서 있듯, 조국의 안정과 평화를 위해 분연히 떨쳐 일어나주시기를 간청드립니다. 비록 이 도시의 타락이 정녕 크다 할지라도, 우리를 감염시키는 이 역병을, 우리를 삼키는 분노를, 우리를 파괴하는 독을 제거해주십시오. 과거의 혼란을 인간의 본성이 아니라, 시대의 상황 탓으로 돌려주십시오. 그러면, 이제 시대가 변했으므로, 우리 도시는 더 나은 제도를 세워 더 좋은 운명을 누리게 되리라는 희망도 품을 수 있을 것입다. 운명(의 여신)의 악의는, 리치와 알비치 가문의 야심을 억제하고, 당파를 조장하는 법령을 폐지하고, 진정한 자유와 시민사회적 삶에 부합하는 그런 제도를 채택하면 현명하게 극복하실 수 있습니다. 우물쭈물하시다 훗날 다른 이들이 무력으로 분열을 끝내게 놔두는 것보다는, 지금 법의 온화한 효력으로 이를 막으시는 편이 훨씬 바람직할 것입니다.[3]

우리는 아쉽게도 이 연설자의 정체를 알 수 없다. 알비치와 리치 가문을 동시에 비난하고 있는 것으로 보아, 이 "큰 권위를 가진 사람"은 두 가문에 속하지 않은 것이 분명하다. 마키아벨리의 《피렌체사》 3권의 전체 맥락에서 보면 메디치 가문 사람일 것이라는 어렴풋한 추측이 가능하다. 어떤 학자는 마키아벨리가 피렌체 역사를 보는 시각이 정확하게 반영되어 있기에, 본인의 평소 주장이라고 해석한다.

교황파 귀족들의 반란과 메디치 가문의 등장

이 간곡한 연설이 시뇨리들을 어떻게 설득시켰는지 알 수 없지만, 도시의 분열을 중단시키기 위한 평민 정부의 대책이 서둘러 발표되었다. 교황파 귀족과 황제파 귀족 양쪽 모두의 권력을 박탈하는 파격적인 조치였다. 모든 행정관직에서 교황파 당원 출신도 자격을 박탈하고, 당시 관직을 맡고 있던 알비치 가문 사람 3명과 리치 가문 사람 3명을 모두 해임했다. 그 명단에 두 당파의 우두머리였던 우구초네와 피에로도 포함되었다. 특별히 이 두 사람은 아예 시뇨리아 정청 방문 자체가 금지되었다. 양쪽 모두에 철퇴를 내림으로써, 평민 통치를 공고히 하겠다는 조치였다. 하지만 이 조치로 리치 가문(교황파)이 더 큰 타격을 받았다. 리치 가문의 세력이 약해지고 피에로가 교황파의 당수 자리를 차지하게 되었기 때문이다. 그는 비록 시뇨리아 정청 출입은 금지되었지만, 교황파의 본부로 사용하던 궁은 언제든지 출입할 수 있었다.[4] 피에로는 이곳에서 부온델몬티 가문을 포함한 피렌체 옛 귀족들의 힘을 등에 업고, 점차 세력을 키워갔다. 교황파 궁은 그를 지지하는 사람들로 넘쳐났다.

이렇게 교황파가 옛 귀족들의 힘을 집결시키며 세력을 키워가자 피렌체의 최하층민인 치옴피들이 동요하기 시작했다. 그동안 귀족과 귀족의 대결, 황제파와 교황파의 대결이 펼쳐질 때마다 숨죽이며 관망만 하던 치옴피들이 사태 추이에 민감한 반응을 보였다. 교황파가 옛 귀족 가문들과 결탁해 시뇨리아의 권력을 넘보자 자신들이 입게 될 손해를 계산한 것이다. 때마침 몰아닥친 1348년의 흑사병은 피렌체 치옴피들을 이판사판의 심정으로 몰고 갔다. 나날이 높아지기만 하는 생필품 가격과 줄어들기만 하는 실질 소득, '8인의 성인 전쟁'으로 불렸던 교황청과의 갈등(1375~1378년)으로 인한 급격한 세금 인상[5] 등에 대한 불만이 치옴피들을 동요시켰다.

한편 피에로가 당수 역할을 맡고 있던 교황파들은 평민 시뇨리아에 대한 반란을 계획하고 있었다. 교황파의 반란 계획은 사람들의 입을 통해 피렌체의 좁은 거리에서 삽시간에 퍼져나갔다. 그렇지 않아도 폭발 직전에 있던 치옴피들은 교황파의 이런 움직임에 민감하게 대응했다. 그들은 직접 무기를 들고 교황파 척결을 외치며 거리를 행진했다. 이 새로운 세력의 시가행진 때문에 충격을 받은 것은 피에로가 아니라, 권력을 장악하고 있던 시뇨리아였다. 치옴피가 무기를 손에 든다는 것은 지금까지 상상할 수 없는 일이었다. 그들이 들고 있는 무기는 소 잡던 백정의 칼과 장작을 패던 도끼였다. 비록 무기는 보잘것없었지만 그들의 의식은 핏빛으로 물들었다. 세상에서 제일 무서운 사람은 죽자고 달려드는 사람이다. 당황한 시뇨리아는 치옴피 부대를 이끌 지휘관을 임명했다. 전투를 해본 경험이 없었기 때문에 치옴피들은 시뇨리아의 추천을 받아들였다. 이때 치옴피 부대를 이끈 지휘관들은 스칼리, 스트로치, 리치, 알베르티 그리고 메디치 가문에서 선발되었다.

우리는 바로 이 장면에서 첫 번째 메디치 가문 사람의 이름을 확인하게 된다. 지금까지 피렌체 역사에서 간헐적으로 메디치 가문의 이름이 등장하기는 했지만, 특별한 주목을 끈 사람은 없었다. 여기서 등장하는 메디치 가문의 첫 번째 인물은 살베스트로 데 메디치Salvestro de' Medici (1331~1388년 추정)다. 앞으로 이 인물에 대해서 자세한 설명을 듣게 될 것이다. 교황파를 제외한 모든 평민 가문과 치옴피들의 연합 군대는 반란의 싹을 잘라내기 위해 함께 출동했다. 교황파 군대는 수적 열세에 몰렸다. 거의 모든 피렌체 시민들이 대동단결했으니, 교황파 군대의 반란은 곧 진압되고 말았다.

당시 시뇨리아를 이끌던 피에로 살비아티Piero Salviati는 엉뚱한 고민을 하게 된다. 치옴피까지 동원된 연합군의 힘으로 교황파 도당을 타도하긴 했지만, 또 다른 위협 세력이 부상하고 있다고 판단한 것이다. 바로 치옴피들을 이끌고 진압의 선두에 섰던 메디치 가문이었다. 메디치 가문은 치옴피들로부터 엄청난 인기를 누리고 있었다. 노련한 정치가 피에로 살비아티는 살베스트로 데 메디치가 언젠가는 치옴피의 힘을 이용해서 권력을 잡을 것이라고 보았다.

살비아티 가문의 진짜 이름은 카폰사치Caponsacchi로, 원래 황제파에 속해 있었다. 그러나 피렌체에서 정착하기 위해 살비아티로 개명한 후, 당적을 교황파로 바꾸었다. 살비아티 가문은 은행업과 모직업으로 큰돈을 벌었으며, 총 63명의 프리오리와 21명의 곤팔로니에레를 배출한 피렌체의 그란디로 성장했다. 이 가문 출신인 피에로 살비아티는 메디치 가문을 견제하기 시작했다. 때는 바야흐로 1378년 4월. 교황파의 반란 시도가 무마된 다음의 곤팔로니에레 선거였다. 노회한 정치가인 피에로 살비아티는 살베스트로의 선출을 막기 위해 묘략을 짰다. 그를 행정관으로 먼저 임명해버리는 것이다. 한 사람이 2개의 공직을 차지하지 못하기 때문에, 일단 행정관으로 임명되면 곤팔로니에레로 다시 선출될 수 없다. 그러나 피에로 살비아티의 계획과는 달리 평민 시뇨리아는 살베스트로를 곤팔로니에레로 선출해버렸다. 시뇨리아 최고 관직에 오른 최초의 메디치 가문 사람이었던 그를 마키아벨리는 "고귀한 평민 가문Grandi nobili popolani"에 속한 사람이었다고 소개한다.

곤팔로니에레로 선출된 살베스트로는 피에로 살비아티와 경쟁을 시작했다. 그는 소수의 유력자가 피렌체의 권력을 독점하는 것을 묵과하지 않겠다고 선언했다. 당연히 피에로 살비아티를 암시하며 한 말이었다. 살베스트로는 다른 그란디 가문의 지원이 필요했고, 알베르티, 스트로치 그리고 스칼리 가문이 그를 지지했다. 살베스트로는 여세를 몰아 암모니티들의 권리를 복원해주고, 대신 교황파 그란디들의 관직 참여를 금지하는 강경한 법안을 통과시켰다. 여기까지는 법의 테두리 안에서 추진된 살베스트로의 개혁이었다. 모든 절차는 합법적으로 이루어졌다. 그러나 돌발적인 상황이 발생했으니. 그동안 침묵을 지키고 있던 치옴피들이 자신들의 정치적 권리를 주장하고 나선 것이다. 부르주아들이 프랑스 혁명의 잔칫상을 차리자 상퀼로트들이 숟가락을 들고 달려든 것과 같은 형국이 펼쳐졌다.

붉은 백합의 도시, 피렌체

산타 크로체 광장으로 모여든 치옴피

치옴피들의 불만은 각 조합과 시뇨리아까지 장악하고 있는 평민 세력 전체에게 향했다. 교황파 귀족들의 반란을 초기 진압하는 데 자신들이 동원되었지만, 모든 칭송과 보상이 살베스트로와 "고귀한 평민 가문"에게 돌아가는 것을 보며 불만을 터트렸다. 치옴피들에 대한 근본적인 처우 개선이 보장되지 않는 한 정권이 바뀌는 것은 아무런 의미가 없다고 목소리를 높였다. 평민 정부가 교황파 반란을 진압하는 과정에서 과도한 폭력을 행사했던 치옴피들을 처벌한다는 소문도 이들을 흥분시켰다. 반란이 일어났을 때는 자신들을 이용하더니 세력을 형성하자 탄압한다고 아우성을 쳤다. 그들은 처벌받지 않고, 또 반란을 진압하면서 발생한 손해에 대한 배상 청구를 당하지 않기 위해 하나둘 모여들었다. 피렌체의 동쪽, 가난한 동네였던 산타 크로체 광장과 인근 지역이 그들의 모임 장소였다. 나중에 그 인근 지역은 1378년 5월에 열린 이 모임을 기념하여 치옴피 광장Piazza Ciompi으로 불리게 된다. 때 늦게 내린 폭우는 산타 크로체 광장에 모인 치옴피들의 마음을 더욱 울적하게 만들었다.

그들의 회합은 평화적인 집회로 시작되었다. 평민 정부에게 자신들의 딱한 처지를 호소하기 위해 모였다. 사실 대다수 치옴피들은 평화적인 해결책을 원했다. 고용주들인 그란디와 평민에게 임금 인상을 호소하고, 그들이 통제하고 있는 직조 생산 할당량을 늘려 자신들에게 더 많은 일거리를 달라는 것이 모임의 핵심 요구였다. 그런데 이런 평화적인 집회에 불을 댕기는 선동적인 연설을 한 사람이 있었다. 마키아벨리는 이 사람을 "가장 대담하고 경험이 많은" 치옴피였다고만 소개한다. 그는 동료 치옴피들에게 이렇게 호소했다.

만일 지금 우리가 무기를 들고 일어나 교회를 약탈하고 다른 시민들의 집을 강탈해 이를 불태울지 말지 결정해야 한다면, 내 생각에 그건 깊이 고민해봐야 할 문제지만 아마도 위험한 이득과 평온한 가난 중의 선택일 것입니다. 그러나 우리는 이미 무기를 들었고 많은 일을 부적절하게 행했으므로, 이제 와 무기를 버릴 수는 없습니다. 따라서 우리의 잘못된 행위로부터 어떻게 하면 우리 자신을 지킬 수 있을지 숙고해야 할 것입니다.

만일 아무도 우리에게 어떻게 해야 할지 가르쳐주지 않는다면, 필요가 대신 가르쳐줄 것이라고 나는 확신합니다. 우리는 이 도시 전체가 우리에 대한 증오와 원망으로 가득 차 있다는 것을 잘 알고 있습니다. 시민들은 서로 머리를 맞대고 있으며, 시뇨리는 계속 관리들을 부르고 있습니다. 그들이 우리를 옭아맬 덫을 짜고, 우리를 굴복시킬 새로운 법령을 계획하고 있다는 사실을 의심하지 말아야 합니다. 따라서 오늘 여기서 앞으로 무엇을 어떻게 할지 숙고할 때, 우리는 반드시 다음의 2가지 목적을 가지고 2가지 일을 추구해야 합니다. 하나는 우리의 최근 행위들로 인해 우리가 처벌받는 일이 없도록 하는 것이고, 다른 하나는 우리가 과거보다 더 큰 자유와 더 큰 만족 속에 살 수 있게 하는 것입니다.

그런데 우리가 이미 저지른 잘못을 용서받으려면, 내 판단으로는, 새로운 잘못들을 저지르는 것이, 즉 약탈과 방화를 늘려 악행을 배가하고 가능한 한 많은 사람을 우리의 범죄에 동참시키는 것이 유리합니다. 왜냐하면 많은 사람이 죄를 범하면 아무도 처벌받지 않고, 작은 과실은 처벌받지만 크고 무거운 잘못은 보상받으며, 또 많은 사람이 고통을 당하면 복수를 원하는 자는 거의 없고, 인간은 공통의 침해를 개별적인 침해보다 훨씬 더 큰 인내로 참아내기 때문입니다. 그러므로 악행을 늘리면, 우리는 더 쉽게 용서받을 것이고, 우리의 자유를 위해 우리가 늘 필요로 했던 것들을 얻을

붉은 백합의 도시, 피렌체

길도 머잖아 열릴 것입니다.

내가 보기에, 우리의 성공은 확실합니다. 왜냐하면 우리를 좌절시킬 수 있는 저 부자들은 분열되어 있고, 그들의 분열은 우리에게 승리를 가져다줄 것이며, 그들의 부는 일단 우리 소유가 되면 우리를 지켜줄 것이기 때문입니다. 그들이 우리 면전에서 자랑하는 그들의 오랜 혈통에 주눅 들지 마십시오. 왜냐하면 모든 인간은 그 기원이 동일해, 너나없이 똑같이 오래되었으며, 자연에 의해 오직 한 가지 방식으로 만들어졌기 때문입니다.

우리와 그들을 모두 발가벗겨보십시오. 우리와 그들이 똑같다는 사실을 알게 될 것입니다. 우리에게 그들의 옷을 입히고, 그들에게 우리의 옷을 입혀보십시오. 두말할 필요도 없이 우리는 고귀해 보이고, 그들은 천해 보일 것입니다. 왜냐하면 오직 빈곤과 풍요만이 우리와 그들을 다르게 만드는 유일한 원인이기 때문입니다. (…)

그러므로 기회가 왔을 때 무력을 사용해야 합니다. 결코 지금보다 더 좋은 기회는 오지 않을 것입니다. 시민들은 분열되어 있고, 시뇨리는 우유부단하며, 관리들은 겁에 질려 있는 지금이라면, 그들이 어떤 합의에 이르거나 무슨 결정을 내리기 전에, 그들을 쉽게 궤멸시킬 수 있기 때문입니다. 그러면 우리는 도시를 완전히 장악하거나, 최소한 도시의 상당한 권한을 차지해, 과거의 우리 잘못을 사면할 수 있을 뿐 아니라, 심지어 새로운 침해로 우리의 적들을 위협할 힘도 갖게 될 것입니다. (…) 아, 지금까지 여러분은 얼마나 자주 고용주들의 탐욕과 관리들의 불의를 한탄해왔습니까! 이제는 단지 그들한테서 벗어나는 데 그치지 않고, 그들을 여러분의 발아래 무릎 꿇게 해, 여러분이 아니라 저들이 한탄하고, 여러분이 아니라 저들이 여러분을 두려워하도록 해야 할 차례입니다. 아, 하늘이 가져다준 기회가 지나가고 있습니다. 지금 이 기회를 놓치면, 아무리 애를 써도 이런 기회는 두 번 다시 얻지 못할 것입니다. 적들이 대비하는 것을 보십시오. 적들의 계획보다 한발 앞서 나갑시다. 우리 중 누구라도 가장 먼저 무기를 드는 자는 틀림없이 정복자가 되어, 적을 파멸로 몰아넣고 자신의 이름을 크게 드높일 것이며, 그로 인해 우리 가운데 많은 이들이 명예를 얻고, 우리 모두 다 안심하고 살게 될 것입니다.[6]

마키아벨리가 이 치옴피의 연설을 이렇게 길게 인용하고 있는 이유는 그들의 원한이 하늘에 사무쳤다는 말을 하기 위해서이기도 하지만, 치옴피들의 정치적 각성이 시작되었다는 것을 암시하기 위해서이기도 하다. 마키아벨리의 《군주론》을 읽은 독자라면 위 연설에서 나오는 많은 교훈이 치옴피들이 아니라 군주에게 주는 조언이었다는 사실을 기억할 것이

크리스마스 마켓이 열리고 있는 산타 크로체 광장.

다.**7** 지금 피렌체 최하층민이 《군주론》에서 강조되었던 인간과 세상을 보는 시각을 제시하고 있다는 것은, 이제 최하층민의 정치적 자각이 무르익어가고 있다는 것을 뜻한다. 세상은 변하고 있었다. 치옴피는 더 이상 노예처럼 입을 다무는 사람들이 아니었다. 그들도 피렌체의 자손들이다. 그들 역시 변화하는 시대의 흐름을 읽으며 명분과 실리 가운데 무엇을 선택해야 할지 고민하는 존재라는 것이다. 치옴피들도 이제 지배받지 않을 자유를 생각하게 되었다.

더 이상 물러설 곳이 없다! 치옴피들의 반란

곤팔로니에레 살베스트로 데 메디치와 경쟁하던 시뇨리아의 수장 피에로 살비아티는 산타 크로체 광장과 인근 구역에 치옴피들이 집결해 있다는 보고를 받았다. 살베스트로의 강력한 견제를 받고 있었지만 피에로도 호락호락한 인물이 아니었다. 그는 격앙된 치옴피들의 배후에 누군가 숨어서 조종하고 있다고 판단했다. 당연히 살베스트로를 제일 먼저 의심했다. 피에로 살비아티는 교황파의 핵심 가문들을 자기 편으로 끌어들이고, 살베스트로가 치옴피들을 배후에서 선동하고 있다고 주의를 주었다. 피에로 델리 알비치의 몰락으로 지도력에 공백이 생긴 교황파는 피에로의 설명을 듣고, 무기를 들었다. 치옴피 부대를 이끈 살베스트로에 의해 피에로 델리 알비치가 괴멸되었던 1차 봉기를 떠올리며 복수를 외친 것이다. 이들은 무기를 들고 시뇨리아 광장으로 몰려들었다. 피에로 살비아티와 교황파는 시뇨리아 광장에, 치옴피들은 산타 크로체 광장에 모여 전열을 가다듬고 있었다. 팽팽한 긴장감이 피렌체 전역에 맴돌았다. 어느 한쪽이 돌격 명령을 내리는 순간, 피렌체 거리는 다시 피바다가 될 것이다.

살얼음 위를 걷는 것 같은 긴장감 속에 갑자기 알베르티 가문의 한 사람이 시뇨리아 정청의 창문에 매달려 소리를 질렀다. 그는 살베스트로를 지지하던 사람이었고, 치옴피들에게 시뇨리아 광장으로 진격하라는 고함을 질렀다. 그가 일으킨 소음은 이내 잦아들었다. 시뇨리아 정청의 탑 위에서 바카가 울렸다. 황소 울음소리를 들은 산타 크로체의 치옴피 반란군은 교황파 군대가 주둔하고 있던 시뇨리아 정청을 향해 달려갔다. 양측은 마주 서서 서로를 노려보며 온갖 욕설을 퍼부어 상대방을 도발했다. 그들은 시뇨리아 정청에서 계속되고 있던 양측의 협상이 끝나기를 기다렸다. 그때 시뇨리아 광장에서 누군가가 "교황파를 타도하자!"라고 고함을 질렀다. 광장에서 대치하던 치옴피들은 갑자기 방향을 바꾸어 라포 다 카스틸리온키오Lapo da Castiglionchio의 집에 불을 지르고, 약탈을 시작했다. 그는 피에로 살비아티와 함께 교황파를 이끌던 지휘관이었다. 1378년 6월 22일, 이른바 '치옴피 반란'의 불꽃은 이렇게 타오르기 시작했다.

치옴피 반란은 우발적인 함성으로 시작되었다. 그러나 여름 더위가 맹위를 떨치던 1378년의 피렌체는 폭동과 집단 약탈이 벌어지는 무정부 상태로 치닫게 된다. 자유를 획득하기 위해 정당한 방식으로 민의를 표출한 것이 아니라 부자들의 집을 습격하고 평소 앙심을 품고 있던 고용주들을 공격했다. 일단 한번 약탈이 시작되자 그 불길은 걷잡을 수 없이 타올랐다. 폭도로 변한 치옴피들은 약탈 대상을 찾아서 피렌체의 골목길을 이리저리 누볐다. 아뇰리 수도원과 산토 스피리토 수녀원에 부자들이 재산을 숨겨두었다는 소문이 퍼지자 그곳을 약탈했다. 심지어 피렌체 국고 보관소까지 노렸지만, 시뇨리아 군대가 사력을 다해 막았다. 사태가 걷잡을 수 없이 커지자 시뇨리아는 황급히 메디치 가문과 가까운 사이인 루이지 귀차르디니Luigi Guicciardini를 곤팔로니에레로 선출해 치옴피들을 진정시키려 했다. 새로 선출된 곤팔로니에레는 치옴피들을 설득하려 노력했다. 폭력을 사용하지 말고 시뇨리아라는 기존 체제 속에서 제도를 개혁하자고 제안했다. 그러나 치옴피들은 이를 거부했다.

이때 치옴피들이 대대적인 반란을 계획하고 있으며 시뇨리아 정청 점 거를 시도할 것이라는 소문이 돌았다. 시뇨리아는 아연 긴장했다. 지금 까지 한 번도 보지 못했던 계급투쟁, 즉 평민과 최하층민의 싸움이 막 시작되려는 참이었다. 강경 진압을 주장하던 시뇨리아의 일부 평민들은 시모네 델라 피아차Simone Della Piazza라는 치옴피 반란의 주동자를 체포했 다. 혹독한 고문으로 조사한 결과, 치옴피들의 반란 계획이 사실로 밝혀 졌다. 시뇨리아는 즉각 모든 조합 대표들에게 조합원을 무장시키고 시 뇨리아 광장에 집결할 것을 명령했다. 정의의 곤팔로니에레도 수하의 병력을 무장시키고 치옴피들과의 전투를 준비했다. 시모네가 고문을 당 해 울부짖는 소리 그리고 조합과 시뇨리아의 군대가 무기를 들고 집결 하는 소리를 들은 치옴피들은 더 이상 망설일 수 없었다. 이렇게 죽으나 저렇게 죽으나 마찬가지다! 치옴피 반란군은 산토 스피리토 광장Piazza Santo Spirito, 산 피에로 마조레 성당 광장 그리고 산 로렌초 대성당Cattedrale di San Lorenzo 광장으로 흩어져 진지를 구축했다. 피렌체 역사상 처음으로 평민 시뇨리아와 최하층민 사이의 전투가 벌어진 이 날은 1378년 7월 21일이었다. 그날따라 피렌체의 여름 날씨는 무척이나 더웠고, 그들의 투쟁 열기는 어느 때보다 뜨거웠다.

피렌체 강남의 산토 스피리토 광장에 모인 반란군 치옴피들은 1,000명에 달했다. 목숨 외에는 잃을 게 없었던 그들은, 싸우다가 죽으 나 체포되어 고문을 받으며 죽으나 다를 게 없다는 생각에 불타올랐다. 반면 시뇨리아의 명령을 받고 집결한 평민 군대의 숫자는 채 80명도 되지 않았다. 그들은 반란을 일으킨 치옴피들을 개인적으로 잘 알았고, 치옴피들이 반란을 일으킨 이유도 잘 알고 있었다. 분노와 원한에 사무친 치옴피들을 동정하는 사람들도 있었다. 그래서 대다수의 평민들은 무기를 들고 출동하라는 시뇨리아의 지시에 응하지 않았다. 각자 집 대문을 걸어 잠그고, 창문 너머로 사태의 추이를 지켜보기만 했다. 심지어 곤팔로니에레인 루이지 귀차르디니조차 모습을 드러내지 않았다. 이에 치옴피들은 기세를 올리며 아르노강을 건너 도심으로 진격했고, 도망치기 바쁜 평민 군대를 내쫓고 시뇨리아 광장을 접수했다. 그리 멀지 않은 곳에 있는 바르젤로Bargello 감옥으로 달려가 구금되어 있던 치옴피 동료들도 구출해냈다. 마침내 치옴피 반란군들은 루이지 귀차르디니의 집을 불태우고 약탈까지 했다. 피렌체는 치옴피의 반란으로 인해 극심한 혼란에 빠져들었으니, 당시의 긴박했던 상황을 마키아벨리는 이렇게 전한다.

죄수들을 넘겨받은 후, 그들은 정의의 깃발을 그 집행자로부터 빼앗아, 그 기치 아래 많은 시민의 집을 불태우고, 공적인 혹은 사적인 이유로 미움을 받고 있던 이들에게 위해를 가했다. 이를 본 많은 하층민이 개인적인 원한을 갚기 위해, 폭도들을 자신이 미워하던 자의 집으로 이끌었다. 폭도들을 그 집으로 데려가는 일은 간단했다, 군중 한가운데서 "누구누구의 집으로! A Casa il Tale!"라고 단 한 구절만 외치거나, 정의의 깃발을 들고 있던 이가 그 집 쪽으로 방향을 바꾸는 것만으로 충분했기 때문이었다. 폭도들은 또한 양모 조합의 모든 기록도 불태웠다.[8]

치옴피들의 반란은 피렌체를 혼란의 도가니로 몰아갔다. 사적인 원한을 갚기 위해 남의 집에 불을 지르고, 돈을 갈취하기 위해 이웃집을 약탈하는 것이 일상이 되었다. 채무를 진 사람들은 돈을 갚지 않기 위해 채권자를 몰래 죽이기까지 했다. 이런 혼란의 심각성은 시뇨리아를 장악한 치옴피들이 먼저 깨달았다. 이러다가 아예 나라가 망해버릴지도 모른다는 자각을 하게 된 것이다. 흥분이 진정되고, 사태가 수습되고 나면 범죄를 저지른 사람들에 대해 혹독한 책임 추궁이 이어질 것이라는 판단이 섰다.

치옴피 임시 정부는 방화와 약탈을 금지했다. 그리고 사태를 수습할 적임자를 찾기 위해 묘안을 냈다. 피에로 살비아티에게 저항했던 메디치, 알베르티, 스트로치, 귀차르디니 가문의 인물들을 기억해낸 것이다. 이 사람들은 그래도 치옴피들에게 동정적이었다. 1378년 7월 20일, 치옴피 임시 정부는 그들에게 명예로운 기사 작위를 수여했다. 살베스트로가 이때 치옴피들의 열광적인 환호 속에 기사 작위를 받았고, 치옴피들의 손에 저택이 불탄 루이지도 포함되었으며, 그 외에도 총 64명의 기사들이 임명되어 피렌체의 통치를 맡게 되었다. 그들은 '미누티(치옴피 포함)를 위한 기사'로 불렸다. 치옴피 임시 정부가 선택한 64명의 기사는 보복이 두려워, 최하층민들이 수여하는 엉터리 기사 작위를 그대로 받아들였다. 이들은 평민 시뇨리아를 다시 구성했다.

치옴피 임시 정부의 리더, 미켈레 디 란도

친親치옴피 기사들로 구성된 피렌체 시뇨리아는 치옴피 대표단과 타협을 시도했다. 치옴피의 조합 결성권 문제, 폭력이나 방화로 체포된 치옴피들의 석방 문제, 평민 시뇨리아와의 화해 등 여러 문제를 풀어야만 했다. 그러나 치옴피들의 1차 공격 목표가 된 그란디들은 시뇨리아 정청의 출입조차 삼갔다. 갑자기 도시에 무거운 침묵이 흘렀다. 최하층민이 평민을 지배하는 세상, 한 번도 경험하지 못한 나라의 현실에 사람들은 의도적인 침묵으로 대응했다. 지지하는 사람도, 반대하는 사람도 없었다. 결국 치옴피 반란의 집행부 대표 4명이 시뇨리아 정청을 방문해 협상을 개시했다. 어색한 인사가 오간 다음, 그들은 8가지의 협상 조건을 제시했다.

첫째, 양모 조합은 더 이상 외국인 판관을 둘 수 없다. 둘째, 3개의 새 조합, 즉 치옴피와 염색공을 위한 조합, 이발사・재단사・더블릿(르네상스 시기에 입던 몸에 꼭 맞는 남자 조끼) 제조업자 등과 같이 정확하고 규칙적인 기술을 위한 조합, 최하층민 노동자를 위한 조합을 추가로 만든다. 셋째, 이 새로운 세 조합에서 항상 2명의 시뇨리를 선출하고, 이미 존재하는 14개의 아르티 미노리에서 3명의 시뇨리를 선출한다. 넷째, 시뇨리아는 이 새로운 세 조합이 회합할 수 있는 공관을 제공한다. 다섯째, 이 세 조합에 속한 구성원은 향후 2년 동안 50두카트(베네치아 공화국에서 처음 만들어져 유럽 각국에서 사용했던 금화 단위) 미만의 부채에 대해서는 상환을 법으로 강요받지 않는다. 여섯째, 은행은 기존 대출에 대해 이자를 받지 않고 원금의 상환만 요구한다. 일곱째, 추방당했거나 수감 중인 모든 이들을 사면한다. 여덟째, 암모니티의 권리를 회복한다.[9]

평민 시뇨리아 대표들과 곤팔로니에레인 루이지는 시뇨리아 정청에서 치옴피 대표단과 협상을 벌였다. 치옴피들의 제안에 의하면, 앞으로 시뇨리아는 아르티 미노리 출신 3명과 치옴피 출신 2명이 주도하게 된다. 아르티 마조리 출신의 평민들은 권력을 상실한다는 뜻이다. 시뇨리아 협상단은 시간을 끌었다. 무슨 수를 써서라도 최하층민들이 주도하는 시뇨리아 구성은 막아야 했기 때문이다. 치옴피들은 평민 시뇨리아를 압박하기 위해서 광장으로 모여들었다. 그들은 치옴피 대표단의 제안을 받아들이라고 소리치며 금방이라도 시뇨리아 정청의 협상 장소로 난입할 것 같은 분위기를 조성했다.

결국 몇 명의 치옴피들이 정청 안으로 뛰어 들어가 소란을 일으켰다. 이런 폭압적인 상황에서 더 이상의 협상은 불가능하다고 선언한 시뇨리들이 집으로 돌아가버렸다. 루이지 귀차르디니도 시뇨리아 정청을 빠져나왔다. 그들이 모두 떠나자 시뇨리아 정청은 자연스레 치옴피들의 차지가 되었다. 일부 치옴피 군중들이 시뇨리아 정청 안으로 난입할 때, '정의의 깃발'을 손에 쥐고 제일 먼저 2층 계단으로 뛰어 올라간 청년이 있었다. 그는 맨발에 변변한 옷도 걸치지 않은 차림으로 달려갔고, 치옴피들은 함성을 지르며 그의 뒤를 따랐다. 그 청년의 이름은 미켈레 디 란도Michele di Lando, 흔히 치옴피 반란의 주동자로 알려진 인물이다. 그는 양모 조합에 소속된 양털깎이였다.

미켈레는 단순한 폭도가 아니었다. 마치 이 일을 위해 오랫동안 준비해온 사람처럼 치옴피의 반란을 능숙하고 효과적으로 이끌었다. 그가 시뇨리아 정청의 계단을 뛰어오를 때 손에 쥐고 있

메르카토 누오보에 있는 미켈레 디 란도의 동상.

던 '정의의 깃발' 때문에 치옴피 정부는 그를 곤팔로니에레로 선출했다. 마키아벨리는 이 놀라운 인물에 대한 상세한 정보를 아래와 같이 남겼다.

미켈레 디 란도는 대중의 지지로 얻은 권한을 정의롭게 시작하기 위해 방화와 약탈을 중단하라고 공표하고, 이를 따르지 않는 자들을 겁주기 위해 시뇨리아 광장에 교수대를 설치했으며, 도시를 개혁하는 첫 단추로 조합의 모든 대표를 해임하고 새로운 대표들을 임명했으며, 기존의 시뇨리와 콜레지의 지위를 박탈하고, 관리를 뽑는 투표 주머니들을 모두 불태웠다. (…) 그 뒤, 그는 조합의 새 대표들을 소집해, 새로 만든 하층민의 세 조합에서 4명, 아르티 마조리와 미노리에서 각각 2명씩 총 8명의 시뇨리를 선임했다. 이외에도 그는 관리를 뽑을 새 주머니를 만들고, 공직을 크게 셋으로 나눠 하층민의 세 조합과 미노리, 마조리에 각각 하나씩 할당했다. 그는 살베스트로 데 메디치에게 베키오 다리 위 상점들의 수입을 주었고, 스스로 엠폴리의 행정관 자리에 올랐으며, 그 밖에 하층민에게 우호적인 많은 다른 시민들한테도, 과거의 노고에 보상하기 위해서라기보다는 미래에 있을 대중의 악의에 맞서 항상 자신을 지지할 수 있도록 다른 이익을 많이 주었다.[10]

치옴피 출신의 곤팔로니에레가 탄생한 것도 놀라운데, 그 치옴피 곤팔로니에레가 시뇨리아를 마조리(2명), 미노리(2명), 치옴피(4명)가 모두 참여하는 연합 정부로 구성했다는 것은 더 놀라웠다. 오늘날 보편적으로 채택되고 있는 인구 비례대표제에 가까운 정책이었다. 인구수로 따진다면 치옴피가 4명의 선출권을 가진다는 것은 민주적이고 합리적인 분배였다. 그러나 미켈레의 제안을 제일 먼저 거부한 세력은 치옴피들이었다. 특히 아르노강 남쪽에 거주하는 치옴피들의 반발이 심했다. 그들은 미켈레의 개혁이 오히려 평민들의 이익을 대변한다고 주장하며 법률안 승인을 거부했다. 그리고 독자적인 행동에 나섰다. 미켈레가 차지하고 있던 시뇨리아 정청이 아닌 산타 마리아 노벨라 성당으로 몰려가, 자신들만의 독자적인 치옴피 정부를 구성한 것이다. 이들은 8인으로 된 새로운 지도부를 선출하고, 미켈레와 살베스트로를 피렌체의 지도자로 인정하지 않기로 했다. 이 8명의 치옴피 지도자들을 '8인의 성자Otto Santi del Popolo di Dio'라고 부른다. 피렌체에는 이제 2개의 치옴피 정부가 들어선 것이다.

산타 마리아 노벨라 성당에서 자체 정부를 구성한 강남 치옴피들은 2명의 대표를 미켈레에게 보내, 두 치옴피 정부 간의 대화를 제안했다. 그러나 '8인의 성자'가 보낸 대표들이 시뇨리아 정청 안으로 들어오자 미켈레는 허리에 차고 있던 칼을 뽑아 그들을 공격했다. 2명의 치옴피 대표단은 몸에 큰 상처를 입고 시뇨리아의 감옥에 갇혔다. 대표단이 부상을 당하고 투옥되었다는 소식을 들은 산타 마리아 노벨라 성당의 치옴피들은 격분하며 전투 준비에 들어갔다. 한편 시뇨리아 정청에 있던 미켈레는 자신의 운명을 시험해보기로 했다. 정의의 깃발을 손에 쥔 곤팔로니에레답게 시뇨리아 군대를 이끌고 치옴피 반란군을 선제공격하기 위해 출정한 것이다.

치옴피 대 치옴피의 대결

이제 최하층민들끼리 싸우게 되었다. 크게 보면 강남 치옴피와 강북 치옴피의 대결이었다. 어느 사회에서나 (최)하층민들은 서로 싸운다. 그

싸움의 배후에는 언제나 상류층의 계산이 있기 마련이다. 그들은 생존을 위해 싸운다고 생각하지만, 사실 그 싸움은 공멸로 가는 길이다. 미켈레가 이끄는 시뇨리아 군대(강북 치옴피)는 지척의 거리에 있는 산타 마리아 노벨라 성당을 향해 진격했다. 천천히 걸어도 10분밖에 걸리지 않는 거리를 사이에 두고 두 치옴피 군대가 충돌한 것이다. 피렌체 역사는 거의 모든 계층이 서로 투쟁을 벌인 역사를 고스란히 안고 있다. 귀족과 귀족, 귀족과 평민, 평민과 평민, 평민과 하층민이 서로 죽고 죽이는 싸움을 벌였던 도시에서, 이제는 하층민끼리 서로 싸우게 된 것이다. 미켈레의 시뇨리아 군대가 진격하고 있다는 소식을 들은 산타 마리아 노벨라 성당의 치옴피 군대도 거의 같은 시간에 시뇨리아 정청 쪽으로 달려가기 시작했다. 그런데 여기서 예상치 못한 일이 발생한다.

(산타 마리아 노벨라 성당에 있던) 하층민은, 전술한 대로, 미켈레와 똑같은 결정을 내렸다. 미켈레가 시뇨리아 광장을 떠난 거의 바로 그 시각에, 시뇨리아 광장으로 가기 위해 산타 마리아 노벨라 성당을 출발했다. 그런데 양측이 우연히도 서로 다른 길을 택해 도중에 마주치지 않았다. 할 수 없이 회군한 미켈레는, 반도들이 시뇨리아 광장을 점령하고 그 정청을 습격하고 있는 광경을 발견하고는, 맹렬히 그들을 공격해 마침내 그들을 물리쳤다. 패한 폭도들 가운데 일부는 도시 밖으로 달아나고, 다른 일부는 무기를 버리고 숨었다. 이 승리로 폭동은 멈추었고, 이는 전적으로 곤팔로니에레(미켈레)의 미덕 덕분이었다.[11]

피렌체 골목을 걸어본 사람들은 충분히 이해할 것이다. 산타 마리아 노벨라 성당과 시뇨리아 광장 사이의 거리는 1킬로미터 미만이지만 두

곳 사이에는 수많은 골목길이 미로처럼 연결되어 있다. 그래서 두 군대가 마주치지 않았던 것이다. 어쨌든 마키아벨리는 반란을 진압한 미켈레에 대한 칭찬을 아끼지 않는다.

용기와 선량함과 현명함에서 그는 당시의 다른 모든 시민을 능가했으며, 자신의 조국을 크게 이롭게 한 인물로 손꼽힐 만하다. 왜냐하면 만일 그의 영혼이 사악하고 야심에 차 있었다면, 공화국은 그 자유를 완전히 잃어버리고 아테네 공작의 폭정보다 더 심한 폭정으로 떨어졌을 것이기 때문이다. 그러나 그의 선량함 덕분에 그는 공동의 번영과 상반되는 음흉한 생각을 떠올리지 않았고, 그의 현명함 덕분에 당의 대다수가 그를 따랐으며, 따르지 않는 자들은 그가 무력으로 제압했다. 그의 이런 선량함과 현명함으로 인해 하층민들은 빠르게 용기를 잃었고, 아르티 마조리의 조합원들은 귀족의 오만을 제압한 이들이 폭도의 악취를 참아야 했던 일이 얼마나 수치스러웠을지 이해하고 반성하게 되었다.[12]

미켈레 덕분에 치옴피 반란이 진정 국면으로 접어든 현상은 역설적이었다. 선량한 품성을 가진 그는 약탈과 복수를 위한 치옴피의 반란을 지지하지 않았고, 강경 대처로 그들의 만용을 잠재웠다. 권력을 장악하고 있던 그란디들과 평민 시뇨리아도 탁월함을 갖춘 치옴피 지도자의 등장을 보고, 자신이 치옴피들에게 가졌던 편견에 근거가 없음을 깨달았다. 또 다른 역설은 미켈레 때문에 치옴피의 반란이 미완의 혁명으로 끝났다는 것이다. 치옴피들은 자신들만의 조합을 결성하고 독자적인 정치적 대표권을 확보하기를 원했지만 결국 이 꿈은 이루어지지 않았다. 오히려 힘을 얻게 된 세력은 치옴피의 부당한 처지를 동정하고 그들의 하소연에 귀를 기울였던 스칼리, 알베르티, 스트로치 그리고 메디치 가문이었다. 마침 외국의 위협이 가시화되자 군 동원령이 내려졌고, 알베르티와 스트로치 가문에게 이 군대의 지휘권이 넘어갔다. 치옴피의 수호자 살베스트로에게는 베키오 다리 위에 있는 상점의 임대료를 징수할 수 있는 권리가 노력에 대한 보상으로 주어졌다. 매년 1,600플로린을 벌 수 있는 짭짤한 수익원이었다.

치옴피 반란의 결과는 그란디들의 재등장으로 이어졌다. 무장 병력을 거느린 유력 가문들은 치옴피들의 지지를 받으며 도시의 치안을 맡게 되었다. 치옴피 반란 이전의 그란디들은 귀족 행세를 하면서 미누티와 치옴피들의 반감을 샀다. 그러나 치옴피 반란 이후에 등장한 그란디들은 치옴피들의 지지를 받는 일종의 '참주'들이었던 셈이다. 1378년의 치옴피 반란은 피렌체에서 메디치 가문이라는 참주의 등장을 예견하는 사건이었다. 그러나 당장 참주들이 권력을 향유할 수 있는 것은 아니다. 아직 시대가 무르익지 않았다. 일부 하층민(미누티)들과 치옴피(주로 강남 출신)들은 신흥 그란디들의 권력 집중에 반감을 품었다. 하층민의 대표자들이 피렌체 정치를 이끌고 있음에도 불구하고 그란디로 불리던 그들에게 권력이 다시 집중되는 것을 보며 분통을 터트렸다. 물론 권력 투쟁에서 완전히 제외된 것처럼 보이던 옛 귀족들의 불만도 수그러들지 않았다.

치옴피 정부와 살베스트로 데 메디치의 몰락

반란으로 급조된 치옴피 시뇨리아는 오래가지 못했다. 독자적인 조합을 구성해서 프리오리를 배출하겠다는 치옴피들의 계획조차 실행되지 않았다. 권력을 잡지 못한 치옴피, 늘 소외당했던 미누티, 치옴피에게 권력을 빼앗긴 그란디, 구시대의 추억을 먹고 사는 귀족 모두가 치옴피 반란이 초래한 도시의 혼란에 불만을 품었다. 정권을 잡은 치옴피들은 살베스트로 데 메디치를 '치옴피 혁명의 아버지'로 부르며 우대했고 베키오 다리의 상점 임대권까지 주었지만, 실세는 따로 있었다. 치옴피 정부의 뒤에서 권력의 앞면과 뒷면을 교묘하게 조정하던 사람들이었다. 치옴피 정부의 핵심 요인들도 함부로 대할 수 없는 사람들, 피렌체 최고의 부자들. 바로 메디치라는 참주가 등장하기 전, 피렌체의 마지막 그란디였던 알비치, 스트로치, 스칼리, 알베르티 가문이었다.

이들은 치옴피 정부의 '그림자 내각'이었다. 미켈레 디 란도를 곤팔로니에레로 앞세우고, 살베스트로에게 온갖 명예로운 호칭을 선사하고는 뒤에서 실제로 피렌체를 통치했다. 노련한 그들은 치옴피들 사이에서 인기가 많은 살베스트로를 적극적으로 활용했다. 그를 국가 원로로 존대하면서 수시로 국정에 대한 자문을 구했지만, 뒤에서는 그를 완전히 무시했다. 치옴피 정부와 살베스트로는 피렌체 부자 그란디들의 얼굴마담에 불과했다. 그들은 피렌체를 자신들에게 유리한 쪽으로 유도해갔다. 우선 하층민으로만 구성되어 폐쇄적으로 운영되던 발리아Balia(전쟁과 같은 위급한 경우 임시로 운영되던 최고 행정 회의)를 해체했다. 치옴피들에 의해 축출된 교황파의 명예를 회복시켜주었으며, 치옴피들이 결성했던 2개의 조합도 해산시켰다. 자신들의 그림자 통치에 방해가 되는 인물들과 치옴피들은 하나둘 피렌체에서 추방되었다. 미켈레도 결국 추방되었다. 그를 죽였을 때 발생할 반발을 고려해, 조용히 추방하는 쪽을 선택했다.

이로써 1378년부터 1381년까지 피렌체의 주인으로 군림했던 치옴피들은 권력을 잃게 되었다. 마키아벨리는 추방당한 미켈레의 생애를 정리하면서 "조국이 그의 뛰어난 공적에 감사하는 태도는 그렇게 형편없었다'라고 기록하고 있다.[13] 명목상 '치옴피 혁명의 아버지'로 불렸지만 그란디들의 노련한 정치적 술수에 이용만 당했던 살베스트로도 모데나로 추방당했다(1382년). 무려 10년간 추방령이 내려졌으나 임종하기 전인 1388년, 고향으로 돌아올 수 있는 최소한의 배려가 허용되었다.[14]

메디치 가문의 두 번째 인물, 비에리 데 메디치

살베스트로의 추방과 함께 치옴피 반란을 지지했던 알베르티 가문도 함께 몰락했다. 알베르티 가문은 피렌체 최후의 그란디에 포함되었지만 메디치 가문과 사돈을 맺었기 때문에 피해를 면치 못했다. 1387년 알베르티 가문의 베네데토 델리 알베르티Benedetto degli Alberti가 피렌체에서 추방을 당했을 때, 가장 기뻐했던 건 알비치 가문의 사람들이었다. 여러분도 피에로 델리 알비치의 몰락을 기억할 것이다. 원래 황제파 도나티 가문이었는데 성을 알비치로 바꾸고 피렌체에서 승승장구하다가, 피렌체의 토종 교황파 리치 가문과 충돌을 일으켰던 그 사람이다. 피에로는 이때의 봉기 이후 몰락해 1379년 처형당했는데, 그 배후에 알베르티 가문이 있다고 믿은 알비치 가문 사람들은 1393년 '정의의 곤팔로니에레'로 선출된 마소 델리 알비치Maso degli Albizzi (1343~1417년)를 앞세워 대대적인 복수를 감행하기에 이른다. 이들은 알베르티 가문 사람들을 죽이거나 추방하는 것에 만족하지 않고, 그동안 평민들이 주도하던 시뇨리아의 근본적인 재편을 시도한다. 그동안 그란디들이 보여준 감정적 대응도 아니었고, 경제적 이익을 위해서 낄 때와 빠질 때를 계산하는 나약한 대응도 아니었다. 알비치 가문은 조합이 주도하던 시뇨리아의 공직자 선출 과정을 아예 바꾸어버리는 제도적인 개혁을 시도한다.

1382년까지 시뇨리아의 구성은 각 조합의 추천을 받은 후보 중에서 선거를 통해 선출하는 방식을 따랐다. 시기와 정권에 따라 시뇨리들의 숫자는 유동적이었지만, 추천 과정은 거의 같았다. 각 조합, 특히 아르티 마조리의 주도권을 인정한 것이다. 그러나 1382년 새로운 보르셀리노Borsellino 제도가 도입되었다. 이는 '작은 주머니'란 뜻으로, 시뇨리아의 공직자를 선발하기 위해 '200인회'에서 후보를 지명하여 그 이름을 작은 주머니에 미리 넣어놓는 방식이다. 후보의 지명 기준은 명확하지 않았다. 작은 주머니에 이름을 넣을 수 있는 공직자 후보의 기준은 '나라에 대한 충성심이 매우 높은' 사람이었다. 여기서 '충성심'은 피렌체에 대한 것이었지만, 실상은 권력을 잡고 있던 알비치 가문에 대한 충성심을 의미하기도 했다.

이 제도의 가장 큰 피해자는 당연히 지금까지 조합 중심의 권력을 유지해온 피렌체 평민들이었다. 이에 평민들과 하층민들은 살베스트로가 죽고 난 후인 1388년 메디치 가문의 수장이 된 비에리 데 메디치Vieri de' Medici(1323~1395년)를 찾아가서 사태의 심각성을 알렸다. 메디치 가문의 다른 가족들도 모두 비에리에게 선두에 서서 알비치 가문의 전횡을 막아달라고 간청했다. 마키아벨리의 표현을 빌리자면, 거의 피렌체 시민 모두가 그의 결단을 기다렸기 때문에 비에리가 왕으로 나선다 해도 아무도 이의를 제기하지 않을 정도였다고 한다. 그만큼 메디치 가문에 대한 기대가 컸다. 그러나 그는 냉정을 호소하며, 당장이라도 알비치 저택을 불태울 것 같던 피렌체 시민들을 진정시켰다.

안타깝게도 비에리의 신중하고 온화한 성격은 마소의 무분별한 폭압 정치를 막을 수 있는 대항 세력이 되지 못했다. 알비치 가문은 폭압의 정도를 더 높여 피렌체 시민들에게 더 많은 고통을 안겨주었다. 이에 분노를 느낀 평민, 하층민 그리고 그들의 후원을 받던 그란디 가문들이 1397년 8월 함께 모여 마소를 암살하기로 결의했다. 처음에는 마소가 약국을 방문했을 때 그를 암살하려고 했지만, 곁에 있던 경호원들 때문에 실패하고 말았다. 결국 그들은 반란을 일으켰다. 피렌체 평민들과 하층민들은 그란디들의 지휘를 받으며 메르카토 베키오와 메르카토 누오보를 오가면서 소리를 질렀다. "민중이여, 무기를, 자유를!" 혹은 "독재자들에게 죽음을!" 같은 구호였다.[15] 마소는 군중의 함성에 놀라 시뇨리아 정청으로 뛰어들어가, 정문을 굳게 잠갔다. 시뇨리아 군대가 일부 반란자들을 체포하자, 마소는 사태를 진정시킬 수 있다는 희망을 품게 되었다. 그러나 피렌체에 청천벽력 같은 소식이 전해진다. 밀라노 군대의 피렌체 공격이 임박했다는 다급한 전갈이 시뇨리아에 도착한 것이다.

잔 갈레아초 비스콘티 공작의 피렌체 공격

피렌체는 14세기에도 간헐적인 전쟁을 경험했다. 1316년 루카와의 전쟁이나 1364년 피사와의 전쟁이 그 예가 될 것이다. 그러나 이런 14세기의 전쟁은 모두 토스카나 지역에서 발생한 국지전에 불과했다. 그러나 14세기가 끝날 무렵에 시작된 밀라노와의 전쟁은 차원이 다른 문제였다. 지금은 같은 이탈리아에 속해 있지만, 밀라노와 피렌체는 인종부터 달랐다. 한 일본 작가가 썼듯이 밀라노와 피렌체는 '냉정과 열정 사이'만큼이나 서로 거리가 멀었다. 자유의 가치를 소중히 여기던 피렌체가 공화정으로 전통을 이어가고 있었다면 밀라노는 왕정과 다름없는 절대 왕조의 통치권 아래에 놓여 있었다. 밀라노의 공작 잔 갈레아초 비스콘티가 피렌체를 향해 진격했을 때, 그것은 단순한 지역 분쟁도 영토 싸움도 아니었다. 단테와 페트라르카를 배출하고 제2의 로마를 이루었다는 자부심 가득한 피렌체 평민들에게, 이것은 야만인들의 만행이었으며 위대한 자유의 정신에 빛나는 피렌체 문명에 대한 모독이었다.

1385년, 자기 삼촌이 통치하던 밀라노를 무력으로 점령한 비스콘티 공작은 군대를 남쪽으로 전진시켰다. 베로나, 비아첸차, 파도바를 파죽지세로 몰아붙인 공작은 북이탈리아를 자신의 단일 왕국으로 통일하려는 야심을 숨기지 않았다. 1402년에는 중북부 이탈리아의 거점 도시국가인 볼로냐와 피렌체를 공격했다. 그러나 1402년 여름, 비스콘티 공작은 열병에 걸려 전쟁을 중단할 수밖에 없었고 그해 9월 3일에 병사하고 말았다.

당시 유명한 인문학자이면서 피렌체의 서기장을 역임하고 있던 콜루초 살루타티는 이 전쟁을 문명과 야만 간의 투쟁으로 규정하고 피렌체 시민들의 궐기를 독려했다. 서기장 직책은 곤팔로니에레나 시뇨리처럼 선출직이 아니지만, 시뇨리아의 행정 절차를 관리하고 외교 문서와 훈령 등을 작성하는 자리다. 콜루초는 망설이고 있던 피렌체 시민들 앞에서 뛰어난 인문학적 소양을 발휘한 연설로 밀라노와의 전면전을 펼칠 것을 주장했다. 콜루초에게 밀라노는 야만의 땅 트로이였으며, 밀라노 군대는 유럽 내지의 검은 숲에서 로

잔 갈레아초 비스콘티의 초상화.

마군을 공격했던 게르만족의 잔당들이나 마찬가지였다.

제2의 로마인 피렌체는 야만족의 후예들이 일으킨 전쟁을 방관해서는 안 된다! 우리에게는 문명을 보존하고 전파할 의무가 있다! 콜루초의 연설에 감동받은 피렌체 시민들은 함성을 지르며 '의로운 전쟁'에서 너도 나도 선봉에 서겠다고 맹세했다. 그러나 모든 전쟁에는 돈이 드는 법. 밀라노와의 전쟁 비용을 충당하기 위해 세금을 올리겠다는 발표가 있자, 피렌체 시민들은 한숨을 크게 내쉬었다. 치옴피 반란의 여파가 채 가시기도 전에, 피렌체의 새로운 경제 위기가 밀라노의 침략과 더불어 시작된 것이다. 흑사병으로 인한 인구 감소로 병력이 부족한 것도 문제였다. 창을 들 수 있는 사람이라면 나이를 불문하고 모두 징집 대상이 되었고, 부족한 병력은 그동안 정치적인 대립 때문에 추방되었던 망명자로 채워야만 했다. 이런저런 이유로 고향을 떠나야만 했던 가문의 자손들이 속속 무장을 갖추고 피렌체로 돌아왔다. 여러분은 리치 가문의 이름을 기억할 것이다. 전 황제파였던 피에로 델리 알비치에 대항했던 교황파의 당수 우구초네 데 리치 말이다. 그 리치 가문의 자손들도 오랜 망명 생활을 마감하고 피렌체로 돌아왔다.

피렌체로 귀환한 리치 가문의 당수 자리는 삼미니아토 리치Samminiato Ricci가 차지하게 되었다. 그는 밀라노의 침공으로 혼란한 틈을 타서 알비치 가문이 주도하던 피렌체 정부를 전복시킬 야심을 품고 있었다. 다행히 그의 음모는 사전에 발각되어, 동조한 리치 가문의 사람들이 모두 추방당했다. 밀라노 공작과의 전쟁을 총괄하던 발리아는 리치 가문의 쿠데타 계획에 참여했던 다른 그란디 가문들도 모두 추방했다. 이 중에서 리치, 알베르티, 메디치 가문은 10년간 암모니티로 선포되어, 공직에 취임할 권리까지 박탈당했다.[16] 한편 밀라노의 침공 이전에 피렌체의 실권을 장악하고 폭압 정치를 일삼던 마소 델리 알비치도 1417년에 임종했다. 수많은 그란디들이 밀라노 침공과 더불어 피렌체에서 쫓겨나거나 몰락했다.

마키아벨리는 1400년부터 1433년까지 피렌체에 평화기가 찾아왔다고 기록하고 있다. 1402년 잔 갈레아초 비스콘티의 예상치 못한 죽음으로 찾아온 평화기였다. 그동안 피렌체를 권력의 투쟁 장소로 만들었던 수많은 그란디들이 도시를 떠났기 때문일지도 모른다. 지배하려는 자들이 사라진 곳에서 피렌체 시민들은 자유를 누렸다. 그 자유의 열매가 르네상스다. 이 시기에 피렌체는 르네상스라는 아름다운 꽃의 만개를 목격하게 된다. 미술사가들은 1400년 로렌초 기베르티Lorenzo Ghiberti와 필리포 브루넬레스키가 성 세례자 요한 세례당 청동문 제작을 놓고 경쟁했던 때를 르네상스의 시작 지점으로 잡는다.

조형 예술의 3대 장르 모두가 이 시기에 옛 로마 시대의 영광을 재현하기 위해 천재들을 배출했다. 건축에는 필리포 브루넬레스키, 회화에는 마사초, 조각에는 메디치 가문의 적극적인 후원을 받던 도나텔로의 시대가 펼쳐졌다. 1425~1427년 화가 마사초는 브란카치 채플Brancacci Chapel 장식을 통해 르네상스적 원근법을 작품 속에 구현해내, 후대에 미켈란젤로 등에게 큰 영향을 남겼다.[17] 조각가 도나텔로는 중세 시대에 사라진 고대의 3차원 조각을 부활시켰다. 피렌체를 대표하는 건축가인 필리포 브루넬레스키가 활발한 활동을 펼친 것도 이 시기다. 고대 로마의 로지아 형식을 부활시킨 '선한 자의 휴식처' 병원(1419년 착공), 피렌체 두오모의 돔(1420년 착공), 메디치 가문의 가족 성당인 산 로렌초 대성당(1421년 착공), 파치 채플(1430년 착공), 피렌체 강남의 산토 스피리토 성당(1434년 착공)이 모두 이 시기에 착공되었다.

그러나 우리들의 가이드 마키아벨리는 피렌체 르네상스 예술의 눈부신 발전에 대해 침묵을 지키고 있다. 그는 예술에 무관심하다. 마키아벨리의 진짜 관심은 성당이나 재력을 가진 후원자들의 예술 애호가 아니라 피렌체인의 삶 자체였다. 그들이 피렌체 거리에서 외치던 분노에 찬 함성, 의분에 차 남몰래 흘렸던 눈물, 복수를 다짐하며 불끈 쥐던 주먹에 대해서만 관심을 보였다. 예술의 변화보다 중요한 것이 시대의 변화였다. 독일 철학자 헤겔Georg Wilhelm Friedrich Hegel보다 훨씬 먼저 '시대 정신'의 변화에 주목했던 인물이 바로 우리 가이드 마키아벨리다. 그의 눈에 비친 피렌체는 지배하겠다는 욕망을 절대로 포기하지 않는 귀족들의 거만함, 금력과 권력의 경계선에서 계산기를 두드리기 바빴던 그란디들의 욕심, 지배하는 방법은 모르지만 어쨌든 지배받는 것을 죽도록 싫어했던 하층민들의 어리석음이 뒤섞인 곳이었다. 나와 함께 마키아벨리《군주론》집필 500주년 행사에서 논문을 발표했던 곽준혁 교수의 탁월한 분석처럼, 피렌체는 지배하려는 상류층과 지배받지 않으려는 하류층이 이전투구를 벌이던 곳이었다. 마키아벨리는 이제 '지배'하려는 귀족과 그란디에게 '시대 정신'의 변화를 알려주고, '지배받지 않으려는' 하층민에게 자유롭게 살 수 있는 방식을 제시하려고 한다. 평민 시뇨리아의 지배는 치옴피 반란과 밀라노와의 짧은 전쟁으로 끝났다. 이제 피렌체의 '시대 정신'은 메디치 가문의 탄생과 더불어 혁명적인 변화를 맞이하게 될 것이다.

기베르티가 조각한 〈청동문〉은 후대의 미켈란젤로로부터 "천국의 문"이라는 극찬을
받는다.

2부

메디치 가문의 시대
(1434~1525년)

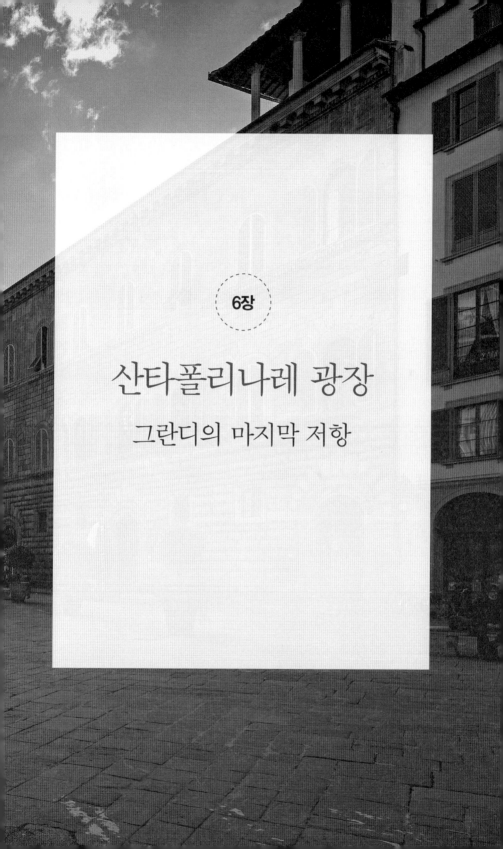

6장

산타폴리나레 광장

그란디의 마지막 저항

명칭까지 바뀐
산타폴리나레 광장

　피렌체 권력 투쟁의 마지막 현장이었던 산타폴리나레 광장은 시뇨리아 정청 바로 옆에 있다. 시뇨리아 광장의 끝부분과 산타폴리나레 광장의 끝이 서로 거의 맞닿아 있을 정도다. 산타폴리나레 광장은 현재 산 피렌체 광장Piazza San Firenze으로 개명되었다. 옛 이름이 사용되지 않는 것은

현재 산 피렌체 광장으로 불리는 산타폴리나레 광장의 모습.

그 이름의 기원이 된 산타폴리나레 성당이 사라졌기 때문이다. 6세기경에 건축된 산타폴리나레 성당은 라벤나의 성자이자 순교자인 성 아폴리나레St. Apollinare에게 헌정된 건물이었다.

산타폴리나레 광장은 15세기 초반에 피렌체에서 활동하다가 로마에서 젊은 나이에 임종한 천재 화가 마사초의 작업실이 있던 곳이기도 하다. 산타폴리나레 광장의 북쪽 끝에 바르젤로 국립 박물관이 있다. 1225년에 건축된 이 건물은 원래 피렌체의 경찰서 겸 사법기관이었다. 계급이나 당파 싸움 때문에 분열이 극심했던 피렌체는 외국인을 경찰서장으로 고용할 때가 많았는데, 그 외국인 경찰서장이 치안대와 함께 머물던 관청이었다. 감옥의 역할을 겸했기 때문에 공직에서 쫓겨난 마키아벨리가 1512년에 투옥되어 고문을 받았던 장소이기도 하다. 이 건물이 1865년부터 국립 박물관으로 사용되기 시작했으며, 미켈란젤로(1층)와 도나텔로(2층)의 작품이 다수 전시되어 있다.

산타폴리나레 광장에서 바르젤로 국립 박물관을 지나자마자 있는 건물은 피렌체 인문학의 발전과 밀접한 연관이 있는 베스파시아노 다 비스티치Vespasiano da Bisticci(1421~1498년)의 서점이 있던 곳이다. 많은 인문학자가 이 서점을 중심으로 고전을 사서 읽고, 추가로 필사하고, 또 토론했으니, 이곳은 피렌체 인문학의 산실이나 다름없다.[1] 물론 베스파시아노 역시 메디치 가문의 직간접적인 후원을 받았다.

18세기에 들어서자, 본래 산타폴리나레 성당에 딸려 있던 건물이 바르젤로 감옥과 연결되어 피렌체의 교도소 건물로 활용되었다. 1879년에는 이탈리아의 개신교 종파인 형제들의 복음 교회가 이 건물을 구매해 그때부터 교회당 건물로 사용했다. 이 부속 건물이 교도소로 활용될 당시에, 이탈리아어로 번역된 성경을 읽었다는 죄명 등으로 개신교 신도들이 투옥되기도 했다. 그런데 그 자리에 개신교 교회당이 들어선 것이다. 지금도 형제들의 복음 교회를 방문하면 예전 산타폴리나레 성당을 후원했던 가문들의 문장이 새겨진 회랑을 볼 수 있다. 피렌체와 주변 도시에 거주하는 한국 교포들이 형제들의 복음 교회를 임대해서 일요일마다 개신교 예배를 드리고 있다.

산타폴리나레 광장의 새로운 이름인 산 피렌체 광장은 '산 피렌체 콤플렉스Complesso di San Firenze'에서 유래했다. 광장의 중심부에 있는 바로크 스타일의 건축물 때문에 이런 이름이 붙었다. 원래 이곳에는 반反종교개혁에서 중요한 역할을 수행했던 필리포 네리Filippo Neri (1515~1595년)에게 헌정된 성당과 수도원이 있었다. 이 건물은 네리 수도회의 신학교 건물로 사용되다가, 2015년부터 피렌체 법원이 입주해 있다. 그래서 일부 현지인들은 산 피렌체 광장을 산 필리포 네리 광장으로 부르기도 한다. 법원 내부의 일부 공간은 영화와 연극 무대 장식가이자 의상 디자이너였던 프랑코 제피렐리Franco Zeffirelli의 작품 250여 개를 전시한 작은 박물관으로 활용되고 있다.

피렌체에 찾아온 평화기

지금까지 펼쳐진 피렌체 역사는 지배하려는 자와 지배받지 않으려는 자들 사이의 끊임없는 갈등과 투쟁으로 점철되었다. 귀족과 귀족, 귀족과 평민, 평민과 평민, 평민과 하층민, 하층민과 하층민이 분열되어 서로를 적대시했다. 만인 대 만인의 투쟁이 이어졌던 피렌체에 화합과 공존은 애초부터 불가능한 일이었을까? 서로 반목하며 지칠 때까지 싸우다가 더불어 망하는 것이 피렌체의 피할 수 없는 운명이었을까?

마키아벨리는 이제 후반부에 들어선 《피렌체사》 4권을 이런 질문으로 시작한다. 이런 분열과 갈등의 역사를 종식시킬 수 있는 "현명하고 선량하며 강력한 한 시민"이 등장한다면 피렌체는 어떻게 될까?[2] 자유의 소중함을 지켜나감과 동시에, 이 도시에 평화로운 질서를 부여하는 강력한 지도자가 등장한다면? 지배받지 않으려는 자들의 절박한 마음을 이해하는 자비로운 지배자가 나온다면? 개인의 가치를 존중하는 문명사의 흐름을 통찰할 수 있는 인물, 뭇 시민들을 힘이 아닌 도덕적 우월성과 고매한 인격으로 압도할 수 있는 인물, 내부의 이견이나 외부의 간섭에도 굴하지 않는 불굴의 정신을 가진 "현명하고 선량하며 강력한 한 시민"이 등장하면 피렌체는 어떻게 될까? 이런 사람이 있기나 한 걸까? 혹시 메디치 가문?

그러나 마키아벨리는 스스로 던진 이 질문에 회의적으로 답한다. 설령 그런 강력한 시민이 있다고 치자. 그래서 뛰어난 역량을 가진 그 시민이 도시의 분열과 대립을 종식시킬 수 있다고 치자. 그러나 그 위대한 시민도 죽는다. 판타지 소설 《왕좌의 게임》에서는 인간의 운명을 "발라 모굴리스Valar Morghulis"라고 반복해서 설명한다. 즉 모든 사람은 죽는다. 아무리 뛰어난 역량을 가진 개인이 있다고 하더라도 시간의 흐름을 막지는 못한다. 피렌체에 "현명하고 선량하며 강력한 한 시민"이 구세주처럼 등장해서 평화와 공존의 시대를 연다고 해도, 그것은 절대로 영원할 수 없는 시간의 한계를 가진다. 현학적인 글쓰기를 즐겼던 마키아벨리는 이렇게 썼다.

진실로, 어느 도시에 너무나 운 좋게도 현명하고 선량하며 강력한 한 시민이 나타나, 그에 의해 법과 제도가 정비되고 이를 통해 귀족과 평민의 사악한 기질들이 가라앉거나 혹은 해를 가하지 못하게 억제되는 일이 생기면, 그 도시는 자유로우며 그 정부는 강하고 안정적이라고 평가할 수 있다. 왜냐하면 훌륭한 법과 제도로 다스려지는 도시는 다른 도시들과 달리, 더 이상 어떤 한 사람의 미덕에 의지할 필요가 없기 때문이다. 이런 성격의 법과 제도를 갖춘 고대의 많은 공화국들은 하나의 정체 아래에서 오랫동안 유지되었다.

반면, 훌륭한 법과 제도가 부족했거나 부족한 모든 공화국은, 자신들의 정부를 압제적인 정권에서 방종한 정권으로, 그리고 다시 방종한 정권에서 압제적인 정권으로 계속 바꾸었으며, 또 지금도 바꾸고 있다. 따라서 이런 국가에서는 각각의 정부가 필연적으로 갖게 되는 강력한 적으로 인해, 어떤 안정도 존재하지 않으며 또 존재할 수도 없다. 왜냐하면 압제적인 정부는 선량한 사람들을 불쾌하게 하고, 방종한 정부는 현명한 이들을 불쾌하게 하며 압제적인 정부는 쉽게 악을 행하고 방종한 정부는 아주 드물게만 선을 행하며, 압제적인 정부에서는 오만한 사람들이 그리고 방종한 정부에서는 어리석은 사람들이 너무 많은 권한을 행사하기 때문이다. 그러므로 압제적인 정부와 방종한 정부는 모두 틀림없이 단 한 사람의 미덕과 행운에 의지해 유지될 수밖에 없는데, 문제는 그가 이런저런 방해와 불운으로 쓸모없어지거나, 어느 날 갑자기 죽어버릴 수 있다는 점이다.[3]

앞 장의 마지막 부분에서 우리는 마키아벨리가 1400년부터 1433년까지의 시기를 "피렌체에 찾아온 평화기"로 설명하는 것을 들었다. 1402년 행운의 여신이 도와, 피렌체를 공격하던 밀라노의 비스콘티 공작은 열병에 걸려 갑자기 죽었다. 이어 1406년에는 피사와의 짧은 전쟁이 있었지만, 피렌체가 압도적인 승리를 거두어 다시 평화를 회복했다.[4] 이 평화로운 시기에 르네상스 초기 거장들의 예술혼이 함께 타오르며 피렌체를 아름답고 평화로웠던 시대로 만들어가고 있었다. 이렇게 아름답고 평화로웠던 시대에 대한 마키아벨리의 긍정적인 평가는 "현명하고 선량하며 강력한 한 시민"이 실제로 피렌체에 등장했음을 은유적으로 설명하고 있다. 새로운 시대가 새로운 사람과 더불어 시작되고 있음을 암시한다.

우리는 앞서 하층민들의 지지를 받았던 알베르티, 리치, 메디치 가문의 활약에 대해 들었다. 이들 중에 베네데토 델리 알베르티는 초심을 잃고 호화로운 생활과 군주처럼 오만한 행동을 하다가 1387년 추방당했고, 교황파의 당수였던 리치 가문 역시 피렌체에서 알베르티 가문과 대결을 벌이다가 몰락했다. 이제 남은 가문은 메디치뿐이었다. 그리고 이 시기의 메디치 가문에 새로운 인물이 등장했다. 곤팔로니에레를 2번 역임했던 살베스트로 데 메디치와 침착하고 마음씨 좋았던 비에리 데 메디치의 시대가 지나고, 제3의 인물인 조반니 디 비치 데 메디치Giovanni di Bicci de' Medici(1360~1429년 추정)의 시대가 펼쳐진다. 우리가 알고 있는 메디치 가문의 창시자다.

그렇다면 조반니가 바로 마키아벨리가 말한 "현명하고 선량하며 강력한 한 시민"이었을까? 조반니는 피렌체의 마지막 그란디라고 할 수 있는 알비치 가문과의 경쟁에서 승리할 수 있을까? 그 질문에 답하기 전에, 먼저 메디치 가문의 초기 역사에 대해서 간략히 살펴보아야 할 것이다.

15세기 이전의 메디치 가문

메디치 가문의 시초에 대해서 잘못 알려진 정보가 많다. 신성로마제국의 황제 카롤루스 마그누스Carolus Magnus 휘하의 장군이었던 8세기의 인물 아베라르도 메디치Averardo Medici가 무젤로 계곡에서 거인 괴물을 무찔러 공을 세웠다는 전설은 후대에 만들어졌다. 사실 피렌체 역사에서 메디치란 이름이 처음 등장한 연도는 1216년이다.[5] 그리고 메디치 가문의 일원 중에서 최초로 시뇨리로 선출된 사람은 아르딩고 데 메디치Ardingo de Medici다(1291년).

메르카토 베키오에서 작은 환전소를 운영하던 메디치 가문은 14세기 초반까지 그란디로 분류되지 않았다. 바르디와 페루치 가문처럼 유럽 각국에 지점을 가진 대형 국제 은행이 아니었기 때문이다. 1314년의 세금

납부 기록을 보면 이런 상황이 잘 드러난다. 당시 메디치 은행은 1, 2플로린을 세금으로 냈는데, 페루치 은행은 18플로린을 냈다.[6] 미미한 경제력을 가졌던 메디치 가문은 14세기 초반에 이르러서야 사람들의 주목을 끌기 시작했다. 메디치 가문은 돈이나 권력이 아니라 결혼을 통해 세력 확장을 시도했다. 전 귀족 가문이나 실세를 쥐고 있던 교황파 가문과 사돈을 맺는 것이었다. 명문가에서 신부를 고르면 쏠쏠한 지참금을 챙길 수 있다는 것도 또 다른 이유였다. 메디치 가문에게 결혼은 언제나 '누이 좋고 매부 좋은' 방식으로 추진되었다. 메디치 가문은 이 시기에 카발칸티(단테의 친구였던 귀족 가문), 도나티(교황파 흑당의 당수 가문), 루첼라이(치옴피 반란 시기의 동지), 팔코니에리Falconieri 가문 등과 사돈을 맺었다. 이들은 모두 옛 귀족이거나 부와 권력을 가진 그란디들이었다.

메디치 가문은 피렌체의 명문가들과 사돈을 맺으면서 사람들의 입에 오르내리게 된다. 1291년부터 1343년까지, 메디치 가문은 총 28명의 시뇨리를 배출했다. 동시대의 실세 명문가였던 알비치 가문이 44명을 배출한 것을 위시해 아차이우올리 42명, 알토비티 41명, 바론첼리Baroncelli 32명, 마갈로티 38명 그리고 스트로치 가문이 33명을 배출한 것과 비교해보면 특별히 많은 숫자는 아니다.[7] 메디치 가문은 시뇨리를 배출하긴 했지만 특별한 주장을 펼친 적도, 국가의 중요한 정책 결정에 참여한 적도 거의 없었다. 오히려 14세기 초반까지 메디치 가문은 '폴렌티 포폴라니Polenti Popolani'로 분류되었는데, '죽 먹는 사람'으로 직역될 수 있지만 실은 '동네 건달'이라는 뜻이다. 14세기 상반기에 메디치 가문은 피렌체에서 폭력, 사기, 절도, 살인 등의 죄를 지어 체포되어 구금되거나, 심지어 사형 선고를 받은 사람의 숫자가 가장 많은 가문이었다. 1343년부터 1360년까지 5명의 메디치 가문 사람이 사형 선고를 받았다.[8] 그들은 거의 폭력배 집단처럼 간주되었으며, 앞 장에서 치옴피들의 반란을 도왔던 살베스트로 데 메디치의 아들 니콜로Niccolò de Medici는 1364년에 거리에서 살해당하기도 했다. 그를 살해한 사람은 니콜로의 삼촌 바르톨로메오 메디치Bartolomeo Medici였다.

이렇게 평판이 좋지 않았던 메디치 가문이 피렌체 사람들로부터 우호적인 평가를 받기 시작한 것은 아테네 공작 발테르를 몰아낼 때 메디치 가문이 선봉에 섰기 때문이다. 1343년에 세운 이 공적 때문에 메디치 가문은 시뇨리아에 더 많은 사람을 보낼 수 있었다. 1343년부터 1364년까지 19명이 시뇨리로 선발된 메디치 가문은 스트로치 가문에 이어 두 번째로 많은 공직자를 배출했다.⁹ 그러나 아직까지 메디치 가문은 그란디로 간주되지 않았다. 당시 피렌체는 알비치, 리치, 스트로치, 알베르티 가문이 그란디 세력을 주도하고 있었다. 메디치 가문이 두 번째로 많은 시뇨리를 배출할 수 있었던 것은 단순히 가문 사람의 숫자가 많았기 때문이다. 메디치 가문은 여전히 공식 석상에서 발언 기회를 얻지 못했다. 당시 시뇨리아에서 자신의 의견을 단독으로 피력할 수 있는 사람을 '리치에스티Richiesti'라 불렀다. '탁월한 시민'이란 뜻인데, 메디치 가문은 여기에 속하지 못하는 '폴렌티 포폴라니'였던 것이다.

1378년의 여름을 뜨겁게 달구었던 치옴피 반란을 통해 살베스트로가 피렌체 정국의 전면에 나서게 된다. 마키아벨리가 그를 '치옴피 혁명의 아버지'로 높이 치켜세우고 있지만 어떤 역사가들은 그의 치옴피 지지가 철저하게 사익 추구를 위해 계산된 행동이었다고 평가하기도 한다.¹⁰ 실제로 치옴피 정부의 막후 실세는 스트로치, 알베르티, 스칼리 가문이었다.

앞 장에서 살펴본 대로, 치옴피 정부가 와해된 후 교황파를 대표하는 알비치 가문이 세력을 잡게 되었다. 그들은 그동안 치옴피들에게 우호적이었던 사람들을 색출해 도시에서 추방했다. 교황파에 반대했던 사람들도 위험인물로 간주되었는데, 1382년 살베스트로가 모데나로 유배를 떠날 수밖에 없었던 이유가 여기에 있다. 알베르티 가문도 알비치 가문의 혹독한 보복을 받았다. 알베르티 가문의 일파들이 알비치 가문의 지배에 대한 반란을 획책했다는 혐의로 추방당하거나 사형에 처해졌다. 알베르티 가문이 몰락할 때 일부 메디치 가문 사람들도 여기에 연루되어 사형을 당하기도 했다. 1382년부터 1400년까지, 추방이나 사형을 면한 메디치 가문 사람들은 피렌체에서 자숙과 은둔의 생활을 이어갔다. 1400년에는 교황파 시뇨리아의 결정이 내려졌다. 메디치 가문 사람들은 향후 20년간 피렌체의 어떤 공직에도 오를 수 없다는 법령이 발표되었다.

우리가 알고 있는 피렌체의 부유한 상인이자 르네상스의 후원자로 알려진 메디치 가문은 1382년부터 등장한다. 두 파로 분열되어 있던 메디치 가문이 살베스트로의 추방으로 인해 피렌체 시민들의 기억 속에서 사라져갈 시점에 제3의 세력이 등장한 것이다. 그해 프란체스코 디 비치 데 메디치란 인물이 처음으로 은행 조합에 정식 등록했다. 이 사건은 그동안 '죽 먹는 사람'이나 동네 건달, 혹은 그란디들의 하수인으로 간주되던 메디치 가문이 진짜 "고귀한 평민 가문"으로 발돋움하는 계기가 되었다. 그리고 4년 후에 그의 동생 조반니가 같은 조합에 가입하게 되는데, 바로 이 사람이 우리가 알고 있는 메디치 은행의 창시자다. 메디치 가문의 영광의 시대를 열게 될 장본인이기도 하다.

조반니 디 비치 데 메디치의
메디치 은행 창립

1392년, 조반니는 친척이었던 비에리 디 캄비오 데 메디치Vieri di Cambio de' Medici가 로마에서 운영하던 메디치 은행의 관리자로 일하고 있었다. 1395년 비에리가 죽고 난 후, 조반니는 로마에서 독자적인 메디치 은행을 설립했고, 2년 후에 은행 본점을 피렌체로 이전시켰다. 그래서 역사가들이 메디치 은행의 탄생 시점을 1397년으로 잡는다. 그러나 조반니가 피렌체로 돌아왔을 때, 메디치 가문은 1400년부터 향후 20년간 어떤 공직에도 오를 수 없다는 시뇨리아의 공지문을 받아야만 했다. 조반니는 장남 코시모 데 메디치에게 "대중의 시선에서 멀어져라"라는 유명한 유언을 남겼는데, 이는 자발적인 거리두기가 아니라 피렌체의 정치적 환경 속에서 강제된 선택이었다. 우리가 아는 위대한 메디치 가문은 이런 열악한 정치적 환경에서 출발했다.

메디치 은행의 창립자, 조반니 니 비치 네 메니치.

조반니는 메디치 가문의 시조로 불릴 만한 인물이었다. 메디치 가문의 이전 인물들은 조반니가 펼치게 될 장엄한 피렌체 협주곡에 비하면 짧은 전주곡과 같은 존재였다. 그는 '매우 부유하면서도, 친절하고, 자비로운 성격을 지니고' 있었기 때문에, 피렌체 시민들로부터 '평민 귀족Nobiles populares'이라 불리며 존경을 받았다. 살베스트로 데 메디치는 추방되었지만 메디치 가문에 대한 하층민들의 지지는 여전했다. 메디치 가문을 괄시하는 사람들은 시뇨리아를 장악하고 있던 기존의 그란디들뿐이었다. 평민과 하층민의 지지를 골고루 받는 "현명하고 선량하며 강력한 한 시민"의 등장에 그란디들은 긴장하게 된다. 자신들이 피렌체를 통치하면 귀족정으로 불리며 경계의 대상이 될 것이다. 그런데 만약 피렌체 평민과 하층민의 강력한 지지를 받고 메디치 가문이 등극하게 되면, 그것은 참주정으로 불리며 환영을 받을 수도 있었다. 만약 메디치 가문이 참주정을 펼친다면 그란디들이 가장 큰 정치적 손해를 입게 된다는 것은 피렌체의 삼척동자도 잘 알고 있었다.

1402년 밀라노 군대를 이끌고 피렌체를 공격했던 잔 갈레아초 비스콘티 공작이 열병에 걸려 갑자기 죽고 난 후, 그의 둘째 아들인 필리포 마리아 비스콘티Filippo Maria Visconti(1392~1447년)가 롬바르디아의 새 군주가 되었다. 그도 아버지 뒤를 이어 이탈리아 북부와 중부에서 세력 확장을 꾀했다. 피렌체는 이 호전적인 젊은 공작이 잠재적인 위험 인물이라는 사실을 인지하고 있었다. 정치적 술수의 귀재였을 뿐만 아니라 잔인한 성격까지 겸비했던 필리포는 1423년부터 피렌체를 포함한 이탈리아 중북부에 대한 공격을 개시한다. 다시 한 번 밀라노와의 전쟁이 임박하자 피렌체 시뇨리아는 전쟁 준비를 총괄할 '긴급 10인회'를 구성하고, 모든 시민에게 특별 전쟁 세금을 부과하는 조치를 했다. 그런데 여기에 부정과 탐욕이 개입한다. 평민들보다 하층민들에게 더 많은 세금이 할당된 것이다. 피렌체의 하층민들은 메디치 가문을 찾아가 자신들의 억울한 처지를 하소연했다.

대부분의 피렌체 그란디들이 강경 주전파主戰派였다. 고전 인문학의 명분에 사로잡혔던 그들은 피렌체와 밀라노의 관계를 문명 대 야만의 대결로 몰고 갔으며, 밀라노와의 전쟁이 불가피하다고 야단법석을 떨었다. 그러나 하층민들의 지지를 받고 있던 조반니는 신중파였다. 무조건 군대를 출정시킬 것이 아니라 밀라노 군대가 피렌체에 도착할 때까지 지체되는 시간을 이용해서 교황청이나 베네치아와 동맹을 맺는 외교적 대응이 필요하다고 주장했다. 무턱대고 군사력을 사용할 것이 아니라 '힘의 균형'을 맞추는 외교적 작업이 선행되어야 한다고 강조했다. 그러나 조반니의 신중론에도 불구하고 피렌체는 토스카나 지역의 도시를 공략하고 있는 필리포에게 선제공격을 감행했다.

1424년 벌어진 차고나라Zagonara 전투는 충격적인 결과로 끝이 났다. 피렌체의 어이없는 패배였다. 전투 당일 날씨가 갑자기 악화되자 피렌체 군대의 지휘관이 성급하게 철수 명령을 내렸고, 이 틈을 타서 밀라노의 파상적인 공세가 이어졌다. 차고나라 전투의 피렌체 측 희생자는 3명에 불과했지만, 문명을 대표해 야만을 정벌하겠다고 공언했던 피렌체의 자존심은 큰 상처를 입었다. 특히 전쟁을 독려하면서 특별 세금 걷기에 혈안이 되었던 그란디들은 예상치 못한 패배로 궁지에 몰렸다. 격앙된 일반 평민들과 하층민들은 패배하고 돌아온 그란디의 군대를 아예 해산시켜버렸다. 그란디들은 그 과정에서 평민과 하층민 들의 쏟아지는 비난을 감수해야만 했는데, "왜 조반니의 조언을 듣지 않았느냐"는 항의를 들었을 때 가장 괴로웠을 것이다. 평민과 하층민 들이 분노한 이유는 전투에서 졌기 때문이 아니라 자신들이 낸 전쟁 세금이 아깝기 때문이었다.

시뇨리아는 다시 대책을 논의했다. 이미 전투가 시작되었으니, 전쟁은 계속되어야 한다. 그렇다면 이번에는 그란디들이 더 많은 전쟁 세금을 부담해야 한다. 평민과 하층민 들은 시뇨리아 광장으로 몰려가 그란디에

붉은 백합의 도시, 피렌체

게 더 많은 전쟁 세금을 더 부과하라는 협박을 이어갔다. 결국 그란디를 포함한 전체 피렌체 시민들에게 추가로 전쟁 세금을 징수하기 위해 20명의 특별 강제 징수원이 고용되었다. 세금 납부를 거부할 경우 폭력을 행사할 수 있는 권리까지 이 징수원들에게 부여되었다. 갑자기 더 많은 세금을 내야 하는 그란디들은 '공평한 세금'을 주장하며 민감한 반응을 보였다. 그러나 이미 한 번 당한 평민과 하층민 들은 세금 징수원들을 자기 편으로 끌어들이고, 그란디에게 더 많은 세금을 강제 징수했다. 결국 그란디들은 긴급 대책 회의를 열었다. 70명이 넘는 그란디들이 작은 성당으로 꾸역꾸역 모여들었다. 물론 조반니는 이 모임에 초청조차 받지 못했다. 그는 이미 피렌체 평민들의 대부였던 것이다.

산토 스테파노 성당에서 열린 그란디들의 비상 대책 회의에서 마소의 아들 리날도 델리 알비치Rinaldo degli Albizzi(1370~1442년)가 제일 먼저 일어나서 연설을 시작했다. 알비치 가문은 치옴피 반란과 살베스트로 데 메디치 시대에도 피렌체의 숨은 실력자였다. 리날도는 피렌체가 평민과 하층민의 도시로 전락한 것을 통탄하며 그란디의 각성과 궐기를 촉구했다. 자기 아버지 마소가 1381년에 어떻게 피렌체를 구했는지를 기억하라고 목소리를 높였다. 1378년부터 1381년까지 위태롭게 유지되었던 치옴피 정부가 어떻게 피렌체의 정신을 타락시켰는지도 상기시켰다. 그는 참석자 전원의 이름을 하나하나 열거하면서, 그들의 조상이 어떻게 죽임을 당했는지, 혹은 어떻게 추방을 당했는지를 언급해 참석자들에게 큰 감동을 주었다. 그는 이 모든 도시의 해악이 지금 시뇨리아 정청을 차지하고 있는 평민들 때문이라고 화살을 돌렸다. 그는 그란디가 다시 일어나 빼앗긴 시뇨리아를 평민들로부터 되찾고, 아르티 미노리 14개를 7개로 축소해 하층민들(미누티)의 세력을 약화시키자고 제안했다. 그는 인상적인 말로 연설을 마무리했다.

우리의 선조들은 귀족의 오만을 억누르기 위해 하층민을 이용했지만, 이제 귀족은 겸손해지고 하층민은 오만해졌으므로, 우리(그란디)는 귀족의 도움을 받아 하층민의 오만을 제압하는 것이 합당합니다.[11]

그의 말은 신중하게 해석되어야 한다. 앞에서 우리는 조반니가 '매우 부유하면서도, 친절하고 자비로운 성격을 지니고' 있었기 때문에 피렌체 시민들로부터 '평민 귀족'으로 불렸다는 것을 보았다. 그런데 위 연설문을 자세히 읽어보면 평민들이 옛 귀족들을 제거하기 위해 하층민(미누티와 치옴피)들을 이용했다면, 이제 그란디들이 "귀족의 도움"을 받아 하층민의 오만을 억누를 때가 왔다고 주장하고 있다. 지금 위기에 몰린 피렌체의 그란디를 대표하는 리날도는 메디치 가문을 귀족으로 인정하고, 그의 도움이 필요하다고 말하고 있는 것일까? 실제로 리날도는 그란디가 부당한 탄압을 받고 있고, 지금 그 억울함을 풀어줄 수 있는 사람은 '평민 귀족'으로 칭송받고 있는 조반니뿐이며, 그의 도움을 받을 때만 그란디가 평민 세력을 제압할 것이라고 예상했다. 그는 산토 스테파노 성당에 있던 다른 그란디들에게 조반니의 동의와 지지를 구하는 것이 급선무라고 말했다. 그러자 그란디들은 일제히 리날도에게 직접 가서 조반니를 설득해달라고 부탁했다.

알비치 대 메디치, 그리고 조세 개혁

15세기부터 피렌체의 실세로 떠오르며 시민들로부터 '평민 귀족'이라는 명예로운 칭호를 받은 메디치 가문은 신중함과 관대함을 최고의 가치로 여기던 사람들이었다. 1400년부터 향후 20년간 공직에 오르지 못하는 정치적 족쇄에 묶여 있었지만 모든 면에서 극도로 신중한 자세를 취했다. 조반니는 자신을 설득하러 온 리날도의 말을 듣고, 평민 정부를 전복시키겠다는 그란디들의 반란 계획에 분명한 반대 의사를 표시했다. 마키아벨리는 조반니가 리날도에게 해준 조언을 이렇게 전하고 있다.

> 만일 당신이 과거에 이 도시에서 일어났던 일들과 책략이 이 도시를 어디로 이끌고 갔었는지 기억한다면, 당신들의 이 결정을 지금처럼 열렬히 추진하려 들지는 않았을 것이오. 왜냐하면 이 결정을 권고한 사람이 누구든, 그는 당신의 힘을 빌려 하층민들로부터 권한을 빼앗자마자, 그 침해로 당신의 적이 될 하층민들에게 도움을 받아 당신의 권한을 빼앗을 것이기 때문이오. 그리 되면 당신은, 자신을 사랑하지 않던 자들의 설득으로 조르조 스칼리와 톰마소 스트로치의 파멸에 동의했으나 그 직후 자신을 설득했던 바로 그자들에 의해 추방당한 베네데토 델리 알베르티의 운명과 똑같은 운명을 맞이하게 될 것이오.[12]

베네데토 델리 알베르티의 운명을 기억하라는 말이다. 그는 살베스트로와 함께 치옴피 반란에 동정적인 입장을 취했다가, 결국 1387년에 피렌체에서 추방당한 인물이다. 권력을 향한 무한 질주가 계속되고 있는 피렌체에서, 섣불리 반란을 선동했다가 오히려 그 반란의 희생자가 된 사람들이 속출했음을 환기시킨 것이다. 조반니의 이런 현명한 조언 덕분인지 피렌체의 두 파벌은 최소한 겉으로는 평화로운 공존을 지향하는 것처럼 보였다. 메디치 가문이 그어놓은 경계선을 사이에 두고 서로를 적대시하며 으르렁댈 뿐, 특별한 폭력 사태는 일어나지 않았다. 메디치 가문이 추구하던 '힘의 균형' 정책이 피렌체에서 효과가 나타난 것이기도 하지만, 사실 밀라노의 비스콘티 가문이 일으킨 롬바르디아 전쟁의 위협이 더 큰 변수로 작용했다.

외부의 강력한 적 앞에서 내부의 경쟁자들은 서로 타협할 수밖에 없다. 피렌체는 자국 군대가 없었기 때문에 전쟁을 하기 위해서는 비싼 용병을 고용해야만 했다. 외국에서 고용된 용병들은 전쟁으로 돈벌이를 하는 직업 군인들이기에, 누구든 돈을 많이 주는 쪽을 위해서 싸우는 것이 당연했다. 오늘 피렌체를 위해 싸우다가, 내일 밀라노에서 돈을 더 많이 주면 조금도 망설임 없이 피렌체를 공격할 수도 있었다. 유능한 용병 대장일수록 이쪽에 붙었다, 저쪽에 붙었다 하는 일을 밥 먹듯이 했다. 앞으로 우리는 비스콘티의 용병 대장이었으며, 밀라노 영주의 사위이기도 했던 프란체스코 스포르차Francesco Sforza(1401~1466년)가 어느 날에는 피렌체를 공격하다가, 다음 날에는 피렌체의 용병 대장으로 고용되어 피렌체를 위해 싸우는 장면을 목격하게 될 것이다.

따라서 문제는 돈이었다. 동맹도 돈, 용병도 돈, 전쟁도 돈이 문제였다. 밀라노의 비스콘티 공작과 전쟁을 계속하자면 피렌체에는 용병을 고용할 수 있는 자금이 절대적으로 필요했다. 1420년대의 피렌체는 밀라노의 위협에 대응하고 전쟁을 치르는 데 필요한 돈 때문에 그란디와 평민들이 일시적으로 단합하는 모습을 보여준다. 피렌체 시뇨리아는 전쟁 비용을 충당하기 위해 특별 세금을 다시 부과하기로 했다. 여기까지는 양 파벌이 서로 합의를 보았다. 그러나 그 절차나 방식에 대해 그란디들과 평민들은 완전히 다른 생각을 가졌으니, 이 1427년의 전쟁 세금 징수 문제는 앞으로 펼쳐질 15세기 후반부터 16세기에 이르는 피렌체 역사의 중요한 시금석이 될 것이다.

1427년까지 피렌체의 조세 제도는 옛 귀족과 그란디에게 유리하게 적용되었다. 모든 피렌체 시민에게 인두세 형식으로 세금을 부과한 것이다. 이는 재산이 많은 사람에게 지극히 유리한 제도였다. 모든 시민에게 재산이나 소득을 불문하고 같은 금액의 세금이 징수된다면, 재산과 소득이 적은 일반 평민이나 하층민은 너무나 억울할 것이다. 심지어 부자들은 조세 제도를 통해 더 많은 부를 축적하기도 했다. 인두세를 거두어도 필요한 재정이 채워지지 않으면, 피렌체 정부는 부자들에게서 국가 차용금 형식으로 돈을 빌렸다. 예를 들어 전쟁이 발발하면 전 귀족과 그란디들이 거액에 전쟁 자금을 피렌체 정부에 빌려주고, 평화기에 그 돈을 돌려받는 방식이다. 당연히 부자들은 차용금 상환 시 높은 이자율을 요구했다. 결국 원금에 이자까지 갚기 위해 평민들과 하층민들이 인상된 인두세를 납부해야 하는 악순환이 계속된 것이다. 피렌체의 하층민들과 치옴피들은 이 모든 것이 옛 귀족과 그란디의 농간이라고 생각하고 있었다.

그런데 1427년에 이 세법이 수정되었다. 밀라노와의 전쟁이라는 국가적 위기에 직면하자 피렌체 시뇨리아는 처음으로 인두세를 폐지하고 재산세를 도입했다. 가진 재산에 비례해서 세금을 낸다는 것은 부자들에게 지극히 불리한 조세 정책이다. 전쟁 비상시국이었기 때문에 거의 50퍼센트에 달하는 재산세가 모든 피렌체 시민들에게 일괄적으로 부과되었다. 1,000플로린의 재산을 가졌다면 그 사람은 재산의 절반인 500플로린을 세금으로 바쳐야 했다. 그러나 10플로린을 가진 가난한 시민은 5플로린만 부담했다. 당연히 이런 조치에 부자들은 격앙하고, 가난한 사람들은 환호했다.

이런 파격적인 조세안이 상정되자 그란디들은 격렬하게 반응했다. 예상대로 강력한 조세 저항이 일어났고, 그란디들은 재산의 반을 뺏기지 않기 위해 수단과 방법을 가리지 않고 로비에 들어갔다. 사돈에 팔촌, 사업체 직원들까지 모두 동원해서 입안된 조세 제도를 부결시키려고 했다. 그러나 이른바 '평민 귀족'으로 칭송받던 조반니가 그 입안을 강력하게 지지했고 결국 새 조세 제도가 시뇨리아에서 통과된다. 이 재산세를 부과할 때 각 개인의 재산 명부인 "아카타스타레Accatastare"를 기준으로 삼았다. 특히 그중에서도 개인 소유 부동산 등본이라고 할 수 있는 "카타스토Catasto"에 근거해서 세금이 책정되었기 때문에, 간단하게 '카타스토 세금'이라고 불렸다.**13** 카타스토 세금 제도는 모든 피렌체 시민의 재산이 공공연하게 노출되는 효과도 나타났다. 이웃집 부인이 비싼 밍크코트를 걸치고 다녀도 실제 재산은 많지 않다는 소문이 돌기도 했고, 검소하게 사는 옆집이 사실은 알부자란 소문도 퍼졌다. 그동안 베일에 가려져 있던 거대한 국제 은행을 소유하고 있거나 큰 사업체를 경영하던 그란디들의 재산도 속속 공개되었다. 옛 귀족들과 그란디들은 이를 갈면서 조반니를 노려보았다. 그러나 그 곁에 서 있던 평민들과 하층민들이 조반니에게 열광적인 환호를 보내는 것을 보고 조용히 입을 다물었다.

메디치 가문의 부상

그란디들의 침묵 속에 시뇨리아 광장에 모여 있던 평민과 하층민 들은 카타스토 세금이 진작 적용되었어야 할 제도라고 주장하면서 이를 열렬히 환영했다. 그들은 한 걸음 더 나아가 카타스토 세금의 소급 적용을 원했다. 이전에 재산이 얼마였는데 그 당시 적정 세금을 내지 않았다면 지금 추가로 세금을 내야 한다는 것이다. 평민들과 하층민들은 그란디들을 무조건 의심했다. 토지와 주택 같은 부동산에만 재산세를 매기는 것은 잘못되었다고 시뇨리아를 압박했다. 이미 많은 그란디가 재빨리 재산을 처분해서 현금을 집안에 숨겨놓았을 것이라고 주장했다. 그러나 그동안 침묵을 지키던 그란디들도 더는 참지 않았다. 그들은 이미 평민에게 모든 권력을 빼앗겼기 때문에, 오히려 세금을 경감받아야 한다고 주장했다. 양측의 주장이 팽팽히 맞서자, 다시 조반니가 나섰다. 과거 시점으로까지 재산세를 소급하는 것은 미래를 지향해야 하는 나라의 방향을 생각하면 바람직하지 않다고 설득했다. 과거의 세금 제도는 분명히 잘못되었고, 평민들에게 불리하게 시행되었지만, 이제라도 바로 잡았으니 신께 감사를 드리자며 평민과 하층민 들을 설득했다. 조반니의 차분한 설득을 듣고 양측은 분쟁을 멈추기로 합의했다. 조반니는 다시 한 번 피렌체 시민들로부터 찬사를 받았다.

조반니는 사업에서도 놀라운 수완을 발휘했다. 로마와 아비뇽으로 갈라졌던 교황청의 분열이 끝났을 때(1417년), 그는 교황청 통합을 위해 노력한 마르티누스 5세Martinus V(1417~1431년 재위)를 적극적으로 후원해, 메디치 은행을 교황청의 주거래 은행으로 승격시켰다. 권력 투쟁에서 밀려나 교황 자리에서 쫓겨난 대립 교황 요하네스 23세Joannes XXIII (1410~1415년 재위)를 구출하기 위해 3만 8,000두카트에 달하는 보석금을 지불한 사건도 그의 됨됨이를 알려주는 사례로 널리 알려졌다.[14] 한 번 맺은 신의를 끝까지 버리지 않은 은행가 조반니에 대한 평판은 이탈리아와 유럽 전역으로 퍼져나가 메디치 은행이 각국에 지점을 여는 데 큰 역할을 했다.

살베스트로의 몰락 이후 메디치 가문 사람은 20년간 공직에 오를 수 없다는 족쇄는 곧 해제되었다. 조반니는 3번이나 시뇨리에 임명되었고

성 세례자 요한 세례당에 안치된 요하네스 23세의 영묘. 조반니는
폐위당한 요하네스 23세를 피렌체에 모시고 아름다운 영묘까지
제작해, 한번 맺은 인연을 소중하게 여기는 메디치 가문의 전통을
수립했다.

붉은 백합의 도시, 피렌체

(1402년, 1408년, 1411년), 1421년에는 곤팔로니에레로 선출되어 피렌체를 이끌었다. 그러나 다른 그란디들처럼 화려한 옷이나 성대한 연회를 베풀어 피렌체 시민들의 정서를 자극하지 않았다. 그는 본인뿐만 아니라 두 아들에게도 항상 평민의 검소한 옷을 입도록 했고, 시민들 앞에서 언제나 고개를 숙이라고 가르쳤다. 1429년, 조반니는 지병으로 사망했다. 임종을 앞둔 그는 메디치 은행과 피렌체의 지도자로 살아갈 두 아들, 코시모와 로렌초에게 마지막 유언을 남겼다.

신과 자연이 내게 주신 시간을 이제는 다 쓴 것 같구나. 나는 흡족하게 죽을 수 있다. 왜냐하면 너희가 부유하고 건강하며 사회적 지위도 있으니, 나와 같은 길을 걸어간다면 피렌체에서 모두의 존경을 받으며 명예롭게 살 수 있을 테니 말이다. 무엇보다 나는 고의로 남한테 해를 가한 적이 없고, 가능한 한 모든 이들에게 친절을 베풀려고 했으므로 지금 이 순간 행복하게 떠날 수 있구나. 너희도 항상 그러기를 빈다. 애들아, 나랏일을 하며 안전하게 살려면, 법과 동료 시민들이 너희에게 주는 것만큼만 받아야 한다. 사람이 미움을 받는 이유는, 다른 사람들이 기꺼이 그에게 준 것 때문이 아니라 그가 스스로 부당하게 가져가는 것 때문이란다. 주는 것만큼만 받아들이면 시기를 받지도 또 위험에 빠지지도 않을 게다. 그리하면 남의 것을 탐하다 자기 자신의 몫마저 잃고, 심지어 끝없는 걱정과 불안까지 안고 사는 자들보다는 분명 더 잘살 수 있을 게다. 수많은 적과 수많은 분열 속에서 나는 이런 태도를 견지해, 이 도시에서 명성을 유지하고 확대해왔다. 그런 내 발자취를 따라간다면, 너희 역시 그럴수 있을 게다. 그러나 만일 너희가 달리 행동한다면, 너희의 끝은 자신을 파괴하고 가문을 파멸시킨 자들의 끝보다 더 행복하지는 못할 게다. 명심하거라.[15]

마키아벨리가 조반니의 마지막 유언을 전하는 이유는 《피렌체사》의 첫 번째 독자가 메디치 가문이라는 사실을 염두에 두었기 때문이다. 그는 '죽 먹는 사람'이라는 경멸적인 평가를 받던 메디치 가문을 '평민 귀족'으로 탈바꿈시킨 조반니의 업적을 멋지게 정리해놓았다. 그러나 그것은 결코 과장이 아니었다. 조반니가 평생 지켜왔던 삶의 신조와 크게 다르지 않았다. 겸손하고 신중하게 행동하면서도 힘의 역학 관계를 간파해내는 뛰어난 정치 감각을 가졌으며, 확장일로에 있던 사업도 잘 운영했다. 그의 능력은 이전 메디치 가문 사람들과 차원이 달랐다. 그는 1429년에 임종해 가족 성당인 산 로렌초 대성당에 묻혔다. 필리포 브루넬레스키에게 건축을 맡기고 또 도나텔로에게 천장의 부조 장식을 맡겨 완성한 옛 성구실Sagrestia Vecchia이 그의 마지막 안식처였다.[16] 조반니에 대한 마키아벨리의 최종 평가는 재산보다 정신적인 면모를 강조하고 있다.

조반니는 본디 천성이 자애롭고 인정이 많은 사람으로, 도움을 요청하는 모든 이들에게 도움을 제공해주는 것은 물론이고, 도와달라는 요청이 없어도 가난한 이들한테 필요한 물품들을 자주 전달해주었다. 사는 내내 누구한테나 자비를 베풀었고, 선량한 이들을 사랑했으며, 사악한 자들을 측은히 여겼다. 그는 결코 명예를 구하지 않았으나 이를 다 가졌다. 그는 부름을 받지 않으면 결코 시뇨리아 정청에 가지 않았다. 평화를 사랑하고 전쟁을 자제했으며, 곤경에 처한 이들을 구원하는 데 그치지 않고 그들이 잘살 수 있도록 지원해주었다. 그는 결코 공금을 사적으로 유용하지 않았으며, 항상 공공의 복리를 증진하는 데 힘썼다. 달변가는 아니었지만 매우 지혜로웠다. 그는 겉보기에는 침울해 보였지만 대화가 시작되면 상냥하고 재치가 넘쳤다. 그는 엄청난 부를 남기고 죽었지만, 그의 덕망과 명

산 로렌초 대성당의 옛 성구실 중앙에 안치된 조반니 디 비치 데 메디치의 영묘.

성이 그의 재산보다 훨씬 더 컸다. 조반니의 막대한 재산과 훌륭한 정신적 자질은 아들 코시모에 의해 계승되었을 뿐만 아니라 더욱 확대되었다.[17]

피렌체-루카 전쟁과 코시모 데 메디치의 등장

1429년 조반니가 임종했을 때 피렌체는 한 거인의 죽음을 애도하는 것보다 인근 도시 루카와의 전쟁을 준비하느라 더 바빴다. 100여 년 전 인 1316년, 루카의 영주 카스트루초의 침공을 경험했던 피렌체 시민들은 1431년 다시 한 번 이 황제파 도시와 전쟁을 펼쳐야 했다. 피렌체-루카 전쟁은 큰 그림으로 볼 때 1423년에서 1454년까지 이어진 밀라노와 베 네치아 간의 세력 다툼(일명 롬바르디아 전쟁)에 포함된 국지전이었고 저 강도 분쟁이었지만, 이탈리아 중북부의 거의 모든 도시국가에 영향을 미 쳤다. 지금도 이탈리아의 이 5개 지역(밀라노, 베네치아, 피렌체, 교황청, 나 폴리)은 특유의 정치·문화적 특징으로 확실히 구분되는데, 이러한 모습 역시 이 전쟁의 결과다. 그러니까 크게 보면 피렌체가 토스카나 지방 전 체의 주도권을 쥐게 되는 전쟁인 셈인데, 루카도 이 전쟁을 통해 피렌체 의 통치권 안에 종속된다.

피렌체는 밀라노와 베네치아가 각축전을 벌이는 가운데, 수시로 자신 들에게 유리한 동맹으로 교체해가면서 생존을 도모했다. 롬바르디아 전 쟁 초기에는 밀라노의 비스콘티 공작을 견제하기 위해서 베네치아와 동 맹을 맺었지만(1425년), 점차 베네치아의 세력이 강해지자 이번에는 밀 라노의 스포르차 공작과 동맹을 맺고 베네치아와 전쟁을 벌였다. 자국 군대를 보유하지 못한 피렌체로서는 필요불가결한 선택이었지만, 이런 군사·외교적 정책을 선택하고 실행하는 과정에서 피렌체 내부의 파벌이 서로 충돌했다. 이쪽에 붙자는 사람들과 저쪽에 붙자는 사람들의 의견이 갈린 것이다. 밀라노의 비스콘티 공작이 루카를 지원하기 위해 용병 대장 프란체스코 스포르차를 파견했으나, 피렌체가 제공한 5만 두카트의 거액을 받은 프란체스코는 루카가 아닌 피렌체로 넘어가버린다. 더 많은 돈을 주는 쪽으로 진영을 바꾸는 용병 대장의 전형적인 태도가 재현된 것이다.

조반니는 장남 코시모에게 "대중의 시선에서 멀어져라"라는 유명한 유언을 남겼다. 마흔의 나이에 메디치 가문의 후계자로 지명된 코시모는 아버지의 신중함을 존중하면서도, 좀 더 적극적인 공적 활동의 필요성을 느끼고 있었다. 그는 아버지보다 정치에 관심이 더 많았고, 관용을 베푸는 규모 면에서 아버지보다 통이 더 컸다. 아버지는 예술가를 지원하는 정도의 관심을 가졌지만, 코시모는 아예 예술 후원을 메디치 가문이 존재하는 이유로 규정했다. 대대적인 공공 건축 사업을 펼치고 예술가들을 파격적으로 지원하던 그의 메세나(예술가 후원) 활동은 피렌체 시민들의 경탄을 불러일으켰다. 도시 여러 곳에서 확인되는 메디치 가문의 예술 후원은 피렌체 시민들의 심리를 경계심에서 경외감으로 전환하는 데 결정적인 역할을 했다. 엄청난 권력과 부를 가진 사람이 예술과 공공 건축물을 위해 아낌없이 돈을 투자하면, 대중들은 일종의 부채 의식과 기대감을 갖게 된다. '우리 모두를 위해 아낌없이 베푼 사람'이라는 대중의 인식은 메디치 가문이 사소한 잘못을 저지른 것에 대해서는 눈감아주어야 한다는 부채 의식을 조장했다. 또한 예술가들에게 보여준 파격적인 대우는 대중의 기대 심리를 조장하기도 했다. 나도 기회가 오면 엄청난 혜택을 누릴 수 있다는 생각에, 메디치 가문과 일면식이 없는 사람도 그 앞에서 연신 고개를 숙였다. 코시모는 이런 대중의 심리를 정확하게 파악하고 있었기 때문에 예술가를 후원하고 피렌체의 공공 건축물을 건축할 때 상상을 초월하는 지원을 했다. 그 지원의 관대함은 피렌체의 어떤 그란디도 따를 수 없었다. 다음은 메디치 가문의 상속자 코시모에 대해 마키아벨리가 남긴 첫 번째 인물평이다.

코시모는 듬직하고 품위 있는 인상에 매우 신중하며, 아주 관대하고 자비로운 인물이었다. 그는 결코 정부나 그 지지자들을 공격하려 들지 않았으며, 모든 이들에게 선을 행했고, 자신의 관대함으로 동료 시민들 사이에서 가능한 한 많은 지지를 얻으려고 노력했다. 그런 그의 행위는 다른 통치자들의 인기를 떨어뜨렸다. 따라서 코시모는 계속 이렇게 하다 보면 어떤 다른 시민보다 강력하고 안전하게 피렌체에서 살 수 있을 것이고, 혹시 적들이 자신을 시기해 무언가 극단적인 행동을 취한다고 하더라도 무력이나 대중의 지지 등 모든 면에서 자신이 적들보다 우월해질 것이라고 믿었다.[18]

여기서 우리는 아버지 조반니와는 사뭇 다른 후계자 아들을 만나게 된다. 늘 말이나 행동에 신중을 기하던 아버지와는 달리, 자신감을 가지고 적극적으로 피렌체 시민들에게 다가가려는 코시모의 의중을 확인할 수 있다. 피렌체 시민들은 루카와의 전쟁으로 인한 긴장감과 전쟁 방식에 대한 의견 충돌 중에도 메디치 가문의 새 지도자에 대해서 큰 관심을 가졌다. 평민과 하층민은 여전히 메디치 가문의 강력한 지지 세력이었다. 그란디들은 메디치 가문의 후계자가 시원치 않은 인물이기를 바랐다. 그러나 오히려 더 뛰어나고 적극적이기까지 한 인물임이 판명되자 그들의 앞길을 염려하며 절망했다고 전해진다.

코시모에게는 2명의 특출한 참모가 있었다. 로마 제국을 창건했던 아우구스투스가 신중한 가이우스 마에케나스Gaius Maecenas와 대담한 마르쿠스 아그리파Marcus Vipsanius Agrippa를 좌청룡 우백호로 거느린 것처럼, 코시모에게는 신중한 푸초 푸치Puccio Pucci와 대담한 아베라르도 데 메디치Averardo de' Medici가 있었다. 특별히 코시모는 신중한 푸초를 신뢰해서 사업과 정치 전반에 그를 앞세웠다. 적극적인 성격에 탁월한 판단력, 여기에 훌륭한 참모까지 두었으니 메디치 가문의 태평성대를 의심하는 사람은 없었다. 마키아벨리는 "오직 그란디들만이 슬퍼했다"고 전한다.

당시 피렌체 그란디를 배후에서 이끌던 인물은 리날도였다. 살베스트로와 경쟁했던 마소의 아들이다. 2대에 걸쳐서 알비치 가문과 메디치 가문이 경쟁하고 있었던 셈이다. 알비치 가문을 중심으로 똘똘 뭉쳐 있던 그란디들은 코시모의 등장에 긴장하며 대책 마련을 서둘렀다. 그들은 당시 곤팔로니에레였으며 문학가로도 유명했던 니콜로 다 우차노Niccolò da Uzzano(1359~1431년)를 찾아갔다. 장닭이 될 것 같은 코시모를 병아리일 때 미리 제거하는 방법을 의논하기 위해서였다. 그란디들은 니콜로에게 아우성치며 리날도와 힘을 합쳐 메디치 가문을 무너뜨려달라고 하소연했다. 그러나 니콜로는 이렇게 답했다.

내가 보기에, 코시모를 피렌체 밖으로 쫓아내려는 이들은 먼저 자신들의 힘과 코시모의 힘을 비교해야만 하오. 사람들은 우리 당을 '귀족의 당Parte de' Nobili'으로, 상대 당을 '평민의 당Parte della Plebe'으로 명명해왔소. 만일 이 이름들이 제대로 지어졌다고 가정하면, 우리의 승리는 매우 의심스러울 수밖에 없소. 평민들에 의해 사라진 옛 귀족의 운명이 경고하듯, 우리는 코시모 당의 파멸을 희망하기보다는 도리어 우리 당의 파멸을 더 두려워해야 할 것이오. 그러나 내가 조금 전에 말한 이유보다 훨씬 더 두려워해야 할 이유가 있소. 그것은 바로 우리는 분열되어 있는데, 우리의 적들은 일치단결해 있다는 점이오. (…) 그러므로 누가 우리의 적당에 속하고, 또 누가 우리 당에 속하는지 잘 숙고해보면, 나는 우리의 적당이 아니라 왜 우리 당이 귀족의 당이라고 불리는지 그 이유를 모르겠소. 모든 하층민이 그들을 추종하기 때문에 그렇다면, 그건 그저 우리가 더 나쁜 처지에 놓여 있고 그들은 더 나은, 아니, 훨씬 더 나은 위치에 서 있다는 걸 말해줄 뿐이오. 왜냐하면 만일 이런 상황에서 무력 충돌이 생기거나 투표가 이루어지면, 우리는 그들에게 저항

할 수 없기 때문이오.**19**

니콜로의 설득은 마키아벨리의 《피렌체사》에서 길게 이어진다. 마키아벨리가 니콜로의 장황한 연설을 통해 코시모에 대한 간접적이지만 상세한 기록을 남겨둔 이유가 있다. 메디치 가문의 초기 모습을 상세히 기록해둠으로써, 가문의 후손들이 위기를 맞을 때마다 그 출발점을 기억하고 초심으로 돌아갈 수 있도록 하려는 의도였다. 마키아벨리의 천재적인 능력이 보이는 부분이다. 만약 이 내용이 마키아벨리의 입을 통해 전해졌다면 그것은 메

도나텔로가 1432년경에 제작한 〈니콜로 다 우차노 흉상〉. 바르젤로 국립 박물관 소장.

붉은 백합의 도시, 피렌체

디치 가문에 대한 아부처럼 들렸을 것이다. 마키아벨리는 메디치 가문의 경쟁자들이 나누는 이야기를 통해 메디치 가문의 초기 모습을 객관적으로 묘사하려고 노력했다. 정적들이 평가했던 코시모는 단지 평민과 하층민의 지지를 받고 있는 참주가 아니라, 본인 스스로 뛰어난 덕목을 가진 현자였다. 니콜로의 입을 빌린 마키아벨리의 찬사는 계속 이어진다.

우리가 코시모를 의심하는 것은 다음과 같은 그의 행동들 때문일 것이오. 그는 모든 이들에게, 개인은 물론이고 도시에도, 그리고 피렌체인들은 말할 것도 없고 외국의 용병들한테까지 차별 없이 돈을 빌려주고 있소. 게다가 그는 정부의 도움이 필요한 시민들을 돕고, 그렇게 해서 얻은 사람들의 신용으로 친구들을 더 높은 지위로 끌어올려 주고 있소. 따라서 우리는 코시모가 친절하고 관대하며, 친구들에게 도움이 되고 모든 이의 사랑을 받고 있으므로, 그를 쫓아내야 한다고 주장하는 것이오. 그러니 내게 말해주시오. 도대체 어떤 법이 인간의 자비와 관용과 사랑을 금지하거나 비난한다는 말이오? 맞소. 당신들 말대로, 그것들은 군주가 되려는 자들이 통상 채택하는 방식들이기는 하오. 하지만 사람들은 그것들이 그렇다고 믿지 않으며, 또 우리는 사람들이 그것들을 그렇게 믿도록 만들 힘도 갖고 있지 못하오. 왜냐하면 우리의 못난 행동들로 인해 사람들은 우리에 대한 신뢰를 거두었으며, 당파 속에 살다 타락한 도시는 그런 비난에 전혀 귀를 기울이지 않기 때문이오. 그렇지만 전술한 사정들에도 불구하고, 우리가 그를 내쫓는 데 성공했다고 가정해봅시다. 이는 우리에게 우호적인 시뇨리아가 구성되면 쉽게 일어날 수도 있소. 그러나 여기 남아 우리를 계속 비난하고 그가 돌아오기만을 열렬히 갈망하는 수많은 그의 친구들 사이에서, 우리가 어떻게 그의 귀환을 영원히 막을 수 있겠소? 이는 불가능할 것이오. 왜냐하면 그의 친구들은 정말 많고 그 당은 대중의 절대적인 지지를 받고 있으므로, 우리는 결코 그 전부를 상대로 우리의 안전을 지킬 수 없기 때문이오.[20]

코시모의 탁월함은 "관후함Magnanimity"에서 출발했다. 모름지기 권력과 부를 가진 사람은 관후함을 잃지 말아야 한다. 부자의 인색함보다 졸렬한 것이 없다. 권력을 가진 자의 옹졸함보다 더 볼썽사나운 것은 없다. 마키아벨리는 자신의 책《군주론》16장에서 이 "관후함"의 덕목에 대해 침이 마르도록 강조했다. 그는 여기서 권력과 부를 가진 사람은 "보편적 선의"를 가져야 한다고 강조하면서 코시모가 그런 사람이었다고 증언한다. 관후한 사람의 특징은 주위에 선의를 가진 사람들이 많이 포진해 있다는 것이다. 즉 그 사람을 도와주려는 친구들이 줄을 서게 마련이다. 따라서 니콜로는 정치적 공세를 펴 코시모를 피렌체에서 추방하더라도 그의 친구들이 그를 돌아오게 할 것이라고 경고했다. 그렇다면 그의 친구들을 먼저 제거해서 세력을 축소시키거나 아니면 아예 코시모를 죽여버리는 것은 어떨까? 그러나 이것 역시 불가능하거나, 오히려 화를 키우는 계기가 될 것이라고 경고했다. 마키아벨리는 니콜로의 입을 빌려 이렇게 말한다.

우리가 우리의 안전을 위해 코시모와 그의 가까운 친구들을 가능한 한 많이 추방한다고 해도, 그건 우리에게 그만큼 더 많은 적을 안겨줄 뿐이고, 결국 그는 얼마 후 반드시 되돌아올 것이오. 그러면 우리가 다시 마주하는 건, 우리가 쫓아낸 선량한 시민이 아니라 사악하게 변해버린 괴물이 될 것이오. 왜냐하면 코시모의 본성은 그를 불러들인 자들에 의해 타락할 것이고, 그들에게 빚을 진 그는 그들의 뜻을 거부할 수 없을 것이기 때문이오. 만일 그를 죽일 계획이라면, 시뇨리를 통해서는 결코 목적을 이루지 못할 것이오. 그의 부富와 타락하기 쉬운 사람들의 영혼이 항상 그를 구할 것이기 때문이오. 만약 그가 추방당한 후 돌아오지 못하거나 죽었다고 가정해봅시다. 그렇다 한들, 그로 인해 우리 공화국이 얻는 이득이 무엇인지 나는 알지 못하겠소. 왜냐하면 설령 코시모한테서 벗어난다 해도, 공화국은 곧 리날도의 노예가 될 테니 말이오.[21]

니콜로는 코시모를 죽인다고 해서 문제가 해결되지 않는다고 그란디들을 설득했다. 우선 아무도 코시모의 목에 칼을 들이대지 않을 것이다. 왜냐하면 이미 수많은 사람이 코시모의 신세를 졌기 때문에 그를 배신할 사람이 없기 때문이다. 관후한 그를 살해하는 일에 동참했을 때 예상되는 손해가, 그를 죽이지 않았을 때 얻게 되는 이익보다 훨씬 크기 때문이다. 그를 피렌체에서 쫓아낸다고 해도 만약 친구들의 도움으로 그가 다시 돌아온다면 그 결과는 어떻게 될까? 틀림없이 그는 "사악하게 변해버린 괴물"이 되어 피렌체를 집어삼킬 것이다. 설령 코시모를 지금 당장 죽인다고 해도, 피렌체는 영원히 자유롭지 못한 도시로 전락할 가능성이 크다. 왜냐하면 메디치 가문의 앙숙이었던 알비치 가문의 독재가 불 보듯 뻔한 일이기 때문이다. 마키아벨리의 긴 인용은 아래 내용으로 끝이 난다. 마키아벨리가 《피렌체사》를 집필할 당시, 피렌체 시민들이 직면하고 있던 정치적 현실과 무관하지 않은 내용이다.

나는 어떤 사람이냐 하면, 어떤 시민의 권력과 권위도 다른 시민의 것을 능가하지 않기를 바라는 사람이오. 하지만 이 둘 중 하나가 권력을 장악해야 하는 경우가 생긴다 해도, 내가 왜 코시모보다 리날도를 선호해야 하는지 그 이유를 잘 모르겠소. 아무튼 내가 말하고 싶은 것은, 어떤 시민도 이 도시의 군주가 되지 못하도록 신께서 피렌체를 지켜주시기를, 비록 우리의 죄는 군주의 지배를 받아 마땅하다 할지라도, 이 도시가 군주에게 복종해야 하는 운명만큼은 신께서 막아주시기를 간절히 기도드린다는 것뿐이오.[22]

늑대를 피한다고 문제가 해결되는 것이 아니다. 늑대가 사라진 곳에 호랑이가 나타난다면? 코시모라는 늑대를 제거했을 때 만약 리날도가 호랑이로 나타난다면, 차라리 지금 코시모의 지배를 받는 것이 낫지 않느냐는 설득이었다. 지금 마키아벨리는 《피렌체사》를 쓰고 있을 당시의 정치적 현실을 간접적으로 드러내고 있다. 메디치 가문은 이미 교황을 2명이나 배출했으며, 메디치의 후손들이 피렌체를 군주처럼 통치하고 있었다. 그러니 메디치 가문의 주도권을 인정하되 그들에게 노예처럼 복종해야 하는 굴욕적인 일이 발생하지 말아야 한다. 이것이 마키아벨리의 탄원이었다. 군주의 현실적 "지배"를 인정하지만, 그 군주에게 복종할 수는 없다는 "비非 지배"의 소망이 만나는 지점이다.[23] 공화주의자 마키아벨리는 지금 메디치의 15세기 역사를 서술하면서, 자기가 살아가고 있는 16세기의 문제를 풀어보려고 노력 중이다.

코시모와 리날도의 충돌을 막기 위해 중재의 노력을 아끼지 않던 니콜로는 1431년에 임종하고 말았다. 피렌체-루카 전쟁이 막 시작되던 시점이었다. 나라의 어른이 임종함으로써 피렌체는 내우외환에 빠져든다. 밖에서는 루카와의 전쟁이, 안에서는 메디치와 알비치의 내분이 꿈틀대고 있었다. 물러설 수 없는 강强 대 강强 대결이 피렌체 안팎에서 벌어지게 된 것이다.

코시모 데 메디치의 추방

니콜로라는 완충 지대가 사라지자 알비치와 메디치 가문의 투쟁은 본격화되었다. 리날도와 그의 추종 세력은 코시모와 메디치 가문을 몰락시키기 위해 수단과 방법을 가리지 않았다. 리날도는 먼저 곤팔로니에레를 자기 진영으로 끌어들이기 위해 공직자 매수에 나섰다. 차기 곤팔로니에레로 선출될 가능성이 높았던 베르나르도 구아다니Bernardo Guadagni의 세금을 대납해주는 편법을 썼다. 이렇게 선출된 신임 곤팔로니에레는 코시모가 하층민의 지지를 등에 업고 왕처럼 행동한다고 공개적으로 비판했다. 피렌체-루카 전쟁의 혼란을 틈타 반란을 획책하고 있다고도 주장했다. 결국 시뇨리아는 코시모를 소환하기에 이른다. 푸치를 포함한 메디치 가문의 참모들은 알비치 가문이 장악하고 있는 시뇨리아에 출두하지 말라고 만류했지만, 코시모는 결백을 증명하기 위해서라도 가야 한다고 고집을 피웠다. 코시모는 시뇨리아 정청 입구에서 체포되었고, 아르놀포 탑Torre di Arnolfo 안에 있는 '작은 감옥'에 갇혔다. 옥에 갇힌 코시모는 알비치 파가 독살을 시도할 것이라고 판단했다. 그래서 갇혀 있던 나흘 동안 작은 빵 하나로 버텼다. 이 모습을 지켜보던 간수가 코시모에게 이런 말을 했다고 전해진다.

코시모님, 독살당할까 봐 두려워하시는군요. 하지만 이러시다간 굶어 죽게 되실 겁니다. 그리고 제가 그런 사악한 범죄에 관여할 거라 생각하시다니 저를 정말 잘못 보셨습니다. 목숨을 잃으시지는 않을 겁니다. 시뇨리아 정청 안팎에 수많은 친구분들이 계시잖습니까. 그렇지만 설령 목숨을 잃으시게 된다고 하더라도, 코시모 님의 목숨을 뺏는 자는 제가 아닌 다른 누군가라는 걸 확신하셔도 좋습니다. 왜냐하면 저는 그 누구의 피로도 제 손을 더럽히지 않을 것이며, 제게 어떤 해도 끼치지 않으신 코시모님의 피로는 더더욱 그러지 않을 것이기 때문입니다. 그러니 어서 기운을 차리시고 음식을 드십시오. 친구 분들과 조국을 위해 목숨을 보전하십시오. 더 안심하시고 드실 수 있도록 저도 코시모 님과 똑같은 음식을 먹겠습니다.[24]

코시모가 갇혀 있었던 시뇨리아 정청의 아르놀포 탑.

붉은 백합의 도시, 피렌체

코시모는 간수의 이 말을 듣고 눈시울을 적셨다고 한다. 이름을 알 수 없는 그 간수는 코시모를 위로해주기 위해 재담이 뛰어난 사람을 종탑 감옥으로 데려왔다. 말동무나 하면서 시간을 보내라는 배려였다. 그 사람은 코시모에게 적대적이었던 곤팔로니에레, 베르나르도와 가까운 사이였다. 간수의 배려로 두 사람은 '작은 감옥' 안에서 저녁 식사를 함께 했다. 코시모는 그 사람에게 약속어음 한 장을 내밀었다. 총 1,100두카트에 해당하는 금액이었는데, 배서인의 자격을 둘로 나누었다. 코시모는 100두카트는 당신이 갖고 나머지 1,000두카트는 당신 친구인 곤팔로니에레에게 전달해달라고 부탁했다. 코시모는 베르나르도가 돈 욕심이 많다는 것을 알고 있었다. 리날도가 그의 세금을 대납해주고 매수했다는 것을 알고 있던 코시모는 다시 그를 돈으로 매수했다. 코시모의 예상대로 1,000두카트는 큰 위력을 발휘했다. 리날도는 코시모를 사형에 처해야 한다고 주장했지만, 곤팔로니에레는 파도바로 추방하는 것으로 충분하다고 대답했다. 리날도는 영향력을 최대한 발휘해 코시모가 10년 이내에는 피렌체로 귀환하지 못한다는 조치를 내렸다.

1433년 10월 3일, 코시모는 피렌체 시뇨리아로부터 10년 추방령을 받았다. 곤팔로니에레는 시뇨리아 광장으로 몰려와 코시모를 사형에 처하라고 외치는 일부 군중들로부터 코시모를 보호해주고, 자기 집으로 데려가 성대한 저녁 식사를 대접했다. 1,000두카트짜리 식사였다. 코시모는 시뇨리아 군대의 호위를 받으며 피렌체를 떠나, 파도바를 거쳐 베네치아에 도착했다. 추방을 받은 코시모는 마치 해외 사절단처럼 베네치아 시민들로부터 환영을 받았다.

베네치아 당국은 유배자 코시모를 국빈 대접했다. 롬바르디아의 패권을 장악하기 위해 밀라노가 전쟁을 일으켰을 때, 코시모는 피렌체가 베네치아와 동맹을 맺어야 한다고 주장한 적이 있다. 전통적으로 메디치 가문은 친 베네치아 정책을 고수해왔다. 베네치아의 뛰어난 해외 첩보망은 피렌체의 민심이 다시 코시모에게로 기울 것이라고 예상했다. 피렌체의 곤팔로니에레에 해당하는 권력을 가진 베네치아의 도제는 당시 프란체스코 포스카리Francesco Foscari (1423~1457년 재위)가 맡고 있었다. 베네치아의 도제는 2개월 임기를 가진 피렌체의 곤팔로니에레와는 달리 종신제다. 도제 포스카리는 베네치아 역사상 가장 오랫동안 도제로 재임한 기록(34년 6개월)을 가지고 있다. 밀라노의 비스콘티 공작과 북이탈리아의 패권을 놓고 전쟁을 벌이던 도제로서는 피렌체의 거부 코시모의 재정적인 지원이 절실했다. 도제는 알비치 일파가 보낼지도 모르는 암살자들의 공격을 막기 위해, 베네치아 앞바다의 작은 섬에 있는 산 조르조 마조레 수도원에 은밀히 코시모를 모셨다. 코시모는 베네치아 정부의 환대에 감사를 표하기 위해, 그곳까지 자신과 동행한 피렌체의 신예 건축가 미켈로초에게 산 조르조 마조레 수도원 도서관을 건축하게 한다. 그래서 코시모가 건축한 3대 도서관 중에서 첫 번째 도서관이 베네치아에서 건축되었다.[25]

산타폴리나레 광장에서 펼쳐진 리날도 델리 알비치의 반란

코시모는 피렌체에서 공식 추방되었지만, 그것을 유배라고 부르기에는 한계가 있었다. 우선 시뇨리아의 환대를 받으며 떠났고, 유배지 베네치아에서는 국빈 대접을 받았다. 이 소식이 피렌체 시뇨리아에 전해지자 리날도는 길길이 날뛰며 코시모에 대한 추가 처벌을 요구했다. 그러나 베네치아 대사가 피렌체를 공식 방문해 코시모의 유배를 해제하라고 요구할 정도였다. 알비치 일파는 만약 코시모를 빨리 제거하지 않으면 엄청난 부작용이 초래될 것이라고 그란디들을 설득했다. 리날도가 시뇨리아의 연단에 서서 코시모에 대한 비난을 퍼붓고 있을 때, 평민 대표 중의 1명이 자리에서 벌떡 일어나 "우리는 당신의 계획에 동조하지 않소!"라고 소리쳤다. 또 설령 코시모를 제거한다 할지라도 절대로 당신들과 같은 그란디 밑으로 들어가 노예처럼 살고 싶지 않다고 항의했다. 이 사람의 이름은 마리오토 발도비네티Mariotto Baldovinetti인데, 메디치 일가를 지지하던 피렌체 평민과 하층민의 정서를 대변한 인물이다. 비록 피렌체에서 공식 추방되었지만, 코시모를 지지하는 세력은 여전하다는 것을 보여주고 있다.

코시모가 추방당한 지 약 10개월이 지났을 때 곤팔로니에레와 시뇨리아를 교체하는 선거가 있었다. 1434년 8월 말, 새 공직자들이 선출되었는데 그들은 모두 메디치 가문을 지지하거나 최소한 우호적인 입장을 가진 사람들이었다. 신임 곤팔로니에레와 8명의 시뇨리는 임기 시작을 앞두고, 조만간 코시모에게 사면장을 내리고 유배지에 있던 그를 귀환시킬 것이라는 계획을 발표했다. 새 시뇨리아의 등장은 리날도를 공포로 몰아넣었다. 중도파 니콜로가 경고했던 현실이 다가오고 있었기 때문이다. 코시모를 추방해도 메디치 가문이 피렌체 시민들의 강력한 지지를 받고 있는 한 그는 반드시 귀환할 것이며, 그가 돌아오면 이전보다 훨씬 더 강력한 지배권을 얻게 된다는 것이 니콜로의 경고였다. 심지어 그는 선량한 시민이 쫓겨나면 사악한 괴물이 되어 돌아올 것이라는 예측을 하지 않았던가. 리날도는 선제공격을 결심했다. 신임 시뇨리아가 업무를 인수인계하는 날, 그란디들이 함께 반란을 일으키고 새 정부를 구성하기로 했다. 그리고 반란을 위한 집결 장소를 산타폴리나레Sant'Apollinare 광장으로 정했다.

리날도와 그란디들은 이것이 피렌체의 마지막 계급투쟁이 될 것이라고 믿었다. 만약 그란디들이 평민 권력을 타도하지 못하면 반드시 그 뒤에 있던 메디치 가문이 권력을 쥐게 될 것이다. 지금 베네치아에 있는 코시모는 장차 참주의 모습으로 고향에 돌아올 것이다. 평민의 수호자가 돌아오는 것을 막지 못하면 그란디들은 참주의 지배를 받게 될 것이다. 참주는 일반적인 독재자와 결을 달리하는 존재다. 참주는 평민과 하층민의 지지를 등에 업고 무소불위의 권력을 행사하게 된다. 리날도와 그란디들은 이번 반란을 성공시키지 못하면, 피렌체에 참주가 등장할 것이며 지금 그 예비 참주가 베네치아에서 고향으로 돌아올 준비를 하고 있다고 판단했다.

그란디들의 동태가 수상하다는 보고가 시뇨리아에 먼저 접수되었다. 곤팔로니에레 취임을 앞둔 니콜로 디 코코Niccolò di Cocco는 즉각 리날도와 그의 일파들에게 시뇨리아로 출두할 것을 명령했다. 당연히 알비치 일파는 소환을 거부하고, 동료 그란디들에게 약속했던 산타폴리나레 광장으로 집결하라는 전갈을 보냈다. 그러나 일부 그란디는 모습을 드러내지 않았다. 평민 시뇨리아와 그 뒤에 있는 메디치 가문의 보복이 두려웠기 때문이다. 위기를 느낀 리날도는 직접 산타폴리나레 광장을 지키며, 그란디의 군대가 모두 집결하기를 초조하게 기다리고 있었다.

한편 시뇨리아 정청 바로 옆 광장에 그란디 반란군이 집결하고 있다는 소식을 들은 곤팔로니에레는 먼저 시뇨리아 정청을 봉쇄하고 시뇨리아 군대의 전투 준비를 명령했다. 이어 협상단을 산타폴리나레 광장으로 보내 리날도와 협상을 시작했다. 시뇨리아 협상 대표는 왜 그란디들이 무장 반란까지 생각하게 된 것인지 그 이유를 알지 못한다면서, 만약 코시모의 귀환 때문이라면 도시의 평화를 위해서 그 계획을 철회하겠다고 말했다. 만약 이 결정에 대한 보증이 필요하다면 리날도가 직접 시뇨리아 정청에서 곤팔로니에레와 면담하라고 설득했다. 리날도는 그 제안을 거절하며, 자신을 유인해서 체포하려는 술책이라고 고래고래 소리를 질렀다. 그런데 그의 최측근이며 그란디 반란에 제일 먼저 동조했던 리돌포 페루치Ridolfo Peruzzi는 코시모를 귀환시키지 않겠다는 시뇨리아의 약속을 듣고 마음이 흔들렸다. 리돌포는 자기 가문이 그란디 반란에 동참한 이유는 코시모의 귀환을 막기 위함이었다면서, 곤팔로니에레의 확답을 받기 위해 시뇨리아 정청으로 가겠다고 산타폴리나레 광장을 떠나버렸다. 리돌포의 이탈로 그란디 반란군의 사기는 갑자기 꺾이게 된다.

그란디 군대가 주춤하고 있을 때 제3의 세력이 개입했다. 당시 교황 에우게니우스 4세Eugenius IV(1431~1447년 재위)는 로마에서 축출되어 피렌체에 피신 와 있었다. 베네치아 출신인 에우게니우스 4세는 베네치아와 우호적인 동맹을 맺고 있던 피렌체에 도움을 청했다. 교황은 자신을 로마의 위기에서 구출해주고 피란처를 제공해준 피렌체에 보답할 기회를 찾고 있었다. 교황은 계급 갈등으로 혼란에 빠진 피렌체를 구해야겠다고 마음먹고, 자신이 신임하던 총대주교를 리날도에게 파견해 산타 마리아 노벨라 성당에 묵고 있는 자신을 찾아오라고 전했다. 리날도는 갑작스러운 교황의 부름을 받고, 먼저 산타폴리나레 광장의 그란디 반란군에게 일단 해산할 것을 명령했다. 그래도 그는 교황파가 아니던가. 반란은 반란이고, 교황은 교황이었다.

교황 에우게니우스 4세와 리날도 간의 면담이 진행되는 동안, 시뇨리아는 피스토이아 산악 지방에 주둔하고 있던 용병들을 고용하고 피렌체의 주요 거점을 장악하게 했다. 그란디의 도심 통행을 제한했고, 산타폴리나레에 남아 있던 소수의 그란디 군인들을 체포해버렸다. 시뇨리아는 신속하게 발리아(임시 최고 행정 회의)를 소집해, 유배지에 있던 코시모의 소환을 결정했다. 그리고 리날도를 비롯해 그에게 동조한 최측근들에 대한 체포 영장을 발부했다. 리날도는 산타 마리아 노벨라 성당에서 교황 면담을 진행하던 중에 체포되었다. 체포되어 끌려가던 리날도에게 교황은 상황을 중재하려는 자신의 노력을 믿고 찾아와준 그에게 사과했다. 아래는 이때 리날도가 교황에게 한 대답이다.

저를 믿어야 했던 이들의 불신과 제가 당신께 드린 과신이 결국 저와 저희 당을 파멸시키고 말았습니다. 하지만 무엇보다 저는, 자신의 조국에서도 쫓겨난 당신이 저를 제 조국에 계속 머물게 해줄 것이라고 믿은 저 자신한테 특히 더 화가 납니다. 운명의 변덕이라면 저 역시 이미 충분히 맛보았고, 저 자신의 번영에 대해선 믿음이 거의 없었기 때문에, 역경이 와도 그리 고통스럽지는 않습니다. 저는 알고 있습니다. 운명의 여신은, 그녀가 원하면 언제든 제게 다시 친절한 미소를 보낼 수 있다는 것을. 그러나 비록 운명의 여신이 절대 변하지 않는다고 해도, 저는 법이 개인보다 덜 존중받는 도시에서 추방당한 것을 큰 역경이라 여기지는 않을 것입니다. 왜냐하면 재산과 우정을 안전하게 누릴 수 있는 조국만이 바람직하며, 쉽게 재산을 빼앗기고 자신에게 미칠 해악이 두려워 도움이 절실한 다른 친구를 버리는 조국은 바람직하지 못하기 때문입니다. 게다가 선량하고 지혜로운 이들한테는 조국의 불행을 직접 목격하는 것보다 차라리 멀리서 듣는 편이 항상 덜 비통하며, 조국에서 노예로 사는 쪽보다는 명예로운 반역자가 되어 외국을 떠도는 쪽이 언제나 더 높이 평가받기 때문입니다.[26]

리날도는 반역자가 되었다. 코시모를 반역자로 몰아 피렌체에서 쫓아냈던 그가 이제는 반역자로 선포되어 피렌체를 떠나야만 했다. 1434년 9월 29일이었다. 얼마나 많은 사람이 이때 추방을 당했던지, 이탈리아의 큰 도시에 피렌체 추방자들이 없는 도시가 없을 정도였다고 한다.[27] 리날도가 추방되었다는 소식을 전해들은 코시모는 고향으로 돌아갈 채비를 서둘렀다. 코시모는 베네치아 군대의 호위를 받으며 1434년 10월 6일 피렌체로 돌아왔다. 피렌체 외곽까지 시민들이 환영을 나왔고, 코시모는 개선장군처럼 천천히 말을 타고 행진하며 특유의 잔잔한 미소를 지으며

조르조 바사리가 시뇨리아 정청의 천장에 그린 〈유배에서 돌아오는 코시모〉.

환호하는 피렌체 시민들에게 목례를 했다.

 1434년 10월 6일, 피렌체의 새로운 역사가 시작되었다. 코시모가 피렌체로 돌아오던 날, 하늘은 미증유의 징조를 보이며 영웅의 귀환을 반겼다고 전해진다.**[28]** 이제 피렌체는 참주가 다스리는 국가가 될 것이다. 귀족의 시대, 평민의 시대, 하층민의 시대가 끝나고 이제 메디치 가문의 참주가 피렌체를 통치하게 된다. 코시모가 피렌체로 귀환하던 날, 피렌체 시민들은 그를 '나라의 아버지'로 불러야 한다고 환호했다. 코시모 본인도 깜짝 놀랄 만한 호칭이었다. 그것은 로마 제국 시대의 황제를 일컫는 존칭이었다. 말에서 내린 코시모는 환호하는 시민들에게 제발 그런 용어를 사용하지 말아달라고 호소했다. 친인척들에게도 그 호칭을 사용하지 못하도록 했다. 그러나 그가 임종한 후인 1464년, 피렌체 시뇨리아가 공식적으로 그에게 이 영광스러운 호칭을 내렸다. 그는 살아생전에 '동등한 시민 중의 제1인자Primus inter pares'로 불리는 것에 만족했지만, 누가 보아도 절대권력을 가진 피렌체의 참주였다.

7장

산타 마리아 노벨라 성당

피렌체 공의회

산타 마리아 노벨라 성당의
안과 밖

피렌체가 도시국가의 모습을 갖추기 시작하던 무렵인 1219년, 볼로냐에서 12명의 수도사가 도착했다. 당시만 해도 신생 수도회였던 도미니코수도회 소속의 수도사들이었다. 그들이 피렌체 정부로부터 성 외곽의 땅을 매입해 수도원을 열었으니, 그곳이 바로 피렌체 공의회의 역사적 현장이 된 산타 마리아 노벨라 성당이다. 약 160년의 공사 끝에 지금의 성당 모습을 갖추게 되었다.

역사가 오래된 만큼 산타 마리아 노벨라 성당은 중요한 예술 작품으로 가득 차 있다. 중세 비잔틴 양식의 마지막 작품으로 알려진 두초Duccio Di Buoneinsegna의 1285년 작 〈마에스타〉가 전시되어 있었고,[1] 조토 디 본도네가 1312년에 제작한 〈십자고상〉이 지금도 성당 중앙 부분에 걸려 있다. 또한 르네상스 미술사에서 가장 중요한 그림 중의 하나인 마사초의 1428년 작 〈삼위일체〉가 성당 벽면에 3차원적 상상을 일으키며 전시되어 있다. 성부, 성자, 성령의 모습이 그려진 작품 아래쪽에 해골이 사실적으로 그려져 있고 그 아래에는 "나도 한때는 당신과 같은 모습이었고, 당신도 나와 같은 모습이 될 것이다"라는 글귀가 보인다.[2] 그 외에도 건축가 필리포 브루넬레스키가 예외적으로 남긴 조각 작품 〈십자가에 달린 예수〉가 곤디 채플Cappella Gondi에 전시되어 있고,[3] 중앙 제단으로 가면 1485년 메디치 가문과 사돈을 맺었던 토르나부오니 가문의 중앙 제단화가 위용을 자랑하고 있다. 성 세례자 요한과 성모의 생애를 묘사한 벽화가 좌우로 전시되어 있는데, 소년 미켈란젤로가 길란다요Ghirlandaio 화실에 고용되어 있을 때 이곳에서 조수로 일했다는 기록이 남아 있다. 하지만 산타 마리아 노벨라 성당에서 가장 중요한 작품은 레온 바티스타 알베르티가 1470년에 제작한 정면 파사드다. 메디치 가문의 사돈이었으며 16세기에 루첼라이 정원을 열어 우리 가이드 마키아벨리를 선생으로 초청했던 루첼라이 가문이 후원한 작품이다.

산타 마리아 노벨라 성당 전면 파사드. 레온 바티스타 알베르티의 작품으로, 1470년 완공되었다.

코시모의 귀환과 메디치 집권의 비밀

우리를 위해 15세기의 피렌체 역사를 숨 가쁘게 설명하던 마키아벨리는 여기서 잠시 숨을 고른다. 13세기 중엽부터 15세기 중엽까지, 약 200년간 피렌체는 그야말로 격동의 정치 일정을 소화해냈다. 13세기 말 귀족의 통치가 자멸로 끝난 다음, 귀족과 평민, 평민과 평민, 평민과 하층민, 하층민과 하층민 그리고 다시 평민과 그란디가 충돌했던 피렌체는 그야말로 공화국의 실험 무대와도 같았다.

이것은 1,300여 년 전 로마 공화정 말기에 펼쳐졌던 혼란을 연상케 한다. 기원전 509년, 로마 왕정을 타도하고 들어선 공화정은 기원전 27년 옥타비아누스에 의해 로마 제국이 창건되기 전까지 수많은 정치적 실험을 거쳤다. 왕이 권력을 독점하는 것이 아니라 시민의 대표인 원로원에 의해서 통치되는 공화국 체제는 로마에서도 바람 잘 날 없는 혼돈과 투쟁의 연속이었다. 피렌체에서도 베키오 다리에서 부온델몬티 가문의 붉은 피가 피렌체 공화국의 첫 번째 희생제물이 된 이래, 혼돈과 투쟁의 역사는 영원히 지속될 것처럼 보였다. 이제 로마 공화국 말기의 혼란을 잠재우고 옥타비아누스가 로마 제국을 창건한 것처럼, 유배지에서 돌아온 코시모가 메디치 왕조를 시작하기 직전이다.

때는 1434년 10월 6일, 베네치아에서 유배를 마치고 돌아온 코시모는 여전히 신중한 행보를 보이며 메디치 왕조를 열어나갔다. 이 장면에서, 우리의 영민한 가이드 마키아벨리는 새로운 시대가 시작되던 15세기 중반의 피렌체 역사를 기술하면서 신중한 태도를 보이고 있다. 《피렌체사》의 첫 번째 독자가 될 교황 클레멘스 7세에게 지금 소개하고 있는 코시모는 증조부에 해당하는 인물이다. 직계 조상의 이야기, 그것도 메디치 왕조에서 가장 존경을 받은 인물을 소개하자니 부담스러울 수밖에 없었을 것이다. 사실을 있는 그대로 소개해서 혹여 후원자의 기분을 상하게 하지는 않을까, 염려스러웠을 것이다. 그렇다고 사실을 왜곡하면서 무조건 메디치 가문의 역사를 찬양할 수도 없다. 마키아벨리는 여러 생각으로 마음이 분주했을 것이다. 한참 동안 골똘히 생각을 하며 뜸을 들이던 마키아벨리는 숨을 깊게 내쉰 다음, 이렇게 말했다.

국가가 겪는 변화의 과정을 살펴보면, 그것은 거의 항상 질서에서 무질서로 갔다가, 다시 무질서에서 질서로 돌아간다. 왜냐하면 자연은 이 세상의 것들이 멈춰 있는 모습을 결코 용납하지 않기 때문이다. 따라서 그것은 최고로 완벽한 경지에 도달해 더는 올라갈 곳이 없게 되면, 반드시 내려간다. 마찬가지로 혼란이 일어나 가늠할 수 없는 나락까지 떨어지면, 더 이상 내려갈 수 없으므로 필연적으로 다시 올라가게 된다. 이런 식으로 우리 역시 항상 선에서 악으로 떨어졌다가 다시 악에서 선으로 올라간다. 왜냐하면 미덕은 평온을, 평온은 여가를, 여가는 혼란을, 혼란은 파멸을 낳으며 거꾸로 파괴에서 질서가, 질서에서 미덕이, 미덕에서 영광스러운 운명

이 탄생하기 때문이다.[4]

　멋진 설명이다. 우리 가이드는 지금 르네상스 시대에 널리 인용되던 '포르투나Fortuna의 역사관'으로 메디치 등극의 비밀을 설명하고 있다. 코시모가 피렌체의 통치자가 될 수 있었던 이유는 자연의 순리인 동시에 탁월함의 실천 때문에 가능했다는 것이다. 베키오 다리를 붉은 피로 물들이면서 시작된 피렌체의 타락이 알비치 가문에 의해 밑바닥을 찍었으니, 이제 상승의 기운만 남았다! 인간의 운명과 역사의 흐름은 모두 행운의 여신, 즉 포르투나가 관장한다. 행운의 여신이 어떤 사람에게 축복을 줄지, 또 어떤 사람에게 불행을 줄지 우리는 알 수 없다. 그 행운의 날개를 단 사람이 바로 코시모! 이런 포르투나의 역사관은 당시 하느님의 섭리를 강조하는 그리스도교 신학 체계와 결합하면서 강력한 설득력을 얻고 있었다.

　지금 마키아벨리는 행운과 탁월함의 상호 관계를 대비시키면서 메디치 가문의 등장을 설명한다. 행운을 통제하는 것이 탁월함이다. 거의 모든 계층이 지배하려는 욕구와 지배받지 않으려는 욕구를 통제하지 못했기 때문에, 피렌체 공화정은 역사의 밑바닥을 쳤다. 이런 피렌체 공화정의 파멸 속에서 질서가 생기기 시작했는데, 그것은 탁월함의 실천을 통해 포르투나의 무질서를 "때려잡은" 메디치 가문 덕분이다. 마키아벨리는 《군주론》에서 탁월함으로 포르투나의 불확실성을 "때려잡아야 한다"고 가르친 적이 있다.[5] 마키아벨리는 지금 살아남기 위해 최선을 다하고 있다. 메디치 가문의 위대한 인물인 코시모를 어떻게 객관적으로 설명할 수 있겠는가? 권력이라는 것은 언제나 정당할 수도, 또 언제나 비열할 수도 없는 미묘한 속성을 가지고 있다. 선과 악의 가느다란 경계선 속에서 현실이라는 줄타기를 하는 것이 권력자들의 일상이다. 이를 속속들이

　　　　　　　　　　　　　　　　　붉은 백합의 도시, 피렌체

파헤친다는 것은 마키아벨리에게도 위험했다. 하지만 우리는 여기서 마키아벨리에게 잠시 휴식 시간을 주고, 진짜 코시모를 만나볼 필요가 있다. 코시모는 어떻게 메디치 왕조를 시작할 수 있었을까? 그가 가진 권력의 비밀은 무엇이었을까?

코시모는 항상 우울한 표정을 짓고 있었고, 또 과묵한 성격으로 유명했다. 어떤 의견에도 직접 찬성이나 반대를 표시하지 않아 주위 사람들을 늘 긴장시켰다. 웅변보다 침묵을, 연설보다는 숙고를 선호하는 성격이었다. 그는 사업에도 성공했고, 정치 권력도 장악해 곤팔로니에레와 시뇨리를 여러 번 역임했지만, 사실 조용히 고전 읽는 것을 좋아하는 인문학자에 더 가까웠다. 그의 파격적인 예술 후원은 이미 널리 알려진 사실이었고, 중요한 도서관을 3곳이나 건축했으며, 본인이 스스로 그리스와 로마 고전을 찾아 유럽 전역을 여행하기도 했다. 그가 설립한 플라톤 아카데미는 철학자 마르실리오 피치노Marsilio Ficino(1433~1499년)와 피코 델라 미란돌라Pico della Mirandola(1463~1494년) 같은 전설적인 학자를 양성했고, 플라톤의 철학이 르네상스 미학의 정수가 될 수 있도록 만든 장본인이다.**6** 심지어 막대한 지원을 통해 페라라에서 열리던 종교회의를 피렌체에 유치해 이른바 '피렌체 공의회'를 성공적으로 개최한 공헌도 남겼다. 그러나 정치적 인물로서의 코시모는 문화 공헌자로서의 업적을 훨씬 뛰어넘는 놀라운 판단력을 가지고 있었다. 그가 피렌체로 귀환한 1434년은 단순히 코시모의 귀향과 복권 정도를 상징하는 해가 아니었다. 피렌체의 권력 구조 자체가 근본적으로 수정되었기 때문에, 1434년은 메디치 왕조의 출발점이라고 해도 과언이 아니다.

1434년의 중요성을 이해하기 위해 우리는 잠시 1293년으로 거슬러 가야 한다. 그해 1월 8일, 당시 프리오리였던 자노 델라 벨라가 '정의의 규칙'을 발표했다. 귀족의 지배에서 막 벗어난 피렌체는 귀족 가문 72개를 특정한 다음, 이들의 공직 진출을 완전히 봉쇄했다. 모든 권력은 평민에게서 나온다는 뜻이다. 귀족들의 권력 복귀를 막고, 상공인들의 권익을 보호하기 위해 프리오리는 반드시 조합을 통해 배출되도록 했다. 이 조치를 통해 피렌체의 모든 권력은 조합과 평민에게 돌아갔다. 이 원칙은 때로 도전받기도 하고, 해석의 차이로 인해 대립을 겪기도 했지만 기본 정신은 그대로 유지되었다.

그런데 1382년에 이 원칙을 무너뜨리는 새로운 조치가 단행되었다. 메디치 가문의 경쟁자였던 알비치 가문의 당수 마소가 치옴피 반란을 종결시키고 내린 조치다. 알비치 일파는 '정의의 규칙'이 강제하고 있던 조합과 평민의 주도권을 박탈하고 '보르셀리노'라는 제도를 도입했다. 앞에서 잠시 설명한 대로 200인회에서 먼저 선별한 공직자 후보 이름을 작은 주머니에 집어넣고, 투표를 통해서 공직자를 선출하는 방식을 말한다. 이것은 거의 혁명에 가까운 변화였다. 1293년부터 실행되어오던 조합 중심의 공직자 선출이 알비치 가문에 충성하는 자들에만 기회가 주어지는 제도로 전환된 것이다. 그 작은 주머니에 이름을 넣을 수 있는 후보의 기준은 '나라에 대한 충성심이 매우 높은' 사람이었다. 그 기준을 심사하는 사람을 '연결자Accoppiatori'라 불렀는데, 당연히 알비치 가문 출신들이 이 연결자 모임을 주도했다. 심지어 연결자의 사전 선택과 이름 주머니 선거를 통하지 않고 선발되는 공직자도 있었다. 이들은 200인회의 추천을 받지 않고 직접 알비치 가문이 손으로 뽑는 공직자들이었기 때문에 '아 마노a mano (손으로)'라 불렸다. 이것이 1382년부터 피렌체에서 시행된 공직자 선발 과정이다. 말이 공직자 선발이지 알비치 가문의 조직적인 부정 선거가 자행되었다고 해도 거의 틀린 말이 아니다.

붉은 백합의 도시, 피렌체

평소에 말이 없기로 유명한 코시모에게 피렌체 시민들이 앞으로 정국 운영을 어떻게 할 것인지, 그 의향을 물었다. 코시모는 아무런 대답을 하지 않았다. 여러 사람이 물었지만, 그의 침묵은 계속되었다. 결국 시뇨리아 전체가 안달하며 공개 질문하자 코시모는 낮은 목소리로 '지금까지 피렌체가 해왔던 제도를 수정 없이 그대로 시행하겠다'고 짧게 대답했다. 자신을 죽이기 위해 혈안이었던 정적 알비치 가문이 정한 제도를 그대로 존중하겠다고 발표한 것이다. 코시모의 짧은 발표에 피렌체 시민들은 할 말을 잃었을 것이다. 보르셀리노 제도는 메디치 가문이 만든 것이 아니다. 민주적 선거 절차를 무시하는 '아 마노' 관행도 그가 먼저 시행한 것이 아니다. 그를 죽이려고 했던 알비치 가문이 예전에 만들어놓은 것이다. 메디치 가문은 전통의 수호자일 뿐이다.

이후 당연히 연결자는 메디치 가문이 주도했고, 200인회는 메디치 가문의 지지자들로 채워졌다. 메디치 가문의 주도로 연결자의 임기가 5년으로 늘어났다. 최대 1년의 임기를 부여해서 권력의 집중을 막아왔던 피렌체 정치에서 큰 변화가 초래된 것이다. 5년 동안 메디치 가문을 지지하는 연결자들이 보르셀리노에 공직자 후보의 이름을 적어 넣었으니, 권력의 집중이 일어날 수밖에 없었다. 시뇨리아는 보르셀리노를 닫는 결정까지 수시로 내렸다. 메디치 가문을 지지하는 공직자 후보로 이름 주머니가 채워졌으면 다른 사람의 이름을 추가할 필요가 없다는 논리였다.[7] 심지어 외국인으로 채웠던 경찰국장이나 포데스타의 자리도 연결자와 200인회를 거쳐 피렌체 시민만 임명되도록 했다. 국가적 자부심을 내세우며 언제까지 외국인에게 우리들의 치안을 맡기겠냐고 200인회의 친메디치 인사들이 목소리를 높일 때, 코시모는 시뇨리아의 한쪽 구석에서 조용히 침묵을 지키고 서 있었다.

코시모 뒤에서 펄럭이던
비스콘티-스포르차 가문의 깃발

메디치 가문의 집권은 13세기부터 이어진 200년간의 권력 투쟁이 빚어낸 피렌체 공화국의 마지막 단계였다. 메디치 가문은 공화정의 지지자처럼 보였지만, 사실은 여기에 치명타를 입힌 장본인이었다. 선거를 통한 민의의 선택으로 권력을 일정 기간 위임하는 공화정의 기본 방향은 메디치 가문에 의해 수정된다.

메디치 가문이 200년 역사의 공화정 전통을 무너뜨릴 수 있었던 것은, 일부 좌파 학자들이 주장하는 것처럼 그들이 악랄하게 부와 권력을 추구했기 때문이 아니라, 피렌체를 둘러싼 '힘의 균형'이 무너졌기 때문이다. 15세기 초반부터 본격화된 밀라노의 군사력 팽창과 이에 맞서는 교황청의 견제가 바로 코시모가 집권했던 1434년에 대전환을 맞게 된다. 힘의 균형이 깨어졌을 때, 피렌체라는 약체 도시국가가 취할 수 있는 정책은 강자에 붙는 것이고, 코시모는 이를 실천에 옮김으로써 권력을 잡게 되었다. 하늘이 무너져도 솟아날 구멍이 있다는 속담은 1434년 피렌체로 귀환했던 코시모를 두고 하는 말이다. 그렇다면 피렌체의 하늘은 어떻게 무너졌을까?

우선 밀라노의 세력 팽창 정책부터 살펴보면서 15세기 이탈리아 전체 판세의 큰 그림을 그려보아야 한다. 독자들은 야심만만한 밀라노의 공작 잔 갈레아초 비스콘티가 1402년, 피렌체를 공격하다가 열병에 걸려 죽었다는 사실을 기억할 것이다. 운명의 여신이 불시의 타격을 가해 피렌체 공격을 멈추게 되었지만, 비스콘티 공작의 공격 목표는 애초부터 피렌체가 아니었다. 그의 꿈은 이탈리아반도 전체를 통일하는 것이었다.

여기에 당연히 교황청도 포함된다. 비스콘티 공작은 예로부터 교황파로 분류되던 피렌체를 점령해, 교황청 공격의 교두보로 삼으려고 했을 뿐이다. 그러나 교황청의 간절한 기도가 신의 뜻을 움직인 덕분인지, 그의 행군은 피렌체에서 멈추게 되었다.

그렇다고 밀라노의 위협이 끝난 것이 아니었다. 잔 갈레아초 비스콘티의 아들이 아버지의 원대한 꿈을 이어받았다. 정치적 계산에 능수능란하고 잔인한 성품을 가진 아들 필리포 마리아 비스콘티는 1423년부터 피렌체를 포함한 이탈리아 중북부에 대한 공격을 개시했다. 이 전쟁을 '롬바르디아 전쟁'이라고 부른다. 필리포는 이탈리아반도 전체를 통일하기 전, 자기 안마당부터 확실하게 장악하려고 했다. 이탈리아 북부 지역은 포Po 강을 중심으로 곡창지대를 형성하고 있다. 이 기름진 땅을 불철주야 노리던 세력이 있었으니, 바로 '마른 땅Terra firma'을 늘 갈구하던 베네치아였다. 석호 위에 말뚝을 박고, 그 위에 인공의 도시를 만든 베네치아 사람들에게 롬바르디아의 기름진 땅은 포기할 수 없는 '젖과 꿀이 흐르는 땅'이었다. 당연히 전통적으로 이 지역에서 맹주 노릇을 하고 있던 밀라노와 충돌할 수밖에 없었다. 그러니까 1423년부터 1454년까지 이어진 롬바르디아 전쟁은 밀라노와 베네치아 사이의 세력 다툼이었다고 기억하면 된다.

양대 강국이 맞붙자, 비스콘티 공작에게 나라를 빼앗길 뻔했던 피렌체 사람들은 그날의 악몽을 떠올리며 1425년 서둘러 베네치아와 동맹을 맺었다. 그러자 피렌체의 움직임을 주시하고 있던 필리포는 루카를 동원해서 피렌체와의 전쟁을 사주했다. 이것이 바로 앞에서 언급된 피렌체-루카 전쟁(1431년)이다. 필리포는 자기 아버지가 전투를 직접 지휘하다가 객사한 것을 고려해, 용병 대장을 통해 대리전쟁을 수행했다. 유능한 장군을 보내 루카를 지원해서 피렌체를 점령하는 전략을 택했다. 이때 그 유명한 프란체스코 스포르차가 루카로 파견되었다. 용병 대장은 그야말로 돈을 받고 대신 싸워주는 전쟁 기업의 CEO다. 피렌체는 돈으로 전쟁을 끝내기 위해 몰래 프란체스코와 접촉했다. 엄청난 금액인 5만 두카트를 줄 테니 루카가 아닌 피렌체를 위해 싸워달라는 제안을 했다. 프란체스코는 돈의 액수에 놀랐지만, 필리포의 명령을 거역하는 것에는 눈도 깜짝하지 않았다. 그는 용병 대장이었다. 누구든 돈을 더 많이 내는 쪽을 위해 싸운다!

　여기서 잠시 밀라노 상황에 대한 설명을 멈추고 교황청으로 관점을 돌려보자. 밀라노가 잔 갈레아초와 필리포 마리아 2대에 걸쳐서 무력 팽창 정책을 펼치자 교황청이 가장 민감하게 반응했다. 교황청은 오랫동안 황제파와 싸워왔다. 그런데 밀라노의 비스콘티 가문이 신성로마제국을 등에 업고 제2의 황제파가 되려는 형국이 펼쳐지고 있었다. 교황청의 고민이 깊어질 수밖에 없었디. 그러던 중에 에우게니우스 4세라는 돌발적인 변수가 피렌체의 혼란한 정국과 맞물리게 된다. 이미 여러분은 그 교황의 이름과 활약상을 지켜보았다. 리날도를 중심으로 한 그란디들이 산타폴리나레 광장에서 반란을 준비하고 있을 때, 뜬금없이 에우게니우스 4세가 끼어들었던 사건을 기억할 것이다.

　당시 교황은 피렌체에서 도피 중이었다. 전임 교황 마르티누스 5세Martinus V에 대한 적폐 청산을 너무 강력하게 밀어붙이다가 로마의 실세였던 콜론나 가문의 역린을 건드리게 되었기 때문이다. 교황은 목숨을 지키기 위해 로마에서 탈출했다. 다급했던 교황은 수도사로 변장하고 오스티아 항구까지 몰래 이동해, 피렌체가 제공한 갤리선을 타고 북쪽으로 도피했다. 피렌체가 그의 피란처였다. 그는 자신에게 호의를 베풀어준 피렌체 시민들에게 보답하기 위해 메디치-알비치 가문의 충돌에 개입했다가 결과적으로 코시모를 도와주게 된다. 교황 에우게니우스 4세는 이런 인연으로 피렌체의 수호 교황이 되었다. 어쨌든 전통적으로 교황파로 분류되던 피렌체에서 교황의 지지를 받게 된 코시모는 유리한 정치적 입장에 섰다. 나중에 교황이 피렌체 공의회 개최까지 승인해주면서 메디치 가문과의 관계는 더 돈독해진다. 그래서 지금도 피렌체 두오모의 정면 파사드를 올려다보면, 교황 에우게니우스 4세가 근엄한 표정으로 관광객들을 내려다보고 있다.

이제 다시 밀라노로 돌아가보자. 코시모가 베네치아에서 국빈 대접을 받으며 유배 생활을 하고 있을 때, 밀라노에서 큰 정치적 변화가 발생했다. 1430년 밀라노의 용병 대장 프란체스코가 필리포의 사위가 된 것이다. 물론 장인은 아직 건재했지만, 야심만만한 사위 프란체스코의 시대가 올 것이라는 소문이 무성했다. 베네치아에서 유배 중이던 코시모도

피렌체 두오모인 산타 마리아 델 피오레 대성당 정면 파사드. 중앙 문과 오른쪽 문 사이에 교황 에우게니우스 4세의 동상이 보인다.

그 소문을 듣고 장차 이탈리아의 판세는 프란체스코에 의해 결정될 것이라고 판단했다. 프란체스코의 장인 필리포는 인생의 마지막 전쟁을 앞두고 있었다. 그는 아버지가 못다 이룬 꿈을 이루기 위해 교황청을 향해 군사 공격을 감행했다. 여러 명의 용병 대장을 고용해서 동시다발적으로 전투를 벌였는데, 당연히 사위 프란체스코가 최전방에 섰다.

밀라노의 군사 공격을 받은 교황 에우게니우스 4세는 피렌체-루카 전쟁 당시 피렌체가 프란체스코를 돈으로 매수했던 것을 기억해냈다. 밀라노 영주의 사위인 프란체스코는 본인에게 이익이 된다면 주군이든 장인이든 상관하지 않고 등을 돌린다는 소문이 퍼져 있었다. 교황은 프란체스코에게 밀사를 보내 교황청 총사령관에 해당하는 콘도타Condotta로 임명해주고, 앙코나Ancona의 종신 후작으로 인정하겠다는 제안을 했다 (1434년 3월, 칼라렐라 협약). 그러나 프란체스코는 더 큰 보상을 요구했다. 장인을 배신하려면 교황청 총사령관 자리나 귀족 서임보다 금전적인 보상을 더 해달라는 것이었다. 교황은 자기 고향 베네치아와 자신에게 은덕을 베풀었던 부자 나라 피렌체를 떠올렸다. 교황청 대사는 급히 피렌체로 달려가 자금 지원을 요청했다.

이때가 1434년 봄이니, 아직 코시모가 베네치아에 유배되어 있을 때고, 피렌체의 실세는 여전히 리날도였다. 당시 피렌체는 경제적인 어려움을 겪고 있었다. 루카와의 전쟁에서 프란체스코를 매수하기 위해 너무 많은 국가 재정을 낭비했기 때문이다. 리날도는 망설였다. 또다시 프란체스코를 매수하기 위해 교황청에 거액을 빌려주어야 하는 현실이 원망스러웠다. 결국 리날도는 일생일대의 실수를 한다. 교황청의 재정 지원 요청을 거부하고, 궁색한 피렌체의 재정을 이리저리 짜내 매년 2,600플로린을 프란체스코에게 직접 지원하겠다고 알렸다. 교황청의 지원 요청을 거부한 것은 결국 프란체스코를 거부한 것과 같은 뜻이었다. 세상의 판도가 그에게로 기울고 있는데 리날도는 그것을 깨닫지 못한 것이다. 베네치아의 산 조르조 마조레 성당에 은둔하고 있던 코시모는 미소를 지으며 프란체스코의 진영으로 밀사를 보냈다. 협상을 제안한 것이다.

1434년의 선거로 선출된 곤팔로니에레와 시뇨리아는 첫 번째 회합에서 코시모의 귀환이나 사면을 논의하지 않았다. 메디치파 일색이었던 그들이 제일 먼저 의결한 것은 '프란체스코 스포르차에 대한 금전 지원안'이었다. 코시모는 매년 5,250플로린을 프란체스코 스포르차에게 따로 지급하겠다고 약속했고, 그 총액은 6만 3,000플로린에 달했다.[8] 리날도가 제안했던 금액의 2배였다. 당연히 프란체스코는 코시모가 배후에서 조종하고 있는 피렌체 시뇨리아의 안을 받아들였다. 1434년 10월, 코시모가 피렌체로 귀환했을 때, 피렌체 시민들은 도시의 외곽까지 달려 나와 그를 환영했다. 코시모의 뒤에는 붉은 바탕에 흰색 백합이 그려진 피렌체 깃발이 휘날리고 있었다. 그러나 그 뒤에서 또 다른 깃발도 펄럭이고 있었다. 용이 어린아이를 잡아먹고 있는 비스콘티 가문의 깃발이었다. 자

비스콘티 가문의 문장이
새겨진 접시. 15세기 후반 제작.
메트로폴리탄 박물관 소장.

유를 위해서라면 목숨 바치는 것을 명예로 알던 피렌체 시민들은 코시모를 향해 '평민의 아버지'나 '치옴피의 수호자'라는 함성을 질렀지만, 자신들의 미래가 어떻게 펼쳐질지는 몰랐다. 비스콘티 가문의 깃발 속에 그려진 어린아이가 자신들의 운명이라는 사실을 아는 사람은 거의 없었다.

코시모부터 시작된 메디치 가문의 황금기

마키아벨리의 조심스러운 표현대로, 파멸의 밑바닥에 도달한 피렌체는 이제 더 이상 내려갈 곳이 없었기 때문에 상승의 기운을 타게 된다. 새로운 가문에 의해 파괴에서 질서가 생겨나기 시작했으니, 바로 그 시대가 1434년부터 1494년까지 60년간 펼쳐진 '피렌체의 황금기Golden Age of Florence'다. 유럽 역사에서 '황금기'로 불리던 시대가 또 있었다. 기원전 5세기, 아테네의 정치가 페리클레스Pericles(기원전 495~429년 추정)가 통치하던 시기다. 당시 아테네도 피렌체처럼 내우외환을 겪고 있었다. 강대국이었던 페르시아가 전쟁을 일으켰고, 그 여파로 아테네의 파르테논 신전이 파괴되는 국가적 위기에 봉착했다. 전쟁과 전염병이 창궐하던 기원전 5세기의 아테네에서 위대한 그리스 문화가 창달되었다. 무엇보다 소크라테스와 플라톤 철학이 탄생했다. 아이스킬로스, 소포클레스, 에우리피데스로 이어지는 위대한 그리스 비극이 탄생한 것도 바로 이 시기다. 히포크라테스의 의학, 피타고라스의 수학, 피디아스의 새 파르테논 신전 건축이 웅장한 모습을 드러낸 시기다. 피렌체에서도 비슷한 일이 일어났으니, 우리는 그 시대의 문화 창달을 '르네상스'라 부른다. 필리포 브루넬레스키, 마사초, 도나텔로, 로렌초 기베르티, 레온 바티스타 알베르티, 프라 안젤리코Fra Angelico, 베노초 고촐리Benozzo Gozzoli, 프라 필리포 리피Fra Fillippo Lippi, 파올로 우첼로Paolo Uccello, 안드레아 델 베로키오Andrea del Verrocchio, 산드로 보티첼리가 활동했던 시기다.

그 당시 활동했던 거의 모든 예술가가 메디치 가문의 후원을 받았다. 물론 이어진 16세기에도 메디치 가문의 후원은 계속된다. 메디치 가문은 레오나르도 다 빈치를 위해 추천장을 써주었고, 라파엘로Raffaello Sanzio에게는 메디치 교황의 초상화를 그리게 했으며, 미켈란젤로는 아예 양자로 입양하다시피 해서 자기 집에서 살게 했다. 열악한 정치 환경 속에서도 변치 않았던 메디치 가문의 후원이 피렌체를 천재 예술가들의 도시로 만들었다. 1434년 10월, 코시모의 피렌체 귀환부터 시작된 메디치 가문의 영광은 이어진 2개의 사건으로 더욱 빛나게 된다. 하나는 1440년 6월 29일 앙기아리Anghiari 전투의 승리이고, 다른 하나는 1439~1445년 피렌체 공의회의 개최다.

앙기아리 전투에서 승리한 피렌체

레오나르도 다 빈치가 미완성으로 남긴 작품의 주제로 유명한 앙기아리 전투는 롬바르디아 전쟁 중에 일어난 국지전이다. 앙기아리는 피렌체에서 남서쪽으로 약 100킬로미터 정도 떨어져 있다. 아레초에서 그리 멀지 않은 거리다. 밀라노 군대가 앙기아리 근교에 진을 치자 피렌체, 베네치아, 교황청 연합군이 응징에 나섰다. 당시 밀라노 군대는 필리포 마리아 비스콘티가 보낸 용병 대장이 지휘하고 있었다. 수적으로 우세에 있던 밀라노 측이 먼저 공격을 감행했지만 피렌체 연합군은 앙기아리로 건너가는 다리를 교두보로 삼고 방어전을 펼쳤다.

1440년 6월 29일 저녁, 4시간 동안 이어진 전투는 피렌체 연합군의 승리로 끝이 났다. 마키아벨리는 밀라노 군대의 전술이 형편없었고, 승리의 기본이라고 할 수 있는 군대의 사기가 땅바닥에 떨어져 있었기 때문에 어이없는 패배를 당했다고 기록했다. 밀라노 군대는 대부분 용병 기사로 구성된 기마병이었다. 그들은 애초부터 싸울 의지가 없었다. 원래 용병들은 패배를 당할 것 같으면 즉각 항복했다. 레오나르도 다 빈치가 그린 〈앙기아리 전투〉는 용맹하게 싸우는 피렌체 전사들의 모습이 영웅적으로 그려져 있다. 그러나 사실은 불리하면 바로 항복해버리는 용병의 비겁함 때문에 쉽게 승리를 거둔 것이다.

마키아벨리는 앙기아리 전투의 결과를 설명하면서 전쟁의 의미에 대한 자기 견해를 덧붙인다. 메디치 가문이 이끌던 피렌체 연합군이 앙기아리 전투에서 승리를 거둔 것은 축하할 만한 일이었지만, 그 전쟁으로 피렌체, 즉 메디치 가문에게 돌아오는 이득은 적었다고 평가한다.

전쟁을 벌이는 자의 목적은 항상 자신을 부유하게 하고 적을 가난하게 만드는 것이고, 또 그래야 합리적이다. 자신을 강하게 만들고 적을 약하게 만드는 것이 아닌 다른 목적으로 승리를 추구하거나 정복을 열망해서는 안 된다. 그러므로 승리하고도 빈곤해지고 정복하고도 약해지면, 전쟁을 벌인 목적을 넘어섰거나 전쟁을 벌인 목적에 도달하지 못한 것이다. 적을 제거하고 전리품과 몸값을 손에 넣은 군주나 공화국은 전쟁의 승리로 부유해진다. 반면, 비록 적과의 전투에서는 승리했지만 적을 완전히 제거하지 못해, 전리품과 몸값이 자신이 아니라 군인들의 먹이가 된 군주나 공화국은 승리하고도 가난해진다. 그런 군주나 공화국은 전쟁에서 패하면 불행해지고, 승리하면 훨씬 더 불행해진다. 지면 적이 가하는 침해로 고통받고, 이기면 친구들이 가하는 침해로 고통받기 때문이다.⁹

마키아벨리의 냉정한 평가에도 불구하고 피렌체 시민들은 앙기아리 전투의 승리를 자랑스럽게 생각했다. 그래서 시뇨리아 정청의 500인 대회의장Sala del Cinquecento 한쪽 벽면을 레오나르도 다 빈치의 〈앙기아리 전투〉로 채우려고 했다. 15세기 전반, 이탈리아 북부 전역을 전쟁의 공포로 몰아갔던 막강한 밀라노 군을 물리친 역사적인 기념비로 삼고 싶었던 것이다. 그러나 정작 메디치 가문은 큰 실익을 거두지 못했다. 전쟁에서 패하면 적이 주는 고통 때문에 힘들어지지만, 승리하면 "친구들이 가하는 침해"를 겪게 되기 때문이다. 이름뿐인 승리의 영광 뒷면에 쓰라린

〈앙기아리 전투〉의 모사화. 1440년의 앙기아리 전투 장면을 그린 레오나르도 다 빈치의 그림(1505년경)을 루벤스가 1603년경에 모사한 것이다.

"친구들이 가하는 침해"가 기다리고 있었다. 메디치 가문의 권위에 도전하는 새로운 반대 세력이 등장했으니, 바로 앙기아리 전투의 영웅 네리 카포니Neri Capponi (1388~1457년)다.

네리는 메디치 가문과 알비치 가문이 충돌할 때 메디치 편에 섰던 인물이다. 그는 1343년 시뇨리아의 일원으로서 코시모가 피렌체로 귀환할 수 있도록 주장을 펼쳤기 때문에 늘 메디치파로 분류되었다. 그런데 네리가 앙기아리 전투에서 큰 공을 세우면서 일약 피렌체의 영웅으로 떠올랐다. 유명 인사가 된 네리는 메디치 가문의 외교 정책에 반기를 들었다. 힘의 균형 원칙을 중시하면서 필요에 따라서 적과 우방을 갈아타던 메디치의 외교 정책을 기회주의적이라고 몰아세웠다.

코시모는 앙기아리 전투에서 승리를 거두긴 했지만, 결국 이탈리아의 판세는 밀라노가 주도할 것이라고 보았다. 그래서 베네치아와의 동맹을 버리고 밀라노와의 관계를 개선할 외교 정책을 추진하고 있었다. 네리는 여기에 반발한다. 앙기아리 전투에서 피렌체가 승리를 거둘 수 있었던 것은 우방국인 베네치아 기사들이 방어의 최선봉에 섰기 때문이다. 그런데 은혜를 망각하고 밀라노와의 관계 개선을 시도하는 코시모에게 반기를 든 것이다. 네리는 베네치아와의 동맹 파기를 준비하던 코시모와 사사건건 충돌하게 된다. 자연스럽게 네리 주변에 여러 가문이 모여들었고, 또 다른 당파가 형성되었다.

코시모는 또 다시 자신에게 불리한 환경을 유리하게 전환시키는 저력을 발휘한다. 내우외환이 거듭되는 형국에 네리를 추종하는 가문들에게 철퇴를 가한 것이다. 필리포 페루치, 조반니 디 시모네 베스푸치Giovanni di Simone Vespucci, 피에로 바론첼리Piero Baroncelli의 아들들, 세랄리 가문 전부, 바르톨로메오 포르티니Bartolommeo Fortini, 프란체스코 카스텔라니Francesco

Castellani 등이 공직에서 쫓겨난 후 피렌체에서 추방되었다. 이 대목에서 마키아벨리는 이들을 몰락시킨 주인공으로 코시모의 이름을 직접 거론하지 않는다. 대신 "카포니를 시뇨리아의 동반자로 삼기를 원하지 않는 이들"이나 "권력을 쥔 시민들"이라고 에둘러 표현하는 신중함을 보인다. 어쨌든 코시모는 앙기아리 전투에서 직접적으로 얻은 이익은 없었지만, 최소한 부수적인 정치적 이득을 챙길 수 있었다. 예상되는 반대파의 움직임을 사전에 차단함으로써 피렌체 통치의 터전을 공고히 마련한 것이다.

산타 마리아 노벨라에서 개최된 피렌체 공의회

코시모가 경영을 총괄하고 있던 메디치 은행 역시 승승장구하고 있었다. 1397년에 창업된 메디치 은행은 1402년부터 빠른 사세 확장을 시도했다. 그해 베네치아 지점을 개설했고, 모직 산업에 3,000플로린을 투자해 기업의 다각화를 추진했다. 1427년의 은행 장부 기록을 보면 교황청은 10만 플로린이라는 거액을 메디치 은행에 예치하고 있었다. 메디치 은행은 교황청의 주거래 은행이었다. 1429년 아버지 조반니가 사망한 후, 코시모는 알프스 산맥 이북의 유럽 주요 도시에 지점을 개설했다. 1435년 처음으로 스위스 제네바에 지점이 개설된 이래, 1439년에는 벨기에 브뤼헤, 1446년에는 영국 런던과 프랑스 아비뇽, 1453년에는 밀라노 지점이 속속 문을 열었다.

유럽의 주요 도시로 지점을 확장하고 있던 코시모는 자신의 위상을 만천하에 알릴 필요가 있다고 판단했다. 그의 위상이 피렌체의 군주에 버금간다는 사실이 알려진다면 메디치 은행의 위상도 자연스럽게 올라갈 것이다. 피렌체 사람들이 얼마나 멋지고 화려하게 옷을 차려입고 다니는

지 외국 사람들이 직접 보면, 메디치 가문의 모직 산업과 실크 산업에도 좋은 영향을 미칠 것이다. 피렌체 내부적으로도 이점이 많을 것이다. 코시모가 외국의 군주들과 대등한 관계를 유지하는 모습을 보면, 메디치 가문에 대한 시민들의 신뢰와 존경심이 높아질 것이다. 코시모는 주도면밀한 사람이었다. 자신의 활동 무대를 유럽 전체로 확장하기 위해 피렌체에서 치러지는 국제 행사를 기획하기에 이른다. 군주는 권력을 잡아서 스스로 되기보다 사람들의 평판에 의해 만들어지는 법이다. 시대정신을 구현하는 사람만이 사람들의 평판을 통해 군주로 등극할 수 있었으니, 코시모가 바로 그런 사람이었다.

코시모가 개최를 주도한 국제 행사는 피렌체 공의회다. 당시 유럽의 국제 무대는 교황청이 연출을 맡고 있었다. 전 유럽 국가에 가톨릭교회가 퍼져 있으니, 교황청이 주관하는 종교 회의는 모든 국가 대표들이 참석하는 국제 행사로 치러진다. 메디치 가문과 피렌체의 위상을 알리는 데 이것보다 효과적인 무대장치가 없을 것이다. 그래서 코시모는 당시 국제 종교 회의가 개최되고 있던 스위스 바젤에서 유능한 인물을 먼저 찾아냈다. 로베르토 마르텔리Roberto Martelli 라는 이름의 메디치 은행 바젤 지점장이었다. 1409년에 태어난 그는 1433년부터 1438년까지 메디치 은행의 간부로 일하고 있었다.

1431년 7월 25일, 스위스 바젤에서 교황 마르티누스 5세가 주관하는 공의회가 개최되었다. 그러나 그해 예상치 못한 교황의 선종善終으로 공의회의 주관자는 신임 교황 에우게니우스 4세로 변경되었다. 전임 교황 가문인 로마의 콜론나 가문과 충돌하면서 피렌체로 피신했던 바로 그 교황이다. 에우게니우스 4세는 개최지를 이탈리아 영토 안으로 옮기기로 하고, 1438년 1월 8일 페라라를 새로운 회의 장소로 지명했다. 로베르토가 바로 그해에 바젤 지점장직을 그만둔 것도 공의회 장소 변경과 연관이 있다. 코시모의 지시를 받은 로베르토는 은밀히 교황 설득 작업에 나섰다. 페라라에서 전염병이 창궐하고 있으니, 공의회 장소를 피렌체로 변경하자는 것이었다.

바젤-페라라 공의회의 중요 안건은 동방 비잔틴교회와 서방 가톨릭교회의 통합 문제였다. 1054년부터 동방과 서방으로 갈라진 양대 교회를 통합하기 위해 신학적인 문제와 종교 기구 통합의 가능성에 대한 광범위한 논의가 필요했고, 이를 위해 약 700명의 동방 비잔틴교회 대표단이 페라라에 와 있었다. 코시모는 로베르토를 통해 만약 피렌체로 공의회 장소를 옮기면 동서교회 대표단이 타고 갈 말을 모두 준비시키고, 이동과 체류 경비를 모두 피렌체 시뇨리아가 부담하겠다고 약속했다. 유능한 로베르토 덕분에 공의회의 장소는 피렌체로 변경되었다. 1439년, 거대한 무리가 화려하게 치장된 말을 타고 페라라에서 피렌체로 천천히 이동했다. 동방 비잔틴교회의 대표들은 화려한 금박으로 치장된 예복을 입고 피렌체 시뇨리아 군대의 호위를 받으며 남쪽으로 행진했다.

메디치 가문을 위해 일했던 화가 베노초 고촐리는 이 장관을 멋진 그림으로 표현했다. 메디치 저택 안 기도실에 그려진 〈동방박사의 행진〉이다. 메디치 가문의 초청을 받은 피렌체 공의회 대표들이 말을 타고 행진하는 모습이 그려져 있는데, 그 작품 안에는 메디치 가문의 3대(코시모, 피에로, 로렌초)가 보무도 당당히 행진하고 있다. 그 앞에는 동방 비잔틴 제국과 교회를 대표한 황제와 콘스탄티노플 주교의 모습이 차례로 보인다. 이 작품의 실제 주문자인 피에로(코시모의 아들)가 탄 말의 고삐를 잡고 있는 사람을 자세히 보면, 오른손에 칼을 쥐고 있다. 이 사람이 바로 피렌체에서 공의회가 개최될 수 있도록 협상했던 로베르토로 추정된다. 마르텔리 가

베노초 고촐리가 1459년경에 제작한〈동방박사의 경배〉중
메디치 가문의 일원이 등장하는 부분. 메디치-리카르디 궁전
안 가족 전용 기도실 소장.

문은 원래 칼을 포함한 철제 무기를 만드는 무기 제작 조합에 속해 있었
다.**10** 코시모는 로베르토의 공을 인정해, 1439년부터 1464년까지 메디치
은행의 가장 중요한 로마 지점장 자리를 그에게 맡겼다.

　1439년 1월 10일, 피렌체 공의회 대표단은 산타 마리아 델 피오레 대
성당에서 합동으로 미사를 드린 다음, 산타 마리아 노벨라 성당으로 자
리를 옮겨 본격적으로 회의를 재개했다. 동방 교회와 서방 교회의 통합

　　　　　　　　　　　　　　　　　　　　　붉은 백합의 도시, 피렌체

이 가장 시급한 논제였다. 교회 통합의 걸림돌이었던 삼위일체 교리에 대한 논의가 계속되었고, 극적인 타협이 이루어졌다. 아래는 1439년 7월 6일, 산타 마리아 노벨라 성당에서 발표된 피렌체 공의회 여섯 번째 회담의 결과다.

하늘과 땅이 모두 기뻐하게 하라. 서방과 동방으로 갈랐던 교회의 벽이 제거되었기 때문이다. 평화와 공존의 시대가 돌아왔으니, 성전의 모퉁이 돌이 되신 그리스도께서 갈라졌던 두 교회를 하나로 만드셨도다. 두 교회는 이제 영원한 일치의 언약을 맺고 함께 사랑과 평화로 하나 될 것이다. 분열과 갈등 때문에 초래되었던 오랜 시간의 슬픔과 괴로움은 지나가고, 희망으로 가득한 연합의 빛이 우리 모두를 환히 비추고 있다.[11]

산타 마리아 노벨라 성당에서 피렌체 공의회 대표단의 선언문이 울려 퍼질 때, 가장 기뻐한 사람은 코시모였을 것이다. 그는 더 이상 단순한 은행가나 직물 공장을 운영하는 사업가가 아니었다. 피렌체 공의회를 통해 자신의 이미지와 위상을 피렌체의 군주로 각인시키는 데 성공했다. 그는 명실상부한 피렌체의 주인이며, 300년간 분열되어 있던 동방과 서방 교회를 통합시키는 결정적인 역할을 한 인물로 알려졌다. 약 100여 년 전 흑사병이 피렌체를 초토화했을 때, 보카치오는 산타 마리아 노벨라 성당에서 《데카메론》을 쓰기 시작했다. 그러나 코시모는 약 100년 후에 바로 그 성당에서 메디치 가문의 이야기를 본격적으로 시작하게 된다. 앞으로 그 가문에서 교황이 2명 탄생할 것이며, 프랑스 왕비가 2명 탄생할 것이고, 무엇보다 르네상스라는 유럽 역사의 전환점을 메디치 가문이 이끌 것이다.

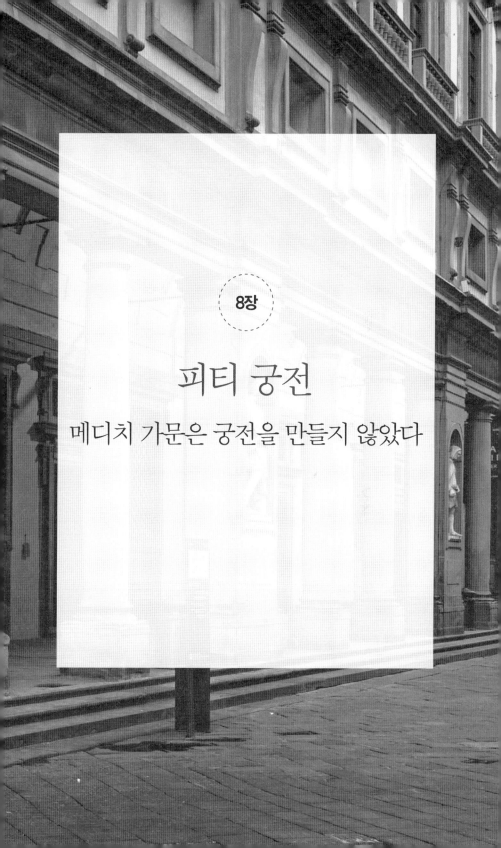

8장

피티 궁전
메디치 가문은 궁전을 만들지 않았다

거대해진
피티 궁전

　1445년 피렌체 공의회가 폐회되고 동서교회 대표단은 로마에서 회의를 이어가기 위해 피렌체를 떠났다. 거대한 필리포 브루넬레스키의 벽돌 돔을 뒤로 하고, 메디치 가문이 마련해준 수백 마리의 말들이 대표단을 태운 채 느릿느릿 남쪽으로 이동했다. 시뇨리아 광장에서 코시모와 피렌체 시민들의 환송을 받으며 동서교회 대표단이 떠날 때, 코시모 곁에 한 사람이 서 있었다. 루카 피티Luca Pitti(1398~1472년)라는 인물이다. 피렌체에서는 아르노강 남쪽에 서 있는 거대한 피티 궁전의 주인으로 알려져 있다.

　1458년, 루카는 세 번째 곤팔로니에레로 취임한 후 자기 가문의 저택을 새로 건축하기로 했다. 지금도 피렌체 강남에서 가장 큰 건물인 피티 궁전이 이때 착공되었다. 루카 피티는 건축가에게 저택의 창문을 아르노강 건너편 비아 라르가Via Larga에 있는 메디치 가문의 저택의 대문보다 더 크게 만들라고 주문했다고 한다. 그리고 중정의 크기를 결정하면서 메디치 가문의 저택 전체가 들어갈 수 있는 거대한 크기로 만들라고 지시했다고 전해진다.

　1464년, 평생 주군으로 모셨던 코시모가 임종할 때 루카는 만감이 교차했을 것이다. 노회한 정치가 루카는 코시모에서 피에로로 이어지는 권력의 승계 과정에서 변심한다. 놀랍게도 그는 피에로를 암살하는 음모에 가담했다. 그의 정치적 변심에는 개인적인 이유가 있었다. 자기 딸을 피에로의 아들 '위대한 자' 로렌초 데 메디치와 혼인시키려고 했는데 피에로가 이를 거절하면서 모욕을 당했기 때문이다. 뒤에서 더 상세히 소개되겠지만 루카는 피에로를 암살하려는 국가 원로들의 음모에 가담했다가 체포되어, 결국 1472년에 감옥에서 죽고 말았다. 메디치 가문의 그늘에서 벗어나기 위해 발버둥 쳤던 74년의 인생이 그렇게 마감된 것이다. 피티 궁전 공사는 1465년에 이미 중단되었다. 거대한 건물의 공사비를 부담할 수 없었기 때문이다. 세월이 한참 흘러 1549년, 피티 가문은 공사가

피티 궁전의 모습.

중단된 이 거대한 건물을 메디치 가문에 통째로 매각했다. 하필이면 메디치 가문에게 매각될 줄이야. 지하에 있던 루카가 통곡을 했을 것이다.

우리 가이드 마키아벨리는 《피렌체사》에서 루카를 부정적인 인물로 묘사한다. 부정부패를 일삼던 인물이었고, 뇌물을 준다면 범죄자에게도 기꺼이 저택 방문을 허락했다는 기록을 남겼다. 나중에 루카에 의해 추방되는 마키아벨리의 친척 지롤라모 마키아벨리Girolamo Machiavelli는 1460년 여름에 다시 반 메디치 음모 사건으로 체포되어 감옥에서 고문을 받은 후 그해 7월에 죽었다. 그로부터 9년이 지난 1469년, 우리들의 가이드 니콜로 마키아벨리가 탄생한다.

메디치 가문을 위한 친위 쿠데타

　권력 투쟁의 백화점과 같았던 피렌체의 역사에서 메디치와 피티 가문의 관계는 인간의 질투심이 어떤 결과를 초래할 수 있는지 보여주는 독특한 사례다. 메디치 가문의 후원과 지원 덕분에 승승장구하던 피티 가문의 수장 루카는 코시모에게 경쟁심을 느낄 정도로 성장한다. 이 미묘한 관계의 결정판이 지금도 아르노강 남쪽 언덕 전체를 차지하고 있는 거대한 피티 궁전이다.

　루카는 코시모가 권력을 잡았던 1434년부터 5년간 연결자로 일하면서 처음부터 메디치 가문의 편에 섰다. 앞에서 설명했듯 연결자는 공직자로 선출될 후보를 미리 선발하는 직책으로, 메디치 가문의 최측근이 아닌 사람에게는 맡기지 않았다. 피티 가문은 메디치 가문의 후광을 등에 업고 피렌체의 명문가로 성장해간다. 투표를 거치지 않고 직접 손으로 뽑는 '아 마노' 제도를 통해서 피티 가문은 1434~1439년, 1440~1441년, 1444~1449년, 1452년 그리고 1455년 임기에 고위 공직자를 연속 배출하면서 막강한 세력을 형성했다.[1] 피티 가문은 메디치 가문 뒤에 있는

2인자가 되었다.

메디치 가문이 피렌체의 실질적인 통치자가 된 1434년 이후 20년의 세월이 흘렀다. 이탈리아는 이 시기에 롬바르디아 전쟁을 치렀다. 메디치 가문은 피렌체를 이끌면서 롬바르디아 전쟁을 지휘했고, 마침내 1454년 로디Lodi 협약이 체결되었다. 이 협약으로 롬바르디아 전쟁이 종결된다. 밀라노와 베네치아가 북이탈리아의 패권을 놓고 겨루었던 이 전쟁에 거의 모든 이탈리아 도시국가들이 연루되었다. 전쟁은 밀라노와 베네치아 양쪽 진영 모두의 승리로 끝났다. 밀라노에서는 프란체스코 스포르차가 명실상부한 이탈리아 북부의 통치자로 인정되었고, 베네치아는 그토록 갈망하는 이탈리아 본토의 '마른 땅'을 얻게 되었다. 이 전쟁의 실질적인 패배자는 북이탈리아의 작은 도시국가들이었다. 고래 싸움에 새우 등이 터지는 꼴이었으니 제노아 공화국(이탈리아 서해안의 항구 도시), 곤자가Gonzaga 가문이 통치하던 만토바 공국, 사보이 왕국 그리고 에스테Este 가문이 이 전쟁으로 인해 몰락했다.

피렌체는 직접적인 피해를 입지 않았지만, 막대한 전쟁 비용을 대느라 시민들의 등골이 휘었다. 앞 장에서 잠시 소개되었지만, 베네치아 편에 섰던 카포니 가문 측과 밀라노 편에 섰던 메디치 가문 측의 갈등으로 도시가 분열된 것도 이 전쟁이 남긴 상처였다. 전쟁이 많은 후유증을 남긴 채 겨우 끝이 나자, 피렌체 시민들의 불만이 메디치 가문으로 향했다. 코시모가 장악하고 있던 시뇨리아에 반 메디치파가 선출되는 일이 벌어졌다. 그들은 코시모의 외교 정책이 잘못되었다고 공개적으로 비난했다. 1456년에는 친 메디치파인 서기장 포조 브라촐리니Poggio Bracciolini 가 자리에서 쫓겨나는 일까지 발생했다. 1457년에는 시뇨리아에 대한 메디치 가문의 지배력이 완전히 상실되면서 피렌체 정국은 한 치 앞을 내다볼 수

붉은 백합의 도시, 피렌체

없는 혼란에 빠졌다. 때마침 흑사병이 다시 창궐해 많은 희생자가 발생했다. 1458년에 발의된 세금 조정안도 메디치 가문의 지배력을 흔들어놓았다. 피렌체의 아르테 미노리와 하층민들은 부자들의 세금 징수의 기본이 되던 토지 대장을 재조정하기를 원했고, 결국 이를 관철시켰다.[2] 피렌체 그란디들의 재산이 다시 공개되었고, 그동안 숨겨놓았던 알짜배기 재산들에 대한 중과세가 시행되었다. 그란디들의 불만 역시 메디치 가문을 향해 표출되었다.

1458년, 이런 정치적 혼란 가운데서 메디치 가문을 위해 친위 쿠데타를 일으킨 인물이 바로 루카 피티다. 그는 이미 2번이나 곤팔로니에레를 역임한(1448년, 1453년) 친 메디치파였다. 1434년부터 메디치 가문의 지원을 받으며 승승장구하던 그는 메디치 가문의 지배력이 도전받고 있던 1458년에 다시 곤팔로니에레로 선출되었다. 그에게 맡겨진 임무는 피렌체 정국을 안정시키는 것이었다. 메디치 가문의 지배력을 공고히 해서 경제를 살리고 국방을 튼튼히 해야 했다. 그러나 피렌체 시민들은 동요하고 있었고, 용병들에 대한 급여 지출, 전염병 창궐에 대한 대책, 거기에 피렌체 외곽을 지키고 있는 군인들에 대한 보상이 지연되면서 일어난 혼란 때문에 좁은 피렌체 골목길에 불만과 성토의 목소리가 가득했다. 당시 피렌체에 체류하고 있던 밀라노 대사는 프란체스코 스포르차에게 "코시모 데 메디치가 피렌체를 통제하지 못하고 있다"는 보고서를 보냈다.

이 혼란을 진정시켜야 할 신임 곤팔로니에레 루카는 1458년 7월 31일, 국가 원로들을 초빙해 조언을 부탁했다. 이때 국가 원로 중의 하나이자 피렌체 대학교의 교수를 역임한 지롤라모 마키아벨리가 연단에 올라갔다. 지롤라모는 우리 가이드 니콜로 마키아벨리의 재당숙(아버지의 6촌 형제)이다. 그는 피렌체 시뇨리아의 대대적인 개혁을 주장하며, 메디치 가문을 위시한 국정의 실세들이 나라를 혼란에 빠트리고 있다고 비난했다. 많은 국가 원로가 그의 주장을 지지했고, 루카에게 국정 개혁안을 요구했다. 무엇보다 세금 제도를 바로잡아 메디치 일파의 1인 지배를 끝내야 한다고 목청을 높였다.

친 메디치파 인사들도 가만히 있지 않았다. 그들은 '파를라멘토Parlamen-to'의 부활을 강력하게 요구했다. 파를라멘토는 1343년, 코시모를 사면하고 그를 피렌체로 귀환시키기 위해 결성되었던 일종의 비상 정부였다. 파를라멘토가 부활되면 기존 시뇨리아를 해산하고 정부를 다시 구성하게 되는데, 이런 비상 조치는 전쟁의 발발이나 전염병의 창궐, 국가 부도 사태 등이 발생했을 때 시행된다. 지롤라모는 파를라멘토 부활에 반대하면서 세금 개정을 기반으로 하는 국정 쇄신이 먼저라고 주장했다. 양측의 토론과 대립이 수일간 이어지다가, 1458년 8월에 국가 원로 회의가 최종 추천안을 의결했다. 핵심 내용은 '피렌체의 비상시국을 타개하기 위해 파를라멘토를 부활한다. 단, 코시모 데 메디치가 동의할 때만 이 조치를 시행한다'였다. 당연히 코시모도 국가 원로 회의의 일원이었지만, 그는 최종 추천안이 의결되는 회의에 참석하지 않았다. 그날 코시모는 밀라노에서 온 대사를 은밀히 만났다. 그리고 피렌체 정국을 안정시키기 위해 밀라노의 군대를 동원하는 문제를 긴밀히 협의했다.[3]

말이야 그럴듯하지, 파를라멘토는 사실상 친위 쿠데타나 다름없었다. 도전받고 있던 코시모와 메디치 가문의 지배력을 더 강화해 정국 안정을 도모하려는 의도였다. 코시모는 파를라멘토 부활에 대해 아무런 입장을 표시하지 않았다. 그의 아들 피에로가 중립적인 입장에서 연설한 기록은 남아 있으나, 파를라멘토를 기정사실화하면서 그 전에 국정개혁을 시도해보자는 애매한 주장이 담긴 연설이었다. 피에로의 불분명한 연설을 경청하고 있던 국가 원로들은 그가 아버지 코시모와 합의를 하고 하는 말인지, 진의를 파악할 수 없어 고민했을 것이다.

친위 쿠데타였던 파를라멘토가 선포된 후, 1458년 8월 3일 제일 먼저 지롤라모가 체포되어 추방당했다. 새로 구성된 피렌체 시뇨리아는 총 150명의 시민에게 추방령을 내렸다. 그들 대부분은 '1433년의 일파'였는데, 코시모를 적대시하던 알비치 가문의 추종자들이었다. 1458년 8월 9일, 저항을 막기 위해 파를라멘토에 의해 고용된 파엔차의 용병 대장이 300명의 기사와 50명의 보병을 이끌고 피렌체 시뇨리아를 포위했다.

파를라멘토가 공식적으로 선포되기로 한 1458년 8월 10일, 시뇨리아는 피렌체 시민 중 14세 이상 남성 전원을 시뇨리아 광장으로 소환했다. 무기를 지참하는 것은 엄격히 금지되었다. 시뇨리아를 대표해서, 서기가 피렌체 시민들에게 질문을 3번 했다. "여러분들은 피렌체에 새로운 발리아가 구성되는 것에 동의하십니까?" 법적으로 피렌체 시민 3분의 2가 동의해야만 새로운 정부 구성이 승인된다. 서기의 목소리가 작았기 때문에 시뇨리아 광장을 메우고 있던 대부분의 사람들은 질문을 듣지 못했다고 한다. 앞줄에 서 있는 사람들이 작은 목소리로 "동의합니다"라고 말하자, 새 정부가 구성되었다는 발표와 함께 산회가 선포되었다. 파엔차 용병들은 서둘러 피렌체 시민들을 광장에서 쫓아냈다. 이 모든 광경을 곤팔로니에레 루카가 연단에서 조용히 지켜보고 있었다. 물론 코시모는 어디에도 모습을 드러내지 않았다.

1458년 여름, 메디치 가문의 사주로 전광석화처럼 추진된 피렌체의 친위 쿠데타에 대해 우리 가이드 마키아벨리는 애써 침묵을 지킨다. 자신의 친척이 반 메디치 운동의 선봉에 섰다가 추방을 당했기 때문일 것이다. 마키아벨리가 《피렌체사》를 쓸 어간에도 메디치 가문에 대한 암살 시도가 적발되었으니 여간 조심스러운 부분이 아닐 것이다. 그는 자세한 정황을 설명하면서 변명을 하거나 지롤라모의 입장을 섣불리 변호하지 않는다. 대신 권력의 일반적인 속성을 언급하며 슬쩍 넘어간다. 마키아벨리의 일반론에 의하면, 도시나 국가의 패권을 장악하는 방식은 2가지다. 공적인 방식 혹은 사적인 방식이다. 공적인 방식이란 개인의 신망을 높이는 행동이나 업적을 통해 대중의 신뢰를 얻는 것이다. 예를 들면 앙기아리 전투에서 무공을 쌓아 피렌체의 주요 인물이 된 네리 같은 경우다. 반대로 사적인 방식은 사람들에게 호의를 베풀고 자선을 실천함으로써 대중의 신뢰를 얻는 것이다. 마키아벨리는 네리가 공적인 방식에 의해 피렌체의 지도자가 되었다면, 코시모는 사적인 방법을 통해 피렌체인들의 마음을 사로잡았다고 평가한다. 마키아벨리의 차분한 분석을 들어보자.

> 시민은 2가지 방식, 즉, 공적인 방식과 사적인 방식으로 도시에서 명성을 얻는다는 점을 명심해야 한다. 시민이 공적으로 명성을 얻는 방법은 전투에서 이기고, 도시를 획득하고, 주어진 공무를 신중하고 열정적으로 완수하고, 현명하고 성공적인 조언을 공화국에 제공하는 것이다. 반면, 사적으로 명성을 얻는 시민은 다른 시민들에게 이익을 주고, 행정장관들로부터 그들을 지켜주고, 그들한테 돈을 지원하고, 그들이 분에 넘치는 관직에 오를 수 있도록 도와주며, 또 선물과 구경거리로 대중들의 환심을 산다.[4]

앞 장에서 보았듯이 네리는 코시모가 유배에서 돌아올 수 있도록 힘을 쓴 인물이고, 무엇보다 앙기아리 전투에서 무공을 쌓은 영웅이었다. 그러나 네리가 1457년에 죽자, 판세는 코시모 쪽으로 급격히 기울었다.[5]

지금 마키아벨리는 특유의 상상력을 발휘하여, 1458년 친위 쿠데타를 통해서 권력을 다시 장악한 메디치 가문을 엉뚱하게 변호하고 있다. 네리 같은 공적인 인물이 죽었기 때문에, 그 이후에 사적인 인물인 코시모가 피렌체의 실세가 되었다는 설명이다.

자신의 집이 언제나 무언가를 부탁하는 사람들과 그들이 가져온 선물들로 가득 차 있는 모습을 보는 데 익숙했던 자들은, 이제 재물도 사람도 없이 텅 비어 있는 집을 보게 되었고, 자신들이 오랫동안 열등한 존재로 경멸해온 이들과 동등해졌다는 것을 알게 되었을 뿐만 아니라, 자신들과 동등하던 이들이 자신들보다 우월해졌다는 점도 확인할 수 있었다. 그렇게 그들은 이제 어떤 존경도 또 어떤 대접도 받지 못했다. 아니, 실상을 말하면, 그들은 자주 조롱을 당하는 놀림거리가 되었으며, 그들과 공화국은 거리와 광장에서 최소한의 예의도 없이 함부로 평가되었다. 따라서 그들은 곧 권력을 잃은 것이 코시모가 아니라 바로 그들 자신이라는 사실을 이해하게 되었다.[6]

지금 우리 가이드 마키아벨리는 다소 엉뚱한 소리로 메디치 가문의 경계심을 피하고 있다. 사실 지롤라모는 메디치 가문에 답지하는 선물 때문에 질투심으로 코시모를 비난한 것이 아니었다. 그는 명확한 정치적 견해를 펼쳤으며, 구조적인 문제에 합리적으로 도전했다. 그러나 지금 마키아벨리는 메디치 가문의 경계심을 사전에 차단하기 위해 '대접을 받지 못해 질투심을 느꼈고, 존경을 받지 못해 권력을 잃은' 자기 친척을 비판하는 것으로 사건을 마무리한다.

루카 피티의 질투심과 피티 궁전

1458년에 구성된 새 발리아는 긴급 조치를 발동하고 향후 5년간 시뇨리아를 선출할 때 '아 마노' 제도를 적용하기로 했다. 메디치 가문의 친정親政이 시작된 것이다. 피렌체 조합에서 후보를 내면 시민들이 투표로 공직자를 선출하던 피렌체의 공화정 전통이 폐지되었다. 롬바르디아 전쟁의 후유증을 앓고 있던 피렌체는 메디치 가문의 실질적인 통치를 통해 외관상으로는 질서와 평화가 회복되었다. 1461년에는 코시모의 아들 피에로가 곤팔로니에레로 취임했다. 코시모가 임종하기 1년 전인 1463년, 피렌체의 연결자는 20명으로 줄어들었고, 이들은 모두 메디치 가문의 지지자였다. 당연히 코시모의 뒤를 이어 피렌체를 이끌고 갈 후계자 피에로도 20명의 연결자에 포함되어 있었다.

여기서 우리는 루카의 이름을 다시 만나게 된다. 3번이나 곤팔로니에레를 역임했으며, 1458년의 메디치 친위 쿠데타를 진두지휘했던 인물이다. 루카는 야심만만한 사람이었다. 평생 메디치 가문을 위해 일했던 그도 이제 환갑의 나이가 되었다. 그는 1458년의 친위 쿠데타를 성공시킨 다음, 엉뚱한 생각을 품기 시작했다. 언제나 메디치 가문의 그림자로, 정권의 2인자로 살았지만, 명색이 곤팔로니에레를 3번이나 역임한 원로인데 좀 특별한 대접을 받아야 하지 않나? 언제까지 메디치 가문의 뒤치다꺼리만 해야 하는가? 그는 피티 가문에 대한 피렌체 시민들의 평판도 달라지기를 바랐다. 한 가문의 하수인이 아니라 피렌체 명문가라는 평가를 받고 싶었다. 루카는 자신의 정치적 위상이 코시모 못지않다는 것을 보여주기 위해 몇 가지 무리수를 두었다. 그때까지 곤팔로니에레는 프리오리들 옆에 서는 것이 관례였다. 그러나 루카는 자신이 중앙의 상석을 차지하고, 프리오리들을 자신의 좌우에 도열시켰다. 물론 코시모는 이런 공식적인 행사에 참여하지 않았기 때문에 루카의 이런 오만한 행동을 소문만으로 들었을 것이다. 그러나 코시모는 특별한 조치를 하지 않았다.

군주의 거울, 코시모 데 메디치

코시모는 카레지에 있는 플라톤 아카데미에서 눈을 감았다. 마르실리오 피치노를 위시한 인문학자들이 지켜보는 가운데 풍운아의 삶은 그렇게 마감되었다. 그의 침상 곁에는 영혼의 불사를 논구한 플라톤의 책《파이돈Phaidon》이 놓여 있었을 것이다. 메디치 가문이 3대에 걸쳐 후원하게 될 마르실리오가 그리스 원전에서 라틴어로 번역한 책이었다. 코시모가 그토록 총애했던 조각가 도나텔로는 주군의 임종을 지키지 못했다. 앞에서도 언급했듯, 코시모는 공직에 여러 번 임명된 것으로 보이지만 그가 가졌던 실제 권력과 비교하면 적극적으로 공직에 나서지 않았음을 확인할 수 있다. 회기 중에 특별한 공개 발언을 해서 피렌체 정책의 방향을 제시했다는 기록은 보이지 않는다.[7] 코시모가 그나마 애착을 가졌던 공직은 국가 재정을 관장하는 일이었다. 그는 이 직책에 2번 임명되었는데 (1445~1448년, 1453~1455년), 총 5년 동안 그 자리에 머물면서 피렌체의 재정을 직접 관장했다. 메디치 가문의 친위 쿠데타가 일어났던 1458년부터 코시모는 국가 공직에서 완전히 물러났는데, 이는 1456년에 밀라노 대사가 남긴 기록에서도 확인된다. 60대에 들어선 코시모는 모든 공직에서 물러나겠다는 뜻을 프란체스코 스포르차에게 알렸다. 물론 노환이 그를 공직에서 물러나게 한 가장 큰 이유이지만 언제나 '동등한 시민 중의 제1인자Primus inter pares'임을 잊지 않겠다는 원칙을 지킨 것이다. 그러나 이후에도 코시모가 피렌체의 1인 통치자였음은 분명하다. 1458년 이후에는 국가의 중요한 회의가 시뇨리아 정청이 아니라 메디치 저택에서 개최된 것만으로도 그 사실을 확인할 수 있다.

우리 가이드 마키아벨리는 코시모의 생애를 어떻게 평가하고 있을까? 자신을 공직에서 쫓아내고 고문을 당하도록 뒤에서 조종했던 메디치 가문의 조상에 대해서 마키아벨리는 어떤 소회를 품었을까? 그에게 피렌체 역사를 집필하도록 의뢰한 사람은 코시모의 증손자다. 현재는 추기경이지만 장차 교황이 되어 '신의 대리인'이 될 사람이 자신의 증조부에 대해 쓴 마키아벨리의 글을 읽게 될 것이다. 그래서 마키아벨리는 코시모에 대한 찬사를 아끼지 않는다. 그의 삶을 추모하는 부분에서 마키아벨리는 고대 로마의 수사학을 총동원한다.

로마에서는 황제나 장군이 큰 공을 세우고 임종하면 명문장으로 쓰인 추도사 Elogium를 헌정하는 관례가 있었다. 어떤 경우에 아예 부조로 그 추도사를 조각해서 영묘를 장식하기도 했다. 마키아벨리는 여기에 인물의 성격을 묘사하는 소품문小品文 형식을 더해, 코시모의 삶을 영웅의 것으로 추존했다. 이미 《군주론》을 집필함으로써 '군주의 거울Speculum regia' 양식을 충분히 습득한 마키아벨리는 코시모를 후대 메디치 가문의 후손들만이 아니라 지도자들까지 읽고 본받아야 할 '군주의 거울'로 소개하고 있다.

〈코시모 데 메디치의 초상화〉. 야코포 다 폰토르모 Jacopo da Pontormo 가 1520년에 그린 그림으로, 우피치 미술관에 전시되어 있다.

내가 코시모가 행한 일들에 관해 쓰면서, 통사通史를 쓰는 이들이 아니라 군주의 삶을 기술하는 이들의 방식을 모방했다 하더라도, 이를 의아해할 필요는 없다. 왜냐하면 코시모는 정녕 우리 도시에서 보기 드문 인물이었고, 나는 특별한 방식으로 그를 칭찬할 수밖에 없었기 때문이다.**8**

마키아벨리는 위 문장에서 "군주의 삶을 기술하는 이들의 방식을 모방했다"고 분명히 밝혔다. '군주의 거울' 양식이 즐겨 택하는 방식은 그의 죽음이 남긴 결과나 후대 사람들에게 끼친 영향부터 먼저 소개하는 것이다. 마키아벨리는 코시모의 서거가 그의 적들에게조차 큰 걱정거리를 안겨주었다고 말한다.

그의 친구들은 물론이고 적들도 모두 그의 죽음을 애도했다. 왜냐하면 정치적인 이유로 그를 좋아하지 않던 이들도, 그 추종자들이 얼마나 탐욕스러운지 잘 알고 있었기 때문이었다. 그래도 코시모가 살아 있는 동안은 코시모에 대한 존경이 그 추종자들의 탐욕과 폭정을 어느 정도 제어했지만, 이제 코시모가 죽어 그 추종자들을 억제할 사람이 없어졌으므로 그들은 자신들이 완전히 파멸되지 않을까 두려워했다.**9**

이 부분이야말로 코시모의 생애를 단 한마디로 요약한 것이다. 피렌체 시민들이 그를 어떤 사람으로 보았는지, 그가 어떤 시대 정신을 구현하며 살았는지 보여주는 장면이다. 한마디로 그는 피렌체 평민들의 수호자였다. 그가 임종했을 때 평민들은 제일 먼저 옛 귀족들과 그란디들이 다시 피렌체의 자유를 빼앗지 않을까 염려했다. 코시모가 살아 있을 때 그런 걱정은 할 필요가 없었다는 것이다.

거듭 밝히지만, 마키아벨리는 예술에 대해 무관심한 사람이었다. 레오나르도 다 빈치와 미켈란젤로와 같은 천재 예술가들과 동시대에, 심지어 같은 도시에 살았지만 그들의 업적에 대해 아무런 관심을 보이지 않았다. 그에게는 정치야말로 진정한 예술이었다. 예술 문외한이었지만 그도 코시모의 생애를 설명하면서 피렌체 예술이 받은 영향을 언급하지 않을 수 없었을 것이다. 그래서 마키아벨리는 코시모가 건축하거나 후원했던 많은 건물을 상세히 열거한다. 코시모는 산 마르코 수도원, 산 로렌초 대성당과 수도원, 산타 베르디아나 수녀원, 피에졸레Fiesole의 산 지롤라모 수도원, 산타 크로체 성당, 산타 마리아 데이 세르비 성당Santa Maria dei Servi, 아뇰리 수도원, 성지 순례자를 위해 세운 예루살렘의 병원 등의 건축에 직접 참여하거나 재정 후원을 아끼지 않았다.

그러나 무엇보다 마키아벨리가 반복적으로 칭찬하고 있는 그의 덕목은 신중함과 관대함이었다. 그는 경제적으로 어려운 사람을 만나면 신분의 고하를 막론하고 경제적인 도움을 주었다. 피렌체 시민 중에서 그에게서 돈을 빌리지 않은 사람이 없을 정도였다. 심지어 옛 귀족이나 주요 그란디 인사가 곤경에 처하면 요청을 받지 않았어도 직접 찾아가서 도움을 주었다. 이런 그의 관대함은 신중함과 겸손으로 더 빛을 발했다. 다음은 마키아벨리의 말이다.

그는 피렌체에서 거의 군주나 다름없을 만큼 절대적인 권력을 가지고 있었지만, 그럼에도 항상 신중하게 처신하며, 공화국의 시민다운 수수함에서 절대 벗어나지 않았다. 대화를 하고 말을 타고 시중을 받고 집안의 결혼 상대를 고르는 등 모든 생활 속에서, 그는 일반 시민과 별반 다르지 않게 행동했다. 왜냐하면 그는 평범하지 않은 것들이, 평범한 외관에 가려져 있지 않고 수시로 사방에서 보이고 들릴 때 남들의 더 큰 부러움과 미움을 산다는 사실을 익히 알고 있었기 때문이었다.[10]

코시모의 신중함과 겸손한 삶의 태도를 보여주는 결정적인 증거가 있다. 코시모가 사돈을 맺는 방식이다. 동방과 서방 교회의 대통합을 선포했던 피렌체 공의회를 성공적으로 개최함으로써 코시모의 국제적 위상은 높아졌다. 명실상부한 유럽 최고의 경제 도시였던 피렌체의 실질적인 영주라고 해도 틀린 말이 아니었기에, 이탈리아와 유럽의 여러 왕족, 귀족 가문들이 그와 사돈을 맺기를 원했다. 그러나 코시모는 어떤 유럽의 왕족이나 귀족, 유력자 가문들과도 사돈을 맺지 않았다. 장남 피에로의 배우자를 고를 때, 귀족 출신이지만 스스로 평민이 되어 메디치 은행의 파트너로 일하던 프란체스코 토르나부오니Francesco Tornabuoni의 딸을 선택했다.[11] 병약한 장남 피에로보다 더 편애했다고 전해지는 둘째 아들 조반니의 결혼 상대는 아예 평민의 딸을 선택했다.[12] 장남 피에로가 낳은 손녀들에게도 같은 원칙을 적용했다. 모두 피렌체의 유력 가문 출신이기는 하지만, 스스로 평민이 된 사람들의 아들과 결혼시켰다.

여기까지가 마키아벨리가 고대 로마의 추도사 양식을 따라 코시모를 상찬한 것이다. 이어서 마키아벨리는 본격적으로 '군주의 거울' 양식을 사용하며 코시모의 생애를 소개한다. 간단한 일대기인데, 기억할 만한 일화와 그 위인이 남긴 덕담이나 명언을 소개하는 방식이다. 먼저 그가 거둔 상업적 성공에 대한 요약은 아래와 같다.

코시모는 1389년 성 코스마와 성 다미아노Santi Cosma e Damiano의 날(9월 27일)에 태어났다. 그의 초기 생애는 투옥, 추방, 죽음의 위험 등이 보여주

산드로 보티첼리가 그린 〈코시모 데 메디치의 메달을 들고 있는 청년〉(아래) 중에서
코시모의 메달을 확대한 사진(위). 피렌체 시민들의 존경을 받았다는 것을 상징한다.

듯 시련들로 가득했다. 대립 교황 요하네스(23세)와 함께 갔던 콘스탄츠 공의회에서는, 그 교황의 폐위(1415년)로 인해 목숨에 위협을 받아 변장을 하고 탈출해야 했다. 그렇지만 마흔 살 이후에는 매우 성공적인 삶을 살았고, 공적인 분야에서 코시모의 편을 들었던 이들뿐만 아니라 유럽의 여러 나라에서 그의 사무를 관리하던 이들도 그와 함께 번영을 누렸다. 토르나부오니, 벤치, 포르티나리, 사세티 가문처럼 많은 피렌체 가문이 코시모로 인해 엄청난 부를 얻었으며, 그 가문들만큼은 아니지만 그의 조언을 따르고 그의 도움을 받은 모든 이들이 부자가 되었다. 그래서 코시모는, 비록 교회를 짓고 자선활동을 벌이는 일에 계속 엄청난 돈을 쓰고 있었지만 신이 자신을 위해 베푸신 은혜에 보답할 만큼의 돈을 결코 신의 영광을 위해 쓰지 못했다며, 때때로 친구들에게 앓는 소리를 하곤 했다.[13]

마키아벨리는 코시모의 인간적인 면모를 강조하기 위해 노력했다. 친구들을 부자로 만들어주었는데, 그것 때문에 교회에 더 많은 헌금을 바치지 못했다고 엄살을 부리는 코시모의 친근한 모습을 소개하고 있다. 이어지는 아래 부분에서도 코시모의 친근함이 강조된다.

코시모는 보통 체구에 얼굴빛은 올리브색이었으며, 전체적으로 존경할 만한 풍모를 지니고 있었다. 그는 학식이 높지는 않았지만 웅변이 뛰어나고 선천적으로 아주 똑똑했다. 친구들에게 너그럽고 가난한 이들에게 자비로웠으며, 충고할 때 신중했고 실행할 때 재빨랐다. 그와의 대화는 언제나 유익했으니, 말하고 대답할 때 그는 항상 진지하고 예리하며 재치가 넘쳤다. 이를 보여주는 사례들이 있다. 추방당한 직후 리날도 델리 알비치가 코시모에게 사람을 보내, 암탉이 알을 품고 있다고 말했다. 이에 대해 코시모는 그 암탉이 알을 품을 수는 있겠지만, 둥지 밖이라 잘되지는 않을 것이라고 답했다. 그리고 자신들이 자고 있지 않다는 것을 알려온 다른 반역자들한테는 그들의 말을 믿는다고, 왜냐하면 그들의 잠을 빼앗은 이가 바로 자신이기 때문이라고 대답했다. 한편 그는 교황 피우스(2세)가 오스만튀르크 제국의 술탄인 메흐메트(2세)를 상대로 한 십자군 전쟁에 군주들을 소환하자, 노인이 젊은이의 일을 하려 한다며 교황을 비판했다.**14**

이 부분에서 우리는 '군주의 거울' 양식에서 자주 사용되던 '일화Anecdote'가 활용되고 있는 것을 볼 수 있다. 그 인물의 특징이 잘 드러나는 사건을 먼저 소개하고 그때 그 사람이 남긴 명언을 통해 그 인물의 사람 됨됨이를 소개하는 방식이다. 많은 경우 일화는 농담이나 촌철살인의 경구로 구성된다. 여기서도 자신의 정적이었던 리날도의 측근과 나눈 농담에서 코시모가 적의 위협에 굴복하지 않는 대담한 성격의 사람이라는 것을 보여주고 있다. 마키아벨리가 아래에 소개하는 코시모의 여러 일화들을 들어보면, 이미 피렌체에서 이런 종류의 '코시모 데 메디치의 일화 모음집'이 존재했을 것이라고 짐작할 수 있다.

공화국에 불만을 제기하기 위해 베네치아의 사절들이 나폴리 알폰소 왕의 사절들과 함께 피렌체를 찾아왔을 때는, 모자를 쓰지 않은 맨머리를 보여주며 자신의 머리카락이 무슨 색인지 그들에게 물었다. 그들이 "백발입니다"라고 대답하자, 코시모는 "머지않아 귀국의 의원들도 나처럼 흰머리를 갖게 될 것이오"라고 말했다. 또, 죽기 몇 시간 전부터 눈을 감고 있는 그를 보고 아내가 왜 눈을 감고 계시냐고 물었을 때는, "두 눈이 죽음에 익숙해지도록 하기 위해서라오"라고 대답했다. 다른 이야기도 전해져

온다. 그가 망명 생활에서 돌아온 후 몇몇 시민들이 그를 찾아가, 그가 도시를 망치고 있다고, 그가 신의 뜻에 맞서 많은 독실한 시민들까지 도시 밖으로 쫓아내려 한다고 비난하자 그는 망가진 도시가 사라진 도시보다 낫고, 장밋빛 천 2필이면 1명의 독실한 시민을 만든다고 대답하고 나서, 국가는 손에 묵주를 들고 주기도문을 외우는 사람에 의해 유지되지는 않는다고 지적했다. 이런 말은 그의 적들에게 그는 조국보다 자신을, 천국보다 이승을 더 사랑하는 사람이라고 비방할 구실을 주기도 했다. 다른 재미있는 발언도 많지만, 이 이상은 불필요한 것 같으니 생략하겠다.[15]

코시모가 남긴 일화나 촌철살인의 농담은 마키아벨리 외에도 많은 사람이 인용하고 있다. 예를 들면 마키아벨리의 《군주론》과 쌍벽을 이루는 발다사레 카스틸리오네Baldassare Castiglione의 《궁정론Il Cortegiano》을 보면, 어떻게 궁정의 신하들이 품위 있고 적절한 농담을 하는지를 설명하면서 코시모가 남긴 농담을 자세히 소개하고 있다.

코시모 데 메디치가 부유하지만 그리 학식이 높지 못한 어느 친구에게 이런 훈계를 했습니다. 코시모가 주선을 해줘서 피렌체에서 멀리 떨어진 곳에 사절단으로 가게 된 친구가 임무에 알맞게 행동하려면 어떻게 해야 하는지 물었습니다. 그러자 코시모는 이렇게 대답했답니다. '귀족답게 옷을 잘 차려입고 입을 다물고 있게나.'[16]

코시모를 '군주의 거울' 형식으로 소개하면서 마키아벨리는 그의 정치적 역량보다 인간적인 면을 강조하고, 예술과 학문을 후원했던 르네상스의 후견자로 평가한다. 피렌체 공의회를 통해 약 700명의 동방 비잔틴

우피치 미술관의 입구에 전시되어 있는 코시모 데 메디치의 동상. 손자 로렌초가 옆에 서 있고, 메디치 가문의 후원을 받았던 예술가들이 앞 열에 배치되어 있다.

교회의 대표들과 그리스 철학자들을 피렌체로 초청한 것과 더불어, 마르실리오 피치노를 포함한 인문학자들을 성심껏 지원했던 것을 강조했다.

코시모는 학식 있는 이들을 사랑하고 후원한 것으로도 유명하다. 그는 그리스 태생으로 당대의 제일가는 학자인 저 유명한 요안니스 아르기로풀로스Ioannis Argyropoulos를 피렌체로 데려와, 피렌체 젊은이들에게 그리스어와 그의 다른 모든 지식을 가르치게 했다. 또, 코시모는 플라톤 철학 제

붉은 백합의 도시, 피렌체

2의 아버지인 마르실리오 피치노를 자신의 집으로 데려왔다. 코시모는 마르실리오를 매우 존경해서, 한편으로는 마르실리오가 방해받지 않고 학문 연구를 수행하고 다른 한편으로는 자신이 마르실리오와 더 자주 대화할 기회를 가질 수 있도록 카레지에 있는 자신의 저택 근처에 그의 집을 마련해주었다.[17]

마지막으로 마키아벨리는 코시모의 개인적 회한을 열거한다. 영웅에게도 좌절의 시간은 찾아오고, 승리의 환호성이 울려 퍼질 때도 홀로 고뇌의 쓴 잔을 들이켜야 할 때가 있기 마련이다. 통풍으로 늘 고생했던 장남 피에로, 자기보다 먼저 죽어 가슴에 묻어야 했던 차남 조반니를 생각하며 가문의 앞날을 걱정하는 인간적인 코시모를 만나보자.

앞서 말한 바와 같이, 타고난 현명함과 막대한 재산, 훌륭한 생활 태도와 파란만장한 삶으로 인해 그는 피렌체인들의 사랑과 두려움을 한 몸에 받았으며, 이탈리아뿐만 아니라 온 유럽의 군주와 정부로부터 경이로울 정도의 존경을 받았다. 그러므로 그는 자손들에게 그와 대등한 정도의 덕을, 그를 훨씬 능가할 정도의 부를, 훨씬 능가하며, 피렌체뿐만 아니라 기독교 세계 전체에서 가질 수 있는 영향력의 토대를 남겨주었다. 그러나 생애 마지막 몇 년 동안, 코시모는 매우 깊은 슬픔에 빠져 지냈다. 왜냐하면 그의 두 아들 중에서 더 신뢰했던 차남 조반니는 아버지보다 한 해 먼저 죽었고(1463년), 장남 피에로는 몸이 약해 늘 병석에 누워 있어 공적인 업무에도 사적인 업무에도 적합하지 않았기 때문이다. 그래서 조반니가 죽은 후 홀로 집 안을 거닐 때면, 그는 "이렇게 작은 가족한테 이 집은 너무 크구나!"라며 한탄했다.[18]

코시모의 업적은 정적인 알비치 가문을 누르고 피렌체 정국을 안정시킨 것이다. 이 와중에 코시모는 늘 밀라노의 프란체스코 스포르차가 가진 군사력을 활용했고, 그와의 우정이 피렌체 정국 안정의 기반이라고 믿어왔다. 그러나 코시모가 노쇠해지고 정국 장악력이 점점 떨어지자 밀라노의 영주는 다른 생각을 품었다. 코시모는 말년에 프란체스코의 의중을 파악하기 위해 노심초사했다. 마키아벨리가 볼 때, 이 점이야말로 코시모와 메디치 가문의 아킬레스건이다. 외국 군대의 힘을 이용해서 자유의 정신이 빛나는 공화국을 통치했다는 사실이 코시모의 자존심에 큰 상처를 남겼을 것이다. 마키아벨리는 이 점을 '군주의 거울' 코시모 편에서 마지막으로 강조하고 있다.

또한, 탁월한 정복을 통해 피렌체의 영토를 넓히지 못했다는 아쉬움은 그의 고결한 영혼을 괴롭혔으며, 이 점에 있어 절친했던 프란체스코 스포르차에게 배신당했다고 생각했으므로 더욱더 비탄에 잠겼다. 프란체스코는 백작 시절, 밀라노의 주인이 되자마자 피렌체인들을 위해 루카와 전쟁을 벌이겠다고 코시모에게 약속했었다. 하지만 프란체스코는 끝내 이 약속을 이행하지 않았다. 왜냐하면 운명이 바뀌자 백작은 마음을 바꿨다. 공작의 자리에 오른 뒤에는 전쟁으로 얻은 나라를 평화롭게 향유하기를 원했으므로, 새로운 전쟁을 벌여 코시모나 다른 누구를 만족시키려 들지 않았기 때문이었다. 실제로 프란체스코는 공작이 된 후, 자신을 지키는 데 필요한 경우를 제외하고는 어떤 전쟁에도 참전하지 않았다. 프란체스코의 이런 배신으로 코시모는 몹시 괴로워했는데, 충직하지도 않고 은혜도 모르는 인간을 위대하게 만들려고 그 많은 돈과 수고를 들였는가 하는 자괴감이 들었기 때문이었다.[19]

마키아벨리는 코시모가 프란체스코 스포르차에게 배신을 당했다고 썼다. 그러나 반은 맞고 반은 틀렸다. 정확하게 말하자면 프란체스코는 메디치 가문과의 관계보다 피렌체의 정국 안정을 더 중요하게 여긴 당대의 정치가였다. 코시모가 말년에 피렌체 정국의 통제권을 완전히 장악하지 못했을 때 프란체스코는 대안을 물색했다. 프란체스코는 코시모의 사망 이후에도 피렌체가 밀라노와 우호적인 군사적 관계를 이어가기를 바랐고, 그래서 코시모의 최측근들에 은밀히 접근해 모종의 논의를 이어

산 로렌초 대성당 지하에 안치되어 있는 코시모 데 메디치의 영묘.

갔다. 그렇다고 해서 이를 코시모에 대한 배신으로 보기에는 무리가 있다. 설령 프란체스코가 딴마음을 품었다고 해도, 이는 시기적으로도 불가능한 일이었다. 코시모와 평생 우정의 관계를 이어갔던 프란체스코는 1466년에 임종했다. 코시모가 1464년 임종할 당시 프란체스코는 이미 63세의 노령이었으므로 그를 배신할 충분한 시간이 없었다. 프란체스코는 동시대의 인물들처럼 '힘의 균형'을 외교의 기본 정책으로 삼았다. 결국 프란체스코는 코시모를 배신한 것이 아니라 이탈리아 전체의 패권을 유지하기 위해 피렌체를 하나의 균형추로 이용했다는 것이 더 정확한 판단이다. 어쨌든 마키아벨리는 코시모를 '군주의 거울'로 소개하면서 마지막 문장을 남긴다. 그의 서거를 바라보던 피렌체 시민들의 반응을 소개함으로서, 최종적으로는 코시모가 피렌체 평민과 하층민의 수호자였다는 결론에 도달한다.

그러나 코시모는 최고의 영광과 명성 속에 죽었다. 피렌체의 모든 시민과 기독교 세계의 모든 군주가 그의 아들 피에로와 함께 그의 죽음을 애도했고, 그의 동료 시민들은 화려하고 엄숙한 행렬을 지어 무덤까지 그의 시신을 따라갔다. 그는 산 로렌초 대성당에 묻혔고, 그의 무덤 위에는 정부의 포고령에 따라 파테르 파트리에(나라의 아버지)라는 묘비명이 새겨졌다.[20]

9장

산 로렌초 대성당

피에로는 눈물을 흘리지 않는다

산 로렌초 대성당의
메디치 영묘

  우리는 이제 코시모의 아들 피에로의 짧지만 굵직한 삶을 살펴볼 것이다. 그의 영묘는 그의 조상들이 안치되어 있는 산 로렌초 대성당의 구舊성구실에 모셔졌다. 할아버지 조반니의 탁자형 영묘가 구 성구실의 정중앙을 차지하고 있고, 건너편 본당의 중앙 제단 아래에 아버지 코시모가 묻혀 있다. 아버지 코시모와 아들 피에로의 사망 연도가 5년밖에 차이가 나지 않기 때문에, 레오나르도 다 빈치의 스승이었던 안드레아 델 베로키오가 두 사람 모두의 영묘를 제작했다. 안드레아 델 베로키오는 대리석과 주물을 조화롭게 배치하는 방식으로 피에로의 영묘를 만들었다. 흙(테라코타), 돌(대리석), 쇠(금속)를 모두 능숙하게 다루었던 그는 그야말로 만능 예술가였다. 회화, 조각, 건축, 주물 제작 등 손대지 않는 영역이 없을 정도였고, 수많은 제자를 길러냈다. 그래서 15세기 후반의 피렌체 르네상스는 "베로키오라는 샘물에서 퍼 올린 결과"라는 표현이 있을 정도다.

  그는 단단하기로 유명하고 로마 시대에는 황제들의 영묘에만 사용되었던 이집트 산 붉은 포프리 대리석을 검은 쇠로 감싸고, 가운데 초록색 대리석의 명패를 붙여 르네상스 시대를 대표하는 아름다운 영묘를 제작

했다. 1472년에 제작된 이 영묘는 제자 레오나르도 다 빈치에게 큰 인상
을 남겼다. 그래서 다 빈치가 초기에 그린 〈수태고지〉를 자세히 보면, 성
모 마리아의 책이 놓여 있는 탁자가 바로 안드레아 델 베로키오가 제작
한 영묘의 옆모습임을 확인할 수 있다. 스승이 철물로 제작한 영묘의 받

피에로 데 메디치 영묘. 레오나르도 다 빈치의 스승인 안드레아
델 베로키오의 작품이다.

침대를 제자는 대리석으로 슬쩍 바꾸어놓았다.

메디치 가문의 가족 성당인 산 로렌초 대성당은 393년에 세워진 피렌체 최초의 성당이다. 로마에서 불에 달구어진 화덕에 올라가 화형을 당한 성자 라우렌티우스Laurentius를 기념하기 위해 밀라노의 주교 성 암브로시우스가 축성한 것으로 알려져 있다. 메디치 가문의 실질적인 창립자라고 할 수 있는 조반니 디 비치 데 메디치가 이 유서 깊은 성당 전체를 가족 채플로 만들기 위해 1418년부터 공사를 시작했다. 건축가는 당대 최고의 권위자인 필리포 브루넬레스키로 선정되었다. 그는 임종하던 연도인 1446년까지 계속해서 산 로렌초 대성당 공사를 지휘했다. 필리포 브루넬레스키는 본당의 내부를 고대 로마의 바실리카 양식으로 바꾸어놓았다. 중앙 제단 아래에 코시모의 영묘가 안치되어 있는데, 앞에서 설명한 대로 안드레아 델 베로키오가 제작했다. 도나텔로가 코시모의 주문을 받고 노년에 제작한 2개의 설교단은 르네상스 청동 부조의 걸작으로 평가받는다. 1461년부터 1465년 사이에 제작된 이 청동 부조 설교단은 예수의 고난을 다룬 〈수난〉과 죽음의 권세를 이긴 〈부활〉의 장면을 묘사하고 있다.

필리포 브루넬레스키는 구 성구실 공사를 1428년에 완공했다. 그의 벗이었으며, 코시모의 파격적인 후원을 받았던 도나텔로가 벽면 장식을 맡았다. 도나텔로는 제단 옆에 있는 작은 문 2개 위에 순교자 스테파노스와 라우렌티우스 그리고 메디치 가문의 수호성자인 코스마스와 다미아누스의 부조를 붙였다. 그 밑에 있는 청동문도 도나텔로의 작품인데 〈순교자의 문〉(왼쪽)과 〈사도들의 문〉(오른쪽)이다. 중앙 제단 위 돔의 천장에 그려져 있는 천문도에 대한 해석은 다양하다. 코시모가 베네치아에서 귀환하던 날이라는 설, 피렌체 공의회가 폐막하던 날이라는 설,

1442년 7월 4일이라는 설 등이 있는데, 줄리아노 다리고Giuliano d'Arrigo가 그린 것이다.

본당을 나와 오른쪽으로 돌면 메디치-라우렌치아나 도서관Biblioteca Medicea Laurenziana이 나온다. 산 마르코 수도원 도서관에 이어 두 번째로 만든 메디치 가문의 도서관으로, 세계 3대 고문서 보관실 중의 하나로 유명하다. 이 도서관은 1523년 교황 클레멘스 7세가 미켈란젤로에게 건축을 의뢰했다. 마키아벨리에게 《피렌체사》를 의뢰한 바로 그 인물이다. 도서관으로 올라가는 반원형 계단과 천장, 바닥이 조화를 이루는 도서관 내부 설계는 미켈란젤로가 맡았지만, 그가 1554년 로마로 이주하면서 공사는 조르조 바사리와 바르톨로메오 암마나티Bartolomeo Ammannati에게 맡겨졌다.

다시 도서관에서 나와서 산 로렌초 대성당을 끼고 돌면 신新 성구실 입구가 기다리고 있다. 낮은 천장을 가진 입구를 지나 계단을 오르면 먼저 왕자들의 채플Cappella dei Principi이 나온다. 팔각형 돔으로 된 이 건물은 방계 메디치 가문, 그러니까 16세기부터 펼쳐진 대공Grand Duke 시대의 가문 영묘가 거대한 규모로 모셔져 있다. 메디치 가문이 몰락한 이후인 18세기에 내부가 조성되었지만 완공되지 못했다. 일부 영묘의 조각상은 보이지 않고 좌대만 놓여 있는 것도 그 때문이다. 메디치 가문의 마지막 인물이며 모든 예술작품과 건물을 피렌체 시에 기증했던 안나 마리아 루이사 데 메디치Anna Maria Luisa de'Medici의 영묘는 화려한 왕자들의 채플에 입장하지도 못한 채, 박물관 입구 바닥에 조용히 누워 있다.

신 성구실의 하이라이트는 미켈란젤로가 건축한 메디치 영묘실과 그 안에 전시된 조각 작품들이다. 방문객들은 그 좁은 공간에서 예술이 영혼과 극적으로 소통하는 경험을 하게 된다. 이 작은 영혼의 공간과 조각을 처음 주문한 사람은 교황 레오 10세였다. 그는 아버지 로렌초, 삼촌 줄리아노(파치 가문의 음모 때 살해된 로렌초의 동생), 젊은 나이에 죽은 동생 줄리아노(느무르 공작, 로렌초의 셋째 아들), 역시 젊은 나이에 죽은 조카 로렌초(느무르 공작, 로렌초의 장손)의 영묘를 모시기 위해 건축을 의뢰했다. 교황이 서거하고 난 후 당시 추기경이었던 줄리오 데 메디치가 메디치-라우렌치아나 도서관, 산 로렌초 대성당 정면 파사드 그리고 신 성구실의 메디치 영묘를 미켈란젤로에게 모두 주문했다(1520년). 공사는 미켈란젤로가 로마로 떠난 1534년 이후 조르조 바사리와 바르톨로메우 암모니티에게 맡겨졌다. 영묘 내부에 있는 〈로렌초와 줄리아노의 영묘〉, 〈느무르 공작 줄리아노 데 메디치의 영묘〉, 〈우르비노 공작 로렌초 데 메디치의 영묘〉는 비록 미완성으로 남았지만 모두 미켈란젤로의 작품이다.

피에로 데 메디치의 권력 승계

앞 장에서 우리는 마키아벨리가 쓴 '군주의 거울' 코시모 편을 읽어보았다. 코시모의 생애를 짧게 요약하고, 그의 공헌, 남긴 어록들 그리고 인상적인 일화를 소개한 교훈적인 일대기였다. 노년의 코시모를 고녀하게 만들었던 밀라노와의 관계에 대해서도 자세히 알게 되었다. 그러나 아직 소개하지 못한 내용이 있다. 1464년 코시모의 서거 이후 초래된 피렌체 정국을 이해하기 위해 꼭 필요한 부분이기 때문에 여기에 옮겨놓는다.

게다가, 나이가 들어 병약해지면서 그는 예전처럼 공적인 일과 사적인 일에 적극적으로 참여하지 못했다. 그 결과, 도시는 탐욕스러운 소수의 시민에 의해 파괴되고 그의 재산은 그의 대리인들과 친척들에 의해 낭비되고 있었기 때문에, 그는 그저 그 모든 것이 무너져 내리는 모습을 쓸쓸히 바라보았다. 그렇게 주위의 모든 상황은 그의 말년을 불안하게 만들었다.[1]

마키아벨리의 이 짧은 글에 "탐욕스러운 소수의 시민"이 잠깐 등장한다. 비록 성공하지는 못했지만 바로 이들이 메디치 가문을 타도하기 위한 반란을 계획했다. 때는 1466년, 코시모가 서거한 지 채 2년이 지나지 않았을 때다. 어떤 일이 벌어진 것일까? 마키아벨리의 글에 등장하는 "탐욕스러운 소수의 시민"은 과연 누구일까? 당연히 메디치 가문의 참주 지배에 반기를 든 사람일 것이다. 도대체 누가 코시모를 이어 피렌체의 실질적인 군주 역할을 하던 피에로를 죽이려고 했을까?

코시모의 아들 피에로의 별명은 "통풍 환자il Gottoso"였다. 그는 바람만 살짝 불어도 손과 발끝이 저려 온다는 통풍에 만성적으로 시달리고 있었다. 그래서 아버지 코시모가 임종한 후 5년밖에 메디치 가문을 이끌지 못했다. 이렇게 짧은 기간을 통치했을 뿐이지만 피에로가 차지하고 있는 피렌체 역사의 중요성은 지대하다. 왜냐하면 그를 통해 처음으로 피렌체에서 권력이 세습되는 일이 발생했기 때문이다. 명목상 공화정의 전통을 유지하고 있고, 나름대로 공정한 선거를 통해 곤팔로니에레와 프리오리(이 둘을 합친 것이 시뇨리아) 그리고 시뇨리아를 견제하는 콜레지(이 3개의 기관을 합친 것이 트레 마조리, 즉 '3개의 주요 기관')를 선출해왔던 피렌체에서 부와 권력을 가진 참주가 혈육에게 통치권을 상속해주는 일이 벌어진 것이다. 아무리 코시모가 강력한 권력을 바탕으로 공직 선출 제도를 사유화했다고 해도 피렌체 시민들은 그리 만만하지 않다. 지배받지 않으려는 시민들의 자유 정신이 충만한 곳에서, 뒤에서 피렌체를 주무르는 것과 아들에게 직접 대권을 넘겨준다는 것은 전혀 다른 문제였다.

당연히 코시모는 임종하기 전에 피렌체의 공직자 후보를 선별하는 연결자를 자기 사람으로 심어놓았다. 또한 프리오리를 선출할 때도 투표를 거치지 않고 직접 선발하는 방식을 채택했다. 그리고 앞 장에서 나왔던 루카 피티를 비롯해 최측근들을 연결자로 지정했다. 이들이 대권을 이어

받을 피에로과 함께 피렌체를 이끌어 갈 최측근 실세였다. 임종을 앞둔 코시모는 국가 원로Cittadini Principali를 공식적으로 임명했는데(1462년),**2** 이들은 시뇨리아와는 별도로 피렌체 저택에서 침상에 누워 있던 코시모의 지시를 받으며 피렌체를 실질적으로 통치했다. 말이 공화정이지 피렌체는 사실상 참주제로 통치되고 있었던 것이다.

코시모가 임종했을 때, 제일 먼저 딴생각을 품은 사람은 연결자 중 하나인 아뇰로 아차이우올리Agnolo Acciaiuoli였다. 피렌체 대주교를 배출했던 명문가 출신의 아뇰로는 바로 밀라노의 프란체스코에게 줄을 대면서, 메디치 가문의 권력 상속에 대한 반감을 드러낸다. 공화국에서 권력 상속이 웬 말인가? 일부 그란디들이 아차이우올리의 주장에 동조했다. 피에로가 피렌체의 왕자이기라도 하단 말인가? 메디치 가문이 무슨 세습 왕가인가? 이런 불만의 속삭임이 그란디들 사이에서 퍼져갔지만 이상하리만치 피렌체 거리는 조용하기만 했다. 오히려 코시모의 서거를 애도하는 분위기가 조성되었고, 후계자 피에로의 건강을 기원하는 피렌체 시민들이 메디치 저택 앞에 모여들기까지 했다. 물론 피렌체 평민과 하층민의 지지가 큰 원인이었지만, 그때까지만 해도 굳건하게 메디치 가문 편에 서 있던 루카의 영향력도 컸다. 국가 원로 루카 피티가 메디치 가문 편에 서 있는 한, 피에로의 지배력은 흔들림 없어 보였다. 이런저런 방식으로 코시모의 은덕을 입었던 연결자들도 통풍으로 늘 병상에 누워 있어야만 했던 피에로를 지지하고 있었다. 아뇰로는 예상치 못한 피렌체 시민들의 태도 때문에 기가 죽었다. 사실 루카와 아뇰로가 피에로를 아들처럼 생각했다는 기록이 있다. 1465년 11월, 아뇰로가 피에로에게 마치 아버지처럼 "국부 코시모를 본받아 늘 겸손하게 행동하고, 매사에 삼가라"고 조언했다고 한다. **3**

어떤 학자들은 1465년의 이 조언이 자기 신분을 넘어선 무례한 행동이었으며, 메디치 가문과 국가 원로 사이의 갈등이 시작되는 출발점이라고 해석한다. 이 갈등은 단순한 정치적 패권을 노린 권력 투쟁이 아니었다. 권력을 물려받은 피에로는 아버지가 임종하고 난 후에 메디치 은행의 장부를 전수 조사하라는 지시를 내렸다. 피에로는 아버지 코시모가 관후한 사람이었고 피렌체의 수많은 시민에게 돈을 빌려주었다는 사실을 기억하고 있었다. 개인적으로나 사업상으로나 코시모는 늘 선심을 베푸는 것을 주저하지 않았기 때문에, 피렌체의 국가 원로를 포함한 부자들은 대부분 메디치 은행에 거액의 채무를 지고 있었다. 피에로는 적극적인 채권 회수에 나섰다. 피렌체의 수많은 개인과 사업체가 이 조치에 아연 긴장했고, 1464년 11월부터 개인과 회사의 부도가 발생했다. 은행업과 국제 교역으로 유럽 경제를 견인해가던 피렌체였지만, 피에로가 전격적으로 추진한 채권 회수 시도는 연쇄 부도를 일으켰다. 피렌체 경제가 부담할 수 있는 선을 넘어선 수준이었다. 가뜩이나 밀린 용병 대금, 전염병의 창궐, 피렌체 성곽 경비대의 임금 때문에 휘청거리던 피렌체 경제가 일시에 마비되기에 이른다. 메디치 가문에 대한 불만을 숨기지 않았던 아뇰로는 "100년 만에 피렌체를 강타한 경제 위기"라며 분통을 터트렸다.[4] 물론 그도 메디치 은행에 큰 채무를 지고 있었다.

마키아벨리는 《군주론》에서 "인간이란 아버지의 죽음은 쉽게 잊어도, 재산의 상실은 좀처럼 잊지 못한다"고 주장한 바 있다.[5] 최소한 피렌체에서는 틀린 말이 아니다. 자유를 빼앗겨도 참을 수 있지만, 재산을 빼앗기면 혁명이 일어난다. 아버지의 후광을 입고 비교적 평탄한 권력 승계를 마친 피에로가 무리수를 둔 셈이다. 큰돈을 빚지고 있던 루카, 아뇰로, 니콜로 소데리니는 결국 피에로를 암살하기로 결의한다. 그들은 권력과 경제권을 모두 장악하려는 메디치 가문의 후계자에게 분노의 이를 갈았다. 권력 투쟁의 검은 먹구름이 다시 피렌체로 몰려들고 있었다.

니콜로 소데리니의 피에로 암살 계획

피렌체 그란디들이 화가 난 이유가 하나 더 있었다. 피에로는 장남 로렌초의 아내로 클라리체 오르시니Clarice Orsini를 선택했다. 그란디들은 로마를 대표하는 명문가 오르시니의 규수가 피렌체로 시집온다는 소식을 듣고, 피렌체 시민 전체를 모욕하는 일이라고 발끈했다. "피렌체의 딸들이 줄을 서서 기다리고 있는데, 로마에서 며느리를 구해? 코시모는 며느리를 모두 피렌체에서 골랐는데!" 화가 난 그란디들은 피에로가 자신들을 이웃으로 대하지 않기 때문에 피렌체의 대표가 될 수 없고, 로마 귀족 가문과 어울려 피렌체를 노예 국가로 만들었다고 주장했다. 피에로는 도시의 분노를 감지했다. 메디치 가문을 바라보는 그란디들의 시선이 차갑게 느껴졌다. 가장 우려되는 점은 피렌체의 그란디와 평민 계급이 연합해 메디치 가문에 반기를 드는 사태가 벌어질지 모른다는 것이다.

피에로는 시민들과의 불화를 해소하기 위해 2개의 대대적인 축제를 기획했다. 전두환 독재 시대에 프로 야구가 시작된 것과 같은 이치다. 피렌체 시민들의 관심을 다른 곳으로 돌리기 위해 동방박사의 경배 행진 축제(매년 1월 6일)와 산타 크로체 광장에서 개최되는 마상 창 시합을 정례화했다.**6** 이런 스페타콜로Spettacolo, 즉 '대규모 구경거리'를 통해 시민들의 관심을 딴 곳으로 돌리려 했다. 이 두 축제의 주인공은 당연히 피에로의 장남 로렌초였다. 아기 예수의 탄생을 축하하기 위해 찾아가는 동방박사 행렬의 선두에서 언제나 로렌초가 주인공 역을 맡았다. 베노초 고촐리가 메디치 저택의 기도방 벽면에 그린 〈동방박사의 경배〉에 이 모습이 재현되어 있다. 마상 창 시합에 재능이 있었던 로렌초는 이 경기에서도 시민들의 인기를 독차지했다.

1466년 1월, 루카의 후임으로 새 곤팔로니에레가 선출되었다. 그가 니콜로 소데리니다. 여러분에게 먼저 양해를 구한다. 앞으로 최소한 3명의 소데리니가 등장하는데, 이제부터 등장할 소데리니 가문 사람들의 이름을 구별해서 기억해달라는 것이다. 우선 니콜로와 톰마소 소데리니를 구별해야 한다. 이 두 사람은 형제이지만 형 니콜로는 반 메디치파, 동생 톰마소는 친 메디치파다. 세 번째 인물인 피에로 소데리니는 나중에 마키아벨리의 상관으로 등장하게 될 인물이다. 메디치 가문이 축출된 후, 1502년부터 종신 곤팔로니에레 자리에 오르게 될 그는 친 메디치파 톰마소의 아들이다.

피렌체 그란디들은 니콜로의 취임을 열렬히 환영했다. 로렌초가 상상 속의 동방박사라면, 니콜로는 메디치 가문의 세습을 중단시킬 수 있는 막강한 권력을 가진 현실의 곤팔로니에레였다. 그란디들은 그의 머리에 올리브 화환을 씌워주며, 자유의 회복을 위해 힘써달라고 성원했다. 그러나 그 기대는 곧 실망으로 변하게 된다. 아래 인용문은 마키아벨리가 니콜로의 재임 성과를 짧게 평가한 것이다.

그의 사례는 물론이고, 이와 유사한 다른 사례들을 돌아볼 때 특별한 기대를 받으며 최고 행정관직이나 군주의 자리에 오르는 것은 바람직하지 않다. 왜냐하면 사람들은 항상 행해질 수 있는 것 이상을 기대하므로 사람들이 기대하는 모든 위업을 이행하기란 불가능하고, 그 결과 사람들의 기대는 시간이 지나면서 오명과 경멸로 바뀌기 때문이다.[7]

약간 냉소적으로 쓰였지만 정확한 관찰이다. 너무 많은 기대를 받고 공직에 오른 사람은 실패할 확률이 높다. 사람들의 기대는 끝이 없으므로, 약간의 실수와 잘못에도 민감하게 반응한다. 니콜로는 피렌체 그란디들의 기대에 부응하기 위해 노력했다. 곤팔로니에레로 취임한 그는 시뇨리아에서 피렌체의 공화정 전통으로 돌아가자는 취임 연설을 했다. 이는 메디치 가문의 지배에 대한 정면 도전이었다. 니콜로는 이를 위해 25세 이상 된 피렌체 남성이 모두 참여하는 공정 선거를 통해 트레 마조리를 선출하자고 제안했다. 메디치 가문의 1인 지배를 끝내고 다시 공화정으로 돌아가자는 주장이었다. 그러나 니콜로의 제안은 1466년 1월 회기에 통과되지 못했다. 전임 곤팔로니에레 루카의 굳건한 지지를 받고 있던 피에로가 투표를 통해 니콜로의 제안이 거부되도록 만들었기 때문이다.

그러나 같은 해 3월 3일, 밀라노의 프란체스코가 임종했다는 소식이 전해지자, 피렌체 정세는 다시 요동치기 시작한다. 루카의 입장부터 변했다. 밀라노의 갈레아초 마리아 스포르차Galeazzo Maria Sforza(1444~1476년)는 아버지 프란체스코와 피렌체가 맺은 동맹을 기억하고, 보호비 명목으로 징수하던 동맹금을 시뇨리아에 청구했다. 니콜로는 전임자인 루카에게 조언을 구했다. 루카는 동맹금을 지급할 필요가 없다고 답했다. 아버지 프란체스코의 명성과 덕목에 미치지 못하는 아들에게 같은 금액의 용병 대금을 지급하는 것은 잘못되었다고 했다. 이는 메디치 가문과 피에로의 외교 정책에 반대한다는 뜻이었다. 이미 코시모 때부터 메디치 가문은 밀라노의 군사력을 정권의 방패막이로 삼아왔고, 밀라노와의 관계 유지를 위해서라면 어떤 희생도 감수해왔다. 그런데 루카가 메디치 가문의 외교 정책에 반기를 든 것이다.

전임자의 지원에 고무된 니콜로는 1466년 5월 14일, 밀라노에 대한 용병 고용 대금을 지급하지 않겠다고 발표해버렸다. 심지어 1466년 5월 시뇨리아 회기의 결의를 거쳐 피렌체의 정체政體를 참주정에서 공화정으로 돌려놓았다. 피렌체 공직자 선출 과정에서 연결자와 '아 마노' 제도를 철폐한 것이다. 루카와 아뇰로를 포함한 400명의 피렌체 시민들이 이 새로운 규정에 동의하고 최종 결정문에 서명했다. 루카는 이 시점부터 메디치 가문과 결별하고, 이른바 1466년 공화정(추첨으로 공직자를 선발하는 제도)을 시작한 주역이 된다. 1434년부터 유지된 메디치 가문의 참주정이 32년 만에 끝난 것처럼 보였다. 국가 원로들은 루카를 새로운 공화국의 지도자로 치켜세우며 새로운 시대가 펼쳐질 것이라는 희망을 품었다.

그러나 피에로는 그렇게 쉽게 피렌체를 포기할 생각이 없었다. 여전히 다수의 피렌체 평민들과 하층민들은 메디치 편에 서 있었다. 피렌체 시뇨리아는 결국 두 진영으로 갈라졌다. 1466년 8월 28일에 출발하는 시뇨리아가 어떻게 구성되는가에 따라 세력의 판도가 결정될 것이다. 역사 현장에서 실제로 일어난 일을 정확하게 재현할 수 없지만, 당시 피렌체의 역사가들과 당시 기록을 자세히 검토한 현대의 역사가들은 피에로가 1466년 8월 28일 시뇨리아로 선출될 곤팔로니에레와 프리오리 후보들의 이름이 든 가죽 주머니를 바꿔치기했다고 추정한다. 물론 이것은 메디치 가문이 관행적으로 해오던 일이었다. 이 단계에서 루카는 애매한 행동을 했다. 그는 새로운 공화국의 시작을 위해 투표 방식을 무작위 추첨으로 전환하자고 주장해서 국가 원로들의 지지를 받아냈다. 그리고 혹시 발생할지 모르는 폭력 사태에 대비해 페라라의 후작 보르소 데스테 Borso d'Este를 용병으로 고용하자는 제안까지 했다.

피렌체가 밀라노와 동맹 관계를 중단하는 것을 원했던 페라라의 보르소는 군대를 피렌체로 출정시켰다. 니콜로는 8월 28일에 새로 구성될 시뇨리아가 친 메디치파로 결정될 경우, 일종의 군사 쿠데타를 일으키는 것까지 염두에 두고 있었다. 페라라의 용병 부대가 피렌체 방향으로 행군하고 있다는 첩보를 받은 피에로는 밀라노 측에 1,500명의 기사를 급히 파견해달라고 요청하고, 피렌체에서 그리 멀지 않은 이몰라Imola 란 도시에 밀라노 군대를 대기시켰다. 또한 새 시뇨리아가 결성되기 전에 페라라의 용병 부대보다 먼저 피렌체에 입성하라는 서한을 미리 밀라노 진영에 보내두었다. 니콜로가 일으킬지도 모르는 군사 쿠데타를 사전에 차단하려는 목적이었다.

이런 긴박한 상황 속에서 니콜로가 계획했던 1466년 8월 26일이 다가오고 있었다. 그는 긴장하고 있는 그란디들에게 이렇게 호소했다. 페라라의 용병들과 함께 자신의 손에 피를 묻혀서라도 피에로를 제거할 테니 당신들은 존경받는 국가 원로 루카를 피렌체의 새로운 영주로 옹립하라는 것이었다. 그러나 엄청난 제안을 받은 루카는 결정적인 순간에 망설였다. 반란의 조짐을 눈치 챈 피에로가 루카에게 혼인으로 두 가문의 평화를 이루자고 제안했기 때문이다. 루카는 피에로의 장남 로렌초와 자기 딸을 결혼시키려고 하다가 이 계획이 무산되자 메디치 가문에 대한 앙심과 원한을 품고 있었다. 그런데 이제 메디치 가문의 사돈이 될 수 있다니! 결국 루카는 피에로의 제안을 덥석 받아들였다. 피에로의 처남과 루카의 딸(마키아벨리는 질녀로 잘못 기록했다)이 결혼식을 올리게 된 것이다. 니콜로는 그야말로 닭 쫓던 개가 지붕 쳐다보는 신세가 되었다. 결혼식 당일, 니콜로는 조용히 루카에게 다가와 이런 말을 남기고 결혼식장을 떠났다고 한다.

내가 홀로 이 도시를 위해 선을 행할 수는 없지만, 이 도시에 다가올 악을 똑똑히 예견할 수는 있소. 오늘 당신이 택한 이 길은 그 대가로 피렌체로부터는 자유를, 당신에게선 지위와 재산을, 그리고 나와 다른 이들한테선 조국을 앗아갈 것이오.**8**

메디치 가문의 사돈이 된 루카는 반란 참가를 망설이고 있었지만, 운명의 날은 다가오고 말았다. 1466년 8월 26일, 무더운 피렌체 여름의 열기만큼이나 쫓는 자와 쫓기는 자의 숨 막히는 장면이 도심과 외곽에서 진행된다. 피에로를 죽이려는 자와 피에로를 지키려는 자의 각축전이 펼쳐졌다. 이때, 당시 16살에 불과했던 장남 로렌초의 지혜와 용기가 아버지 피에로를 구하게 된다. 피에로의 암살자들은 피렌체 근교 카레지Careggi에 있는 메디치 가 별장 가까이에서 몰래 매복하고 공격을 준비하고 있었다. 평소처럼 아버지와 함께 피렌체에서 출발해 카레지 별장으로 이동하던 로렌초는 이상한 조짐을 느꼈다. 그래서 그는 호위병들에게 아버지 피에로를 샛길로 빼돌려 급히 피렌체 저택으로 모시고 돌아가라고 명령했다. 로렌초는 혼자서 늘 다니던 길을 따라 카레지 별장으로 이동했다. 매복하고 있던 암살자들은 무리 중에 피에로가 없는 것을 확인하고 공격을 포기했다. 그러나 이미 피에로는 피렌체 저택으로 돌아가 밀라노의 갈레아초가 보낸 2,000명의 용병과 함께 피렌체 시뇨리아 광장을 장악했다.

결국 1466년 8월 26일의 암살 계획은 실패로 끝났다. 주모자 니콜로가 베네치아로 도피한 것을 시작으로 모든 반역자가 유배를 당하거나 피렌체에서 도주했고, 메디치 가문의 지배력은 다시 공고해졌다. 반란에 직접 개입하지 않았던 루카는 피에로에게 자비를 호소하며, 자신은 암살에 반대했다고 통사정을 했다. 피에로는 사돈에게 관용을 베풀었다. 이 시기에 그려진 그림이 바로 우피치 미술관에 전시되어 있는 산드로 보티첼리의 〈동방박사의 경배〉다. 화면을 자세히 보면 왼쪽에 칼을 차고 중앙에 있는 피에로를 응시하는 청년이 보인다. 그가 바로 지혜와 용기로 아버지 피에로의 암살을 막은 로렌초다.

일촉즉발의 암살 위기가 로렌초의 임기응변으로 수습된 지 이틀 후인 1466년 8월 28일, 새로운 피렌체 시뇨리아가 선발되었다. 친 메디치파 인사들이 정권의 요직을 모두 차지했다. 새로 결성된 시뇨리아는 피에로와 니콜로 양쪽 진영에 즉각 무장을 해제하라는 강력한 경고문을 발송했다. 물론 피에로의 지시에 따른 것이다. 다음날 루카가 취한 행동을 주목할 필요가 있다. 그는 피에로를 찾아가 '죽고 사는 것을 당신과 함께 하

산드로 보티첼리가 그린 〈동방박사의 경배〉. 1466년에 실패로 끝난 피에로에 대한 암살 시도를 배경으로 그려졌다. 제일 왼쪽에 서 있는 로렌초가 중앙에 있는 아버지 피에로를 바라보고 있다.

겠다'고 약속했고, 이에 피에로는 루카의 완전 사면을 약속했다. 피에로는 8월 30일, 피렌체 근교에서 진격을 준비하고 있던 밀라노 군대에 서한을 보내 도시로 진군하지 말라고 요구했다.

1466년 8월 28일에 결성된 시뇨리아는 남은 15세기의 정치적 방향을 결정하게 된다. 1494년, 5대에 걸친 메디치 가문의 피렌체 통치가 종결되던 시점까지, 최소한 공직자 선출 문제 때문에 메디치 가문이 고민할 필요가 없어졌다. 페라라 용병 부대와 밀라노 군대가 충돌할 뻔했던 국가적 위기를 경험한 후, 피렌체 시민들은 비상시국을 선언하고, 9월 6일의 시뇨리아 회의는 피렌체의 치안을 책임지는 '8명의 공직자Otto di Guardia'를 새로 선출했다. 피렌체에서 공직자를 선출하는 방식도 다시 메디치 가문이 주도하게 된다. 친 메디치파로 구성된 연결자들이 가죽 주머니 안에 들어갈 후보 이름을 미리 결정했고, 시뇨리아는 필요에 따라 '아마노' 제도를 통해 선발했다. 메디치파 시뇨리아는 이 규정을 10년간 적용한다고 발표했다가, 추가로 10년을 연장했다. 결국 1494년까지 메디치 가문은 최소한 피렌체 공직자를 측근으로 선발하는 것에 대해서 고민할 필요가 없어진 것이다.

메디치 측근으로 구성된 이들은 암살 음모의 주동자였던 니콜로, 아뇰로, 디오티살비 네로니Diotisalvi Neroni에게 시뇨리아로 출두할 것을 명령했다. 이미 피렌체에서 탈출한 사람도 있었지만, 공개적으로 이들을 처벌하기 위해 소환을 명령했던 것이다. 1466년 9월 11일, 이 주동자들과 함께 수백 명의 피렌체 국가 원로와 그 가족들이 추방 명령을 받았다. 그러나 마지막 순간에 배를 갈아탔던 루카는 추방자 명단에 포함되지 않았다. 아뇰로는 나폴리로 도피해 숨죽이며 피렌체 상황을 지켜보고 있었다. 그러나 놀랍게도 피에로는 대 사면령을 발표했다. 추방 명령을 받고 도시를 떠날 준비를 하던 수많은 정치범들은 피에로의 갑작스러운 결정에 어리둥절했다. 아놀로는 피에로가 사면령을 내렸다는 소식을 듣고, 일말의 희망을 품었다. 자신도 사면자 명단에 포함되면 고향으로 돌아갈 수 있기 때문이다. 그래서 그는 아래와 같은 편지를 보내 피에로의 용서를 호소했다.

나는 지금 운명의 여신이 어떻게 자기 마음대로 친구를 적으로, 또 적을 친구로 만드는지 떠올리며 그 변덕스러움에 웃고 있다네. 자네는 기억할 걸세. 자네 아버님이 망명 생활을 하시던 시절, 나는 그분이 당한 침해를 나 자신의 위험보다 더 걱정하다가 조국을 잃고 목숨마저 거의 잃을 뻔했었지. 그분이 살아 계시는 동안, 나는 자네 가문의 명예를 높이고 자네 가문을 돕는 일을 한순간도 게을리 하지 않았으며, 그분이 돌아가신 뒤에도 자네를 해칠 생각은 전혀 없었네. 자네의 병약한 체질과 자네 아들들의 어린 나이가 나를 불안하게 만든 건 솔직히 사실이네. 그런 연유로 나는 자네가 세상을 떠난 후, 적어도 우리 도시를 파멸에서 구해줄 그런 강한 정부를 세우는 것이 바람직하다고 판단한 걸세. 그러므로 내가 행한 일들은 감히 자네에게 맞서기 위해서가 아니라, 모두 조국의 안녕을 위해서였네. 그리고 설령 내가 한 일에 어떤 잘못이 있었다고 해도, 그 잘못은 나의 선한 의도나 과거의 공적들을 고려하면 한 번쯤은 눈감아줄 수도 있을 걸세. 오랜 세월 나는 자네 가문에 충성을 다했네. 그런 내가 이제 더는 자네의 동정을 받을 수 없고, 수많은 나의 공로가 단 한 번의 실수로 사라질 거라고는 믿을 수 없네.**9**

아놀로는 구차하게 피에로의 아버지 코시모 이야기까지 꺼내면서 자비를 호소했다. 그동안 공적을 고려해서 사면해달라는 청원이었다. 그러나 피에로의 대답은 매몰찼다.

당신이 거기서 웃는 게, 내가 여기서 울지 않는 이유요. 만일 당신이 피렌체에서 웃고 있었다면, 나는 나폴리에서 울고 있었을 것이오. 인정하오. 당신이 항상 아버님의 안녕을 기원했다는 것을. 그렇지만 당신도 인정할 것이오. 당신이 아버님으로부터 이에 대한 보상을 이미 충분히 받았다는 것을. 따라서 만일 행동이 말보다 더 중요하다면, 당신의 의무가 우리의 의무보다 훨씬 더 크오. 당신이 잘한 일에 대해서는 이미 충분히 보상받았으므로, 이제 당신이 행한 잘못에 대해 그에 상응하는 대가를 치른다고 해서 놀라지는 마시오. 그리고 당신이 한 일에 대한 변명으로 조국애를 들먹이지 마시오. 왜냐하면 아무도 이 도시가 메디치 가문보다 아차이우올리 가문에 의해 더 사랑받고 더 위대해졌다고 믿지는 않을 것이기 때문이오. 그러니, 거기서 그냥 굴욕 속에 사시오. 어차피 당신은 여기서 명예롭게 사는 법을 모르잖소.**10**

피에로는 대 사면령을 내려 아버지 코시모가 선례로 보여주었던 '신중함과 관대함'을 실천하는 것 같았다. 루카를 사면한 것이 그 단적인 예다. 그러나 피에로는 냉정을 잃지 않았다. 결국 최후의 순간에 전향한 루카에게도 보복을 가했다. 정치적으로는 사면해주었지만 메디치 은행에 대한 채권은 여전히 남아 있었다. 피에로는 채무자 루카를 파산시켜 보복을 가했다. 곤팔로니에레를 3번이나 역임했고, 피렌체에서 가장 큰 저택을 소유했던 루카는 가난하게 살다가 또 다른 반역 혐의로 체포되어 감옥에서 사망하고 말았다(1472년).

붉은 백합의 도시, 피렌체

계속되는 그란디의 저항과 피에로의 임종

1466년의 사건은 오히려 메디치 가문의 지배력을 더욱 공고히 하는 계기가 되었다. 위기가 닥칠 때마다 그것을 전화위복의 계기로 삼는 메디치 가문의 저력이 다시 드러났다. 1433년에 받은 유배형을 극복하고 1434년에 돌아온 코시모가 피렌체의 참주가 된 것처럼, 1466년의 암살 위기를 넘긴 피에로는 지배력을 강화해 피렌체의 군주처럼 행동하기에 이른다. 반란 혐의로 추방을 당한 수많은 피렌체의 그란디들은 이제 내부의 힘만으로 메디치 가문을 전복시킬 수 없다는 결론에 이르렀다. 베네치아로 유배를 떠났던 많은 그란디들이 이탈리아의 지역 분쟁을 이용해 메디치 가문에 대한 도전장을 내밀었다. 그것이 바로 1467년 7월 25일, 밀라노와 베네치아 간의 전쟁이었던 몰리넬라 전투Battle of Molinella다. 피렌체가 다시 이탈리아 강국들의 전쟁에 휩쓸려 대리전을 치르게 된다.

피에로가 통치하던 피렌체가 밀라노 연합군에 소속되어 참전한다는 소식을 듣고, 추방당한 피렌체 그란디들은 상대 진영인 베네치아에 가담키로 했다. 그들은 베네치아 연합군의 총사령관 바르톨로메오 콜레오니 Bartolomeo Colleoni(1400~1475년)에게 몰려가 함께 싸우게 해달라고 호소했다. 1만 4,000명에 달했던 베네치아 연합군에는 페라라, 페사로, 포를리 그리고 피렌체에서 추방되었던 반 메디치 가문의 혈족들이 참여했다. 그들의 상대는 약 1만 3,000명으로 구성된 밀라노 연합군이었는데, 여기에는 나폴리, 볼로냐 그리고 피렌체 시뇨리아가 가담했다. 몰리넬라 전투는 일종의 대리전이었다. 겉으로는 밀라노-베네치아 간의 전쟁처럼 보이지만, 실상은 메디치 가문의 축출을 원하는 베네치아와 메디치 가문의 유지를 원하는 밀라노 사이의 세력다툼이었다.

피에로 델라 프란체스카Piero della Francesca 가 그린 〈페데리코 다 몬테펠트로의 초상화〉.
1470년경에 제작되었으며 우피치 미술관에 소장되어 있다.

붉은 백합의 도시, 피렌체

볼로냐에서 그리 멀리 떨어지지 않은 곳에서 벌어진 이 전투의 결과는 무승부였고 양측 모두에 큰 피해만 남겼다. 이탈리아 전쟁사에서 처음으로 총포류가 대거 사용된 전투였기 때문이다. 이 전투에서 밀라노 연합군을 이끈 장군은 우르비노Urbino 출신의 전설적인 용병 대장 페데리코 다 몬테펠트로Federico da Montefeltro (1422~1482년) 공작이었다.

페데리코는 우르비노의 영주이면서 동시에 밀라노 영주 프란체스코의 용병 대장으로 고용되어 용맹을 떨친 인물이다. 그는 밀라노와 용병 계약을 맺기 전 6년간 피렌체를 위해 싸웠다. 그러나 마상 창 시합 중의 사고로 한쪽 눈을 잃고 전성기의 전투력을 상실했다는 평가를 받게 되었다. 이후 나폴리 왕국의 알폰소 5세와 용병 계약을 맺고, 피렌체를 공격하게 되었는데(1451년 10월), 이때 한쪽 눈만으로 좌우의 시야를 확보하기 위해 코끝을 절단하는 수술을 해서 사람들을 놀라게 했다. 전쟁이 사업이었던 용병 대장에게 적과 우방은 어느 진영인지가 아니라 어느 쪽이 대금을 많이 주는지가 결정했다. 교황군 사령관으로까지 명성을 떨치던 페데리코는 프란체스코가 1466년 사망하자 그의 아들 갈레아초가 밀라노의 권력을 이어받을 수 있도록 지원했다. 페데리코는 언제나 전쟁 대금을 많이 주는 쪽을 위해 싸웠다. 1467년의 몰리네라 전투에서 그는 용병 대금으로 큰돈을 벌었다. 메디치 가문은 뛰어난 정치 감각을 가지고 있었지만, 피렌체의 자체 군대를 거느리지 못한 탓에 용병 대장 때문에 늘 곤욕을 치렀다.

통풍으로 고생하던 피에로는 피렌체를 위한 마지막 봉사를 했다. 장남 로렌초와 로마 명문가 출신의 클라리체 오르시니의 결혼식을 성대한 축제로 확대시켜 피렌체 시민들에게 화려한 볼거리를 선물했다. 피에로는 멀리 보는 통찰력을 가지고 있었다. 며느리 클라리체는 시아버지의 기대대로 3명의 아들을 줄줄이 낳았고, 그중의 1명이 교황 레오 10세다. 지금 메디치 가문의 문장을 장식하고 있는 교황의 모자는 모두 피에로의 통찰력 덕분에 가능했다. 그리고 그 교황의 힘으로 2명의 딸이 절대 왕정을 구가하던 프랑스에 시집가서 왕비가 되었다. 피에로의 통찰력 덕분에 메디치 가문은 교황을 배출하고 또 왕족의 반열에 올라갈 수 있었던 것이다. 피에로는 아들의 결혼식에서 마지막 미소를 지었고, 그해 겨울에 조용히 임종했다. 53살의 젊은 나이였다. 마키아벨리는 피에로의 유언 같은 연설을 우리에게 전해준다. 자신을 암살하려고 했던 피렌체 그란디들에 대한 준엄한 경고의 메시지다.

나는 내 친구들의 태도와 행동 때문에 내가 적을 그리워하고 갈망하게 될 날이 올 줄은, 그때 차라리 적들에게 패했더라면 더 좋았을 것을 하고 후회할 날이 올 줄은 정말 상상도 못 했소. 왜냐하면 내 친구들의 욕심은 분명 도를 넘지 않을 것이고, 적에게 이미 복수한 이상 조국에서 안전하고 명예롭게 사는 것으로 충분히 만족하리라 믿었기 때문이오. 그러나 나는 지금, 내가 얼마나 한심하고 어리석었는지 깨달았소. 나는 인간의 타고난 욕망에 대해 거의 알지 못했지만, 당신들에 대해서는 더더욱 그러했소. 당신들은 내 생각, 아니 내 기대와는 정반대로 이 위대한 도시의 수장이 되어, 전에는 수많은 이들에게 골고루 분배되었던 그 많은 명예와 위엄과 이득을 몇 안 되는 당신들이 독점하는 것에 만족하지 못하고, 쫓겨난 적들의 재산을 빼앗아 당신들끼리 나눠 가지는 것으로도 모자라, 공적 특권이란 특권은 전부 독차지하면서도 정작 당신들이 져야 할 공적 부담은 모두 동료 시민들에게 강제로 전가했을 뿐만 아니라, 매일 온갖 새로운 위해로 그들을 괴롭히고 있소. 당신들은 이웃의 재산을 강탈하고, 정의를 팔고, 법

붉은 백합의 도시, 피렌체

원의 판결을 무시하고, 온순한 이를 억압하고, 오만한 자를 높이고 있소. 나는 나머지 이탈리아에 있는 모든 폭력과 탐욕을 다 합쳐도, 이 도시에 넘쳐나는 폭력과 탐욕만큼 많을 거라고는 믿지 않소. 자, 말해보시오. 조국이 우리에게 생명을 준 이유가, 우리가 조국의 목숨을 빼앗도록 하기 위함이었소? 조국이 우리한테 승리를 안겨준 이유가, 우리가 조국을 파괴하도록 하기 위함이었소? 조국이 우리에게 영광의 왕관을 씌워준 이유가, 우리가 조국을 욕보이도록 하기 위함이었소? 명예를 존중하는 사람으로서 맹세하건대, 만일 당신들이 내가 승리한 일을 후회하도록 만드는 행동을 계속 고집한다면, 나 역시 당신들이 승리를 악용한 일을 두고두고 후회하게 해줄 것이오.[11]

마키아벨리는 앞에서 코시모의 업적을 두 부분으로 나누어 상세히 설명한 바 있다. 고대 로마의 위인 추도사 양식과 '군주의 거울' 형식을 모두 빌렸다. 그러나 피에로의 삶과 업적에 대한 평가는 아래 짧은 문장으로 그친다.

그의 조국은 피에로의 미덕과 선함을 제대로 평가할 수 없었다. 왜냐하면 그는 삶의 거의 마지막까지 아버지 코시모와 함께했고, 코시모보다 오래 산 그 몇 년 동안은 도시의 분열과 육신의 고통으로 괴로워하며 시간을 다 소진했기 때문이다. 피에로는 산 로렌초 대성당에 있는 아버지의 무덤 옆에 묻혔다. 그의 장례식은 그의 지위와 미덕에 걸맞게 웅장하고 엄숙하게 치러졌다. 피에로는 두 아들, 로렌초와 줄리아노를 남겼다. 그들은 공화국에 아주 유용한 인재가 될 것이라는 희망을 주었지만, 그들의 나이가 어려(당시 로렌초는 20세, 줄리아노는 16세) 모두가 불안해했다.[12]

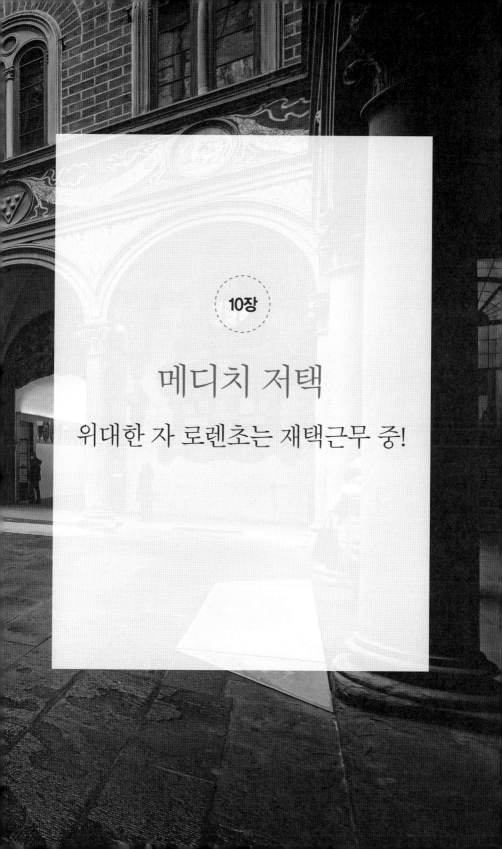

10장

메디치 저택

위대한 자 로렌초는 재택근무 중!

로렌초는
메디치 저택에서 재택근무 중!

피에로의 아들 로렌초는 가문의 저택인 팔라초 메디치-리카르디^{Palazzo}

Medici-Ricardi에서 피렌체를 군주처럼 다스렸다. 그는 조부나 부친과는 달리, 곤팔로니에레나 시뇨리로 임명되어 공직에 오르지 않았다. 그런 직책은 명예롭기는 하지만, 당사자들에게는 여간 불편한 자리가 아니었다. 비록 2달의 짧은 임기였지만 시뇨리아 정청 안에서 격리된 채 근무해야만 했다. 자신을 뛰어난 서정 시인이자 각별한 사랑꾼으로 여겼던 로렌초는 공직에 임명되어 2달간 감옥 같은 시뇨리아 정청에서 근무한다는 것을 상상할 수조차 없었다. 그는 조부 코시모가 증조부에게 받았다는 가문의 유언을 십분 활용했다. 대중의 시선에서 멀어져라! 로렌초는 이 겸양의 가르침을 늘 앞세우며 시뇨리아 정청 출입을 극도로 삼갔다. 그곳은 그의 부하들이 모여서 고리타분한 회의를 하는 곳일 뿐이었다. 로렌초는 비아 라르가에 있는 메디치 저택에 주로 머물렀다. 곤팔로니에레나 시뇨리 혹은 국가 원로들이 로렌초와 국정을 논의하기 위해 메디치 저택을 방문했다. 메디치 저택은 피렌체의 중심부인 산타 마리아 델 피오레 대성당에서 약 240미터, 걸어서 3분이면 충분한 지척의 거리에 있다.

메디치 저택을 건축한 사람은 코시모다. 그는 공모를 통해 건축가를

비아 라르가의 메디치-리카르디
저택. 코시모가 총애하던
미켈로초가 설계와 건축을
맡았다.

선택했다. 피렌체 두오모의 거대한 돔을 설계한 르네상스 건축의 거장
필리포 브루넬레스키가 이 공모전에 참여했다. 그는 메디치 저택이야말
로 자신이 그동안 꿈꿔온 이상적인 르네상스 저택을 지을 수 있는 절호
의 기회라고 보고, 다른 일들을 모두 뒤로 한 채 메디치 저택 설계에 매
달렸다. 그러나 그의 기대는 곧 물거품이 되고 말았는데, 코시모가 "너무
화려하고 장대하다"는 이유로 그의 설계안을 거절했기 때문이다. 상심한
필리포 브루넬레스키는 자신이 제작한 저택의 모델을 산산조각 내며 분
노했다고 전해진다.[1] 코시모가 선택한 건축가는 미켈로초다. 미켈로초는
10년 전인 1433년, 코시모가 피렌체에서 추방되었을 때 그를 따라 베네
치아로 자발적인 유배를 떠났던 건축가다. 그는 피렌체로 돌아와 코시모

의 의뢰를 받고 절제된 아름다움과 위엄을 뽐내는 메디치 저택을 건축했다. 1444년에 시작된 공사는 1452년(혹은 1460년)에 완공되었다.

메디치 저택은 르네상스 양식을 대표하는 걸작으로 평가받고 있다. 단순하면서도 웅장한 자태를 자랑하는 저택 외관의 아름다움은 층별로 달라지는 외장마감재와 처마돌림띠를 통해 극대화된다. 건물은 총 3개 층으로 구성되어 있는데, 1층의 경우 표면이 울퉁불퉁한 석재를 사용했다. 이러한 마감처리는 중세 시대의 공적 건물에 자주 사용되던 방식이다. 견고한 성채처럼 보이는 1층의 벽면은 메디치 가문의 위엄을 높이기 위한 수단으로 사용되었다. 미켈로초는 2층, 3층으로 올라가면서 점점 작은 크기의 벽돌로 마감했는데, 이는 건물의 무게를 가볍게 보이도록 만들었다. 또한 건물 3층 꼭대기에 처마돌림띠를 둘렀는데, 이는 마치 왕관을 쓰고 있는 것 같은 착각을 불러일으켰다. 석조 건물에 화려한 왕관이 올라가 있으니, 이 건물의 주인은 피렌체의 통치자라는 것을 상징한다.

15세기에 완성된 메디치 저택은 시간이 흐르면서 여러 번의 개축 공사를 거쳤다. 지금은 저택의 외양이 직사각형이지만, 미켈로초가 처음에 설계한 저택은 정사각형에 가깝고 규모가 작았다. 본래 저택의 1층 남쪽 모서리에 개방된 복도가 있었으나, 16세기에는 저택의 내부 공간 확보와 보안을 위해서 이 부분을 벽으로 막고 일명 '무릎을 꿇고 있는 창문Finestra inginocchiata'을 만들었다. 창문 하단에 2개의 기둥이 마치 무릎을 꿇고 있는 것처럼 보이기 때문이다. 이 창문은 미켈란젤로가 설계했다.

로렌초 치하에서 메디치 가문이 전성기를 이루고 있을 때, 저택의 중정에는 도나텔로의 〈다비드〉를 비롯한 각종 예술품이 전시되어 있었고, 10대 후반의 미켈란젤로를 비롯한 예술가들과 조반니 피코 델라 미란돌라Giovanni Pico della Mirandola 같은 신플라톤주의 철학자들이 모여들었다. 메디치 저택은 1494년 로렌초의 아들인 '불행한 자' 피에로('통풍 환자' 피에로 데 메디치의 손자)가 피렌체에서 추방당하면서 피렌체 공화국의 소유가 되었다가, 1512년 메디치 가문이 복권되면서 다시 메디치 가문의 보금자리로 돌아왔다. 이후 1540년, 대공 코시모 1세가 베키오 궁전으로 거처를 옮길 때까지 메디치 가문의 궁전으로 사용되었고, 1540년 이후에는 메디치 가문의 젊은 세대가 따로 거주하던 공간으로 이용되었다. 1659년에는 리카르디 가문이 이 저택을 구입했는데, 그래서 지금 이 저택이 팔라초 메디치-리카르디라 불린다. 저택을 구입한 리카르디 가문은 18세기에 이르기까지 여러 차례 공사를 통해 저택을 확장했다. 리카르디 가문

메디치-리카르디 궁전의 내부 중정.

은 메디치 저택과 인접한 저택을 서로 연결해 새로운 건물을 짓고 싶어 했지만, 피렌체 시민들은 미켈로초의 디자인이 훼손되는 것을 반대했다.

결국 확장 공사는 미켈로초의 건물 외관 디자인을 훼손하지 않는 방향으로 진행되었다. 원래 정사각형으로 건축되었던 메디치 저택은 증축을 통해 한쪽 면만 길게 확장된 직사각형 형태로 바뀌었다. 리카르디 가문은 건물 외관을 예전의 형태로 고수하는 대신, 건물 내부를 당시 유행하던 바로크 양식으로 새롭게 단장했다.[2] '거울의 방'으로 불리는 갤러리와 리카르디 도서관은 이 시기에 확장된 것이다. 1810년 이후, 메디치-리카르디 저택은 이탈리아 정부의 소유가 되어 현재는 박물관으로 사용되고 있고, 피렌체 의회의 회의 장소로도 사용되고 있다.

붉은 백합의 도시, 피렌체

톰마소 소데리니가 주도했던
로렌초의 정권 계승

메디치 가문에 대한 반란을 주도했던 니콜로 소데리니는 베네치아로 도주했다가, 결국 라벤나에서 객사하고 말았다. 피렌체의 유명한 망명자였던 단테가 임종한 곳이기도 하다. 니콜로는 라벤나 도심에 있는 단테의 무덤 앞에서 통곡을 했을 것이다. 그는 피렌체의 최고 공직자인 곤팔로니에레에 2번이나 임명되는 영광을 누렸으나 메디치 가문의 벽을 넘지 못했다. 1321년 라벤나에서 숨을 거두었던 단테처럼, 그도 피렌체의 추방자가 되어 파란만장한 생애를 객지에서 마감했다.

이제 소데리니 가문의 두 번째 인물이 등장할 차례다. 추방당한 니콜로의 동생 톰마소다. 앞에서 잠시 설명한 대로 그는 형과는 달리 친 메디치파에 속했다. 피에로가 임종한 후 피렌체의 권력이 그의 아들 로렌초에게 넘어갈 수 있도록 도운 인물이기도 하다. 평생 지병으로 고통받던 피에로가 임종했을 때, 피렌체 시민들은 중요한 결정을 내려야만 했다. 20살에 불과한 그의 아들 로렌초에게 나라의 운명을 맡길 것인가? 아니면 통치의 경험과 자질을 갖춘 유력한 그란디나 국가 원로에게 권력을 넘길 것인가? 교황과 로마, 밀라노, 베네치아, 나폴리의 영주들도 피렌체 미래에 대한 관심이 없을 수 없었다. 당시 피렌체에서 메디치 가문의 젊은 두 아들을 제외하면, 톰마소가 가장 유력한 인물이었다. 그래서 피렌체 사람들은 톰마소의 집 앞으로 몰려들었고, 이탈리아의 군주들은 그의 의향을 묻는 편지를 보냈다. 마키아벨리는 당시의 상황을 이렇게 전한다.

현명한 그는 메디치 가문의 운명과 자신의 운명을 정확히 파악하고 있었으므로, 군주들의 편지에는 답장하지 않았고, 자신의 집을 방문한 시민들한테는 자신의 집이 아니라 메디치 가문의 집을 방문하라고 가르쳐주었다. 그리고 자신이 입으로 말한 것을 행동으로 확인시켜주기 위해, 모든 명문가의 수장들을 산 안토니오 수녀원에 불러모으고 로렌초와 줄리아노 데 메디치 역시 그곳으로 오게 했다. 거기서 그는 위엄 있는 목소리로 도시의 상황과 이탈리아의 정세와 그 군주들의 기질에 대해 자세히 설명하고 난 뒤, 만일 그들이 이 도시에서 단결해 평화롭게 살기를 원한다면, 또 내부의 분열과 외부의 전쟁으로부터 안전하기를 원한다면, 무엇보다 이 젊은이들을 따르고 그 가문의 지위를 지켜줄 필요가 있다고 말했다. 왜냐하면 사람이란 대개 익숙한 것은 불평 없이 받아들이지만 새로운 것은 쉽게 채택하는 만큼이나 또 쉽게 내버린다고, 따라서 이런저런 원인으로 곧 사라질 새로운 권력을 세우는 것보다, 오랜 세월을 거치며 질투마저 극복한 권력을 유지하는 쪽이 항상 더 쉽기 때문이라며 말을 마쳤다.[3]

톰마소가 약관의 청년 로렌초를 지지한 이유는 무엇일까? 메디치 가

영국 내셔널 갤러리가 소장하고 있는 〈로렌초 데 메디치의 흉상〉 베로키오의 작품을 바탕으로 16세기 초반에 제작되었다.

문 사람들은 자기 형을 사지로 몰아붙여 제2의 단테로 만들지 않았는가? 여러 가지 이유가 있겠지만 가장 개연성이 높은 것은 톰마소가 이미 메디치 가문과 겹사돈이었기 때문일 것이다. 루크레치아 토르나부오니는 피에로의 부인이며 따라서 로렌초의 어머니다. 톰마소의 두 번째 부인이 토르나부오니 가문의 딸이었으니, 메디치 가문과 겹사돈이 되는 셈이다. 이런 가문의 딸과 결혼했으니 톰마소는 겹사돈 집안의 조카인 로렌초를 지지할 수밖에 없는 형편이었다.

1469년 12월 2일, 피에로가 임종한 바로 그날, 산 안토니오 수녀원에서 국가 원로 회의가 개최되었다. 피에로 이후의 정국 안정을 위해 국가 원로를 배출한 가문이 함께 모여 후계자를 결정하는 회의였다. 이 비상 회의에 초대된 인원은 150명 정도였다. 그러나 정작 회의장에는 700명이 넘는 사람들이 모여들었고, 짧은 논의를 거쳐 로렌초를 피렌체의 공식 통치자로 선포했다. 톰마소를 위시한 국가 원로들이 로렌초의 통치를 공식적으로 인정함으로써 1469년부터 1494년까지 25년간 펼쳐진 '로렌초 데 메디치의 황금기'가 시작되었다. 실제로 이 시기의 피렌체는 르네상스 문화의 황금기를 목격하게 된다. 위대한 르네상스의 천재들이 활동한 시기다. 레오나르도 다 빈치(1452년), 산드로 보티첼리(1455년), 미켈란젤로(1475년)가 모두 이 황금기에 태어났다. 로렌초는 톰마소를 위시한 국가 원로들이 자신을 피렌체의 차기 통치자로 추대했을 때, 주저하면서 그 지위를 받아들였다. 그는 내부의 추천보다 외부의 지원이 중요하다는 것을 알고 있었다. 할아버지 코시모가 밀라노의 비스콘티 공작으로부터 지원을 받았고, 아버지 피에로가 프란체스코 스포르차의 지원을 받았던 것을 기억하며, 자신의 수호자는 갈레아초 마리아 스포르차라고 판단했다. 로렌초는 그에게 지원을 요청했고, 그는 로렌초에게 돈을 요구했다.

메디치 가문에게 밀라노는 언제나 최후의 군사적 보루였다. 그렇다고 해도 밀라노의 군사력을 통해 피렌체를 직접 통치할 수는 없는 노릇이었다. 로렌초는 언제나 피렌체의 법률 체계 안에서 자신의 지배권을 유지하려고 했다. 우선 친 메디치파 40명을 국가 원로로 지명하고, 그들이 연결자를 선발하도록 했다. 이 연결자들이 피렌체의 공직자 후보를 결정하게 된다. 로렌초는 귀차르디니 가문, 마르텔리 가문, 피티 가문, 리돌피Ridolfi 가문을 최측근으로 삼았다. 40명의 국가 원로를 선택할 때 이들 가문에서 언제나 2명씩 배출되도록 했고, 나머지 가문에서는 1명만 배출할 수 있었다.

그러나 최측근으로 간주되던 바르톨로메오 스칼라Bartolomeo Scala (1430~1497년)는 로렌초에게 이런 조치가 오히려 메디치 가문에 해가 된다고 경고했다. 인문학자이며 역사가인 바르톨로메오는 코시모와 피에로의 총애를 받던 학자였는데, 친 메디치 가문의 일원으로 곤팔로니에레, 시뇨리, 연결자 등을 역임한 인재였다.[4] 그의 주장은 간단했다. 그렇게 주요 가문을 발탁해서 그들에게 권력을 몰아주면 나중에 이 가문들이 하나의 목적으로 단결할 때 문제가 생긴다는 것이다. 스칼라는 만약 이들이 대동단결해 메디치 가문의 척결을 주장하면 어떻게 할 것이냐고 로렌초에게 물었다. 로렌초는 스칼라의 예리한 질문에 "그들은 모두 연로하시기 때문에 곧 교체될 것입니다"라고 얼버무렸다고 한다.[5]

로렌초가 피렌체를 장악하고 있는 동안 메디치 가문의 경제적 위상은 메디치 은행을 통해 하늘 높은 줄 모르고 올라갔다. 피렌체 은행은 이미 교황청의 주거래 은행으로 지정되어 있었고, 유럽의 주요 도시에 지점을 세워 그 나라의 경제를 좌지우지하고 있었다. 메디치 은행이 돈을 버는 방식은 기본적으로 국제 시장의 환율 차이를 이용하는 것이었다. 메디치 은행은 유럽의 주요 산업(특히 모직 산업)과 교황청에 바치는 유럽 각국의 헌금 유통을 중개하며 큰돈을 벌었다. 교황청은 땀을 흘리지 않고 경제적인 수익(이자 수익)을 얻으면 지옥의 형벌을 받게 된다고 경고해왔지만, 유럽 각국에서 쏟아져 들어오는 헌금의 이동과 환율 조정을 메디치 은행에 맡길 수밖에 없었다. 그래서 이자 수익을 금지해온 관례에 따라 메디치 은행을 대리인으로 지명했다.

메디치 은행은 각국의 헌금을 교황청으로 바로 전달하고 환전 수수료를 챙기는 단순한 중개업에 머물러 있지 않았다. 예를 들어 프랑스가 먼저 메디치 은행에 헌금을 입금하면, 메디치 은행은 이 돈을 바로 교황청에 전달하는 것이 아니라 프랑스의 산업에 투자해서 이익을 거두었다. 그리고 여기서 생긴 경제적 이익을 고스란히 취한 뒤 원금(프랑스가 낸 헌금)만 로마 교황청 지점으로 지불했다. 물론 헌금과 이익금이 이동하는 과정에서 메디치 은행은 스스로에게 매우 유리한 환율을 적용했다. 일종의 삼각 거래를 통해 이자 수익을 올리는 동시에, 자금 이동의 안전을 꾀하면서 이익을 극대화하는 전략이었다. 실제로 메디치 가문은 규모가 큰 외환 거래를 총 67건 성사시켰는데, 딱 1건만 손해를 보고 나머지 66건에 대해서는 7.7퍼센트에서 28.8퍼센트에 이르는 막대한 외환 평가이익을 올렸다.**6**

그러나 15세기 후반에 접어들면서, 그러니까 로렌초의 통치기가 끝나가던 1480년대 후반부터, 메디치 은행은 급격한 쇠락기를 맞는다. 로렌초는 사실상 피렌체의 군주처럼 행동했고, 자신을 일개 은행장으로 부르는 것을 못마땅하게 생각하게 된다. 그는 복잡한 복식부기 장부를 들여다보는 것보다 시를 쓰거나 마상 창 시합을 주관하는 것을 더 좋아했다. 매년 11월 7일, 로렌초는 그리스의 철학자 플라톤의 생일을 기념하기 위해 카레지 별장에서 향연을 펼쳤다. 피렌체의 유력 인사를 대거 초청한 자리에서 철학자 마르실리오 피치노의 플라톤 강연을 듣거나, 본인이 쓴 시를 직접 낭독하기도 했다.

그가 메디치 은행의 경영자가 아니라 문학적 소양을 갖춘 부잣집 도련님으로 행동할 수 있었던 이유는 그의 곁에 뛰어난 전문 경영인이 있었기 때문이다. 로렌초는 할아버지 코시모 시절부터 메디치 은행의 지점장을 수차례 역임했던 프란체스코 사세티 Francesco Sassetti (1421~1490년)에게 경영을 맡겼다. 18살 때부터 메디치 은행의 아비뇽과 제네바 지점의 지점장으로 활동하면서 일찍부터 경영에 두각을 나타낸 프란체스코 사세티는 로렌초가 묻지도 따지지도 않고 모든 일을 맡기는 전문 경영인이었다. 그는 1458년 오랜 메디치 은행 지점장 생활을 마치고 본사가 있는 피렌체로 돌아와 피에로를 보좌했고, 이어 그의 아들인 로렌초를 위해 일했다. 로렌초는 그를 "우리 장관님 nostro ministro"이라 부르며 신임했다고 한다. 당연히 메디치 가문의 비밀 장부도 그가 직접 관리했다.

로렌초로부터 "우리 장관님"으로 불렸던 프란체스코 사세티. 중앙에 검은 머리를 한 사람이 로렌초이고 오른쪽에 프란체스코가 서 있다.

그러나 리옹(프랑스)지점과 브뤼헤(벨기에) 지점의 연쇄 부도로 인해 메디치 은행이 휘청거리자 프란체스코 사세티의 능력이 예전만 못하다는 평가가 내려졌다. 부도 사태를 냉정하게 관리해야 하는 은행 관리자가 평정심을 잃었다는 평가도 받았다. 메디치 은행이 이런 어려움에 처해 있을 때 또 다른 돌발 변수가 생겼다. 볼테라Voltera에서 명반Alum 광산이 발견된 것이다. 볼테라는 토스카나 중앙에 있는 산악 도시로, 이미 1361년부터 피렌체의 통치를 받고 있었다. 이곳에서 출토된 명반으로 인해 메디치 가문의 모직 산업과 로렌초의 리더십이 새로운 시험대에 오르게 된다.

볼테라 명반의 발견과 로렌초의 전쟁

1470년에 처음 볼테라에서 명반을 발견한 사람은 조반니 다 카스트로 Giovanni da Castro란 인물이다. 그는 지중해 동쪽 지역에서 모종의 사업을 하다가 빚을 지고 이탈리아에 도피해 있던 사업가였다. 그의 부친이 교황 피우스 2세Pius II (1458~1464년 재위)와 친했다. 명반 시장이 이슬람 상인들에 의해 독점되는 것을 지켜보던 교황이 이탈리아에서 명반을 찾으라고 명령했고, 조반니가 볼테라 시의 공유지에서 우연히 명반 광맥을 발견한 것이다. 명반의 가치를 몰랐던 볼테라 시민들은 피렌체 상인들에게 출토된 명반을 보여주었다. 노회한 장사꾼인 피렌체 양모업자들과 가죽 가공업자들은 순진한 볼테라 시민들과 불공정 계약을 맺었고, 피렌체 상인들은 명반 광산 채굴권과 미래의 이익을 헐값으로 사들였다. 여기서 피렌체 상인이란 당연히 메디치 기업의 직원을 말한다. 메디치 가문은 이미 교황청으로부터 명반 거래의 독점권을 허락받은 상태였고, 이를 통해 막대한 수익을 올리고 있었다. 그런데 볼테라의 광산에서 다량의 명반이 생산되면 가격이 떨어질 것이 뻔했다. 그래서 로렌초가 명반 문제에 개입하게 된 것이다. 결국 이런 불공정 거래가 피렌체와 볼테라의 전쟁으로 확대되는데, 이를 '명반 전쟁' 혹은 '로렌초의 전쟁'이라 부른다.

명반 사업은 메디치 기업의 황금알을 낳는 거위였다. 13세기부터 모직 염색 작업과 가죽 처리에 사용되어온 명반은 지금의 터키 땅, 당시로서는 오스만튀르크 영토의 서쪽 끝에서만 생산되었고, 이를 수입하던 제노아 상인들이 유럽에서의 독점 판매를 통해 막대한 수익을 올리고 있었다. 그러나 1453년 콘스탄티노플이 오스만튀르크에 의해 함락당하면서, 유럽의 명반 시장도 큰 타격을 입었다. 지중해 최고의 무역항이었던 콘스탄티노플이 이슬람 세력에 의해 점령되면서 제노아 상인들의 명반 수입이 급감하게 되었고, 결국 수요와 공급의 원칙에 따라 유럽의 명반 가격이 폭등하게 된다. 오스만튀르크는 그동안 제노아 상인들이 누리던 독점적인 명반 수입 권리를 박탈하고 직접 유럽 상인들에게 명반을 팔았다. 그들의 주 고객은 플랑드르(벨기에)와 영국, 베네치아의 모직 상인들이었다. 당연히 이슬람 상인들은 명반 판매를 통해 폭리를 취했다.

유럽의 모직 상인들이 비싼 값으로 명반을 구매하는 것을 알게 된 교황청은 이것을 그리스도교에 대한 도전으로 받아들였다. 이슬람 상인들에게 매년 거액의 명반 대금이 흘러들어가는 것을 용인할 수 없었던 것이다. 이에 교황청은 유럽 각국의 광산주들에게 명반이 매장되어 있는 곳을 찾으라고 독촉했는데, 놀랍게도 교황청 영토에 속한 톨파Tolfa라는 곳에서 양질의 명반이 대량 매장되어 있는 것을 발견하게 된다(1462년). 메디치 가문은 교황청과 이 톨파 명반 광산의 채굴과 판매를 독점하는 계약을 체결했다. 교황청은 유럽 전 국가에 거래 교역망을 가지고 있는 메디치 기업을 파트너로 삼고 싶어 했다. 유럽 각국의 헌금이 바티칸으로 이동하는 데 메디치 은행과 사업체의 삼각 거래가 가장 효과적이었기 때문이다. 교황청은 메디치 가문에게 명반 거래 독점을 허용하면서, 교황청에 할당된 모든 수익은 이슬람 세력을 물리치기 위한 십자군의 경비로 사용될 것이라고 선포했다.

1466년부터 9년간 톨파 명반의 독점 거래권을 획득한 메디치 가문은 기대했던 대로 막대한 수익을 올렸다. 교황청과 이 계약을 체결한 당사자가 당시 17살의 로렌초였다. 유럽의 명반 시장에서는 연간 30만 플로린 이상의 거래가 이루어졌다. 이 거대한 시장을 메디치 가문이 독점하게 된 것이다. 메디치 기업이 플랑드르와 영국의 모직 사업자들에게 너무 높은 명반 가격을 요구해, 이들이 조직적으로 반발했다는 기록까지 보인다. 당시 교황청은 메디치 가문의 독점권을 보장해주기 위해, 이슬람 상인들로부터 명반을 직수입하는 자는 파문에 처하겠다고 엄포를 놓았다. 그러나 메디치 기업이 책정한 터무니없는 가격 때문에 플랑드르와 영국의 모직 업자들은 파문의 위험을 무릅쓰고 오스만튀르크에서 직접 명반을 수입하기도 했다. 마침 제노아와 베네치아 항구에 오스만튀르크 상인들이 보낸 갤리선이 도착했는데, 3년 치 물량에 해당하는 엄청난 양의 명반이 실려 있었다. 이 명반이 유럽 시장에 풀린다면 명반 가격은 바닥으로 떨어질 것이다. 이 와중에 볼테라에서 대량의 명반이 또 발견된 것이다.[7]

메디치 기업은 볼테라에서 명반이 대량 채굴되면 공급 과잉이 빚어지고, 결국 명반 가격이 폭락할 것이라고 보았다. 그래서 볼테라의 친 메디치 시민들과 함께 공동으로 회사를 설립하고, 공급량을 조절함으로써 명반 가격을 안정시키려고 했다. 그러나 메디치 기업과 동업하지 않던 일부 볼테라 시민들은 공유지에 발견된 명반을 특정인이 독점적으로 메디치 기업과 동업하는 것에 대해 불만을 품었다. 여기에 피렌체 내부에 있던 반 메디치 그란디들이 적극적으로 개입하면서, 볼테라의 명반은 점차 정치적인 문제로 확대되어갔다. 1471년, 피렌체의 곤팔로니에레인 바르도 코르시Bardo Corsi와 야코포 데 파치Jacopo de' Pazzi는 볼테라의 반 메디치파 시민 4명이 명반 광산의 운영권을 차지하도록 허락해주었다. 이에 피렌체 시뇨리아에서 파견을 받은 치안 담당관이 명반 광산을 점거한 4명의 볼테라 시민들을 체포해서 구금시켰다. 이 치안 담당관은 당연히 메디치 기업과 로렌초의 지시를 받고 있었다. 결국 볼테라 거리는 친 메디치와 반 메디치 진영의 대리전이 펼쳐졌고, 심각한 유혈사태로 발전되었다.

1472년 2월, 반 메디치파의 공격으로 2명의 친 메디치파 시민이 살해당하는 사건이 발생했다. 로렌초는 이 사건을 단순한 볼테라의 파벌 싸움으로 보지 않았다. 피렌체 내부의 반 메디치파가 로렌초의 이 공격을 뒤에서 사주하고 주도권에 도전장을 내민 것으로 본 것이다. 1472년 4월 30일, 로렌초는 20명의 주요 국가 원로로 구성된 발리아(임시 최고 행정 회의)를 소집했다. 로렌초는 이 전쟁 내각에 볼테라 소요 사태의 배후 인물로 추정되던 야코포를 포함시켰다. 나머지 자리는 모두 친 메디치파로 채웠는데, 이제 그 이름도 익숙한 톰마소 소데리니가 주도권을 쥐고 있었고, 피티 가문과 귀차르디니 가문에 속해 있던 로렌초의 최측근들이 발리아를 장악했다.

톰마소는 여전히 로렌초의 강력한 지지자였지만, 그의 아들들은 반 메디치 편에 서 있었다. 특히 둘째 아들과 셋째 아들은 메디치 가문이 지배하는 피렌체의 정치 현실을 늘 개탄하던 개혁파였다. 셋째 아들 프란체스코 소데리니는 볼테라의 주교로 봉직된 성직자였다. 사실상 볼테라를 통치하고 있던 프란체스코는 볼테라 명반 확보라는 명분으로 직접적인 통제를 일삼고, 무력으로 볼테라 시민들을 위협하던 로렌초에 대해 반감을 품고 있었다. 둘째 아들 피에로 또한 로렌초의 외교 정책에 대해 반기를 들고 있었다. 특별히 볼테라에 대한 무력 점령을 시도하던 로렌초의 정책에 대해 맹렬한 비판을 쏟아냈다.

피에로 소데리니의 주장은 피렌체가 마땅히 취해야 하는 이상적인 외교 전략에서 출발했다. 피렌체는 이탈리아 반도의 작은 도시국가이고 군사력이 약하기 때문에 어느 한쪽에 치우친 외교 정책을 펼치지 말아야 한다는 원칙이었다. 당시 피렌체를 둘러싸고 있던 모든 이탈리아의 도시국가들이 메디치 가문이 주도하는 피렌체의 경제 성장을 경계하고 있었다. 교황 식스투스 4세Sixtus IV(1471~1484년 재위), 나폴리의 왕 페르디난도 1세Ferdinando I di Napoli(1458~1494년 재위), 밀라노의 갈레아초 그리고 베네치아의 지도자 도제들은 언제나 피렌체를 제거 대상으로 보고 있다는 것이다. 이런 상황에서 메디치 가문이 볼테라의 명반 확보를 위해 섣불리 전쟁을 일으키면, 이탈리아의 다른 도시국가들이 이 분쟁을 이용해서(볼테라를 돕는다는 명분으로) 피렌체를 공격할 것이라고 보았다. 따라서 피에로와 프란체스코는 로렌초에게 볼테라에 대한 전면 공격을 감행하지 말고 외교적으로 이 문제를 풀어야 한다고 주장했다.

그러나 로렌초는 소데리니 형제의 조언을 받아들이지 않았다. 볼테라의 소요사태를 진정시키기 위해 섣불리 정치적인 양보를 하거나 명반 사업의 독점권을 포기하고 물러난다는 것은 메디치 가문의 위상을 훼손시키는 행동이라고 보았다. 그래서 로렌초는 반대 세력들에게 본보기를 보여주겠다고 결심했다. 사람이란 본디 한번 양보하면 더 많은 것을 요구하게 된다는 사실을 잘 알고 있던 로렌초는 다시 무적의 용병 대장인 우르비노의 페데리코 다 몬테펠트로 공작을 고용하고, 볼테라 공격을 지시했다.

한쪽 눈만 가진 용병 대장의 작전 능력에 대해 의문을 제기하자 자신의 코끝을 잘라버렸던 몬테펠트로 공작이 군대를 이끌고 볼테라 성문 앞에 나타났다. 전설적인 용병 대장이 등장하자 볼테라 시민들은 즉각 항복을 선언했다(1472년 6월 16일). 싱겁게 전쟁이 끝나고 말았다. 그러나 몬테펠트로가 이끌고 온 우르비노와 밀라노 연합 용병대들은 성문 앞에서 공격을 멈추지 않았다. 12시간이나 계속된 볼테라 침공으로 도시는 쑥대밭이 되었고, 수많은 볼테라 시민들이 죽임을 당했다. 몬테펠트로 공작은 밀라노 용병대가 자신의 명령을 따르지 않고 성내로 난입했다고 변명했지만, 볼테라 시민들은 로렌초가 이 학살의 주범이라고 믿었다. 실제로 로렌초가 볼테라 시민 학살을 지시했는지는 알 수 없지만, 마키아벨리는 이 전쟁을 "로렌초의 전쟁"이라 불렀다.[8] 이 전쟁은 단순히 볼테라를 공격하고 명반 산업의 독점권을 확보하는 것 이상의 결과를 초래했다. 피렌체를 이끄는 젊은 군주의 이름이 이탈리아 전역에 확실하게 각인되는 계기가 되었다. 그렇다면 메디치 기업이 독점권을 다시 확보했던 볼테라의 명반 채굴은 어떻게 되었을까? 이 광산은 곧 문을 닫았다. 톨파에서 생산되는 명반에 비해 질이 떨어진다는 사실이 밝혀졌고, 메디치 기업이 볼테라의 명반 광산을 즉각 폐쇄해버렸기 때문이다.

11장

산타 마리아 델 피오레 대성당

부활절 종은 울리고

꽃의 성모 대성당

마키아벨리는 로렌초가 임종하기 3일 전, 피렌체 두오모(산타 마리아 델 피오레 대성당Santa Maria del Fiore)의 꼭대기에 벼락이 꽂혔다고 증언했다. 이는 실제로 일어난 사건이었던 것 같다. 동시대의 역사가들이 모두 이 사실을 언급하고 있기 때문이다. 피렌체 사람들은 이 성당을 메디치 가문의 운명과 빗대어 설명하곤 했다. 앞으로 이야기할 파치 가의 음모 사건 때 로렌초는 이 성당 안에서 목숨을 잃을 뻔했고, 피렌체의 희생제물로 바쳐질 뻔했다. 실제로 동생 줄리아노는 이 성당 안에서 암살자들이 휘두른 칼에 찔려 목숨을 잃었다. 산타 마리아 델 피오레 대성당은 메디치 가문의 사람들이 조국 피렌체를 위해 목숨을 건 장소로 인식되어갔다. 그 성당의 첨탑에 번개가 내리친 다음, 로렌초가 임종했으니, 피렌체 시민들은 무엇인가 불길한 징조를 예감했을 것이다.

피렌체 두오모의 정식 명칭은 '꽃의 성모 대성당'으로, 1296년에 건축이 시작되었다. 피렌체가 귀족들의 지배에서 벗어나 평민 중심의 공화국으로 탈바꿈하던 시대다. 이 성당의 특이점은 피렌체 정부가 아닌 양모 조합이 건축을 주도했다는 것이다. 귀족들을 피렌체의 권좌에서 쫓아낸 평민의 대표 조합이 한 도시의 중앙 대성당(두오모)을 건축한다는 것은 아주 예외적인 사례다. 다른 곳에서는 주로 국가나 정부가 주관해 두오모를 건축했다. 양모 조합은 시뇨리아 정청을 지은 건축가에게 두오모의 건축도 맡겼으니, 그가 바로 아르놀포 디 캄비오다. 아르놀포는 기존에 있던 산타 레파라타 성당을 허물고 두오모를 확장했다. 피렌체에서 두 번째로 세워진 산타 레파라타 성당은 단테가 세례를 받은 곳으로 유명한데, 아르놀포에 의해 현재의 두오모로 확장되면서 이제는 그 흔적을 찾아볼 수 없게 되었다.

두오모 신축 공사는 1302년에 캄비오가 사망하면서 진행 속도가 느려졌다. 그러나 1330년, 기초 공사를 하던 중에 원래 있던 산타 레파라타 성당 터에서 성자 제노비우스Zenobius의 유해가 발견되면서, 두오모 공사는 다시 활기를 띤다. 인근 경쟁국이었던 시에나가 아름다운 대성당 건축을 서두르고 있는 것도 피렌체 시민들의 경쟁심을 자극했다. 시에나 대성당의 설계자도 아르놀포였기 때문에, 두 도시국가의 두오모 건축은 세간의 화제가 되었다. 흑사병의 창궐과 건축가의 교체를 겪으며 지체되기도 했지만, 피렌체 두오모는 아르놀포의 설계안에 따라 공사가 계속 진행되었다. 성당의 외벽 골조 공사가 완공되면서 외관의 아름다운 모습이 드러났지만, 성당의 제단 위에 올려질 돔은 미완성으로 남아 있었다. 결국 양모 조합은 돔 공사를 공개입찰에 부쳤고(1418년), 결국 필리포 브루넬레스키의 설계안이 채택된다. 지금도 공학적인 미스터리로 남아 있는 필리포 브루넬레스키의 돔은 16년의 공사 끝에 1436년 세계 최대의 벽돌 돔으로 완성되었다. 두오모, 즉 산타 마리아 델 피오레 대성당의 최종 헌당식은 이제 우리에게도 이름이 익숙한 교황 에우게니우스 4세(1431~1447년 재위)에 의해 1436년 5월 25일 성대하게 치러졌다. 그러나 초록색과 흰색, 분홍색 대리석으로 장식된 정면 파사드는 1887년에야 지금의 모습으로 완성되었다. 초록색(프라토), 흰색(카라라), 분홍색(시에나) 대리석은 피렌체가 토스카나 지방의 통치자임을 상징하고 있다.

1478년 부활절 아침, 파치가의 음모 사건이 일어났던 산타 마리아 델 피오레 대성당은 지금 박물관의 용도로만 사용되고 있다. 수많은 피렌체 예술가들의 작품들이 성당의 내부와 외부를 장식하고 있었지만, 현재는 대부분 복제품을 전시해놓았다. 진품은 성당 광장 뒤쪽에 있는 두오모 박물관에 소장되고 있다. 기베르티의 청동문 2개와 도나텔로의 조각 작품들 그리고 미켈란젤로의 〈피렌체 피에타〉가 전시되어 있는 곳이다. 최근에 보수 공사를 마치고 다시 문을 연 두오모 박물관은 세계 최고 수준의 전시 역량을 자랑한다. 박물관 입구 벽면의 흰색 대리석에는 피렌체를 빛낸 예술가들의 이름이 가득 음각되어 있다. 두오모를 처음 설계했던 아르놀포 디 캄비오와 종탑의 기초 공사를 주도했던 조토 디 본도네, 거대한 돔을 설계했던 필리포 브루넬레스키의 이름이 제일 먼저 시야에 들어온다. 다른 도시에서 한두 명 나올까 말까하는 천재 예술가들의 이름이 박물관의 긴 벽면을 끝없이 채우고 있는 것을 보면서, 피렌체가 명실상부한 천재들의 도시임을 실감하게 된다. 물론 그들 뒤에, 메디치 가문의 지원과 격려가 있었다.

메디치 가문과 로마 교황청의 갈등

마키아벨리에 의해 '로렌초의 전쟁'으로 명명된 볼테라 명반 전쟁 (1472년)을 통해 로렌초는 명실상부한 피렌체의 실세임을 천하 만방에 과시했다. 그는 비록 왕관을 쓰고 있지 않았지만 피렌체의 절대 권력을 쥔 통치자였다. 군주에 버금가는 권력을 피렌체의 법 테두리 안에서 체계화했고, 무력 과시를 통해 자신의 존재감을 알렸으며, 로마에서 최고로 존경받던 오르시니 가문의 딸과 결혼했으니, 아쉬운 것도 두려운 것도 없었다. 피렌체는 공식적으로는 공화정 체제를 유지하고 있었으나, 실질적으로는 왕정에서 볼 수 있는 권력 집중이 일어났다. 아슬아슬하게 공화정 체제를 유지하면서 시민의 자유를 위해 온갖 정치적 풍상을 견뎌온 붉은 백합의 도시 피렌체는 이제 '명령받기 위해서가 아니라 명령하기 위해서 태어난' 로마 왕정의 시조 로물루스를 모시고 살아가야 하는 처지가 되었다. 로렌초는 그들의 군주로 군림했으며, 그가 재택근무를 고집하던 메디치 저택 건물은 공교롭게도 왕관 모양의 처마돌림띠를 머리에 얹고 있었다. 이런 정치적 현실에 불만을 품고 있는 피렌체 시민들이 많았다. 그러나 로렌초의 권력을 두려워하지 않는 사람은 없었다. 그들은 친한 친구들끼리 모여 술을 마실 때는 로렌초에 대해 경쟁적으로 욕을 퍼부었다. 그러나 다음 날 아침이 되면, 경쟁적으로 비아 라르가의 메디치 저택으로 달려가 로렌초 앞에서 공손하게 머리를 조아렸다.

이런 로렌초의 권력을 탐탁지 않게 보는 외부의 시선이 있었다. 메디치 은행에 거액을 맡기고 이자를 '재량껏 선물로 받는' 주요 예금주, 로마의 교황이었다. 교황은 메디치 은행의 VIP 고객이면서 아이러니하게도 은행 제도 자체를 부정적으로 보고 있었다. 오래전부터 성서에서는 돈을 맡기고 이자를 받는 행위를 죄악시했고[1] 중세 시대에 고리대금업은 지옥으로 떨어질 대역죄로 간주되었다. 그래서 교황청은 주거래 은행인 메디치 은행에 돈을 맡기고 이자를 받는 대신, '선물'을 받았다. 이것을 '재량 예금Contractum trinius'이라고 하는데, 메디치 은행이 이자 수익을 금지하던 교황청과 은밀하게 거래하는 방식이었다. 정해진 이율에 따라 이자를 받는 것이 아니라 은행주가 재량껏 '선물'로 바친 것이니 마다할 이유가 없는 제도다. 그러니까 정확하게 말하자면 뇌물 예금이었다. 로렌초는 메디치 은행의 최대 고객인 교황청을 전담하기 위해 항상 최측근을 로마 지점장으로 보냈다. 당시 로마 지점장은 로렌초의 사돈인 토르나부오니 가문이 맡았는데, 그의 중요한 임무 중 하나는 교황청에 바칠 뇌물의 액수를 결정하는 것이었다.

교황 식스투스 4세는 로렌초에게 집중되는 부와 권력을 경계하기 시작했다. 우리에게는 시스티나 성당을 건축한 인물로 알려져 있는데, 사실 그는 매우 야심만만한 인물이었다. 로마 교황청의 종교 권력뿐만 아니라 이탈리아의 세속 권력까지 모두 장악하려는 정치적 포부를 숨기지 않았다. 그래서 재임 초기에는 피렌체의 로렌초를 자기 편으로 끌어들이려 했다. 1471년 자신의 교황 취임식에 참석하기 위해 로마를 방문한 22살의 청년 로렌초에게 아우구스투스와 아그리파의 고대 대리석 흉상을 선물하면서 그를 회유하려 들었다.[2]

로렌초에게 이렇게 귀한 선물을 안긴 것은 피렌체에서 그리 멀지 않은 시타 디 카스텔로Città di Castello의 영토를 교황령으로 만들고 싶었기 때문이다. 원래 그곳은 오래전부터 피렌체의 통치를 받고 있었다. 즉 로렌초의 땅이었다. 그러나 로렌초는 교황이 주는 값진 선물을 챙겼지만, 교황청의 시타 디 카스텔로 접수를 허락하지 않았다. 오히려 군대를 보내 시타 디 카스텔로의 방어를 도와주기까지 했다. 교황 식스투스 4세는 로렌초의 이런 행동에 대해 분노를 터트렸다. 교황과 로렌초의 관계는 점점 더 악화되어갔다. 식스투스 4세는 자기 조카에게 영주 자리를 마련해주기 위해 피렌체 북동쪽에 있는 도시 이몰라를 매입하려고 했다. 그리고 이 돈을 주거래 은행인 메디치 은행에서 융자하려고 했지만, 로렌초는 대출을 허락하지 않았다. 심지어 피렌체의 다른 은행들에도 교황에게 이몰라 매입 대금을 융자해주지 말 것을 지시했다. 이 결정으로 인해 로마 교황청은 로렌초를 제거 대상으로 보게 된다. 분노한 교황 식스투스 4세는 로렌초를 암살하기 위한 비밀 작전에 돌입했다.

여기서 파치 은행이 등장한다. 파치 가문은 조상이 십자군 전쟁에서 용맹을 떨쳐, 피렌체에서 명문가로 존경을 받던 집안이었다.[3] 메디치 은행과 경쟁하던 파치 은행은 로렌초의 지시를 어기고 교황청으로 달려가 자기 은행이 이몰라 매입 자금을 융자해주겠다고 약속했다. 식스투스 4세는 파치 가문을 이용해서 메디치 가문의 로렌초를 제거하기로 했다. 우선 파치 가문과 가까운 관계인 프란체스코 살비아티Francesco Salviati 추기경을 피렌체의 대주교로 임명한다고 발표했다. 로렌초를 암살하려면 현장에서 거사를 진두지휘할 인물이 필요했고, 추기경에게 그 역할을 맡긴 것이다. 교황청의 이런 결정에 로렌초는 크게 반발했다. 피렌체 대주교를 선임하는 것은 피렌체의 군주인 자신과 먼저 상의를 해야 하는데, 교황청이 이 과정을 무시했다고 격렬하게 항의했다. 이에 양측은 협상을 거쳐 로렌초의 처남인 리날도 오르시니^{Rinaldo Orsini} 추기경을 피렌체의 대주교로 임명하고, 대신 프란체스코 살비아티 추기경은 피사 대주교로 임명하기로 합의했다.

악화되던 교황청과 메디치 가문의 관계는 교황청이 명반 사업과 관련된 메디치 기업의 회계 부정을 조사한다고 발표했을 때 회복될 수 없는 단계에 이르고 말았다. 로렌초는 이를 메디치 가문과 기업에 대한 교황청의 탄압이라고 판단했다. 그래서 프란체스코 살비아티 추기경이 피사의 대주교로 임명되는 것을 막기 위해 물리력을 동원했다. 임지를 향해 로마에서 피사로 이동하던 추기경 일행의 이동을 금지하고, 그들의 모든 소유물을 압류했다. 로렌초의 이런 행동에 격분한 식스투스 4세는 메디치 은행과 맺었던 명반 독점 거래권 계약을 파기하고, 대신 파치 은행을 명반 거래 파트너로 지명했다(1474년 7월). 이는 교황청의 주거래 은행을 메디치 은행에서 파치 은행으로 바꾼다는 의미이기도 했다. 양측의 대결은 이제 피할 수 없는 파국을 향해 치닫게 된다. 두 진영이 암살 시도와 잔혹한 보복으로 충돌한 사건이 바로 '파치 가의 음모(1478년)'다.[4]

파치 가의 음모

마키아벨리는 로렌초의 암살을 시도했던 파치 가의 음모 사건을 상세하게 설명하기 전에, 마치 불길한 전조와 같았던 사건 하나를 먼저 소개한다. 1476년 12월, 메디치 가문과 우호적인 관계를 맺어오던 스포르차 가문의 갈레아초가 밀라노의 산 스테파노 성당에서 미사를 드리다가 암살당한 사건이었다. 파치 가의 음모보다 2년 먼저 일어난 이 사건은 전 이탈리아에 큰 충격을 주었다. 갈레아초의 암살자 지롤라모 올자티Girola-mo Olgiati는 자신을 마치 기원전 63년 로마 공화정 시대의 반란자 카틸리나Catilina를 응징한 영웅처럼 여기며 암살을 결행했다. 그러나 아쉽게도 밀라노는 공화정이 아니라 왕정을 시행하고 있었으니, 시민들이 로기아티의 거사에 동조하지 않았다. 로기아티를 포함한 암살자들은 싸늘한 밀라노 시민들의 반응에 충격을 받았고, 결국 체포되어 사지를 절단당하는 참혹한 최후를 맞았다. 반란자들은 자신들의 거사에 정당성을 부여하며 용감하게 칼을 휘둘렀으나, 기대했던 시민들의 동조나 지지가 없었던 탓에 스스로 파멸하고 말았다. 이 사건을 간략하게 소개한 마키아벨리는 늘 암살 위험에 노출되어 있는 군주를 위해, 또 죽이고 싶을 만큼 군주를 미워하는 자들에게 이런 탄원과 같은 글을 남긴다.

그러니 군주들이시여! 누구도 군주를 죽인 후 안전하게 살 수 있다는 희망을 품지 못하도록, 신민의 사랑과 존경을 받고 사는 법을 터득하시기를! 그리고 군주를 죽여 자신과 조국을 구하려는 이들이여, 비록 불만으로 가득 차 있다 해도 군중이 당신들의 위험을 지지하거나 함께할 것이라 기대하는 것은 참으로 어리석고 헛된 망상임을 잊지 마시기를![5]

로렌초와 몇 차례 심각한 갈등을 빚은 교황 식스투스 4세는 이제 그를 제거해야겠다고 결심했다. 교황 식스투스 4세는 여러모로 독특한 인물이다. 그의 최고의 업적은 시스티나 성당을 건축한 것인데, 미켈란젤로가 그린 〈시스티나 천장화〉와 〈최후의 심판〉으로 장식된 바로 그 건물이다. 시스티나란 이름도 그의 이름에서 따왔다. 이곳은 교황이 주재하는 미사가 드려지는 곳이며, 교황을 선출하는 콘클라베가 열리는 중요한 장소다. 우르비노의 델라 로베레della Rovere 가문 출신 교황 식스투스 4세는 시스티나 성당을 예루살렘에 있는 솔로몬 성전과 같은 크기로 건축할 것을 명령했다. 델라 로베레 가문의 문장은 참나무 그림인데, 이는 자신들이 "다윗의 줄기"라고 믿었기 때문이다. 구약성서 〈스가랴서〉 6장 12~13절을 자세히 읽은 식스투스 4세는 "다윗의 줄기"라 불리는 사람이 "여호와의 성전"을 건축하고, 세상을 다스리게 될 것이라는 예언을 실행에 옮기고자 했다. 그 예언의 내용은 이렇다.

> 만군의 여호와께서 이같이 말씀하시되, 보라. (다윗의) 줄기라 이름하는 사람이 자기 곳에서 돋아나서 여호와의 성전을 건축하리라. 그가 여호와의 성전을 건축하고 영광도 얻고 그 자리에 앉아서 다스릴 것이요, 또 제사장이 자기 자리에 있으리니 (…)**6**

본인이 "다윗의 줄기"라고 확신했던 교황 식스투스 4세는 자신이 시스티나 성당을 건축함으로서 세상을 지배하려고 하는데 피렌체의 일개 은행가가 앞길을 막고 있다고 판단했다. 야심만만했던 교황 식스투스 4세가 로렌초의 제거를 결심한 이유는 또 있었다. 당시 이탈리아는 두 세력으로 양분되어 있었다. 이탈리아 남부의 교황청과 나폴리가 함께 세력을 형성하고 있었고 북부의 피렌체, 베네치아, 밀라노가 연합해 남부 세력과 대치하고 있었다. 어쩌면 이탈리아의 남북 대결이라고 봐도 될 정도로, 5대 강국이 정확하게 남북으로 나누어져 있었다. 식스투스 4세는 북부 동맹의 구심점으로 급부상하고 있던 피렌체의 로렌초를 제거해야 한다는 전략적 판단을 내린 것이다.

교황은 로렌초를 제거하기 위해 피렌체의 고질적인 병폐를 활용키로 했다. 메디치 가문의 1인 지배에 불만을 품고 있던 유력한 가문들을 선동해 그를 죽이도록 만드는 것이다. 당연히 파치 가문이 암살의 적격자로 지명되었다. 1460년대와 1470년대에 피렌체 경제는 최고의 호황기를 맞았다. 당시 피렌체 은행업의 연간 수익률은 각각 62퍼센트와 42퍼센트에 달했다. 이 막대한 이윤을 놓고 메디치 은행과 파치 은행이 서로 경쟁하고 있다는 것을 알게 된 교황청은 이 두 가문의 경쟁심을 활용하기로 한 것이다. 교황 식스투스 4세는 동맹국인 나폴리의 페르디난도 1세 국왕과도 긴밀한 협의에 들어갔다. 이탈리아 남북의 대결 국면이 결국 피렌체의 수장 로렌초의 암살 계획으로 이어졌다.

파치 은행은 기사 작위를 가진 야코포 데 파치가 이끌고 있었다. 원래 파치 가문은 메디치 가문과 사돈을 맺을 정도로 가까운 사이였다. 그러나 파치 가문 내에서 재산 다툼이 벌어져 법정에 섰을 때 로렌초는 파치 가문에게 큰 손해를 끼치는 조치를 내려 그들의 반발을 불러일으켰다. 야코포는 로렌초가 자기 은행과 가문의 파멸을 노린다고 판단했고, 결국 두 가문은 서로 원수가 되었다.[7] 한편 파치 은행의 로마 지점에서 일하던 프란체스코 파치는 교황의 조카인 지롤라모 리아리오Girolamo Riario 백작과 가깝게 지냈다. 메디치 은행을 제치고 교황청의 주거래 은행이 된 파치 은행은 교황 조카와의 관계에 정성을 쏟았다. 교황 식스투스 4세는 조카에게 은밀한 지시를 내렸다. 파치 은행의 지점장에게 로렌초의 암살 계획을 알려주면서 협력을 요구하라는 것이었다. 프란체스코는 화들짝 놀랐다. 드디어 메디치 가문을 타도할 기회가 왔다! 그는 황급히 말을 몰고 피렌체로 달려갔다. 파치 은행의 수장인 야코포에게 이 암살 계획을 알리고 거사 동참을 촉구하기 위해서였다.

교황청과 나폴리가 배후에 있다는 것을 확인한 야코포 데 파치는 로렌초를 '피렌체의 독재자'로 규정하며 사람들을 모으기 시작했다. 기원전 44년, 로마 공화정을 무너뜨리고 스스로 황제가 되려던 카이사르가 브루투스의 손에 죽임을 당한 것처럼, 피렌체의 황제가 되려는 로렌초를 죽여야 한다고 주장했다. 그렇다고 해도 야코포가 직접 칼을 휘두를 수 없는 노릇이니, 그의 조카이며 '몸집이 작은 프란체스코'란 뜻을 가진 프란체스치노 파치가 로렌초의 암살자로 선정되었다. 로렌초의 1인 지배에 반감을 품고 있던 그란디들이 속속 이 거사에 참여했다.

암살 성공을 위해서 좀 더 치밀한 작전이 필요했다. 파치 가문은 피사의 대주교로 파견되었지만 로렌초의 반대로 곤욕을 치렀던 프란체스코 살비아티 추기경을 이 작전에 끌어들였다. 이몰라의 영주로 부임한 교황의 조카 지롤라모도 삼촌의 지시를 받고 30명의 기사와 50명의 보병으로 구성된 용병 부대를 지원하기로 했다. 지롤라모의 용병 부대는 조반니 바티스타 다 몬테세코Giovanni Battista da Montesecco라는 자가 지휘하고 있었다. 또 거사가 진행되는 과정을 직접 확인하기 위해 교황 식스투스 4세는 증조카인 17살의 라파엘로 리아리오Raffaello Riario 추기경을 피렌체로 보냈다. 교황청 대표 자격으로 피렌체를 공식 방문하면 반드시 국가 환영 만찬에서 로렌초와 회담하게 된다. 이때를 이용해 로렌초를 암살하라는 지시를 내렸다. 라파엘로 추기경은 교황청 경호부대를 거느리고 아무런 제약 없이 피렌체에 입성했다. 그러나 환영 만찬장에서 로렌초와 그의 동생 줄리아노를 암살하려던 계획은 실패로 돌아간다. 로렌초의 동생 줄리아노가 건강 문제 때문에 환영 만찬에 불참한다고 알려왔기 때문이다.

거사가 일주일 연기된 후, 1478년 4월의 부활절 아침이 밝았다. 라파엘로 추기경은 메디치 가문의 두 수장과 함께 산타 마리아 델 피오레 대성당에서 부활절 기념 미사를 함께 드린 후 메디치 저택을 공식 방문하기로 했다. 그러나 이번에도 동생 줄리아노가 미사 후에 예정된 메디치 저택 방문에 동행하지 못한다는 소식을 알려왔다. 라파엘로 추기경은 로렌초와 줄리아노 두 사람을 한꺼번에 죽이지 못하면 암살의 의미가 없다고 판단하고 있었다. 그래서 황급히 계획을 수정하게 된다. 부활절 미사를 드리고 있을 때 성당 안에서 두 사람 다 죽이자는 것이다. 이것은 대담한 발상이었다. 그래도 명색이 교황청 대사 자격으로 피렌체를 방문하고 있는데, 부활절 미사를 드리고 있는 성당 안에서 살인을 한다는 것은 보통 사람으로서는 상상할 수도 없는 일이었다.

결국 용병 부대의 지휘관으로 임명되었던 조반니 바티스타가 갑자기 거사 불참을 선언했다. 아무리 교황청의 명령이지만 성당 안에서, 그것도 부활절 미사를 드리고 있는 사람을 살해하는 일은 있을 수 없다고 판단했기 때문이다. 암살의 현장을 지키기로 했던 용병 대장이 갑자기 발을 빼자, 암살에 가담키로 했던 사람들이 당황하기 시작했다. 누가 부활절 미사 때 암살의 칼을 휘두를 것인가? 부활절 미사에 참석하는 사람들은 당연히 비무장 상태겠지만, 그래도 칼로 사람을 찔러서 죽이기 위해서는 훈련과 경험이 필요했다. 가슴을 찌르면 갈빗대가 막을 것이고, 목을 찌르자니 몸을 돌려 피하면 어쩔 것인가?

결국 서로 책임 회피가 이어지다가 엉뚱한 두 사람이 암살자로 발탁되고 말았다. 아무도 의심하지 않을 사람을 암살자로 선정한다는 원칙에 따라 안토니오 마페이Antonio Maffei 신부와 스테파노 다 바뇨네Stefano da Bagnone 신부가 지명된 것이다. 볼테라 출신인 안토니오 신부는 볼테라 전쟁 당시(일명 '로렌초의 전쟁') 가족을 잃었기 때문에 로렌초에게 앙심을 품고 있었다. 스테파노 신부는 그저 야코포의 딸에게 라틴어를 가르치던 교사였고 특별한 원한도 없었지만 어쩌다가 암살자로 지명되었다. 신부가 부활절 미사를 드리고 있는 신도를 살해하다니! 그들은 처음 잡아보는 암살용 단검을 들고 부들부들 떨었다. 프란체스코 살비아티 대주교와 야코포 데 파치가 다가와서 두 초보 암살자를 격려했다. 성당에서 거사가 진행될 동안 자신들이 용병을 이끌고 시뇨리아 정청을 장악하고 새로운 정부의 탄생을 준비할 테니 걱정하지 말라고 성원했다. 두 신부는 피렌체의 자유를 회복하는 진정한 공화국의 영웅이라고 치켜세웠다.

배신자여, 내 칼을 받아라!

1478년 4월 26일, 산타 마리아 델 피오레 대성당의 정문이 부활절 미사를 위해 열렸다. 피렌체 시민들이 물밀듯이 정문을 통해 입장하고 있었다. 미리 와서 대기하고 있던 프란체스치노는 로렌초의 동생 줄리아노와 반가운 인사를 나누면서, 평소와는 다르게 그를 힘껏 껴안았다. 로마 황제 아우구스투스가 그랬던 것처럼 암살을 대비해 옷 아래에 흉갑을 착용하고 있는지 확인하려는 것이었다. 로렌초와 줄리아노는 파치 가문이 품고 있던 반감과 적의를 이미 알고 있었다. 겉옷 안을 더듬대는 프란체스치노의 행동을 이상하게 여긴 두 형제는 평소와는 다르게 멀리 떨어져 앉아 미사를 드리기로 했다. 한 장소에 모여 있다가는 두 사람이 한꺼번에 목숨을 잃을 수도 있을 것이다. 두 형제가 따로 떨어져 앉자 암살자들도 두 패로 나뉘었다. 두 신부는 단검을 품고 로렌초의 뒤에 앉았고, 프란체스치노와 베르나르도 바론첼리Bernardo Baroncelli는 줄리아노 뒤에 자리를 잡았다. 미사를 집전하던 신부가 예수의 희생을 상징하는 빵(성체)을 드는 순간 암살을 결행하기로 미리 합의해두었다. 그러나 허공에 빵이 높이 들렸는데도 로렌초 뒤에 대기하고 있던 두 신부는 겁을 먹고 계속 망설였다. 결국 멀리 떨어져 있던 베르나르도가 숨겨두었던 단검을 꺼내 줄리아노의 가슴을 찔렀다. 그는 줄리아노에게 칼을 휘두르면서, "배신자여, 내 칼을 받아라!"라고 고함쳤다. 카이사르를 암살할 때 브루투스와 원로원이 지른 함성이라고 알려진 암살 구호였다. 불시에 저격

스테파노 우시Stefano Ussi가 1900년에 그린 〈파치 가의 음모〉. 밀라노의 페사로 미술관 Galleria Pesaro에 소장되어 있다.

을 당한 줄리아노는 뒤로 몇 걸음 물러나다가 쓰러졌다. 성당 바닥에 흥건히 피가 고였고, 그 피를 본 사람들이 소리를 지르며 이리저리 뛰기 시작했다. 프란체스치노도 성당 바닥에서 피를 흘리며 죽어가던 줄리아노 곁으로 다가가 몇 차례 더 단검으로 찔렀다. 너무 흥분한 나머지, 줄리아노를 찌르던 칼이 빗나가 자신의 다리도 여러 차례 찔렀다.

줄리아노가 성당 바닥에 쓰러져 피를 흘리고 있는 것을 본 두 신부는 가슴에서 용기와 단검을 동시에 꺼내 로렌초를 향해 달려들었다. 그러나 아마추어 암살자들의 단검은 로렌초의 몸에 박히지 못했고, 목에 작은 상처만 입혔다. 메디치 은행의 직원 1명이 주군을 지키기 위해 자신의 몸을 던져 암살자들을 막았다. 줄리아노를 찔렀던 바론첼리가 달려와 직원을 죽였지만, 이미 로렌초는 친구들과 함께 도망쳐 청동으로 된 성구실 문을 안에서 걸어 잠그고 목숨을 건졌다.

한편 프란체스코 살비아티 대주교와 야코포 디 포조는 페루자 군인들을 이끌고 시뇨리아 정청을 점거하기 위해 출동했다. 시뇨리아 정청 안에서 근무하던 곤팔로니에레와 프리오리들은 성당에서 벌어지고 있는 암살을 알지 못한 채 점심 식사를 하고 있었다. 그들은 공직을 수행하는 2달 동안 이렇게 꼼짝없이 시뇨리아 정청에 묶여 있는 몸이었다. 당시 시뇨리아의 점심 식사를 주관하던 곤팔로니에레는 체사레 페트루치 Cesare Petrucci 란 인물이 맡고 있었다. 그는 친 메디치 파였으며, 한때 프라토의 장군이기도 했다. 대주교는 교황을 대신해서 곤팔로니에레에게 할 말이 있다며, 식사 중인 체사레를 불러냈다. 노련한 장군 출신인 곤팔로니에레는 얼굴에 식은땀을 흘리면서 횡설수설하는 대주교가 의심스럽다고 판단하고, 즉각 그를 체포했다. 옆에 서 있던 야코포 디 포조도 함께 체포되어 감옥으로 끌려갔다. 곤팔로니에레는 메디치 가문에 대한 암살이 진행되고 있다는 보고를 받고 즉각 두 사람을 교수형에 처해버렸다. 로렌초가 살아 있다는 연락을 받은 곤팔로니에레는 재판도 없이 두 사람을 죽임으로써 메디치 가문에 대한 충성심을 증명했다.

두 사람의 처형 소식을 전해들은 프란체스치노는 스스로 찌른 다리의 부상 때문에 쩔뚝거리며 삼촌 야코포 데 파치의 집으로 달려갔다. 피를 흘리던 프란체스치노는 자신의 불운을 탓하며 침대에 누워 삼촌에게 자신을 죽여달라고 호소했다. 야코포 데 파치는 벌거벗은 채 침대 위에 누워 떨고 있는 조카를 뒤로 하고, 문밖으로 떨쳐나섰다. 말에 오른 야코포 데 파치는 피렌체 골목길을 내리 달리며 "시민과 자유Popolo e libertà!"를 힘껏 외쳤다. 피렌체 시민들의 동참을 호소하며 목청껏 소리를 질렀지만, 메디치 가문을 지지하는 시민들의 야유와 돌멩이만이 그를 향해 날아올 뿐이었다. 마키아벨리는 다음 장면을 이렇게 생생하게 묘사하고 있다.

비록 늙고 그런 일에는 익숙하지 않았지만 야코포는 그 일을 위해 준비되어 있던 100여 명의 무장병력을 이끌고 마지막으로 자신들의 운명을 시험해보기 위해 말에 올라 시뇨리아 광장으로 달려갔다. 그는 가는 내내 자유를 외치며 사람들의 도움을 요청했으나, 아무도 그의 외침에 반응하지 않았다. 왜냐하면 사람들은 이미 메디치 가문의 번영과 선심에 귀가 막혔고, 자유는 더 이상 피렌체에 남아 있지 않았기 때문이었다. 한편 여전히 시뇨리아 궁의 위층을 장악하고 있던 시뇨리는 돌과 위협으로 광장에 도착한 야코포를 맞이하며 할 수 있는 한 최대로 그를 겁주었다. 어떻게 해야 할지 몰라 망설이던 야코포는 아내의 오빠인 조반니 세리스토리와 우연히 마주쳤다. 세리스토리는 파치 가문이 일으킨 혼란에 대해 야코포를 꾸짖은 뒤, 시민과 자유는 그에게만큼이나 다른 사람들한테도 소중하다고 역설하며 어서 집으로 돌아가라고 그를 훈계했다. 그렇게 시뇨리는 적대적이고, 로렌초는 살아 있으며, 프란체스코는 다치고, 또 아무도 자신을 따르러 오지 않자, 모든 희망을 잃어버린 야코포는 도시를 탈출해 목숨을 보전하기로 마음먹고 그와 함께 광장에 있던 추종자들을 데리고 로마냐로 가기 위해 피렌체를 떠났다.[8]

레오나르도 다 빈치가 그린 베르나르도 최후의 모습.

결국 암살은 실패로 끝났고 암살자들은 줄줄이 사형장의 이슬로 사라졌다. 마지막 순간에 발을 뺐던 조반니 바티스타 용병 대장은 바르젤로에서 참수되었고(1487년 5월 4일), 그의 시신은 시뇨리아 정청 베란다에 오랫동안 전시되었다. 줄리아노를 칼로 찌르다가 자기 다리도 함께 찌른 프란체스치노는 벌거벗은 채로 시뇨리아 광장으로 끌려와 무수한 구타를 당한 후 교수형을 당했다. 교황의 증조카인 라파엘로 추기경은 목숨을 건졌지만, 투옥되어 죽을 고생을 했다. 로렌초가 그를 죽이지 않은 것은 만약 교황청-나폴리 군대가 공격해 올 때 인질로 사용하려고 했기 때문이다. 마키아벨리는 야코포 데 파치의 참혹한 최후도 상세히 기록하고 있다. 도주하던 그는 카스타뇨Castagno에서 사흘 만에 체포되어 피렌체로 압송되었다. 혹독한 고문을 받고 난 후, 이미 교수형을

붉은 백합의 도시, 피렌체

당한 채 시신이 썩어가고 있던 프란체스코 대주교 옆에서 교수형을 당했다. 가족들이 그의 시신을 수습해 산타 크로체 성당에 안치했으나 피렌체 시민들이 그 시신을 다시 파내 골목으로 끌고 다니며 능욕했다. 남겨진 그의 해골은 파치 저택의 대문 손잡이로 사용되었다고 한다. 그의 나머지 유골은 아르노강에 던져졌지만, 피렌체 소년들이 이를 건져 올려 다시 시신을 훼손했다. 줄리아노를 죽인 베르나르도는 피렌체에서 탈출해 멀리 콘스탄티노플까지 도주했지만, 결국 체포되어 피렌체로 송환되었다. 그는 참혹하게 사형을 당했고(1479년 12월), 그의 시신은 미라가 될 때까지 시뇨리아 정청 베란다에 걸려 있었다. 당시 소년이었던 레오나르도 다 빈치는 그의 비참한 최후를 그림으로 남겼다.

홀로 남겨진 로렌초 데 메디치의 연설

암살에 가담하거나 동조했던 수많은 사람이 형장의 이슬로 사라진 다음, 비운의 죽임을 당한 줄리아노의 장례식이 열렸다. 전해져 오는 이야기에 따르면 그는 19번 칼에 찔렸다고 한다. 굳이 19번이라는 끔찍한 자상의 수가 전해져 오는 이유는 그와 이름이 같은 율리우스(이탈리아어로 줄리아노) 카이사르가 23번 칼에 찔려 암살당한 것과 비교하기 위함이다. 마키아벨리는 줄리아노의 장례식을 묘사하는 부분에서 매우 신중한 태도를 보인다. 왜냐하면 자신의 책 《피렌체사》를 제일 먼저 읽을 사람이 바로 이 줄리아노의 사생아, 줄리오 추기경(훗날 교황 클레멘스 7세)이기 때문이다. 당연히 그의 글에는 줄리아노에 대한 찬사가 넘쳐나고, 기회가 된다면 그의 사생아인 줄리오 추기경에 대한 기록도 남기겠다는 의욕을 보여준다.

모든 혼란이 그치고 공모자들이 처벌된 후 줄리아노의 장례식이 거행되었다. 모든 시민이 눈물을 흘리며 그의 운구를 따라갔다. 왜냐하면 생전의 줄리아노에게서 고귀한 운명을 가지고 태어난 인물에게 바랄 수 있는 관대함과 친절함이 넘쳐났기 때문이었다. 그는 자신이 죽은 지 몇 달 후 (실은 한 달 뒤인 1478년 5월 26일)에 태어난, 줄리오라는 이름의 사생아를 남겼다. 줄리오의 탁월한 미덕과 복된 운명은 오늘날 온 세상이 인정하고 있다. 이에 대해서는 만일 신께서 우리 시대의 일들에 관해 말할 시간을 허락해주신다면, 그때 자세히 살펴볼 것이다.**9**

위 문장에서 마키아벨리가 말했던 "우리 시대의 일들에 관해" 충분히 살펴보는 일은 아쉽게도 이루어지지 않았다. 그런 내용의 책을 쓸 수 있는 사람(마키아벨리)이나 그 책을 읽을 수 있는 사람(줄리오 추기경) 둘 다 그럴 형편이 되지 못했기 때문이다. 마키아벨리는 1527년에 임종하고 말았고, "탁월한 미덕과 복된 운명"으로 인정받았던 줄리오 추기경은 1523년에 교황 클레멘스 7세로 취임하면서 한가하게 역사책이나 읽을 시간이 없을 정도로 바빠졌다. 1527년 신성로마제국의 황제 카를 5세Karl V(1530~1556년 재위)가 독일 용병을 이끌고 로마를 공격해, 교황은 불타오르는 로마를 지키기에도 여력이 부족했다.

로렌초는 이제 홀로 남게 되었다. 비운에 숨진 동생 줄리아노의 영혼은 메디치 저택의 창문을 열고 하늘로 올라갔다. 교황 식스투스 4세와 나폴리의 국왕은 암살 시도가 실패로 끝났다고 해서 작전을 중단할 인물들이 아니었다. 로렌초에게는 더 큰 시련이 기다리고 있었다. 교황과 나폴리 국왕이 피렌체와 메디치 가문을 상대로 아예 전쟁을 일으킨 것이다. 이 시련의 시간을 앞두고 로렌초는 시뇨리아 정청에서 300명의 피렌

　　　　　　　　　　　　　　　붉은 백합의 도시, 피렌체

체 시민들을 모아놓고 연설을 했다. 마키아벨리는 "그는 이런 의미로 그들에게 말했다"라며, 조심스러운 태도로 로렌초의 시뇨리아 연설을 아래와 같이 길게 재구성한다.

존경하는 시뇨리 여러분, 그리고 위대하신 피렌체 시민 여러분! 저는 지금까지 일어난 일들을 여러분과 함께 탄식해야 할지, 아니면 기뻐해야 할지 솔직히 잘 모르겠습니다. 진실로 말하건대 제가 공격받고 제 동생이 죽임을 당한 배신과 증오를 생각하면 저는 제 온 마음과 온 영혼을 다해 이를 한탄하고 슬퍼하지 않을 수 없습니다. 그렇지만 그 후 도시 전체가 한마음 한뜻으로 저를 보호하고 또 매우 신속하고 열정적으로 제 동생의 죽음을 복수하며 보여주신 큰 사랑을 고려한다면 저는 단순히 기뻐하는 것에 그치지 않고, 제게 닥친 일에 환호하고 그 영광에 감사해야 할 것입니다. 왜냐하면 비록 이번 일로 저는 제가 생각했던 것보다 더 많은 적을 이 도시에 갖고 있었다는 사실을 알게 되었지만, 동시에 제가 믿었던 것 이상으로 열렬하고 헌신적인 친구들이 있었다는 사실 역시 발견했기 때문입니다. (…)

현명하신 피렌체 시민 여러분, 사악한 운명이 우리 가문을 어떤 길로 인도했는지 생각해보십시오. 친구들 속에서도, 또 친척들 속에서도, 심지어 성스러운 교회 안에서도 안전하지 못했습니다. 죽음을 두려워하는 이들은 대개 친구들과 친척들한테 보호를 요청하지만, 우리는 그들이 우리를 파괴하기 위해 무기를 들 수 있다는 것을 알게 되었습니다. 공적이든 사적이든 어떤 이유로 박해를 당하는 모든 이들은 보통 교회에서 피난처를 찾습니다. 하지만 남들은 도움을 얻는 자들한테 우리 메디치 가문은 오히려 살해당했고, 암살범이나 존속 살해범조차 안전함을 느끼는 곳에서 우리는 오히려 우리를 죽이려는 자들을 만났습니다. 그러나 과거에도 결코 우리 가문을 저버리신 적 없는 하느님께서는 이번에도 우리를 구원해주시며 친히 우리의 정당한 대의를 옹호해주셨습니다.

사랑하는 피렌체 시민 여러분, 정녕 우리가 우리를 향해 복수의 열망을 불태우게 할 만큼의 피해를 누군가에게 가한 적이 있다고 생각하십니까? 정말 그렇게 생각하십니까? 아니죠, 절대 아닙니다. 자신 있게 말씀드리지만 우리는 자신들이 우리의 적임을 공공연히 드러낸 자들에게 결코 어떤 사적인 위해도 가한 적이 없습니다. (…) 우리 가문은 친절함과 관대함과 자비로움에 있어 언제나 세상의 모든 가문을 능가하려 애써왔습니다. 일의 진상을 거짓 없이 참되게 파악하고자 하는 사람은 누구나 우리가 바로 그 이유로 인해 지금껏 여러분 모두의 일치된 존경을 받아왔다는 사실을 발견할 것입니다. 그렇게 낯선 이들까지도 공경하는 우리 가문이 어떻게 우리의 친구와 친척 들한테 침해를 가하겠습니까?

그렇지만 시뇨리아 궁을 장악하려 한 시도나 무장병력을 이끌고 그 광장으로 난입한 행위에서 알 수 있듯, 만일 우리의 적들이 지배욕에 이끌려 이런 끔찍한 짓을 저질렀다면, 그들의 명분이, 아니, 그 속에 숨겨진 그들의 야심이 얼마나 추하고 비난받아 마땅한지는 그들이 자초한 파멸이 여실히 보여주고 있습니다. 그러나 만일 그들이 지배욕 때문이 아니라 우리가 지니게 된 권위를 시기하고 증오해 이런 역겨운 짓을 벌였다면 그들이 공격한 대상은 우리라기보다는 차라리 여러분이었다고 할 수 있을 것입니다. 왜냐하면 우리에게 그런 권위를 준 것은 다름 아닌 여러분이기 때문입니다.

친절함과 관대함과 자비로움으로 얻은 것이 아니라 힘으로 강탈한 권위는 참으로 미움을 받을 만합니다. 하지만, 주지하시다시피 우리 가문은 이 시뇨리아 정청과 여러분이 한목소리로 권하지 않은 자리에는 결코 한 발짝도 다가서지 않았습니다. 제 할아버님인 코시모는 무기와 폭력이 아니라 여러분 모두의 동의와 승인으로 망명지에서 돌아오셨습니다. 그 뒤 할아버님이 돌아가시고 수많은 적에 맞서 국가를 지켜낸 것은 늙고 병약했던 제 아버님이 아니라 권한과 선의를 지닌 여러분 자신이셨습니다. 저역시 아버님이 돌아가셨을 때 아직 어린아이에 불과했기 때문에 만일 여러분의 조언과 지지가 없었다면 절대 가문의 지위를 유지할 수 없었을 것입니다. 이렇듯 우리 가문은 여러분의 협력을 얻어 이 공화국의 일들을 돌볼 수 있었으며, 따라서 앞으로도 여러분의 도움이 없다면 결코 그 일들을 제대로 해낼 수 없을 것입니다.

(…) 실제로 있었던 일과는 전혀 다르지만, 우리가 그들에게 가한 침해가 컸고 그래서 그들은 당연히 우리의 파멸을 원했다고 칩시다. 그래도 '왜 이 시뇨리아 정청을 공격하러 왔을까?' '왜 이 공화국의 자유를 없애기 위해 교황이나 나폴리 왕과 동맹을 맺었을까?' '왜 이탈리아의 오랜 평화를 깨뜨렸을까?' 하는 질문들에 대해 그들은 변명의 여지가 없습니다. 왜냐하면 그들은 자신들에게 해를 가한 이들을 공격하는 것에 그치지 않고 사적인 원한과 공적인 침해를 혼동했기 때문입니다. 그 결과 비록 우리의 적들은 제거되고 없지만 우리 피렌체의 병은 오히려 더 심각해졌습니다. 왜냐하면 교황과 왕이 군대를 이끌고 우리를 공격하러 오고 있기 때문입니다. 예, 맞습니다. 교황과 왕은 저와 우리 가문을 상대로 전쟁을 벌이는 것이라고 주장하고 있습니다. 그들은 그런 명분을 내걸고 있습니다.

하느님께 맹세컨대, 그들의 주장이 진실이면 좋겠습니다. 그러면 그 해결책은 빠르고 확실할 것입니다. 저는 여러분의 위험보다 제 안전을 더 중요시하는 그런 비열한 인간으로 여겨지지 않을 것이기 때문입니다. 저는 기꺼이 저의 파멸로 전쟁의 불길을 끌 것입니다. 그러나 힘 있는 자들은 항상 자신들의 죄악을 더 그럴듯한 구실로 감추는데, 교황과 왕 역시 자신들의 불의한 목적을 숨기기 위해 이런 방식을 택했을 뿐입니다.

그럼에도 불구하고 만일 여러분이 달리 판단하신다면 저는 흔쾌히 제 목숨을 여러분의 손에 맡기겠습니다. 저를 지탱해주시는 것도, 또 저를 쓰러뜨리시는 것도 모두 여러분의 손에 달려 있습니다. 여러분은 저의 아버지이시자 수호자이십니다. 그러므로 여러분이 제게 무엇을 하라고 요구하시든 저는 이를 언제나 기쁜 마음으로 행할 것입니다. 만일 여러분이 제 동생의 피로 시작된 이 전쟁을 저의 피로 끝내는 것이 옳다고 생각하신다면, 저는 결코 그것을 거부하지 않을 것입니다.[10]

단언하지만 이 긴 연설은 로렌초가 실제로 피렌체 시민들 앞에서 한 것이 아니다. 마키아벨리가 분명히 밝혔듯이, 로렌초가 말했을 것이라 짐작되는 내용을 바탕으로 재구성한 것이다. 이 연설을 듣고 피렌체 시민들이 어떻게 반응했는지도 확인할 수 없다. 어떤 사람들은 로렌초의 연설에 공감하며 파치 가의 음모에 대해 저주를 퍼부었을 것이고, 또 어떤 사람들은 공개적으로 말은 못했지만 파치 가의 음모가 실패로 끝난 것을 아쉬워했을 것이다. 실제로 동시대의 인물들조차 파치가의 음모 사건을 다르게 평가한다. 예를 들면 메디치 가문의 후원을 받았던 플라톤 아카데미 소속 철학자 안젤로 폴리치아노Angelo Poliziano는 암살 음모 사건의 공식 보고서를 작성하라는 로렌초의 지시를 받고, 파치 일당을 천하의 악당으로 묘사했다.[11] 반대로 파치 일당으로 몰려 피렌체에서 추방당한 역사가 알라만노 리누치니Alamanno Rinuccini는 부활절 아침의 거사가 실패로 끝난 것을 아쉬워하는 《자유를 위한 대화Dialogus de libertate》란 작

붉은 백합의 도시, 피렌체

은 책을 썼다. 그는 사형을 당한 암살자들을 피렌체 공화국의 순교자라고 극구 칭송했다. 죽은 자들은 말이 없었지만, 살아남은 자들은 각기 다양한 입장을 피력하며 각자도생의 논리를 때로 웅변으로, 때로 기록으로 남겼으니, 파치 가의 음모 사건의 결과도 크게 다르지 않았다.

교황청-나폴리 연합군의 피렌체 공격

동생 줄리아노의 장례식을 마친 로렌초는 서둘러 전쟁 준비에 들어갔다. 암살이 실패로 돌아가고 자신이 살아남았다고 해서 문제가 끝난 것이 아님을 분명히 알고 있었다. 교황과 나폴리 연합군이 피렌체를 공격할 경우, 전쟁의 승패를 떠나 메디치 은행이 가장 큰 타격을 입게 될 것이다. 본사가 폐쇄되기라도 한다면, 유럽 전역에 지점을 두고 있는 메디치 은행은 돌이킬 수 없는 피해를 입게 될 것이다.

로렌초는 우방 국가인 밀라노의 잔 갈레아초 스포르차(갈레아초 마리아 스포르차의 아들)에게 병력 지원을 요청했다. 그러나 밀라노의 젊은 군주는 교황청-나폴리 연합군과의 전쟁에 개입하지 않겠다고 발을 뺐다. 로렌초는 대안으로 페라라의 용병 대장인 에르콜레 데스테Ercole d'Este를 고용하고 피렌체의 외곽 방어를 맡겼다. 이에 맞서 교황과 나폴리 국왕은 우르비노의 페데리코 다 몬테펠트로 공작과 나폴리 페르디난도 1세 국왕의 아들 칼라브리아 공작 알폰소Alfonso를 지휘관으로 임명하고 피렌체 공격을 지시했다. 우르비노의 공작 몬테펠트로는 지금까지 피렌체를 위해 싸워주던 용병 대장이었는데, 이제 그의 창칼이 피렌체를 향해 겨누어지고 있었다. 돈만 많이 주면 누구를 위해서든지 싸워주던 것이 당시의 관례였지만, 로렌초는 큰 충격을 받았다.

그런데 백전노장인 몬테펠트로 공작은 피렌체를 포위만 하고, 성벽 안으로 공격을 감행하지 않았다. 피렌체를 몰락시키는 것은 그의 목적이 아니었을 수도 있다. 피렌체가 몰락한다면 그는 미래의 고용주를 스스로 없애버리는 것이 된다. 그래서 이 주도면밀한 용병 대장은 한쪽 눈으로 피렌체를 뚫어지게 쳐다만 볼 뿐, 돌격 명령을 내리지 않고 시간을 계속 끌었다. 몬테펠트로 공작이 피렌체 공격을 감행하지 않은 또 다른 이유가 있다. 지금 피렌체를 이끌고 있는 로렌초의 대부代父가 바로 몬테펠트로였다. 1449년 1월 1일에 태어난 로렌초의 세례식이 1월 6일로 연기된 이유도, 멀리서 로렌초의 대부가 되어주기 위해 피렌체로 오고 있던 몬테펠트로를 기다리기 위해서였다.[12]

로렌초와의 개인적인 관계 때문인지, 아니면 교황청으로부터 받은 보수가 적었기 때문인지 몰라도, 몬테펠트로 공작은 사태를 관망하는 자세를 취했다. 시간을 번 피렌체는 급히 프랑스로 대사를 보내 군사 지원을 요청했다. 또 페라라에서 온 에르콜레의 군대로는 부족하다 싶었든지, 추가로 만토바의 후작 페데리코 1세 곤자가Federico I Gonzaga와의 용병 계약을 체결했다. 이렇게 해서 1480년의 피렌체 전쟁은 많은 도시국가의 용병 대장들이 개입하는 대규모 전쟁으로 발전할 조짐을 보였다. 상황은 점점 나빠졌다. 고립된 피렌체 시내에서 전염병이 퍼져 많은 희생자가 발생했다. 또한 피렌체 성벽 밖의 작은 마을들이 교황청-나폴리 연합군에 의해 속속 점령되고 있었다. 결국 피렌체 시민들은 한계점에 도달했다. 줄리아노의 장례식 날, 로렌초의 연설을 듣고 피의 복수를 외치던 피렌체 시민들은 서서히 생각을 바꾸게 되었다. 마키아벨리는 어떤 시민이 로렌초에게 다가가 "이 도시는 지쳐, 더는 전쟁을 감당할 수 없소"라고 용감하게 말했다는 기록을 남겨, 당시의 긴박한 상황을 설명해주고 있다.[13]

붉은 백합의 도시, 피렌체

홀로 남겨진 로렌초는 궁지에 몰렸고 적의 포위와 전염병은 로렌초의 입지를 점점 좁혀갔다. 그는 결단을 내리고, 1478년 12월 초에 피렌체를 떠났다. 도주한 것이 아니라 나폴리의 페르디난도 1세 국왕과 담판을 짓기 위해 혈혈단신으로 적진에 뛰어든 것이다. 그는 교황청-나폴리 연합군에 의해 포위되어 있던 피렌체에서 아르노강을 타고 피사까지 몰래 이동했다. 그는 임시로 톰마소 소데리니에게 피렌체 통치권을 넘기고, 피사에 도착해서 국가 원로들에게 편지를 썼다. 나폴리의 페르디난도 1세 국왕이 피렌체 시민들의 목숨을 원한다면, 자신이 제일 먼저 죽겠다는 다짐을 적었다. 로렌초는 나폴리에 도착해서 국왕과 단독 협상을 시작했다. 마키아벨리는 이 극적인 회담의 진행과 그 결과를 아래와 같이 설명하고 있다.

로렌초는 배를 타고 나폴리로 들어갔고, 왕뿐만 아니라 그의 방문에 큰 기대를 걸고 있던 도시 전체의 극진한 환대를 받았다. 왜냐하면 이 중대한 전쟁이 오직 로렌초 1명을 파멸시킬 목적으로 일어났으므로 그의 명성은 그가 싸워야 했던 적들의 강성함으로 인해 도리어 한층 더 높아졌기 때문이었다. 왕과 대면한 로렌초는 우선 이탈리아의 정세에 대해, 뒤이어 이탈리아의 군주와 백성들의 기질에 대해, 마지막으로 평화 시 기대할 수 있는 것과 전쟁 시 두려워해야 할 것에 관해 이야기했다. 그의 말을 들은 왕은 그가 홀로 그토록 큰 전쟁을 감내해내는 모습에 먼저 감탄했다. 그리고 왕은 그 고상한 영혼과 날카로운 지성과 확고한 판단에 더욱 큰 감탄을 했다. 따라서 왕은 그에게 전보다 더 큰 경의를 표했으며 그를 적으로 붙잡아두는 것보다는 친구로 떠나보내는 것이 더 좋겠다고 생각하기 시작했다.

그렇지만 왕은 여러 가지 이유를 들어, 그해 12월부터 다음 해 3월까지 로렌초에게 연회를 베풀며 그를 나폴리에 붙잡아두었고, 그사이 로렌초뿐만 아니라 피렌체라는 도시도 더 잘 이해해보기로 했다. (…) 1479년 (1480년의 오기이다) 3월 6일, 마침내 왕은 로렌초를 놓아주었다. 그를 놓아주기에 앞서 왕은 온갖 종류의 친절과 애정의 표시로 로렌체의 마음을 얻으려 애썼으며, 공동의 이익을 유지하기 위해 그와 영구적인 협정을 맺었다. 그 결과 로렌초는 몇 달 전 한 위대한 인물로서 피렌체를 떠났지만, 이제 자신의 목숨을 걸고 조국의 평화를 회복했으므로 훨씬 더 위대한 인물이 되어 피렌체로 돌아왔다. 그리고 그가 뛰어난 자질과 최근의 공적을 보임으로써 받아 마땅한 만큼 열렬한 환영을 받았다. 그가 돌아온 지 이틀 후 피렌체 공화국과 나폴리 왕 사이에 체결한 협정이 공표되었으며, 이 협정에 따라 양국은 서로의 영토를 방어할 의무를 지게 되었다.[14]

메디치 가문의 전속 화가였던 산드로 보티첼리는 로렌초가 나폴리에서 피렌체로 귀환하는 장면을 〈팔라스와 켄타우로스〉라는 작품으로 묘사했다. 1480년 3월 15일, 피렌체로 돌아왔을 때, 로렌초는 켄타우로스를 정복한 전쟁의 여신 팔라스 아테나(팔라스 아테나는 아테나의 다른 이름이다)가 되어 있었다. 자세히 보면 팔라스가 입고 있는 옷에 다이아몬드 3개가 겹쳐진 무늬가 수놓여 있다. 여기서 다이아몬드는 메디치 가문의 문장이기도 한 '셈페르Sempere'를 의미한다. 메디치 가문은 다이아몬드처럼 영원히 변치 않는 것을 소중히 여긴다는 뜻이다. 영원히 변치 말아야 할 메디치 가문의 덕목은 용기다. 로렌초는 용기의 화신이 되었다. 그가 나폴리에서 돌아왔을 때 로렌초의 황금기는 절정에 달했다. 그는 '이탈리아의 팔라스 아테나'로 존경과 찬사를 한 몸에 받게 된다. 그의 용기로 인해 피렌체는 옛 명성을 되찾았다고 마키아벨리는 평가한다.

산드로 보티첼리가 그린 〈팔라스와 켄타우로스〉. 우피치 미술관 소장.

나폴리 국왕과 평화 조약을 체결한 로렌초는 교황 식스투스 4세와의 화해를 위해 로마로 사절단을 보냈다. 교황은 피렌체가 이탈리아 남단을 공격하고 있던 오스만튀르크 군대와의 전쟁을 위해 15척의 갤리선을 기부하는 조건으로 피렌체를 파문에서 해제해주고 평화 조약을 체결했다. 이로써 파치 가의 음모(1478년)부터 피렌체 전쟁(1480년)까지 펼쳐졌던 메디치 가문의 위기가 극복되었다. 위기를 기회로 삼는 메디치 가문의 특징이 다시 반복되었다. 우선 몰락한 파치 은행의 재산이 모두 메디치 가문의 금고로 들어갔다. 교황청과의 화해를 거쳐 다시 메디치 은행은 교황청 주거래 은행이 되었다. 피렌체를 전쟁의 위기에서 구한 로렌초는 팔라스로 추앙받았고 메디치 가문의 권력은 더욱 공고해졌다.

베네치아의 세력 확장과 사르차나 전투

사실 피렌체가 로마와 나폴리 국왕과의 전쟁을 쉽게 끝낼 수 있었던 것은 베네치아라는 제3의 변수가 작동했기 때문이다. 당시 베네치아는 도제 조반니 모체니고Giovanni Mocenigo(1478~1485년 재위)의 지도 아래에서 비약적인 성장을 거듭하고 있었다. 지중해의 해상 무역과 동서 교역을 석권하고 있던 베네치아는 막강한 경제력을 바탕으로 영토 확장을 꾀하고 있었다. 석호의 도시에 살고 있던 베네치아인들은 소금기 없는 기름진 땅에 대한 욕구를 포기한 적이 없었다. 15세기 후반, 베네치아 경제의 마지막 황금기를 이끌고 있던 도제 조반니는 영토 확장에 혈안이 되어 있었다. 필요하다면 돈을 주고서라고 땅을 샀고, 가능하다면 군대를 동원해서 영토를 빼앗기도 했다. 그래서 이탈리아 남부의 수장이던 교황청은 북부를 견제하기 위해 베네치아를 공략해야겠다는 판단을 내리게 되었다. 교황청은 북부 세력을 교란시키기 위해 밀라노와 피렌체와 각각 동맹을 맺고, 베네치아 공격을 준비하게 된다. 여기에 나폴리와 밀라노도 합세했으니, 이탈리아의 4개 주요 세력이 모두 단합해 베네치아를 견제하는 새로운 정치 지형도가 만들어졌다. 교황이 쉽게 로렌초와 화해한 것도 베네치아라는 새로운 강적이 나타났기 때문이다.

때는 1483년, 피렌체 전쟁이 끝나고 2년이 지났다. 이제 이탈리아에서는 베네치아의 패권을 막기 위한 대규모 전쟁이 예측되었다. 베네치아도 시민 동원령을 내리고 임박한 전쟁을 준비하고 있었다. 그러나 교황 식스투스 4세가 주도하던 이 전쟁은 발발하지 않았다. 이듬해인 1484년, 베네치아 징벌을 계획하고 있던 교황이 임종했기 때문이다. 끊임없는 전쟁과 높아져만 가는 세금 때문에 넌덜머리가 난 로마의 추기경들은 다음 교황을 선출할 때 전쟁과 거리가 먼 사람을 고르기로 했다.

호전적이던 전임 교황 식스투스 4세가 건축한 시스티나 채플에서 다음 교황으로 선출된 사람은 인노켄티우스 8세Innocentius VIII (1484~1492년 재위)였다. 신임 교황의 세속명은 조반니 바티스타 치보Giovanni Battista Cybo였는데, 그에게는 사생아가 하나 있었고 그 이름은 프란체스케토 치보Franceschetto Cybo다. 교황의 비밀스러운 가족사를 자세히 파헤치는 이유가 있다. 전임 교황 식스투스 4세에게 암살 시도와 전쟁의 위협을 경험했던 로렌초는 신임 교황과의 관계를 우호적으로 만들기 위해 그의 가족에게 은밀히 접근했다. 로렌초는 임종을 앞두고 있던 어머니의 조언을 받아들여 자기 딸 마리아 마달레나를 신임 교황의 사생아인 프란체스케토에게 시집보냈다. 이제 로렌초는 신임 교황 인노켄티우스 8세와 사돈이 된 것이다.

교황을 사돈으로 둔 로렌초는 이 배경을 십분 활용해 세력 확장에 나선다. 로렌초는 그동안 이탈리아 서해안의 무역로를 지배하고 있는 제노아 상인들과 사사건건 충돌하고 있었다. 교황청은 사돈 집안을 지지하며 제노아 상인들에게 무조건 메디치 가문에 양보하라고 압력을 가했다. 이에 격분한 제노아 상인들은 3,000명의 보병을 피렌체가 소유하고 있던 사르차나Sarzana로 보내 지역 분쟁을 일으켰다. 이것이 1487년에 발발한 사르차나 전투다. 그런데 전투 상황은 엉뚱한 방향으로 흘러갔다. 사르차나 시민들이 제노아 군대가 아니라 피렌체 군대에 반기를 들었기 때문이다.

조르조 바사리가 그린 〈사르차나 전투에서 지휘하는 로렌초 데 메디치〉. 1556~1558년에 제작된 것으로 시뇨리아 정청의 '로렌초의 방'에 전시되어 있다.

붉은 백합의 도시, 피렌체

사르차나는 제노아와 중부 내륙에 있는 피렌체 사이에 있는 작은 마을이다. 사르차나에서 남쪽으로 조금만 내려가면 대리석 산지로 유명한 카라라와 또 다른 항구 피사가 나온다. 그 지역의 작은 도시국가들은 이미 오래전부터 피렌체의 지배를 받고 있었는데, 차제에 사르차나 시민들은 독립을 쟁취하기 위해 제노아 편에 섰다. 로렌초는 다시 한 번 켄타우로스를 물리치는 전쟁의 여신 팔라스 아테나로 변신한다. 나폴리 국왕 페르디난도 1세의 머리채를 낚아챘던 그 시절의 용기를 다시 발휘해 사르차나 전투 현장에 직접 모습을 드러냈다. 피렌체 군인들은 로렌초가 사르차나 전투 현장에 직접 나타나자 용기백배해서 싸웠고, 사르차나인들은 로렌초의 손에 자신들의 운명을 맡기며 이내 항복을 선언했다. 이것이 로렌초의 명성을 다시 한 번 빛나게 만든 1487년의 사르차나 전투다.[15]

르네상스의 주인공, 로렌초 데 메디치

1487년 사르차나 전쟁부터 1492년 로렌초의 임종까지, 피렌체는 새로운 시대를 맞게 된다. 이제 더 이상 피렌체는 공화국이라 부를 수 없었다. 로렌초라는 왕이 통치하는 명실상부한 영광의 군주국이었다. 곤팔로니에레와 프리오리들은 로렌초의 눈치를 보는 정도가 아니라, 아예 입과 귀를 닫고 그를 왕으로 모셨다. 활기찬 공론의 장이었던 시뇨리아는 부정기적으로 개최되는 국가 원로들의 한담 장소로 변했고, 가끔 열리는 회의에서조차 어색한 침묵만이 흘렀다. 로렌초를 암살하려던 자들이 살벌한 보복을 당했고, 전쟁의 위기에 빠져 있던 피렌체를 로렌초가 혼자 힘으로 구했으니, 누가 감히 그의 권력에 도전할 것인가? 사르차나에서는 아예 전투를 직접 지휘해서 피렌체에 승리를 선물하지 않았던가? 강요된 것 같은 미묘한 침묵이 도시를 억누르고 있었지만, 학문과 예술은 최고의 전성기를 누렸다. 로렌초는 르네상스의 후원자가 아니라, 그것을 주도하던 핵심 인물이었으며 본인 스스로도 뛰어난 작가였다. 마키아벨리는 르네상스의 주인공이었던 로렌초를 이렇게 소개한다.

> 그는 예술에 뛰어난 사람이라면 그게 누구든 놀라울 정도로 사랑했으며, 학식 있는 이들을 좋아했다. (…) 로렌초는 건축과 음악과 시에서 아주 특별한 즐거움을 느꼈다. 그가 지은 시들(로렌초는 《바쿠스와 아리아드네의 승리》라는 시집을 출간했다)뿐만 아니라, 그가 논평한 시들도 아직 많이 남아 있다. 그는 피렌체 젊은이들이 학문에 힘쓸 수 있도록 피사에 대학을 열어 당시 이탈리아에서 가장 뛰어난 학자들을 선생으로 모셔왔으며 피렌체 교외에 성 아우구스티누스 수도회의 수사인 마리아노 다 젠나차노 Mariano da Genazzano를 위해 수도원을 지어주었다. 마리아노는 매우 뛰어난 설교자로, 지롤라모 사보나롤라의 강력한 적수였다.[16]

지금 마키아벨리는 로렌초의 치적을 설명하면서 그에게 아부하고 있는 것이 아니다. 실제로 로렌초는 그 시대를 대표하는 작가 중의 1명이었으며 취급했던 장르도 시(주로 발라드와 소네트), 단편 소설, 희곡같은 문학뿐 아니라 철학과 신학까지 망라했다. 그가 쓴 글은 지금도 두툼한 단행본으로 편집되어 현대 독자들을 만나고 있다.[17] 그의 예술 후원은 르네상스 전성기의 견인차였으며, 이는 미켈란젤로를 자신의 저택에 함께 살게 하고 동시대의 철학자들과 교류시킨 것으로 충분히 증명된다.

그러나 부작용도 있었다. 적극적인 예술과 학문에 대한 후원과 본인의 문학 활동 때문에 로렌초는 은행 경영에서 점점 멀어졌다. 로렌초는 메디치 은행에 관한 주요 결정을 모두 전문 경영인들에게 맡겼다. 프란체스코 사세티에게 피렌체 본점의 운영과 리옹 지점, 피사 지점의 관리를 맡겼고, 사돈인 토르나부오니 사람들에게 로마와 나폴리 지점을 경영하게 했다. 그러나 젊은 시절, 탁월한 경영 능력을 발휘했던 이들도 점점 나이가 들어가면서 문제가 생기기 시작했다. 그들의 판단력은 흐려졌으나, 짜증과 잔소리는 경륜의 축적과 비례하며 늘어만 갔다. 로렌초의 관리 감독이 약해진 정도가 아니라 아예 무관심으로 돌아섰을 때, 메디치 은행은 위기를 맞게 된다. 결국 1478년, 아비뇽 지점과 밀라노 지점을 시작으로 메디치 은행의 주요 지점들이 문을 닫았다. 1480년, 런던과 브뤼헤 지점이 문을 닫았고, 1489년에는 피사 지점이 그 뒤를 이었다. 마키아벨리는 메디치 은행의 위기를 지점장들의 방만한 운영과 직원들의 비효율 때문이었다고 지적한다. 로렌초는 메디치 은행의 부진으로 인한 경제적 손실을 다른 방법으로 메꾸어나갔다. 토스카나의 맹주로서 이탈리아 중서부의 기름진 땅을 모두 차지하고 있었으므로, 부동산 투자 수익으로 재력을 유지했다. 이것은 마키아벨리의 관찰이다.

그의 다른 사적인 일들에 관해 말하자면, 그는 상업 거래에서는 무척 불운했다. 왜냐하면 그가 상인이 아니라 마치 군주인 양 일을 처리한 탓에, 대리인들의 비리로 인해 그의 재산이 상당 부분 낭비되었고, 국가가 막대한 자금을 투입해 그를 도와야 했기 때문이었다. 그리하여 로렌초는 유사한 실수를 되풀이하지 않기 위해 상인의 이익을 포기하고 더 확실하고 안정적인 부의 원천인 부동산에 눈을 돌려 프라토, 피사, 발 디 페사 교외의 땅을 사서 많은 건물을 지었는데 그 건물들의 웅장함과 유용성은 일반 시민이 아니라 군주에게 어울릴 법했다.

그는 도시를 확대하고 아름답게 만드는 데 힘을 쏟아 새로운 거리를 조성하고 전에는 사람이 살지 않고 방치되어 있던 도시의 이곳저곳에 주택을 지었다. 그 덕분에 우리 도시는 더 넓어지고 더 아름다워졌다. 그는 또한 시민들이 더 평화롭고 더 안전하게 살 수 있도록, 그리고 피렌체와 어느 정도 떨어진 곳에서 적과 싸우거나 적을 막을 수 있도록, 볼로냐 쪽은 아펜니노 산맥 한가운데에 자리한 피렌추올라 성을 요새화했고, 시에나 쪽은 포조 임페리알레를 수리해 그곳을 요새화하기 시작했으며, 제노바 쪽은 피에트라 산타와 사르차나를 차지해 적이 오는 길을 차단했다. 게다가 그는 정기적인 지원금과 후원금으로 페루자의 발리오니 가문과 치타 디 카스텔로의 비텔리 가문을 계속 친구로 두었고, 전술한 것처럼 파엔차 정부를 완전히 장악했다. 이 모든 것은 피렌체의 강력한 성벽 역할을 했다.[18]

로렌초의 임종과 세계사의 전환점

로렌초는 1492년 4월 8일, 카레지 별장에서 임종했다. 할아버지 코시모가 마르실리오 피치노의 플라톤 아카데미를 위해 개방했던 곳, 암살 위험에 처한 아버지 피에로를 지키기 위해 혼자서 말을 타고 왔던 그 장소에서 최후를 맞았다. 그는 코시모와 피에로와 같이, 플라톤 아카데미의 인문학자들이 지켜보는 가운데서 눈을 감았다. 메디치 가문 3대의 후원을 받았고, 그들 모두의 임종을 지켰던 마르실리오가 죽어가는 로렌초를 위로하기 위해 복음서를 낭독했을 것이다. 로렌초의 임종과 더불어 메디치 가문의 주력 산업이었던 은행업도 거의 문을 닫을 지경에 이르렀다. 마키아벨리는 로렌초가 부동산 투자에 관심을 돌렸다고 했지만, 실상은 성직을 통해 항구적인 성직록 수익을 확보함으로써 위기를 돌파

붉은 백합의 도시, 피렌체

하려고 했다. 임종하기 3년 전(1489년), 로렌초는 똑똑한 둘째 아들 조반니가 13살의 어린 나이로 빨간색 추기경 모자를 쓰는 모습을 흐뭇한 표정으로 지켜보았다. 장차 교황 레오 10세가 될 금발의 소년 조반니는 이때부터 메디치 가문의 대들보가 된다. 비록 차남이라 가업을 직접 승계하지 못할 것이지만, 그래도 장남 피에로보다 훨씬 똑똑했고 이익을 실현하는 셈법도 훨씬 빨랐다. 이제 메디치 가문은 교황청의 주거래 은행이 아니라, 연속적으로 교황을 배출하는 베드로 가문이 될 것이다. 따라서 로렌초는 자식들의 혼처를 놓고 늘 심사숙고했다. 마키아벨리는 로렌초가 사위와 며느리를 고를 때 어떤 기준을 고려했는지를 잘 설명해주고 있다.

그는 장남인 피에로를 기사 오르시니의 딸 알폰시나와 결혼시켰고 (1488년), 차남인 조반니에게는 추기경의 자리를 안겨주었다(1489). 이는 대단히 주목할 만한 사건이었다. 왜냐하면 아직 14살이 되지 않은 소년이 그런 높은 지위에 오른 것은 전례가 없는 일이었기 때문이었다. 이 위엄은 훗날이 증명하듯(조반니는 1513년 교황 레오 10세가 된다) 그의 가문이 천국으로 올라갈 수 있는 사다리가 되었다. 그렇지만 셋째 아들인 줄리아노한테는 줄리아노의 어린 나이와 자신의 이른 죽음 때문에(로렌초는 43살에 죽었고, 그때 줄리아노의 나이는 13살이었다), 어떤 특별한 운명도 만들어주지 못했다. 한편 그는 장녀인 루크레치아를 야코포 살비아티와, 둘째인 마달레나를 프란체스케토와, 다섯째인 콘테시나를 피에로 리돌피와 결혼시켰다. 넷째인 루이자는 가문을 단결시키기 위해 그녀의 사촌인 조반니 데 메디치와 결혼시킬 예정이었으나, 11살의 어린 나이에 그만 세상을 떠나고 말았다.[19]

이제 우리 가이드 마키아벨리는 임종한 로렌초를 위한 추도사를 읊어야 한다. 이미 코시모와 피에로의 생애를 '군주의 거울' 양식으로 소개했던 전례에 따라 로렌초의 삶을 본받아야 할 영웅의 모습으로 격상시키는 작업이 될 것이다. 우선 그의 생활방식, 신중함 그리고 늘 메디치 가문과 함께 따라다니는 막대한 부의 규모에 대한 평가는 이탈리아뿐만 아니라 외국에서도 널리 알려졌다고 소개한다. 멀리 헝가리의 왕, 이집트의 술탄 그리고 이스탄불의 메흐메트 2세가 그를 위대한 인물로 칭송했다고 썼다. 특히 마지막으로 소개된 메흐메트 2세는 파치 가의 음모 사건 때 단검을 휘둘러 동생 줄리아노를 죽인 베르나르도 바론첼리를 이스탄불에서 체포해 피렌체로 압송시켜준 인물이다. 오스만튀르크의 군주도 존경할 만큼 로렌초가 뛰어난 인물이었다는 뜻이다.

그러나 마키아벨리의 눈에 비친 로렌초는 양면적인 인물이었다. 낮의 로렌초는 교황과 담판을 짓고 전투를 직접 지휘하는 뛰어난 장군이었지만, 밤의 로렌초는 카레지 별장에서 철학자들과 함께 플라톤의 사상을 논하거나 로맨틱한 시를 쓰는 시인이기도 했다. 그는 옛 애인 루크레치아 도나티에게 사랑의 시를 바치기도 했지만, 마키아벨리의 점잖은 표현대로, "베누스의 일에 지나치게 빠져 있던" 바람둥이이기도 했다. 그는 관능적인 삶을 살면서, 동시에 진중한 삶을 살았다. 그래서 마키아벨리는 그를 "조합이 거의 불가능한 전혀 다른 두 인간"이라고 평한다.

그의 명성은 그의 지혜와 다른 미덕들로 인해 나날이 높아졌다. 로렌초는 토론할 때는 날카롭고 유창했으며, 대책을 마련할 때는 현명했고, 실행할 때는 신속하고 대담했다. 비록 베누스의 일에 지나치게 빠져 있고 종종 그와 같은 인물하고는 도무지 어울릴 것 같지 않은 경박하고 빈정대는 자들과 어울리거나 시시한 놀이에서 기쁨을 느꼈지만, 그의 그런 결점들도 그의 많은 위대한 덕목들을 가릴 수는 없었다. 왜냐하면 그가 아들이나 딸들의 유치한 놀이에 참여하는 모습이 자주 목격되기도 했는데, 그런 그의 다소 가벼운 사적 행동과 그가 공적인 영역에서 보여준 강인한 성품을 두루 고려해보면, 우리는 조합이 거의 불가능한 전혀 다른 두 인간이 로렌초 안에 결합되어 있다는 것을 알 수 있기 때문이다.[20]

로렌초는 43년의 짧은 인생을 살았다. 죽기 전 마지막 며칠 동안, 집안 대대로 내려오는 유전병이었던 통풍 때문에 큰 고통을 겪었다. 하지만 그는 마지막 순간까지 명석한 판단력을 유지해 그의 임종을 지키는 사람들의 마음을 아프게 했다고 한다. 살아 있을 때 보여준 뛰어난 분별력은 그에게 큰 명성을 얻게 했고, 그가 임종할 때 이탈리아에서 그보다 더 큰 애도 속에서 죽어간 사람이 없었다고 마키아벨리는 전한다. 위대한 인물의 마지막 순간을 알리듯 하늘은 벼락을 내려 산타 마리아 델 피오레 대성당의 첨탑을 치는 놀라운 징조까지 보였다고 한다. 당시 분위기를 마키아벨리는 이렇게 전한다.

하늘은 다수의 명백한 징후들을 통해 아주 커다란 재앙들이 그의 죽음에 뒤이어 일어날 것이라는 사실을 알려주었다. 그중에는 산타 레파라타 성당(옛 피렌체 두오모)의 제일 높은 탑이 벼락에 맞아, 뾰족탑 대부분이 파괴되는 일도 있었다. 이 사건으로 모두 놀라고 또 두려워했다. 그러므로 그의 동료 시민들은 그의 죽음을 진심으로 슬퍼했으며, 이탈리아의 모든 군주 역시 피렌체에 사절을 보내, 그 도시에 닥친 너무도 커다란 손실에 대해 그 시민들을 위로했다.[21]

로렌초의 임종은 거대한 세계사적 전환과 함께한 사건이었다. 1492년, 스페인은 이슬람과 유대교 신도들을 이베리아반도에서 쫓아내면서 '재정복Reconquista'을 종결했다. 이제 이베리아반도는 그리스도교 영토로 온전히 회복되었다. 스페인에서 쫓겨난 유대인들은 영국과 독일 그리고 네덜란드로 이주해, 메디치 은행이 떠난 도시를 메워갔다. 유럽의 자본주의는 이 과정에서 탄생했다. 역시 같은 해, 크리스토퍼 콜럼버스는 신대륙을 '발견'했다고 해서, 이미 그곳에서 살고 있던 원주민들과 지구는 평평하다고 믿어온 구대륙의 주민들을 모두 놀라게 했다. 르네상스는 1492년에 임종한 로렌초가 주는 물을 먹고 자라며 그 아름다운 예술의 꽃을 만개했다. 로렌초 덕분에 피렌체는 아름다운 '꽃의 도시'로 변모했다.

좋은 일만 있었던 것은 아니다. 1492년 8월 11일, 로마 교황청은 보르자 가문 출신의 새로운 교황을 맞았으니, 그가 바로 악명 높은 알렉산데르 6세Alexander VI(1492~1503년 재위)다. 그가 뿌린 악행의 씨앗들이 장차 마르틴 루터의 종교개혁(1517년)으로 불타오르게 될 대전환의 출발점이 된다. 로렌초의 죽음은 종교개혁과도 연관이 있다. 그의 가문에서 2명의 교황이 탄생하게 되고, 둘 다 유럽 종교개혁과 직접적인 연관을 맺게 된다. 1520년 마르틴 루터를 파문해서 개신교회가 태동하게 만든 사람은 로렌초의 둘째 아들, 교황 레오 10세다. 또 1534년 영국 왕 헨리 8세Henry VIII(1509~1547년 재위)를 파문해서 영국 성공회가 설립되도록 결정적인 역할을 했던 사람은 줄리아노의 사생아, 클레멘스 7세다. 스페인의 '재정복'과 유대인의 북유럽 이주, 콜럼버스의 항해, 종교개혁의 원인이 된 교황청의 타락, 르네상스의 만개가 모두 1492년의 로렌초 임종과 함께 일어난 사건이다. 세계사적 전환점에 선 피렌체도 시대의 변화에 동참하게 될까? 시대가 바뀌면 사람들도 바뀌게 될까? 이것이 바로 로렌초의 임종을 기록하던 마키아벨리의 주된 관심이었다.

로렌초가 임종한 후, 피렌체는 지금까지 한 번도 경험하지 못했던 새로운 정치 체제를 맞게 된다. 귀족정, 공화정, 참주정, 군주정을 거친 피렌체에서 신정神政이 펼쳐지리라고는 아무도 상상하지 못했을 것이다. 메디치가 떠난 피렌체에 한 수도사가 나타나 도시를 광기로 몰아붙인다. 1478년 4월의 부활절 아침, 암살자들의 함성과 성당 바닥에서 피를 흘리며 죽어가던 줄리아노의 신음이 함께 울려 퍼지던 산타 마리아 델 피오레 대성당에서 한 수도사가 나타나 불꽃 튀는 설교를 시작한다. "피렌체에 곧 하느님의 저주가 임할 것이다!" 이것이 그 수도사의 설교 내용이었다.

산타 마리아 델 피오레 대성당의 백미인 필리포 브루넬레스키의 돔.

12장

산 마르코 수도원

사보나롤라와 소데리니,
메디치의 빈자리를 차지하다

지롤라모 사보나롤라가 거주했던
산 마르코 수도원

　이 장에서 등장할 지롤라모는 메디치 가문의 몰락에 결정적인 역할을 했다. '위대한 자' 로렌초는 할아버지 코시모가 건축했던 산 마르코 수도원을 지롤라모에게 주었다. 산 마르코 수도원은 메디치 저택에서 불과 500미터 정도 떨어져 있는 도심 속의 종교 시설이다. 1439년부터 1445년까지 수도원 원장을 역임했고, 1446년부터 대주교로 코시모의 피렌체 통치에 깊숙이 간여했던 안토니오가 수도원장으로 재직했던 곳이다.

　코시모는 총애하던 건축가 미켈로초에게 이 수도원의 증축을 맡겼고, 10년 만에 지금의 산 마르코 수도원이 완공되었다. 코시모는 이 건물 안에 유럽의 첫 번째 공공도서관을 건축하고 니콜로 데 니콜리 Niccolò de' Niccoli(1364~1437년) 등의 인문학자들이 소장하고 있던 그리스·로마 고전들을 보관했다. 수도원의 내부 장식은 화가 프라 안젤리코가 맡았다. 그는 수도원 공사가 한창 진행 중일 때, 수도사를 위한 총 43개의 작은 방에 프레스코 작품을 하나씩 그렸다(1438~1443년). 2층 수도사의 방으로 들어가는 큰 문을 열면 제일 먼저 눈에 들어오는 〈수태고지〉 등의 뛰어난 작품 때문에, 산 마르코 수도원은 '프라 안젤리코의 박물관'으로 불리기도 한다.

미켈란젤로의 스승인 도메니코 기를란다요가 그린 〈최후의 만찬〉이 한쪽 벽면을 가득 채우고 있는 작은 수도원 식당은, 현재 박물관 매점으로 사용되고 있다.

산 마르코 수도원에 있는 코시모 데 메디치의 개인 기도방.

코시모의 개인 기도방에는 〈동방박사의 경배〉가 그려져 있는데, 이 작품은 프라 안젤리코와 베노초가 협업하여 그린 것으로 추정된다. 메디치 가문의 저택에 있는 〈동방박사의 경배〉를 그렸던 베노초 고촐리는 1439년 피렌체 공의회에 참가했던 동방 비잔틴 교회 대표단의 모습을 다시 여기에 그려놓았다. 코시모는 이 공의회를 개최한 것을 늘 자랑스러운 업적으로 여겼다.

코시모의 개인 기도방 반대쪽에 있는 지롤라모의 숙소에는 제법 많은 그림이 전시되어 있다. 익명의 화가가 그린 〈사보나롤라의 순교〉는

1498년 5월 23일, 지롤라모와 2명의 지지자들이 시뇨리아 광장에서 화형을 당하는 장면을 묘사하고 있다. 광장 중앙에서 화형식이 진행되는데도 광장의 다른 곳에서 대화에 열중하고 있는 무관심한 대중의 모습에서, 그의 죽음이 피렌체 시민들의 일관된 지지를 받지 못했다는 것을 암시하고 있다.

또 다른 신부 화가 프라 바르톨로메우가 그린 〈사보나롤라의 초상화〉 2점에서도 그의 순교를 애도하는 분위기가 감지된다. 첫 번째 초상화는 지롤라모가 왕성한 활동을 펼칠 때의 모습이고, 두 번째 초상화는 그가 죽임을 당한 후 머리에 상처를 입은 모습으로 그린 것이다. 첫 초상화에는 지롤라모의 이름이 당당하게 적혀 있지만, 두 번째 초상화에는 아무런 기록이 보이지 않는다. 종신 곤팔로니에레였던 피에로 소데니리가 지롤라모를 추모하는 행위를 금지했기 때문이다. 지롤라모를 존경했던 프라 바르톨로메우는 그를 로마에서 순교당한 성 베드로의 모습으로 묘사했다. 가톨릭교회의 수장인 성 베드로와 같은 삶을 산 사람은 로마에 있는 교황이 아니라, 피렌체의 지롤라모라는 것을 암시한다.

지롤라모 사보나롤라 수도원장의 기도실.
산 마르코 수도원.

지롤라모 사보나롤라의 등장과
프랑스의 피렌체 침공

로렌초 데 메디치가 임종하기 불과 3일 전인 1492년 4월 5일, 산타 마리아 델 피오레 대성당의 첨탑에 벼락이 떨어졌다. 마키아벨리는 이 자연현상을 로렌초의 임종을 슬퍼하는 하늘의 뜻으로 해석했지만, 전혀 다르게 해석한 사람이 있었다. 산 마르코 수도원의 수도원장 지롤라모 사보나롤라였다. 그는 번갯불이 번쩍이며 대성당 꼭대기를 강타했을 때, 이렇게 소리쳤다고 한다. "보라! 우리 땅 위에 불시에 떨어진 하느님의 칼날을!"

수도원장 지롤라모는 피렌체 본토박이가 아니었다. 그는 1452년, 페라라에서 태어났지만 어쩌다가 피렌체로 굴러 들어온 외지인이었다. 조부의 직업에 따라 의학을 먼저 공부했으나 성직의 길로 방향을 틀었고, 1482년부터 1487년까지 피렌체에서 무명의 수도사로 일했다. 이 시기는 로렌초의 권력이 정점에 이르렀을 때다. 메디치 가문의 영주가 사랑의 발라드를 쓰던 시절, 피렌체 시민들은 종교와 신앙에 특별한 관심을 기울이지 않았다. 지롤라모의 때는 아직 무르익지 않았고, 일부 피렌체 시민들은 그를 열광적인 설교자 정도로만 어렴풋이 기억했다. 그는 1487년쯤부터 조용히 피렌체의 기록에서 사라진다.

그가 소속되어 있던 도미니코 수도회는 설교를 잘하는 것을 성직자의 중요한 자질로 보았다. 설교를 잘하는 것과 열광적인 설교를 하는 것은 차이가 있다. 지롤라모는 열광적인 설교자로만 알려졌다. 특히 교황청의 타락을 질타하던 그의 설교는 피렌체 인문학자들에게 큰 충격을 주었다. 로렌초가 당시 교황과 사돈 관계였던 그 시절, 교황청을 공격한다는 것은 곧 메디치 가문을 공격하는 것과 다름이 없었기 때문이다. 그런데 이 페라라 출신의 열광적인 수도사가 교황청을 신랄한 설교로 공격했으니, 그럴 때 피렌체의 인문학자들은 서둘러 자리를 떠나거나 그를 애써 모른 척했다.

로렌초는 지롤라모를 알지 못했던 것으로 추정된다. 그러나 40대에 접어든 로렌초는 집안의 고질병인 통풍 때문에 조로^{早老} 현상을 보였다. 병으로 인한 고통과 죽음의 두려움이 그의 영혼을 잠식해 들어가자 로렌초는 서서히 종교적인 인물로 변해갔다. 그는 자신이 기적적으로 목숨을 건졌던 산타 마리아 델 피오레 대성당에 '1만 명의 순교자를 위한' 헌금을 했다. 거액이었다. 암살자들의 칼에 19번 찔려 목숨을 잃었던 동생 줄리아노를 피렌체의 제단에 바친 희생제물로 추앙하는 행사를 주관하기도 했다. 플라톤 아카데미의 천재 인문학자 피코 델라 미란돌라는 점점 신앙심이 깊어가던 로렌초에게 한 가지 제안을 했다. 몇 년 전에 피렌체에서 활동하며 강렬한 인상을 남겼던 수도사 지롤라모 사보나롤라를 다시 부르자는 것이었다.[1] 죽음을 앞둔 로렌초는 그 제안에 동의했고, 그렇게 지롤라모가 피렌체로 다시 돌아왔다(1490년 8월 1일). 로렌초는 할아버지 코시모가 자금을 대고 미켈로초가 건축을, 프라 안젤리코가 벽화 장식을 맡았던 산 마르코 수도원에 사보나롤라의 거처를 마련해주었다. 로렌초의 파격적인 후원 때문에 사보나롤라는 갑자기 피렌체에서 유명인사가 되었다.

피렌체로 돌아온 지롤라모는 이전보다 더 열광적인 설교로 시민들의 마음을 사로잡았다. 그는 교황청의 만연한 타락과 인간 본성의 저열함을 매서운 설교로 질타했다. 이듬해인 1491년의 사순절이 다가오자, 지롤라모의 설교는 더 뜨거운 불을 뿜기 시작했다. 그가 교황의 실명을 거론하며 비난을 퍼부었을 때, 피렌체 시민들은 겉으로 놀라는 척했지만 속으

지롤라모 사보나롤라가 1496년 산타 마리아 델 피오레 대성당에서 설교하는 모습.

로는 그의 설교에 환호했다. 당시 재임 중이던 교황 인노켄티우스 8세에 대한 비판은 피렌체에서 일종의 금기사항이었다. 교황이 로렌초의 사돈이었기 때문이다. 11장에서 언급했듯, 로렌초는 둘째 딸 마리아 마달레나를 교황의 사생아인 프란체스케토와 결혼시킴으로써 세력 확장을 꾀했다. 물론 교황이 그런 거래를 공짜로 해줄 리 없다. 메디치 은행은 유럽의 각 지점이 폐쇄되고 있는 열악한 경영 상황 속에서도 사돈 교황에게 3만 플로린이라는 거액을 대출해주었다. 로렌초는 이것을 딸을 위한 결혼 지참금인 동시에, 앞으로 로마 교황청으로 진출하기 위한 착수금이라고 생각했다.[2] 물론 교황도 사돈 가문의 호의에 보답했다. 14살에 불과했던 로렌초의 둘째 아들 조반니에게 추기경 자리와 두둑한 성직록을 하사한 것이다. 그런데 지롤라모가 이런 교황을 공격하다니! 이것은 메디치 가문의 역린을 건드린 꼴이었다.

그러나 지롤라모는 설교를 멈추지 않았다. 죄의 길에서 당장 벗어나지 않으면 하느님의 저주가 피렌체에 임할 것이라는 심판의 예언을 쏟아냈다. 피렌체 두오모 첨탑에 떨어진 벼락이 실제로 피렌체를 강타할 것이라고 예언했다. 이 설교를 들었을 때 메디치 가문 사람들이 제일 먼저 인상을 찌푸렸을 것이다. 이미 피렌체와 메디치는 같은 운명공동체이니, 피렌체가 망한다는 것은 곧 메디치 가문이 망한다는 뜻이기도 했다. 그런데 지금 페라라에서 온 수도사가 로렌초를 등에 업고, 교황청과 피렌체를 동시에 공격하는 일이 벌어지고 있었다.

당황한 로렌초는 그를 회유하려고 했다. 가장 간단하면서도 효과적으로 회유 방식은 그를 메디치 은행의 채무자로 만드는 것이다. 거액의 돈을 빌려주면, 그도 입을 다물게 될 것이다. 그러나 지롤라모는 저리低利로 거액을 빌려주겠다는 메디치 은행의 제안을 정중히 거절했다. 이번에는 높은 자리를 제안했다. 그를 산 마르코 수도원의 수도원장으로 임명한 것이다(1491년 7월). 지롤라모는 산 마르코 수도원의 건축 자금을 댔던 코시모의 기도방 반대쪽 끝방을 수도원장 숙소로 선택했다. 돈과 신앙은 멀리 떨어져 있어야 한다는 평소 지론을 반영한 결정이었다. 임종을 앞둔 로렌초가 지롤라모와 어떤 관계를 맺었는지에 대해서는 기록이 없다. 로렌초가 카레지 별장에서 임종하기 전, 지롤라모와 신앙적인 대화를 나누었다는 가설은 최근에 사실이 아닌 것으로 판명되었다.

　로렌초의 임종 이후, 피렌체 시민들은 코시모, 피에로, 로렌초로 이어지는 유사 군주제의 네 번째 권력 이양을 목격하게 된다. 로렌초의 장남 피에로 데 메디치Piero de' Medici (1472~1503년)가 피렌체의 공식 후계자로 임명되었다. 할아버지인 '통풍 환자' 피에로와 이름이 같아서, 손자는 '불행한 자Il Fatuo' 피에로로 부른다. 권력은 순조롭게 이양되었지만, '불행한 자' 피에로의 피렌체 통치 기간은 그리 길지 않았다. 그는 2년간 피렌체를 통치하다가, 프랑스의 군대가 침공하자 겁을 집어먹고 도시에서 탈출했다. 피에로의 피렌체 탈출(1494년)은 1434년부터 시작된 메디치 가문의 1인 지배가 끝나는 분기점이었다. 정확하게 60년 만에 피렌체는 메디치 가문의 지배에서 벗어나게 되었고, 그 빈자리를 지롤라모가 신정 통치로 채워가게 된다.

대성당의 시대와
지롤라모 사보나롤라의 신정 통치

　메디치 가문이 갑자기 몰락하게 된 이유는 단연코 '불행한 자' 피에로의 통찰력이 부족해서이다. 메디치 가문은 대대로 밀라노의 비스콘티-

스포르차 가문과 우호적인 관계를 맺어왔다. 그런데 피에로가 갑자기 나폴리와 가깝게 지내려는 외교 정책을 펼친 것이 화근이었다. 밀라노의 군사력을 지렛대로 삼고 힘의 균형을 유지해오던 피렌체는 피에로의 즉흥적인 결정 때문에 밀라노와 프랑스의 공격을 받는 신세로 전락하게 된다. 피에로의 성급한 결정에 격분한 밀라노의 루도비코 마리아 스포르차 Ludovico Maria Sforza(1452~1508년), 일명 '일 모로Il Moro(검다는 뜻. 어두운 색의 피부와 머리카락 때문에 이런 이름이 붙었다)'가 피렌체-나폴리를 공격하기 위해 프랑스 군대를 이탈리아로 끌어들였다. 잔 갈레아초 스포르차의 삼촌으로 밀라노를 실질적으로 통치하고 있던 그는 배신자 피에로를 응징하기 위해 유럽의 절대 군사 강국 프랑스를 이탈리아의 분쟁에 개입시켰다. 밀라노의 초청을 받은 프랑스의 왕 샤를 8세Charles VIII(1483~1498년 재위)는 3만 명의 군대를 이끌고 이탈리아로 진입했고, 알프스산맥을 넘은 뒤 피렌체와 나폴리를 공격하기 위해 남쪽으로 행진해 갔다.

명백한 피에로의 외교적 실수였다. 아버지 로렌초는 경제적으로는 부유하지만 정치·군사적으로는 열세를 면치 못하는 피렌체가 생존할 수 있는 길은 "힘의 균형"에 있다고 믿었다. 로렌초는 전통적으로 강력한 군사력을 가졌던 밀라노, 이탈리아 본토를 차지하려는 야심에 찬 베네치아, 스페인의 힘을 믿고 남부의 맹주를 자처하던 나폴리 그리고 이탈리아반도의 정중앙에서 종교의 힘으로 필요에 따라 치고 빠지는 전략을 사용하던 교황청의 역학 관계를 늘 주시해왔다. 로렌초가 이끌던 피렌체는 이런 열강들의 사이에서 언제나 중립적인 관계를 유지하며, 되도록이면 강력한 세력과 가까이 지내는 실리 외교를 펼쳐왔다. 그런데 그의 아들 피에로가 성급하게 나폴리를 선택하면서 힘의 균형이 무너졌고, 절대 왕조의 틀을 갖추기 시작한 프랑스의 무력 침공을 자초하게 된 것이다.

붉은 백합의 도시, 피렌체

당시 프랑스의 왕 샤를 8세는 23살, 피렌체의 피에로는 22살의 청년이었다. 겁에 질린 피에로는 샤를 8세와 서둘러 협상을 추진했다. 프랑스 군대가 피렌체 시내로 진입하지 않는 조건으로 피사와 리보르노 항구를 포함한 토스카나의 여러 도시를 프랑스에 양도하겠다고 약속했다. 피사 항구는 모직의 수출입으로 먹고사는 피렌체 상인들에게 양보할 수 없는 곳이었다. 항구를 적에게 넘긴다는 것은 생업을 포기하라는 말이었다. 결국 시뇨리아는 피에로의 협상을 비준해주지 않았고, 메디치 가문의 지배력이 더는 먹히지 않는다는 것을 피에로가 알기까지 그리 많은 시간이 필요치 않았다. 심지어 피렌체의 시민들은 피에로가 시뇨리아 정청으로 입장하려고 할 때, 바로 앞에서 정문을 닫아버렸다. 1434년, 코시모가 피렌체 시민들의 환영을 받으며 베네치아에서의 유배를 마치고 돌아왔을 때 시뇨리아 정청의 정문이 활짝 열렸는데, 이제 정확하게 60년 만에 그 문이 닫힌 것이다. 피렌체 시뇨리아는 대표단을 다시 보내서 프랑스의 샤를 8세와의 협상을 시도했다. 그 협상단 중에 산 마르코 수도원의 원장 지롤라모가 포함되어 있었다.

　프랑스의 샤를 8세는 협상의 유리한 고지에 서 있었다. 프랑스 군대가 대포와 화약으로 무장하고 알프스산맥을 넘어 왔을 때(1493년), 피렌체를 포함한 이탈리아 군대들은 새로운 전쟁의 시대를 맞이하며 큰 충격을 받게 된다. 대포와 화약이 사용된다는 것은 창과 칼로 싸우던 중세의 전쟁이 끝나고 최초로 대량살상무기가 사용된다는 뜻이었다. 이탈리아의 용병 대장들은 프랑스 군대가 쏘는 대포 소리를 들으며, 그것이 한 시대가 끝났음을 알리는 조종弔鐘이라 여겼을 것이다. 우리에게 친숙한 〈노트르담 드 파리Notre-Dame de Paris〉라는 프랑스 뮤지컬은 빅토르 위고Victor Hugo 의 동명 작품을 바탕으로 만든 작품이다. 이 뮤지컬의 주제 음악은 〈대성당들의 시대le temps des cathédrales〉인데, 이런 구절로 시작된다.

> 아름다운 도시 파리
> 전능한 신의 시대
> 때는 1482년,
> 욕망과 사랑의 이야기.
> (중략) 대성당들의 시대가 찾아왔어.
> 이제 세상은 새로운 천 년을 맞지.
> 하늘 끝에 닿고 싶은 인간은
> 유리와 돌 위에 그들의 역사를 쓰지.

이 뮤지컬의 주제 음악은 샤를 8세가 이탈리아를 침공하기 12년 전인, 1482년의 프랑스 파리를 노래하고 있다. 가사 내용은, 그때부터 프랑스의 새로운 시대가 시작되었다는 것을 강조한다. 그 새로운 시대를 "대성당들의 시대"로 표현한 것은 단순히 건축사나 종교적인 이유 때문이 아니다. 가사에서 이어지듯이, "대성당들의 시대"는 "새로운 천 년un nouveau millénaire"의 시작이었고, 하늘에 닿고 싶은 인간의 욕망이 드러나기 시작한 때였다. 그렇다면 이탈리아가 프랑스의 공격을 받고, 특히 메디치 가문의 지배를 받던 피렌체가 프랑스의 군대에 굴복했다는 것은, 이 사건이 "새로운 천 년"의 역사와 연관되어 있다는 뜻이다. 그렇다면 왜 15세기 후반이 그렇게 중요한 역사의 분기점이 되었을까?

중세 유럽인들이 그토록 골몰했던 십자군 원정은 엉뚱한 결과를 낳았다. 수많은 봉건 제후들이 예루살렘과 성지를 향해 십자군 원정에 따라나갔다가, 예수의 무덤 앞에 그들의 목숨을 바쳤다. 고향으로 돌아오지 못한 그들의 영혼은 천국으로 갔을지 모르지만, 남겨진 재산은 모두 각국 국왕의 금고로 들어갔다. 영국의 헨리 4세Henry IV(1399~1413년 재위)처럼 유럽의 왕들이 그토록 줄기차게 십자군 원정을 주창한 이유 중의 하나는, 귀족 세력들을 제거하거나 그들의 재산을 가로채기 위해서였다. 십자군의 전사자가 많으면 많을수록, 국왕에게 떨어지는 수익은 더 늘어났다.

이렇게 국왕의 재산이 늘어나면서 유럽의 국가들은 15세기 후반에 새로운 시대를 맞게 된다. 왕권이 강화된 이른바 '절대 왕정'의 시작이었다. 요크 가문(흰 장미)과 랭커스터 가문(붉은 장미)이 싸운 장미 전쟁(1455~1485년)으로 다수 귀족이 전사한 영국에서 튜더 왕조가 개창되었다. 아라곤의 페르난도 2세와 카스티야의 이사벨 1세의 결혼(1469년)으로 에스파냐(스페인)는 통합되었고, 1492년의 그라나다 정복이 새로운 왕국 역사의 정점이었다. 그들은 크리스토퍼 콜럼버스를 서쪽으로 보내, 원주민들이 이미 오래전부터 살고 있던 땅을 '신대륙'이라 부르며 기뻐했다. 비슷한 시기인 1461년 프랑스에서는 아버지에게 반역을 일으킨 루이 11세가 절대 왕정을 시작했다. 이탈리아를 침공해 피렌체를 공포에 떨게 한 샤를 8세가 바로 그의 아들이다.

중세의 기사는 이제 아무짝에도 쓸모없는 잉여 인간으로 전락했다. 그들이 할 수 있는 일이란, 라만차의 기사 돈키호테처럼 중세 시대에 유행했던 기사도 소설이나 읽으며 시간을 죽이는 것이었다. 프랑스 군대는 대포만 끌고 오지 않았다. 매독 균이 프랑스 군대가 남하하는 루트를 따라 이탈리아 전역으로 퍼져나갔다. 최초의 생화학 전쟁이었던 셈이다. 새로운 "대성당들의 시대"에는 우주적 변화도 감지되었다. 지동설을 주장하게 될 니콜라우스 코페르니쿠스Nicoiaus Copernicus는 1492년 크라쿠프에 있는 야기엘론스키대학교에서 밤마다 달과 별을 관찰하고 있었다. 번민에 찬 그의 손에는 구텐베르크가 1450년대에 활판인쇄술로 찍은 성경이 들려 있었다. 그는 지구가 우주의 중심이라는 성경의 가르침에 대해 의문을 품기 시작했다.

"대성당들의 시대"는 그야말로 천지개벽의 시대였다. 대포를 이끌고 피렌체로 진격한 프랑스 군대가 바로 그 "대성당들의 시대"의 도래를 알리는 최초의 전령이었다. 그러나 새로운 시대를 앞두고도 이탈리아는 여전히 도시국가로 분열되어 지리멸렬을 면치 못하고 있었다. 새로운 시대의 도래를 제일 먼저 감지해야 할 책무를 지고 있던 메디치 가문 사람들은 프랑스 군대의 공격이 두려워 제일 먼저 줄행랑을 쳤다. 메디치 가문이 남긴 권력의 빈자리를 지롤라모라는 수도원장이 차지한 것은 신의 놀라운 섭리도, 역사의 주인공을 수시로 바꾸는 포르투나의 횡포도 아니었다. 그것은 시대의 변화를 감지하지 못했던 피렌체인들의 좁은 세계관이 빚어낸 비극이었다. 인접 국가들은 새로운 천 년의 역사를 시작하고 있는데, 피렌체인들은 여전히 옛 왕국의 추억에 빠져 있었던 것이다.

우리의 명민한 가이드 마키아벨리만이 이 시대의 변화를 정확하게 통찰하고 있었다. 시대 정신이 바뀌었고 세상은 천지개벽하고 있는데, 피렌체의 귀족, 평민, 하층민, 심지어 메디치 가문조차 정신을 차리지 못하고 있었다. 마키아벨리는 지롤라모의 신정이 펼쳐지는 퇴행적인 피렌체를 냉소적인 시선으로 바라보았다. 다른 사람들은 메디치 가문의 예술 후원이 빚어낸 피렌체의 빼어난 모습에 감탄을 쏟아냈지만, 마키아벨리는 자기 나라를 시대 정신에 뒤떨어진 후진적인 국가로 보았다. 마키아벨리는 지롤라모가 피렌체를 통치하던 시기(1494~1498년)에 20대 후반을 보냈다. 예민한 감수성과 젊은이다운 저항 의식으로 무장한 20대

붉은 백합의 도시, 피렌체

후반의 마키아벨리는 지롤라모의 정치 행태에 대해 매우 비판적이었다. 우리가 지금 확보하고 있는 마키아벨리의 최초 기록은 1498년 3월 9일, 29세일 때 쓴 비공식 보고서다. 그는 로마 주재 피렌체 대사였던 리치아르도 베키Ricciardo Becchi에게 지롤라모의 근황에 대한 보고서를 썼는데, 냉소적인 내용으로 가득하다. 그는 지롤라모가 "합리적인 사고를 하지 못하는 사람들에게나 먹힐 법한 협박을 효과적으로 사용하는 설교자"이며, 눈물을 흘리며 그의 설교를 경청하던 우매한 피렌체 시민들을 조종하기 위해 "시류에 편승하고, 거짓을 둘러대는" 가짜 설교자라고 맹비난했다.[3]

마키아벨리가 쓴 냉소적인 보고서의 잉크가 채 마르기도 전에 지롤라모는 시뇨리아 광장에서 화형당해 목숨을 잃었다(1498년 5월 23일). 사보나롤라가 도발적인 설교를 계속하자, 교황청은 피렌체 전체를 파문에 처해 국가 전체를 압박했다. 교황청의 강경책은 지롤라모가 아닌 피렌체의 모직 상인들을 자극했다. 피렌체가 파문을 당하면, 모직물의 유럽 수출길이 막히게 된다. 파문당한 도시가 생산한 제품을 구매하는 것도 법으로 금지되기 때문이다. 특별히 피렌체 모직 산업의 최대 고객이었던 프랑스에 물건을 팔지 못하게 된다. 이렇게 돈 문제가 걸리자 피렌체 시민들은 일시에 단결해, 결국 지롤라모를 권좌에서 몰아내고 화형대에 세웠다.

지롤라모 옆에서 불에 타 죽어가던 사제들은 그래도 하느님의 이름을 부르며 거룩하게 죽어갔지만, 지롤라모는 혼자서 횡설수설하는 나약한 모습을 보였다. 실망하고 분노하던 시민들은 지롤라모가 죽고 화형대의 불길이 사그라들자 집으로 달려가 바짝 마른 장작을 가져와 그의 시신 밑으로 던지기까지 했다고 한다. 그러나 '통곡파Piagnoni'로 불리던 일부 지지자들은 그의 죽음을 끝까지 지켜보며, 하늘이 점지했던 선지자의 순교를 애도했다.[4] 이들에 의해 지롤라모의 화형식은 피렌체에 바쳐진 순

교의 제물이었다는 판타지로 발전한다. 생전에 지롤라모 본인이 자신의
비극적인 최후를 예견했기 때문에, 그를 순교자로 숭배하는 움직임은 한
동안 지속되었다. 어떤 학자는 피렌체의 이런 컬트적인 분위기가 1478년
파치 가의 음모 사건 때 희생당한 줄리아노 그리고 피렌체를 위해 목숨
을 내걸었던 로렌초에 대한 순교자 숭배 의식과 연관 있다고 주장한다.
이 견해에 따르면 순교자 지롤라모 사보나롤라는 제2의 로렌초 데 메디
치였다.[5]

〈지롤라모 사보나롤라의 처형〉. 산 마르코 수도원 소장.

붉은 백합의 도시, 피렌체

종신 곤팔로니에레 피에로 소데리니의 등장

1498년 6월 19일, 마키아벨리가 피렌체 시뇨리아의 제2서기장으로 선출되었다. 지롤라모가 화형당한 지 1달도 채 지나지 않았을 때였다. 또 1달 뒤에는 피렌체의 전쟁 업무를 총괄하는 10인회의 서기장으로 임명되어, 마키아벨리는 2개의 공직을 동시에 맡게 되었다. 마키아벨리가 갑자기 피렌체의 주요 공직을 2개나 맡게 된 이유와 배경은 무엇일까? 아마 그가 가지고 있던 지롤라모에 대한 맹렬한 비판의식이 반 지롤라모 측(이들을 '분노파Arrabbiati'라고 부른다) 지도자들의 눈에 들었을 것이다.[6]

피렌체 제2서기장으로 외교 업무를 총괄하던 마키아벨리는 체사레 보르자Cesare Borgia(1475~1507년)의 로마냐 공격을 막기 위해 프랑스의 군사 지원을 요구하는 외교전에 총력을 기울였다. 당시 볼로냐를 공격하려던 교황 알렉산데르 6세의 아들 체사레 보르자는 군대의 출정 방향을 바꾸어 토스카나 지방의 정중앙에 있는 시에나를 향해 진격하고 있었다. 1501년 5월, 체사레의 군대는 시에나로 진군하기 위해 토스카나의 국경선에 도달했다. 토스카나 국경선을 넘는다는 것은 곧 피렌체 공격을 의미했다. 일촉즉발의 위기감 속에서 돌발적인 사건이 발생한다. 1494년에 피렌체를 버리고 탈출했던 '불행한 자' 피에로 데 메디치가 전선에 나타난 것이다.

프랑스의 샤를 8세가 대포를 이끌고 피렌체를 공격했을 때 줄행랑 쳤던 메디치 가문의 수장 피에로는 체사레 보르자를 만나, 먼저 피렌체를 공격해달라고 간청했다. 체사레가 피렌체의 공화정 정부를 무너뜨리고 권력을 자신에게 넘겨주면 두둑한 보상을 해주겠노라고 약속했다. 마침 체사레는 로마의 오르시니 가문 출신 용병 대장을 3명이나 고용하고 있었다.[7] 그런데 피에로의 어머니가 바로 같은 오르시니 가문 출신 아니었던가? 교황의 아들인 체사레도 오르시니 가문의 입김을 무시할 수 없었다. 협상은 순조롭게 진행되어 체사레는 시에나 공격을 멈추고 피렌체 쪽으로 군대의 행군 방향을 틀게 된다.

당황한 피렌체 측에서도 체사레의 공격을 막기 위한 협상단을 파견했다. 피에로 소데리니, 야코포 데 네를리Jacopo de' Nerli, 알라만노 살비아티 Alamanno Salviati가 협상 대표로 선발되었다. 그들은 수단과 방법을 가리지 않고 일단 체사레의 피렌체 공격을 막아야만 했다. 체사레는 협상단에게 두 가지 조건을 제시했다. 첫째는 '불행한 자' 피에로를 피렌체의 군주로 복귀시키는 것, 둘째는 평민 중심의 시뇨리아를 철폐하는 것이었다. 피에로 소데리니를 포함한 협상단은 모두 그란디 출신이었다. 이런저런 이유로 메디치 가문의 1인 지배에서 벗어나고 싶어 했던 사람들이다. 그래서 첫 번째 조건은 받아들일 수 없지만, 두 번째 조건은 수용하겠다고 답했다. 체사레가 이끄는 군대의 피렌체 침공을 멈추기 위해 조건을 수락했지만, 사실 이 두 번째 조건은 그란디들이 1434년부터 오매불망 바라던 것이었다. 이렇게 될 경우, 그란디들이 외부의 힘을 이용해서 평민들의 권력을 빼앗고 전쟁도 막는 일석이조의 효과를 거두게 될 것이다.

협상 대표단이 체사레와 합의한 내용이 피렌체에 전해지자, 도시는 혼란에 휩싸였다. 피렌체의 평민들과 하층민들은 다시 바카를 울리고 무기를 들자고 소리치면서, 그란디들이 피렌체의 자유를 찬탈하려 한다고 흥분했다. 늑대 1마리를 겨우 쫓아냈더니 호랑이 10마리가 어슬렁거리며 다가오고 있다! 분노한 평민과 하층민은 길거리에서 지나가던 그란디들에게 무차별 폭행을 가했다. 베르나르도 루첼라이Bernardo Rucellai, 로렌초 디 피에르프란체스코 메디치Lorenzo di Pierfrancesco de' Medici, 네를리 가문 사람들 그리고 알폰소 스트로치Alfonso Strozzi 등이 이때 길거리에서 평민들의 집단 구타를 당해 큰 곤욕을 치렀다.[8]

1502년 6월, 피렌체는 일촉즉발의 긴장 상태였다. 소데리니와 살비아티 가문을 포함한 그란디 가문들과 피렌체의 평민과 하층민들이 팽팽한 긴장감 속에서 서로 대치하고 있었다. 0장에서 잠시 소개한 대로 피에로 소데리니의 동생 프란체스코는 볼테라의 주교였다. 그는 체사레를 설득하기 위해 우르비노로 찾아갔다. 체사레는 이탈리아 최고의 용병 대장 페데리코의 도시 우르비노를 차지하는 것에 상징성이 있다는 생각으로, 이곳을 점령하고 있었다. 한편 프랑스 출장을 마치고 피렌체로 돌아온 마키아벨리는 프란체스코 주교의 비서 자격으로 우르비노 회담 현장에 파견되었다. 체사레는 피렌체의 현재 정부를 신뢰할 수 없다고 선언했고, 시뇨리아를 교체하지 않으면 피렌체를 공격하겠다는 최후통첩을 날렸다. 이 회담장에 동석했던 마키아벨리는 체사레의 강경한 요구를 전달하기 위해 피렌체로 급히 돌아갔다.

마키아벨리가 서기장으로 재직하고 있던 전쟁 담당 부서인 '10인회Dieci di libertà e pace'는 프랑스 군대의 지원을 받아 체사레의 공격을 막자는 주장을 펼쳤다. 이를 위해 마키아벨리가 프랑스 출장을 다녀온 것이다. 또이 전략은 메디치 가문이 바라던 것이기도 했다. 그러나 그란디 가문들은 10인회의 대응 전략을 반대했다. 그들은 10인회를 배후에서 조종하고 있는 메디치 가문이 프랑스를 끌어들여 복권을 시도할 것이라고 예상했다. 실제로 당시 10인회는 친 메디치파로 구성되어 있었다.[9] 이런 팽팽한 긴장감 속에서 피렌체 시뇨리아는 엉뚱한 결정을 내린다. 전쟁과 같은 위기 상황에서 로마 제국이 독재관을 임명한 것처럼, 곤팔로니에레의 임기를 종신제로 바꾼다는 결정을 내려버렸다.[10] 이 대담한 결정을 주도한 사람은 알라만노 살비아티Alamanno Salviati였다. 그는 친 메디치파로 분류되는 그란디 출신이었고 10인회와 함께 프랑스의 군사 지원을 주장하던 정치인이었다.[11] 종신제 곤팔로니에레는 메디치 가문도 감히 입 밖에 내지 못한 제도였다. 피렌체의 경쟁국이었던 베네치아가 도제를 국왕에 버금가는 종신제로 채택하고 있었는데, 이를 과감하게 받아들이기로 한 것이다. 13세기부터 자랑스러운 공화국 전통을 이어왔고 왕조에 가까운 권력을 유지했던 메디치 가문조차 이루지 못한 꿈을, 이제 누군가가 어부지리로 얻게 될 것이다.

1502년 9월 22일, 모두의 예상을 깨고 피에로 소데리니가 결선 투표를 통해 종신 곤팔로니에레로 선출되었다.[12] 평민과 하층민들이 늘 눈엣가시처럼 여겨온 그란디의 대표 피에로 소데리니가 종신 곤팔로니에레로 선출된 것은 임박한 전쟁의 위기감 때문이었다. 피에로 소데리니는 볼테라 대주교인 동생 프란체스코와 함께, 프랑스의 왕과 로마의 교황, 체사레와 모두 소통할 수 있는 유일한 인물

리돌포 기를란다요Ridolfo Ghirlandaio가 그린 〈종신 곤팔로니에레 피에로 소데리니의 초상화〉.

이었다. 선거에 나선 소데리니 가문은 전쟁을 막기 위해 최선을 다하겠다는 공약을 내걸었고, 시뇨리아는 이 선거 전략에 넘어갔다. 결국 피에로 소데리니는 메디치 가문조차 꿈꾸지 못했던 종신 곤팔로니에레로 선

붉은 백합의 도시, 피렌체

출되었다. 이로써 그동안 피렌체 시민들의 자치 공간이자 자유의 상징이었던 시뇨리아 정청은 피에로 소데리니의 왕궁으로 변하게 된다. 이 엄청난 정치적 변화 앞에서 마키아벨리는 어떻게 대응했을까?

강자에 붙어야 산다

마키아벨리는 피에로 소데리니가 선출되었을 때, 처음에는 싸늘하게 반응했다. 그는 피에로 소데리니가 아니라 그를 종신 통치자로 만든 알라만노의 지지자였다. 조국에 대한 충성심이나 시대의 흐름을 읽어내는 능력에 있어서 알라만노를 따라갈 사람이 없다고 확신하고 있었다. 그래서 당시 집필하던 역사 소품을 자신의 새로운 상관이 된 피에로 소데리니가 아닌 알라만노에게 헌정하기도했다. 그러나 알라만노가 스스로 '킹'이 되는 것이 아니라 '킹 메이커'가 되는 것에 만족하자 실망감을 감추지 못한다. 두 사람 사이에 서 있던 마키아벨리는 난감한 정치적 상황에 놓였다. 상관이 된 피에로 소데리니가 고위 행정 관료인 마키아벨리의 정치적 노선을 예의주시하고 있었다. 마키아벨리는 이제 천하가 피에로 소데리니 쪽으로 기울었다는 것을 인정하고, 자신의 정치노선을 바꾸기로 결정한다. 그는 피렌체의 인문학자들이 피에로 소데리니를 영웅으로 치켜세우는 것을 보면서 시대가 변했음을 절감했다.

소데리니 가문의 문장에는 사슴뿔이 3개 그려져 있다. 소데리니 가문은 자기 조상이 로마의 건국자인 아이네아스Aeneas와 함께 처음 이탈리아 반도에 상륙했던 전사라고 주장하고 있었다. 그래서 로마의 건국 신화인 베르길리우스의 《아이네이스Aeneis》 1장 180~194절에 나오는 사슴 3마리의 이야기를 가문의 시조와 연결했다. 원전의 내용은 이렇다.

그동안 아이네아스는 해안을 살펴보기 위해 언덕으로 올라갔다.

그는 희망을 품고 있었다. 프뤼기아의 함선이나

카퓌스의 배를 볼 수 있기를 희망했고,

고물에 걸린 채 펄럭이는 깃발을 보기를 원했다.

그러나 아무것도 보이지 않았다.

저 멀리 계곡 너머로 보이는 해안에 아무것도 없다는 것을

알게 된 그 순간,

평화로운 그 해안에 3마리의 수사슴이 거닐고 있는 것을 보았다.

그는 재빨리 화살을 날려, 큰 뿔을 가진 대장 사슴을 잡았다.

함선의 숫자인 7마리의 사슴을 쓰러트린 그는,

항구로 돌아가 함선 하나당 사슴 1마리를 나누어주었다.[13]

사슴뿔이 3개 그려져 있는
소데리니 가문의 문장.

붉은 백합의 도시, 피렌체

트로이 전쟁이 끝난 후 가족과 함께 새로운 삶의 터전을 찾기 위해 항해에 나선 아이네아스는 풍랑을 만나 아프리카 해안까지 휩쓸려 갔다. 함께 출항했던 많은 배가 결국 파선을 당하고 7척의 배만 남게 되었다. 이른 새벽, 아이네아스는 해안에서 군인 1명과 함께 사슴 사냥에 나섰는데, 바로 그 군인이 소데리니 가문의 조상이라는 것이다. 그래서 가문의 문장에 사슴의 뿔 3개를 그려 넣은 것이다. 피렌체의 인문학자들은 《아이네이스》의 이 구절을 인용하며 소데리니 가문을 칭송하기에 여념이 없었다.

마키아벨리는 정신이 번쩍 들었다. '시대가 변했으니, 이제 한물 간 알라만노를 지지할 것이 아니라 아이네아스와 함께 싸웠던 가문의 사람 곁에 서야지!' 마키아벨리는 자신이 쓴 작은 역사책의 헌정자를 알라만노에서 피에로 소데리니로 슬쩍 바꾸어버렸다. 재미있는 점은 알라만노도 한 편지에서 "내가 10인회에서 일하는 동안 그 망나니(마키아벨리)와는 상대하지 않았다"라고 써서, 마키아벨리의 변심에 복수했다는 것이다.**14** 그러나 마키아벨리는 그런 모욕에도 눈 하나 깜짝하지 않았다. 존경하는 종신 곤팔로니에레께서 자신의 급여와 직결되는 중요한 결정을 내렸기 때문이다.

소데리니는 피렌체 행정의 효율성을 높이기 위해 제1서기장의 직위를 지금의 법무장관 직책으로 축소하는 대신, 제2서기장과 10인회 서기장을 겸직하고 있던 마키아벨리에게 내무장관, 외무장관, 국방장관의 임무를 모두 수행하도록 했다. 소데리니 덕분에 권력을 한꺼번에 쥐게 된 마키아벨리는 신이 났다. 그는 재정 낭비와 비효율을 극복하기 위해 용병 부대를 고용하지 말고 자국 군대를 양성하자고 줄기차게 주장해왔다. 이제 그 꿈을 이룰 수 있게 된 것이다. 1505년, 마키아벨리는 꿈에도 그리던 피렌체 정규군 편성을 마쳤다. 2년 후, 피렌체의 역사가 바르톨로메오 체레타니Bartolommeo Cerretani는 마키아벨리에 대해 "곤팔로니에레의 악덕 장관"이라고 혹평했지만, 마키아벨리는 이런 세간의 평가를 철저하게 무시했다. 이대로 피에로 소데리니가 뒤에 있는 한 그의 앞길은 탄탄대로라 믿었다. 그러나 마키아벨리 본인이 썼듯이, "모든 것이 산산조각 났던Ante res perditas" 1512년, 그는 인생과 권력의 밑바닥으로 추락한다. 메디치 가문이 스페인 군대를 이끌고 피렌체로 돌아왔기 때문이다.

프라토 전투와 메디치 가문의 귀환

1503년, '불행한 자' 피에로 데 메디치가 물에 빠져 죽었다는 소식이 전해졌다. 피렌체로 돌아가기 위해 처음에는 체사레 군대에 붙었다가 나중에는 프랑스 군대를 이용하려고 했던 피에로는 결국 꿈을 이루지 못하고 다른 나라의 전쟁에 참전했다가 익사하고 말았다. 피에로는 마지막 생의 장면에서 물에 빠져 죽음으로써 '불행한 자'로 불리던 이름값을 했다. 그러나 이것으로 메디치 가문의 역사가 끝나지 않았다. 위기를 기회로 바꾸는 데 천부적인 소질을 가진 메디치 가문이 그리 쉽게 사라질 수 없는 노릇이다. 오히려 더 놀라운 시대가 기다리고 있었으니, '위대한 자' 로렌초 데 메디치가 그렇게 총애하던 둘째 아들 조반니의 시대가 펼쳐지게 된 것이다. 로렌초는 "내게는 아들이 셋이 있다. 첫째는 멍청하고, 둘째는 똑똑하고, 셋째는 사랑스럽다"라는 말을 자주 했다. 똑똑한 둘째 아들에게 거는 기대가 컸는데, 아니나 다를까, 그 조반니가 메디치 가문을 다시 일으켜 세우게 된다. 그것도 교황이 되어.

조반니가 가문을 권토중래시킬 수 있었던 것은, 사람 보는 눈이 예리했기 때문이다. 그는 이미 14살 때 추기경으로 서임되었다. 아버지 로렌초가 당시 교황과 사돈을 맺기는 했지만, 순전히 아버지 덕만 본 것은 아니었다. 우선 그는 탁월한 인문 교육을 받았으니, 증조부 코시모가 설립했던 플라톤 아카데미의 대학자들이 그의 스승이었다. 그의 교육은 피사 대학교로 이어져, 당시 이탈리아 최고 수준을 자랑하던 학자들로부터 신학과 법학을 배웠다. 아버지 로렌초가 임종했을 때, 조반니는 17살 소년에 불과했다. 같은 해, 메디치 가문의 사돈이었던 교황 인노켄티우스 8세가 선종하자, 어린 추기경은 로마로 가서 처음으로 콘클라베(교황 선거)에 참여했고, 악명 높은 보르자 가문의 알렉산데르 6세가 교황으로 선출되는 과정을 지켜보았다.

그는 교황 선거가 어떻게 진행되는지를 분석해, 보르자 가문과 델라 로베레 가문이 교황 자리를 놓고 치열하게 경쟁하고 있다는 것을 알게 되었다. 그리고 1492년의 콘클라베에서 보르자 가문에게 패배를 당한 델라 로베레 가문과 의도적으로 가깝게 지냈다. 당시 델라 로베레 가문을 대표하던 줄리아노 델라 로베레Giuliano della Rovere 추기경은 메디치 가문과도 인연이 깊은 식스투스 4세의 조카다. 조반니의 아버지 로렌초와 식스투스 4세는 한때 전쟁을 하기도 했지만 이내 화해했고, 긴밀한 사업 파트너로 우호적인 관계를 유지하고 있었다. 1494년, 피렌체가 프랑스의 왕 샤를 8세의 공격을 받았을 때 조반니 추기경은 형 피에로와 함께 고향을 떠났다. 두 형제는 베네치아와 우르비노를 거쳐 프랑스로 도피해 유랑 생활을 이어갔다. 그때 교황으로 선출된 알렉산데르 6세의 핍박을 받고 역시 프랑스로 도피해 있던 줄리아노 추기경을 다시 만나게 된다. 두 추기경은 프랑스에서 유배의 시련을 함께 견디며 동지애를 키웠고, 힘을 모아 보르자 교황을 타도하자고 함께 맹세했다. 두 사람의 꿈은

1503년에 결국 이루어진다.

보르자 교황이 로마에서 창궐한 전염병으로 죽고, 다시 교황 선출을 위한 콘클라베가 열렸다. 이때 줄리아노 추기경이 조반니 추기경의 강력한 지지를 받으며 차기 교황으로 선출되었다. 그 유명한 교황 율리우스 2세Julius II의 10년 재위(1503∼1513년)가 시작된 것이다. 1503년은 조반니 추기경에게 슬픔과 희망이 교차한 해였다. 그의 형인 '불행한 자' 피에로가 나폴리 인근에서 벌어진 프랑스와 스페인의 전쟁에 말려들었다가 강물에 빠져 죽었다. 그러나 함께 와신상담했던 줄리아노가 차기 교황으로 선출됨으로써, 메디치 가문의 부활을 위한 발판이 마련되기도 했다.

1512년 8월 29일, 지금 피렌체 공항이 운영되고 있는 프라토Prato 평원에서 프랑스 군대와 스페인의 군대가 맞붙었다. 이탈리아에서 세력을 확장하고 있던 프랑스를 몰아내는 것을 일생일대의 사명으로 간주하던 교황 율리우스 2세는 나폴리 총독에게 스페인 군대를 출동시켜 프랑스 군대를 공격하라고 명령했다. 꿩을 잡기 위해 매를 동원한 것이다. 적(스페인)으로 다른 적(프랑스)를 치는, 전형적인 이이제이以夷制夷 전략이었다. 교황청의 깃발이 펄럭이던 나폴리-스페인 진영에 조반니 추기경이 서 있었다. 메디치 가문의 아들이 다시 피렌체 성문 밖에 서서, 권력을 되찾기 위한 마지막 공격을 준비했다. 피렌체 성벽 안에서 소동이 벌어졌다. 로렌초의 둘째 아들 조반니가 교황청과 나폴리-스페인 연합군을 거느리고 피렌체를 공격할 것이라는 소문이 삽시간에 퍼졌다.

피렌체 시민들은 다시 두 파로 갈라졌다. 메디치파와 소데리니파다. 피에로 소데리니가 종신 곤팔로니에레로 취임했을 때, 수많은 피렌체의 그란디들이 분노하고 좌절했다. 그래도 지롤라모는 신정 정치를 펼쳤지만, 공화정 체제를 유지하고 있었다. 그런데 피에로 소데리니가 메디치 가문조차 시도하지 못했던 종신 집권에 성공하자, 너무나 큰 충격을 받았다. 군주의 것과 버금가는 피에로 소데리니의 종신제에 반감을 품고 있던 그란디들이 갑자기 메디치 가문 쪽으로 돌아섰다. 많은 유력 인사들이 조반니 추기경의 귀환을 환영한다는 입장을 서둘러 밝혔다. 피렌체 평민과 하층민들은 여전히 메디치 편이었다. 그러니 프라토 전투의 승패는 이미 피렌체 내부에서 결정이 난 것과 다름이 없었다. 프라토 전투에서 피렌체 군대가 대패를 당했을 때, 그 군대를 조직한 장본인인 마키아벨리가 제일 큰 충격을 받았을 것이다. 아차! 내가 줄을 잘못 섰구나!

　조반니 추기경은 교황청 깃발과 메디치 가문의 휘장을 휘날리며 피렌체로 돌아왔다. 이로써 1494년부터 1512년까지 18년의 긴 유랑 생활을 이어가던 메디치 가문이 복권된 것이다. 1513년 5월 9일, 조반니 추기경은 율리우스 2세의 뒤를 이어 교황 레오 10세로 선출되었다. 1434년, 베네치아 유배를 마치고 귀환한 코시모가 가문의 역사를 바꾼 것처럼, 1513년의 조반니 추기경은 시련 속에서 더 강해진 모습으로 돌아오는 가문의 저력을 다시 한 번 보여주었다. 그러나 메디치 가문의 화려한 복귀로 인해 피눈물을 흘리게 될 사람도 있었다. 1498년부터 피렌체의 제2서기장을 역임했고, 피에로 소데리니의 총애를 받으며 정치와 외교, 국방까지 주무르던 우리 가이드 마키아벨리는 관직에서 쫓겨나 고문을 받고, 산탄드레아 시골집에서 연금을 당하게 된다. 메디치 가문이 피렌체로 귀환했던 1512년은 마키아벨리에게 그야말로 "모든 것이 산산조각 난" 해였다.

　우리 가이드 마키아벨리의 다음 생애를 살피는 것은 이 책의 목적이 아니기 때문에 이어지는 이야기를 고대하시는 독자들에게 내가 오래전에 쓴 책 《마키아벨리, 세상에서 가장 위험한 현자》를 읽어주십사 부탁

드린다. 마키아벨리는 메디치 가문의 사면을 기대하며 《군주론》을 썼다. 그러나 메디치 가문은 마키아벨리를 매몰차게 대하며 관직을 다시 주지 않았다. 사실 메디치 가문 내부에서 큰 변화가 있었기 때문에, 옛 정권의 고위 관리였던 마키아벨리에게 신경을 쓸 겨를이 없었을 것이다. 조반니 추기경은 교황이 되어 로마로 떠났고, 피렌체 통치는 그의 동생인 줄리아노에게 맡겨졌다. 그러나 그는 가문의 고질병인 통풍으로 일찍 죽게 된다(1516년). 마키아벨리는 심혈을 기울여 쓴 《군주론》을 피렌체의 다음 통치자로 지명된 '우르비노의 공작' 로렌초 데 메디치Lorenzo de' Medici (1492~1519년)에게 헌정했지만, 그 역시 단명하고 말았다. 메디치 가문은 천하의 마키아벨리를 영원히 잊어버린 것일까? 우리 가이드 마키아벨리는 이제 무엇으로 먹고살아야 하나.

13장

루첼라이 정원

교사로 변신한 마키아벨리

플라톤 아카데미에서
루첼라이 정원으로

피렌체 중앙역은 산타 마리아 노벨라 성당의 뒷부분과 마주하고 있다. 피렌체에 도착한 여행객들은 보통 산타 마리아 노벨라 성당을 오른쪽에 두고 도심으로 이동한다. 그 방향으로 계속 걸어가면, 채 5분을 걷기 전에 피렌체 창공을 압도하고 있는 필로포 브루넬레스키의 붉은색 돔을 발견하게 된다. 산타 마리아 델 피오레 대성당, 즉 피렌체 두오모가 위용을 드러낸다. 그쪽이 아닌 반대 방향, 그러니까 산타 마리아 노벨라 성당을 왼쪽에 끼고 조금만 걷다 보면, 갑자기 도심 저택들 사이에 있는 큰 숲이 보인다. 우리가 지금까지 답사했던 피렌체 여정의 마지막 장소이며, 우리 가이드 마키아벨리가 피렌체의 청년들을 가르쳤던 루첼라이 정원이다. 도심 속의 숲! 피렌체 역사에서 예사롭지 않은 일들이 이곳에서 일어났고, 마키아벨리의 운명이 극적으로 바뀌게 되는 곳이다.

이 도심 속의 정원은 메디치 가문의 사위인 베르나르도 루첼라이가 1489년 2월 26일에 구매한 땅을 정원으로 개조한 것이다. 베르나르도는 '위대한 자' 로렌초 데 메디치의 자형이다. 로렌초의 누나 난니나 데 메디치Nannina de' Medici의 재력 덕분에 베르나르도가 이 정원과 그에 딸린 저택을 구입할 수 있었을 것이다.[1] 조르조 바사리에 의하면, 레온 바티스타 알베르티가 이 정원과 부속 건물을 설계했다는 설이 전해진다. 15세기 초반, 피렌체와 이탈리아 전역에서 명성을 떨쳤던 레온 바티스타 알베르티는 루첼라이 가문의 후원을 받으며 산타 마리아 노벨라 성당의 아름다운 정면 파사드를 설계·제작했기 때문에, 꽤 설득력 있는 가설이다. 조르조의 해당 구절은 아래와 같다.

레온 바티스타 알베르티가 비아 델라 스칼라Via della Scala에 루첼라이 일가 소유인 저택과 정원을 설계했다는 설이 있다. 건물은 탁월한 식견과 기량으로 건축되었으며 칸 사이도 널찍하여 여러 가지 특징을 구비한 것 외에도 로지아가 2개 있어 하나는 남향이고 하나는 서향으로 무척 아름다우며 아치 없이 원주 위에 우뚝 솟아 있다. 이것은 옛사람들이 사용한 전통 양식이다.[2]

1427년부터 피렌체 시민들은 소유한 재산에 비례해 세금을 내야 했기 때문에, 우리의 부동산 등기부등본에 해당하는 피렌체 카타스토는 개인의 재산 소유 여부를 확인할 수 있는 중요한 역사 자료다. 1498년에 기록된 카타스토에 따르면, 베르나르도는 비아 델라 스칼라에 있는 저택과 인접 과수원 숲을 함께 소유하고 있었다.[3] 베르나르도는 이 과수원의 조경을 사색을 위한 '짙은 숲'으로 바꾸었다. 베르나르도가 자신의 정원을 짙은 숲으로 조성한 이유는 고대 로마의 귀족들이나 지성인들이 '성스러운 숲'에서 은둔하며 조용히 사색하고 철학자들과 대화를 나누었던 것을 따라 하고 싶었기 때문이다.

베르나르도는 피렌체의 역사가이기도 했다. 《로마의 도시에 관한 책De urbe Roma liber》를 포함해 총 6권의 책을 집필했는데,[4] 집필 과정에서 고대

로마 귀족들과 지성인들의 행적을 배웠다. 그는 로마 공화정 말기의 역사가 살루스트Sallust(기원전 86~35년)처럼 살고 싶었다. 살루스트는 율리우스 카이사르의 아프리카 원정 때 수행했던 참모였고, 전쟁 후에는 아프리카에서 총독으로 재임했던 인물이다. 그는 로마로 귀환한 후 정계에서 은퇴를 선언하고, 퀴리날레 언덕에 '짙은 숲'을 조성한 후 이를 살루스트 정원Horti Sallustiani이라 불렀다. 살루스트는 그 정원에서 사색과 역사서 집필을 이어갔다. 베르나르도가 피렌체에 루첼라이 정원을 조성한 것은 이런 고대의 모범을 따르고 싶었기 때문이다.

루첼라이 정원의 입구.

베르나르도는 현실 정치에서 자발적인 은퇴를 선언했다. '위대한 자' 로렌초의 자형인 그는 메디치 가문의 영고성쇠와 자신의 운명을 동일시했다. 로렌초가 피렌체를 공격했던 교황 식스투스 4세를 방문하기 위해 목숨을 걸고 로마를 방문했을 때, 그와 동행했던 사람이 바로 베르나르도다. 교활한 교황은 로렌초를 회유하기 위해 고대 로마의 아우구스투스와 아그리파의 대리석 흉상을 선물했는데, 로렌초와 베르나르도의 관계를 염두에 두고 한 것이다. 메디치 가문의 사위이자 로렌초의 자형이었던 베르나르도는 로렌초가 임종한 후, 즉각 정계 은퇴를 선언했다. 로렌초의 아들 '불행한 자' 피에로와의 관계가 멀어졌기 때문이다.

　사실 베르나르도는 메디치 가문의 지나친 권력 독점에 대해서 내심 비판적인 입장이었다. 공화주의자였던 그는 로렌초의 아들이 절제하는 권력자가 될 것을 희망했는데, 피에로는 실망을 안겨주었다. 결국 그는 로마 역사가 살루스티우스Gaius Sallustius Crispus의 전례에 따라, '성스러운 숲'에 은둔하는 길을 택했다. 베르나르도는 자신의 루첼라이 정원을 플라톤 아카데미의 회원들이 사용할 수 있도록 배려해주었다. 그의 아버지 조반니는 플라톤 아카데미의 초기 창립 멤버였으며, 베르나르도 역시 플라톤

지롤라모의 지시로 건축된 시뇨리아 정청의 500인 대 회의장.

붉은 백합의 도시, 피렌체

아카데미의 최연소 멤버였다. 이제 그 어린 소년이 성장해, 카레지 별장의 폐쇄와 함께 문을 닫았던 플라톤 아카데미를 루첼라이 정원에서 이어가게 된 것이다.[5] 베르나르도는 루첼라이 정원의 출입문에 "방문객을 찬양하라Ave hospes"는 대리석 명패를 붙였다고 한다.

지롤라모의 광신적인 통치가 펼쳐지고 있을 때, 베르나르도는 루첼라이 정원에서 은둔 생활을 이어갔다. 지롤라모는 1494년 12월 23일에 피렌체의 헌법 개정을 요구하는 설교를 했고, 동조한 시뇨리아는 이를 통과시켰다. 전통 귀족들만 참여하는 베네치아의 대 의회Grand Council 제도를 가장 이상적인 통치 형태라고 믿고 있던 지롤라모의 주장을 그대로 수용한 것이다.[6] 지롤라모는 직계 조상 중에 최소한 1명의 곤팔로니에레와 프리오리 혹은 주요 행정 관료를 배출한 집안의 29세 이상 남성에게만 대 의회에 참석할 수 있는 자격을 주었고, 그 숫자를 최대 500명으로 제한했다. 상업을 중시하는 도시국가답게 "세금을 완납한 자Netti di specchio"만이 500인회에 참여할 수 있었고, 임기는 종신제를 채택했다. 피렌체의 시뇨리아는 500이란 숫자에 현혹당했다. 피렌체의 평민들은 500명이라는 큰 숫자가 모든 피렌체 시민들의 뜻을 반영할 것이라고 믿고, 이를 민주 대의제로 착각했다. 지롤라모는 이 500인회가 회합을 가질 수 있는 공간Sala del Cinquecento을 시뇨리아 정청 2층에 건축하도록 했다. 그러나 베르나르도는 500인회에조차 참여하는 것을 거부하고, 루첼라이 정원에서 은둔 생활을 이어갔다.

1498년, 신정 정치를 펼치던 지롤라모가 시뇨리아 광장에서 화형으로 목숨을 잃은 후, 베르나르도는 피렌체 정계로 복귀했다. 그러나 그는 정치적 노선을 달리하는 유력 가문들과 논쟁을 벌이다가 마음에 큰 상처를 입는다. 베르나르도의 정치적 입장은 지롤라모의 대중 민주 정치(500인회)도 아니었고, 다른 그란디들처럼 베네치아의 귀족정 모델을 따르자는 것도 아니었다. 그렇다고 해서 메디치 가문의 참주정을 지지하는 것도 아니었다. 베르나르도는 말하자면 '혼합정'의 지지자였다. 그는 참주정 (메디치 가문의 지배), 귀족정(베네치아 모델), 민주정(500인회)의 장점을 모두 살리자는 다소 이상적인 공화주의를 유지하고 있었다.

이런 베르나르도의 정치적 태도는 피렌체 평민과 그란디 모두의 비판을 받게 된다. 모든 사람의 뜻을 하나로 모으려는 자는 반드시 모든 자의 반대에 직면하게 마련이다. 베르나르도는 절충주의자라는 비판을 받았다. 상심한 그는 다시 루첼라이 정원으로 돌아갔다. 1498년, 정치적 혼란에 직면한 피렌체 시뇨리아가 그를 곤팔로니에레로 추대했지만 이를 끝까지 사양했다.

루첼라이 정원의 성격과 회원들

루첼라이 정원이 조용한 명상의 장소에서 피렌체의 중요한 정치 모임으로 전환된 이유는 1502년, 피에로 소데리니가 종신 곤팔로니에레로 임명되었기 때문이다. 로렌초의 자형이라는 이유로 친 메디치파로 분류되면서도 늘 이상적인 공화주의를 주창하던 베르나르도에게, 종신 곤팔로니에레 제도의 채택은 큰 충격을 주었을 것이다. 루첼라이 정원은 피에로 소데리니의 종신직 취임에 반감을 품은 피렌체의 유력 가문 자제들의 모임 장소로 변해갔다.

이런 정치적 환경 속에서 1502년부터 1506년까지 이어진 루첼라이 정원의 1기 모임이 구성되었다.[7] 루첼라이 정원의 1기 모임은 지롤라모의 신정 정치와 피에로 소데니리의 1인 통치에 환멸을 느낀 피렌체의 유력 가문 자제들의 모임이었다. 그들은 함께 모여 고대 로마의 전통과 피렌체가 이룩했던 '황금의 시대'를 추모하는 분위기를 조성했다. 여기서 '황금의 시대'란 베르나르도의 처남인 로렌초가 통치하던 시대를 말한다. 로마 시대의 고전을 탐독하며, 위대한 인물을 닮아가려는 노력도 함께 기울였다.

그러나 루첼라이 정원의 1기 모임은 베르나르도가 1506년에 피렌체에서 자발적인 유배를 떠나면서 종료되었다. 갑작스러운 유배의 이유는 밝혀지지 않았지만, 피에로 소데리니의 압력 때문이었을 것으로 추정된다. 메디치 가문의 사위이자 교황 레오 10세의 숙부였던 그가 피렌체의 젊은 지성인들을 규합하고 있으니, 피에로 소데리니로서는 베르나르도가 언제나 조심스러웠을 것이다.

루첼라이 정원의 내부.

루첼라이 정원의 2기 모임은 자발적 유배를 떠났던 베르나르도가 메디치 가문과 함께 피렌체로 귀환한 1512년부터 시작되었다.[8] 앞에서 설명했듯이 그해 메디치 가문이 피렌체로 귀환했고, 종신 곤팔로니에레 피에로 소데리니는 피렌체에서 축출되었다. 정계로 복귀한 베르나르도는 루첼라이 정원을 다시 피렌체의 젊은 지성인들에게 개방했다. 1494년, 메디치 가문이 피렌체에서 추방되면서 해산되었던 플라톤 아카데미가 루첼라이 정원에서 재현되는 모양새였다. 마르실리오 피치노의 제자들이 대거 이 새로운 모임에 참여했다. 그러나 베르나르도는 1514년에 사망했고, 루첼라이 정원 2기 모임은 그의 장남 코시모 루첼라이Cosimo Ru-cellai가 이끌게 된다.

이제 피렌체 유력 가문 자제들의 정식 모임이 된 루첼라이 정원은 1512년에 교황으로 선출된 메디치 가문 출신의 레오 10세로부터 특별한 관심과 지원을 받았다. 교황 취임 후 고향을 방문한 교황 레오 10세는 직접 루첼라이 정원을 찾아와 유력 가문 자제들을 격려했다(1513년). 루첼라이 정원 2기 모임은 이탈리아 언어와 연극의 발전에도 큰 영향을 남겼다. 루첼라이 정원에 소속된 젊은 학자들이 이탈리아어에 대한 연구 결과를 속속 발표했고, 처음으로 음악과 코러스가 사용된 〈로스문다Rosmun-da〉란 연극이 상연되기도 했다. 그래서 혹자는 루첼라이 정원에서 현대 이탈리아의 연극이 탄생했다고 말한다.[9]

루첼라이 정원의 2기 회원들은 피렌체의 유력 가문 자제들이 총 망라되었다. 이들은 크게 플라톤 아카데미 전통을 따르는 지성인들과 공화주의를 지지하는 젊은 정치인들로 구분되었다. 플라톤 아카데미 전통을 따르던 지성인들은 옷에 분홍색 휘장을 걸쳤고, 공화주의를 지지하는 정치인 출신들은 검은색 휘장을 걸쳤다.[10] 이들 모두를 가르친 선생이 바로 우리 가이드 마키아벨리다. 이 책의 '들어가며'에서 잠시 설명한 대로 마키아벨리는 이곳에서 피렌체의 젊은 지성인들과 정치인들을 가르치면서 《로마사 논고》와 《전쟁의 기술》과 같은 명저를 남겼다. 루첼라이 정원은 단순한 고전 강독 모임이 아니었다. 피렌체의 현재 모순을 타파하고 미래의 개혁을 추구하는 정치적인 모임으로 발전해갔다.

시간이 흐르면서 이 모임에 새로운 생각이 움트게 된다. 현재의 모순을 타파하기 위한 급선무는 무엇인가? 피렌체는 어떤 미래를 향해 나아가야 하는가? 피렌체의 밝은 미래를 위해 메디치 가문은 유지되어야 하는가, 아니면 척결되어야 하는가?

줄리오 데 메디치 추기경 암살 계획

루첼라이 정원에 소속된 피렌체 유력 가문의 자제들은 대부분 공화주의자들이었다. 그들 대부분은 귀족 가문에서 태어났거나 그란디 출신이었다. 신분의 배경이 그러하니 그들은 지롤라모의 우중愚衆 정치도, 피에로 소데리니의 군주제도, 메디치 가문의 참주정도 지지하지 않았다. 그들의 정치적 이상향은 단연코 베네치아였다. 귀족들이 통치하며 '세상에서 가장 고요한 공화국Serenissima Respublica'을 성취해낸 베네치아의 제도를 받아들이려고 했다. 이 제도를 피렌체에 정착시키려면 제거해야 할 대상이 있었다. 바로 1512년 복권되어 피렌체를 다시 통치하기 시작한 메디치 가문이다. 이에 루첼라이 정원의 젊은 도반들은 메디치 가문을 대표하면서 피렌체를 통치하고 있던 줄리오 추기경을 암살하기로 결정했다. 루첼라이 정원 2기 모임은 인문 고전 강독 모임에서 암살을 결행하는 정치적 결사 단체로 바뀌어갔다.

물론 이런 결정에는 개인적인 원한 관계가 포함되어 있었다. 이 악연은 베키오 다리 위에서 붉은 피를 뿌렸던 부온델몬티 가문의 사건(1216년)까지 거슬러 올라간다. 부온델몬티 집안에서 가족끼리 송사가 붙었는데, 피렌체를 실질적으로 통치하던 줄리오 추기경이 한쪽 편을 들었고, 이것이 다른 쪽의 반감을 사게 되었다. 부온델몬티 집안의 내분이 피렌체 전역의 파벌 싸움으로 확대되자, 줄리오 추기경은 피렌체 시내에서 무장하고 다니는 것 자체를 금지하는 법을 발표했다. 이는 자신의 신변 보호를 노린 것이기도 했다.

이 시기에 피렌체 권력의 명실상부한 제2인자로 자처하던 28살 청년 루이지 알라만니가 무기를 지참하고 있다가 체포되어, 벌금형을 받게 되었다. 루이지는 루첼라이 정원의 핵심 멤버였다. 모욕을 당한 루이지는 루첼라이 정원의 또 다른 핵심 멤버인 자노비 부온델몬티에게 불만을 토로했다. 루이지 알라만니가 당한 모욕은 루첼라이 정원 멤버 전체에 대한 모욕이며, 귀족과 그란디로 구성된 도반들에 대한 도발이라고 함께 성토했다. 두 사람은 피렌체의 미래와 시민의 자유를 지키기 위해 줄리오 추기경을 암살하자고 결의했다. 그리고 루첼라이 정원의 다른 도반들을 열심히 설득했다.

이제 루첼라이 정원은 불만 세력들이 모여서 회동하는 정치적 장소로 변해갔다. 젊은 반란자들은 율리우스 카이사르를 암살했던 브루투스의 후예로 행동하며 독재자가 될 가능성이 있는 줄리오 추기경을 먼저 살해함으로써 '공화국의 해방자'가 되자고 서로를 격려했다. 이들이 갑자기 암살자로 변하게 된 것에는 경제적인 동기도 있었다. 1512년 메디치 가문이 피렌체를 다시 접수한 이후 경제 사정이 극도로 나빠졌고, 이것이 유력 가문 자제들의 불만을 키우게 되었다. 계속되는 전쟁통에 수출길이

붉은 백합의 도시, 피렌체

막힌 비단 조합은 파산을 앞두고 있었고, 기록적인 밀의 흉작으로 생필품 가격이 폭등했으며, 신성로마제국과 밀라노에 지급해야 할 국가 재정이 이미 고갈되어 있었다. 이런 개인적 원한 관계와 불만 속에서 루첼라이 정원의 '짙은 숲'은 이제 암살단의 은밀한 모의 장소로 변해갔다.

1522년 5월, 한 프랑스 대사관 직원의 편지가 압수되었는데, 집요한 추궁 끝에 벨트 안에 숨겨져 있던 암살 계획과 주모자 명단이 발각되었다. 대부분 루첼라이 정원에서 회동하던 젊은이들이었다. 메디치 가문은 먼저 자노비와 루이지에게 인문학을 가르치던 선생 야코포 다 디아세토Jacopo da Diacceto를 체포했다. 그는 정치적 자유에 관한 책을 써서 젊은 제자들에게 공화정의 수호자가 되라고 부추기던 인물이었다. 자노비와 루이지는 즉각 페라라로 도주했지만, 야코포와 알라만니 가문의 다른 청년 1명이 참수형을 당했다(1522년 7월 7일). 불안을 느낀 루이지와 자노비는 다시 페라라를 떠나 베네치아에 몸을 숨겼다.

그러나 줄리오 추기경은 사건을 확대하지 않았다. 사건의 전모를 파헤치기 위해 루첼라이 정원을 해체하거나 가담자들을 추적하지 않겠다고 발표했다. 사실 줄리오 추기경의 마음은 딴 곳에 가 있었다. 그는 다음 해(1523년)에 사촌 레오 10세의 뒤를 이어 교황으로 선출된다. 로마에서 사전 선거 운동을 하기에도 시간이 부족한데, 피렌체의 내부 문제에 신경을 쓸 여력이 없었다. 줄리오 추기경은 루첼라이 정원의 도반들에게 엄중한 경고를 하는 것으로 사건을 마무리 지었다. 그러나 1522년의 암살 미수 사건은 그동안 루첼라이 정원에서 겨우 명맥을 유지해가던 플라톤 아카데미가 완전히 문을 닫는 계기가 되었고, 루첼라이 정원 자체에도 큰 타격을 입히게 된다. 피렌체의 유력자 가문 자제들이 루첼라이 정원의 출입을 삼갔기 때문이다.

이로써 플라톤 아카데미는 60년, 루첼라이 정원은 20년 만에 문을 닫게 되었다. 다행히 루첼라이 가문 자체는 그렇게 큰 타격을 입지 않았다. 아무리 그들의 그늘진 정원에서 암살 계획이 추진되었다고 해도, 여전히 그들은 메디치 가문의 사돈이기 때문이다. 베르나르도는 로렌초의 자형이며, 교황 레오 10세의 고모부다. 메디치 가문의 사돈인 루첼라이 가문은 암살 시도 사건 이후에도 교황 가문의 최측근으로 일했다. 단적인 예가 코시모 루첼라이의 동생이었던 팔라 루첼라이Palla Rucellai다. 팔라는 교황이 된 클레멘스 7세에 의해 신성로마제국의 대사로 파견되는 등, 여전히 메디치 가문의 실세로 군림했다. 사실 팔라 덕분에 클레멘스 7세의 사생아인 알렉산드로 데 메디치가 신성로마제국으로부터 공작 작위를 하사받게 된다. 팔라 루첼라이는 늘 당당한 자세로 신성로마제국의 황제 카를 5세에게 시민의 자유를 보장할 것을 요구해 명성을 떨쳤다.

1527년, 카를 5세는 이탈리아 공격을 감행해 클레멘스 7세가 통치하던 로마를 쑥대밭으로 만들고, 피렌체를 점령했다. 황제가 제일 먼저 내린 명령은 팔라 루첼라이의 체포였다. 그러나 그는 루첼라이 정원의 숲에 있던 비밀의 문을 통해 탈출해서 인근 도시 루카로 도피했다. 집주인이 떠나자 1527년의 대혼란을 틈타 폭도들이 루첼라이 정원과 저택을 약탈했다. 1527년은 운명적인 해였다. 로마 대 함락으로 메디치 가문 클레멘스 7세가 곤경에 처했고, 루첼라이 정원이 폐허로 변했으며, 그곳의 교사였던 마키아벨리가 유명을 달리한 해이기 때문이다.

루첼라이 정원과 맺은 마키아벨리의 인연

마키아벨리는 1518년부터 루첼라이 정원 회원들에게 로마 고전을 강의했다. 1512년, 메디치 가문의 귀환과 더불어 시작되었던 그의 비참한 현실은 루첼라이 정원에서 어느 정도 만회되었다. 공직에서 쫓겨난 6년의 공백을 깨고 피렌체의 젊은 지성인들에게 자신의 꿈과 이상을 로마 고전에 빗대어 강연할 수 있게 된 것이다. 당시 루첼라이 정원의 분위기에 대해서 마키아벨리가 직접 쓴 내용이 있다. 루첼라이 정원의 숲에서 청년들과 함께 《전쟁의 기술》에 대해 토론하는 장면이다.

이윽고 떠들썩한 분위기가 가라앉고 식탁이 치워지자 명예를 문제시하는 것에 관심이 있던 귀족(유력 가문)들의 연회는 일단 신속히 끝났다. 그날은 해도 길고 매우 무더운 날이기도 했고, 코시모 루첼라이는 자기의 희망을 좀 더 채우기 위해 더위를 피하는 시간을 이용했다. 그의 정원 안 나무 그늘은 눈에 잘 보이지 않는 장소였는데 여기로 손님을 불렀고, 모두 그곳에 앉았다. 사람들이 앉은 장소는 각종 풀이 무성했고, 구름을 뚫는 듯한 녹음에 가려져 있었다. 파브리지오 장군은 각별히 그 장소를 칭찬하며 수목에 가까이 다가가 큰 나무를 관찰했다.[11]

마키아벨리는 루첼라이 정원에서 로마 시대의 역사가 리비우스의 《로마사》 앞 10권에 대한 강독으로 첫 인연을 맺었다. 마키아벨리의 명저 《로마사 논고》가 그 강독 내용을 담고 있다. 그 책의 핵심 내용은 로마가 왜 위대한 나라가 될 수 있었는지 내부와 외부의 상황을 나누어서 설명하고, 위대한 시대를 만들었던 인물의 사례를 소개하는 것이다. 이 방대한 책의 내용을 분석하고 마키아벨리의 정치사상을 분석하는 것은 더 많은 지면을 요구한다. 여기서는 마키아벨리가 이 책을 루첼라이 정원 2기의 좌장이었던 코시모와 줄리오 추기경 암살 사건을 주도했던 자노비에게 헌정했다는 사실만을 밝혀두기로 한다. 마키아벨리가 루첼라이 정원에서 가르칠 때 쓴 두 번째 책은 1520년 루카 방문을 계기로 집필했던 《카스트루초 카스트라카니의 생애》다. 개인의 탁월함과 행운의 여신이 지배하는 운명의 관계를 조망한 이 책 역시 줄리오 추기경 암살 음모의 핵심 가담자들이었던 자노비와 루이지에게 헌정되었다. 이 책을 읽었던 루첼라이 정원의 젊은 도반들은 마키아벨리의 책을 칭찬하면서 '진짜 역사책'을 써보라고 권유했다.

마키아벨리가 살아 있을 때 출간된 유일한 책인 《전쟁의 기술》이 그다음에 발표되었다. 이 책은 상당히 위험한 내용을 담고 있다. 왜냐하면 루첼라이 정원에 모인 젊은이들이 마침 피렌체를 방문 중이었던 유명한 장군 파브리지오 콜론나와 '전쟁의 기술'에 대해서 토론하는 장면을 담고 있기 때문이다. 마키아벨리는 루첼라이 정원에서 진행된 대화를 무대 삼아 자신의 독특한 '전쟁의 기술'을 자세히 설명했지만, 그 등장인물들이 예사롭지 않다. 루첼라이 정원 2기의 좌장 코시모, 암살 사건의 주역인 자노비와 루이지가 등장인물에 포함되어 있기 때문이다. 이 책은 1519년과 1520년 사이에 집필된 것으로 추정되는데, 이는 암살 시도가 일어나기 불과 2년 전이었다.

다행히 마키아벨리는 줄리오 추기경으로부터 특별한 추궁을 받지 않았다. 이 책의 서문에 밝힌 것처럼 그는 이미 1520년 11월 8일, 줄리오 추기경으로부터 공식 역사가의 직책을 부여받았다. 마키아벨리는 《피렌체사》의 집필 대가로 100플로린을 받기로 했다. 당시 통화인 플로린은 일반적으로 통용되는 것과 학교 비용으로 사용되는 학교용 플로린으로 구분되었다. 당연히 화폐의 값어치는 일반 플로린이 학교용 플로린의 2배 정도였다. 마키아벨리는 원래 '학교용'으로 100플로린을 받기로 계약을 맺었다. 마키아벨리로서는 찬밥 더운밥 가릴 형편이 아니었다. 《피렌체사》를 빨리 집필해 '학교용 플로린'으로도 돈을 벌어야만 했다. 부지런했던 마키아벨리는 4명의 아들과 2명의 딸을 두었는데, 아이들 입에 풀칠하는 것이 급했고, 특히 그의 막내딸 바치나Baccina가 곧 결혼을 앞두고 있었기 때문에, 결혼 지참금 조달이 절실했다.

마키아벨리는 《피렌체사》를 쓰기 위해 5년의 세월을 바쳤다. 집필을 마친 마키아벨리는 이제는 교황이 된 클레멘스 7세에게 《피렌체사》를 직접 헌정하기 위해, 로마 교황청을 찾아갔다. 두 사람이 어떻게 만났는지, 혹은 교황 클레멘스 7세가 《피렌체사》를 어떻게 평가했는지에 대한 정보는 없다. 다만 클레멘스 7세는 마키아벨리에게 학교용 100플로린을 지불한다는 계약을 무시하고 일반 금화 120두카트로 답례했다는 기록만 확인할 수 있다. 그것도 교황청의 공금이 아니라, 클레멘스 7세의 개인 금고에서 120두카트 금화가 인출되었다고 한다.[12]

사실 마키아벨리는 이미 1504년에 《첫 번째 10년Decennale primo》이라는 짧은 운문체의 역사책을 집필한 경험이 있었다.[13] 이 책은 1494년부터 1504년까지 펼쳐졌던 피렌체의 역사를 운문 형태로 쓴 것이다. 마키아벨리는 단테의 《신곡》에서 처음 사용되었던 3음률 형식에 맞추어 이 책을 썼다. 이런 습작의 경험은 마키아벨리가 피렌체의 역사를 집필하는 데 큰 도움을 주었을 것이다. 프랑스 침공과 메디치 가문의 몰락(1494년), 지롤라모 사보나롤라의 신정(1494~1498년) 그리고 피에로 소데리니의 종신 곤팔로니에레 등극(1502년)으로 이어지는 파란만장한 피렌체 역사의 이면을 관찰할 수 있었다. 사실 그가 쓴 마지막 책 《피렌체사》는 《첫 번째 10년》의 전편에 해당하는 피렌체 역사를 다루고 있다. 그가 이 책을 쓸 수 있었던 것은 루첼라이 정원 도반들의 추천 덕분이었다.

마키아벨리의 《피렌체사》가 의도했던 주제들

이제 마지막으로 마키아벨리가 《피렌체사》를 집필한 의도를 분석할 차례다. 마키아벨리는 생애 마지막 책 《피렌체사》를 통해서 13세기부터 시작된 피렌체의 역사를 해석했다. 그는 피렌체의 역사를 최종 정리하면서 13세기부터 공화정의 전통을 이어왔던 피렌체에서 평민과 유력 가문 사이의 권력 투쟁이 결국 모든 불화의 근원이었다고 분석한다. 피렌체 역사를 정리하려는 마키아벨리의 의도가 감지되는 부분이다.

지배하려는 귀족(유력 가문)의 욕망과 복종을 거부하는 평민의 저항에서 비롯되는 귀족과 평민 간의 심각하지만 자연스러운 적의가, 공화국에 창궐하는 모든 악의 근원이다. 왜냐하면 공화국을 뒤흔드는 다른 모든 것이, 대립하는 이 두 기질에서 그 자양분을 얻기 때문이다.[14]

지금까지 우리는 마키아벨리의 도움을 받아가며 13세기부터 펼쳐진 피렌체 역사의 현장을 돌아보았다. 피렌체의 역사는 한마디로 '붉은 백합 한 송이'의 역사다. 흰색으로 피어오르는 아름다운 백합에 붉은 피가 계속 튀었으니, 피렌체 백합은 붉은색으로 변하고 말았다. 귀족과 귀족, 귀족과 평민, 평민과 평민, 평민과 하층민, 하층민과 하층민, 그리고 메디치 가문, 지롤라모, 소데리니 가문, 다시 메디치로 이어지는 권력의 투쟁 속에서 아르노강 강변에 피어오른 백합은 붉은색으로 변해갔다. 지배하려는 자와 지배를 당하지 않으려는 자의 투쟁이었다. 지배하는 자는 그 방법을 몰랐고, 지배를 당하지 않으려는 자는 자유를 지키는 방법을 몰랐다. 그래서 상대방에 대한 적의는 계속되었고, 이것이 바로 피렌체의 발전을 가로막는 악의 근원이었다.

　마키아벨리는 여기서 고대 로마의 사례로 돌아간다. 이런 악의 근원이 목격된 곳은 피렌체만이 아니었다. 고대 로마에서도 이런 적의가 팽배했고, 그것이 역사의 발전을 가로막는 '악의 근원'으로 작동한 적이 있었다. 고대 로마와 피렌체를 비교하고 있는 마키아벨리의 분석을 직접 그의 목소리로 들어보자.

　대립하는 이 두 기질이 로마를 반목시켰고, 만일 작은 것을 큰 것과 비교하는 일이 허용된다면, 피렌체 역시 계속 분열시켰다. 그러나 불행히도 분열의 결과는 두 도시가 달랐다. 왜냐하면 평민과 귀족 간의 불화가 로마에서는 논쟁을 통해 해결되었지만 피렌체에서는 싸움으로 결정되었고, 로마의 불화는 법을 제정하며 끝났지만 피렌체의 불화는 많은 시민의 죽음과 추방으로 끝이 났으며, 로마의 불화는 항상 시민들의 군사적 미덕을 증가시켰지만 피렌체의 불화는 이를 완전히 없애버렸고, 로마의 불화는 사회에 다양한 계급을 형성했지만 피렌체의 불화는 이전에 존재했던 구분을 폐지했기 때문이다. 이 상이한 결과는 두 도시의 평민이 가진 서로 다른 목적, 즉 로마의 평민은 귀족과 함께 최고의 영예를 누리기를 원했지만 피렌체의 평민은 귀족을 배제하고 정부를 독차지하기 위해 싸웠기 때문에 발생했다.[15]

　바로 이 부분이 《피렌체사》의 결론이다. 이 분석 때문에 마키아벨리는 일개 근대 사회학의 개척자에서 사상가의 반열에 들어서게 된다. 《군주론》을 쓴 마키아벨리는 이제 역사의 비밀을 파헤치는 사상가가 되었다. 마키아벨리는 지금까지 메디치 가문, 귀족, 그란디의 지배하려는 욕망과 이들의 지배를 거부하려는 피렌체 평민과 하층민들의 적의가 모든 악의 근원이었다고 설명했다. 이런 충돌은 로마에서도 일어났다. 로마나 피렌체나 계급 갈등은 피할 수 없는 현실이다. 대한민국도 마찬가지다. 부자와 가난한 자, 권력을 가진 자와 지배받는 자, 많이 배운 자와 그렇지 못한 자, 자본가와 노동자는 갈등을 일으킨다. 그러나 이로 인해 국가나 도시, 혹은 집단이 분열된다면 그것은 두 계급 모두에게 해악을 끼치는 일이다. 이것이 악의 근원이다. 그렇다면 로마는 어떻게 충돌을 막고, 세계를 호령하는 영광을 얻게 되었을까? 피렌체는 이 충돌 때문에 몰락해갔지만, 로마는 이 악의 근원을 슬기롭게 피해 갔다. 피렌체는 계급 간의 싸움을 이어갔지만, 로마는 논쟁을 거쳐 모두가 합의할 수 있는 법을 만들었다. 피렌체는 한쪽의 압도적인 승리를 갈구했지만, 로마는 양보를 통해 양쪽의 승리를 도모했다. 로마에서 지배하려는 자는 타협할 줄 알았고, 지배를 받지 않으려는 자는 지배하려는 자와 명예를 함께 누리는 법을 알았다. 그러나 피렌체 평민들은 그란디들과 함께 몰락했다. 왜냐하면 그들은 귀족과 그란디들을 몰아내고 권력을 독차지하려고 했기 때문이다. 그렇다면 지금 피렌체의 아들 마키아벨리는 조국에 대한 희망을 완전히 잃어버린 것일까? 이런 악의 근원을 피하지 못한 피렌체는 영원히 역사의 무대에서 사라져야만 하는 것일까?

이제 마키아벨리는 《피렌체사》를 끝낸다. 마지막 결론 부분을 쓸 시간이다. 역사가 과거 사건의 일목요연한 재현에 불과하다면, 아마 편년체의 역사 기술을 최고로 쳐야 할 것이다. 그러나 역사는 지금의 오늘을, 이 땅의 우리를, 함께 살아가야 할 우리의 미래를 밝히는 등불이어야 한다. 마키아벨리는 피렌체의 역사로부터 배워야 할 교훈을 아래와 같이 제시한다.

실제로 로마 평민의 목적은 더 합리적이었기 때문에 귀족에 대한 로마 평민의 공격은 더 참을 만했고, 그래서 귀족들은 무력에 의지하지 않고 기꺼이 양보했다. 그렇게 특정 사안들에 관해 몇 번의 의견 충돌을 겪은 후, 귀족들은 평민을 만족시키고 자신들의 권위를 유지하는 법들을 제정하는 데 동의했다. 반면 피렌체 평민의 목적은 유해하고 부당했으며, 따라서 귀족들은 자신을 지키기 위해 더 큰 노력을 기울였고, 이로 인해 많은 추방과 유혈사태가 일어났으며, 나중에 제정된 법들조차 공동의 이익이 아니라 전적으로 승자의 이익을 위해 만들어졌다. 이런 차이로 인해 평민이 승리한 로마는 더욱 고결해졌다. 왜냐하면 평민이 귀족과 똑같이 군대와 정부의 요직들에 올라 도시를 통치할 수 있게 되자, 귀족과 똑같은 미덕으로 자신들을 채워나갔기 때문이었다. 그 결과 로마의 미덕은 커졌고, 미덕이 증가함에 따라 도시의 세력 역시 확대되었다.

하지만 피렌체에서는 평민이 승리하자 귀족은 정부의 요직에서 철저히 배제당했다. 따라서 만일 귀족이 다시 관직에 오르려면, 행동과 성격과 생활방식 모두 진짜 평민이 되거나, 적어도 평민처럼 보일 필요가 있었다. 이런 이유로, 평민의 호의를 얻기 위해 가문의 문장과 이름을 바꾸는 귀족이 많아졌다. 그리하여 귀족 안에 있던 관용의 정신과 군사적 미덕은 사라지고 말았고, 결코 한 번도 이것들을 가져본 적 없는 평민의 내면에서 다시 이것들을 살려낼 수도 없었다. 그 결과 피렌체는 점점 더 왜소해지고 비루해졌다.[16]

이 마지막 구절은 피렌체 역사를 이해하는 방식을 제시하고 있다. 마키아벨리의 핵심 주장이다. 학자들은 마키아벨리가 군주제를 지지하는지, 아니면 공화제를 지지하는지 두 편으로 나뉘어 싸워왔다. 이 논쟁은 마키아벨리가 그렇게 생각했다기보다, 그 주장을 펼치는 사람들이 각각 군주제와 공화제 지지자로 이미 나뉘어 있었기 때문이다. 이 논쟁의 참가자들은 모두 마키아벨리를 자기 진영으로 끌어들이기 위해서 그의 관점을 곡해하고 있다. 그러나 파란만장하게 펼쳐졌던 생애가 종결되기 직전, 마키아벨리는 자신의 마지막 책 《피렌체사》에서 자기 입장을 분명하게 밝힌다. 그는 "평민을 만족시키고, 귀족의 권위를 유지하는 법"을 알려주기 위해 평생을 바쳤다. 그것만이 피렌체를 위대한 도시로 만들고, 피렌체 사람들을 자유롭게 만들 것이다. 이것이 바로 마키아벨리의 마지막 생각이었다.

우피치 미술관 회랑에 서 있는 마키아벨리의 동상. 로렌초 바르톨리니가 1846년에 조각했다.

그렇다. 피렌체에서 우리가 배워야 할 역사의 교훈도 바로 이것이다. 지배하려는 자는 위엄을 지켜야 하고, 지배를 받지 않으려는 자는 만족하는 법을 배워야 한다. 이것이 한 사회에 존재하는 미덕의 총량을 증가시키는 방법이다. 로마의 모범적 사례로부터 배우라. 만족하는 법을 배웠던 평민들은, 점차 지배하는 자의 자리에 올라가게 된다. 이때 그들은

붉은 백합의 도시, 피렌체

지배하던 자들의 위엄을 따라 하게 되었고, 귀족들의 위엄을 배워갔다. 지배하던 자가 실천하던 솔선수범의 미덕과 관용의 정신을 배운 것이다. 이것이 바로 피렌체가 본받아야 할 로마의 미덕이었다. 우리 가이드 마키아벨리가 피렌체 명소 13곳에서 들려준 피렌체 이야기의 핵심이다.

집으로
가는 길

　모든 여행은 집으로 돌아가는 길이다. 피렌체 여행의 목적은 우리 집이 있는 대한민국으로 돌아오기 위한 여정이었다. 우리는 유능한 가이드 마키아벨리의 도움을 받으며 피렌체 여행을 했다. 무릇 여행은 공간과 시간의 이동이다. 이번 여행도 피렌체라는 공간에서 펼쳐진 1216년부터 1525년까지의 시간 여행이었다. '여행자를 위한 인문학' 시리즈는 성찰을 목적으로 한다. 먹고 마시는 여행이 아니라, 생각하고 성찰하는 여행을 목표로 삼고 있다.

　피렌체 여행을 마치고 돌아온 대한민국, 우리 여행의 최종 목적지에 '악의 근원'이 만연해 있다. 권력을 잡은 자와 권력을 잡으려는 자들의 이전투구泥田鬪狗가 그야말로 눈 뜨고 볼 수 없을 지경이다. 지배하려 자의 욕심과 지배받지 않으려는 자의 저항이 우리 사회가 지탱할 수 있는 비등점을 넘어, 일촉즉발의 위기에 몰려 있다. 부자와 가난한 자, 자본가와 노동자의 갈등은 이미 도를 넘었다. 제3의 집단임을 자처하는 정치가들은 권력을 잡기 위해 오히려 두 집단의 갈등을 부추긴다. 두 집단을 갈라치면 칠수록 사회적 갈등은 양산되고, 정치가들에게 돌아갈 이익은 커진다. 분열되면 흥분하기 쉬운 것이 대중의 속성이고, 흥분한 대중은 이

성을 잃고 진영 논리의 이분법에 빠져들게 된다. 진영 논리 속에서 정책과 미래 전망은 빛을 잃는다. 무엇을 이야기하는지보다 어느 쪽에 속했는지가 사리판단의 기준이 된다.

집으로 가는 길에서 돌아본 피렌체는 우리 대한민국의 타산지석이었다. 지배하려는 자는 관용의 미덕을, 지배를 당하지 않으려는 자는 만족하는 법을 배웠으면 한다. 인간의 운명을 지배한 포르투나 여신은 우리를 언제나 한 곳에 놓아두지 않는다. 인간의 능력으로는 예측할 수 없는 힘으로 지배하는 자와 지배를 받지 않으려는 자의 운명을 바꾸어놓을 것이다. 그때 우리는 상대편으로부터 관용과 만족의 미덕을 배워야 한다. 그래야 우리가 살아갈 미래에 희망이 있다. 대한민국이 추구할 덕목의 총량을 증가시키자는 다짐으로 피렌체 여행을 마친다. 지배하려는 자는 관용의 정신을 배우고, 지배받지 않으려는 자는 만족의 덕목을 배웠기를 바란다. 지배하려는 자는 통치의 방식을 바꾸고, 지배받지 않으려는 자는 진정한 자유의 의미를 생각하는 계기가 되었으면 한다.

프랑스 혁명의 사상적 배경이 된 루소Jean-Jacques Rousseau의 《에밀Émile》에는, 여행에 대한 이야기가 자세히 소개된다. 철학자 루소는 가상의 소년 에밀을 가르치기 위한 마지막 커리큘럼으로 여행을 추천한다. 유럽 자제들이 이탈리아로 떠나던 '그랜드 투어Grand Tour'를 말이다. 우리가 피렌체 여행을 한 것처럼, 에밀도 스승의 가르침에 따라 그랜드 투어를 떠났다. 루소는 그랜드 투어를 떠나는 에밀에게 방문하는 각 도시의 정치 제도를 분석해보라고 주문했다. 루소가 내린 그랜드 투어의 숙제는 "개인의 자유로운 삶은 정치 제도와 어떤 연관이 있는가?"에 대한 답변이었다. 에밀은 이 문제에 대한 해답을 찾기 위해 2년간의 그랜드 투어를 떠났다. 물론 에밀이 피렌체를 방문했다는 기록은 없다. 어느 도시의 이름도 밝히지 않았다. 다만 2년간의 그랜드 투어 일정을 마치고 돌아온 에밀이 스승 루소에게 그런 도시는 없다고 보고했다는 것이 중요하다. 개인의 자유를 보장해주는 정치 제도는 어느 국가, 어느 도시에도 없었다는 것이다. 에밀의 생생한 보고를 들어보자.

인간의 제도 중에서 인간이 만들어낸 것을 검토할수록, 인간은 속박에서 벗어나려다가 오히려 노예가 되고 있다는 것 그리고 인간에게 주어진 자유를 확실하게 만들려고 헛된 노력을 함으로써 그 자유마저 손상시키고 있다는 것을 알게 되었습니다.[1]

이 세상 어디에도 인간의 자유를 제도로 보장해주는 것은 없다는 뜻이다. 이 세상의 어떤 정치 제도도 인간을 자유롭게 만들지 못한다. 에밀은 특별히 "부와 자유"는 동시에 가질 수 없다고 보고한다. 지배하려는 자는 권력을 지키려고 하고, 지배받지 않으려는 자는 자신의 자유를 침해받지 않으려고 한다. 두 집단은 절대로 사라지지 않으며, 두 욕망은 해소되지 않는다. 에밀의 보고를 듣고 있던 루소는 이렇게 말했다.

법률의 보호 아래에서 자유를 찾는 것은 헛된 일이다. 법률! 어디에 법률이 있는가? 도대체 어디서 법률이 존중받고 있는가? 자네가 방문했던 여러 도시에서 법률의 이름으로 개인의 이해관계와 욕망이 지배하고 있음을 발견했을 것이다. 그러나 자연의 질서 속에 영원한 법칙이 존재함을 알기를 바란다. 슬기로운 자에게는 그것이 법률을 대신하는 것이 된다. 그것은 양심과 이성으로, 우리 마음 밑바닥에 새겨져 있다. 슬기로운 자는 자유롭게 되기 위해, 그 법칙을 따라야 한다.[2]

붉은 백합의 도시, 피렌체

마키아벨리와 함께했던 피렌체 여행자를 위한 인문학은 루소의 가르침을 끝으로 여정을 마친다. 이제 집으로 돌아갈 시간이다. 지배하려는 자는 관용을 배워야 한다. 루소의 표현대로라면 그것은 '양심'을 따르는 것이다. 지배받지 않으려는 자는 만족하는 법을 배워야 한다. 루소의 표현대로라면 그것은 '이성'을 따라 사고하는 것이다. 그렇다. 양심과 이성을 따를 때, 우리는 자유로운 인간이 된다. 피렌체와 대한민국은 이 점에서 동일하다.

주

들어가며: 피렌체, 피에 젖은 한 송이 백합

1   윌리엄 셰익스피어, 〈로미오와 줄리엣〉, 1막 1장.

2   윌리엄 셰익스피어, 〈로미오와 줄리엣〉, 2막 3장. 로런스 수사가 한 말이다. "젊은이의 사랑은 진실로 마음속에 있는 것이 아니라 눈 속에 있구나."

3   미국의 사회학자 로버트 벨라Robert Bellah가 쓴 《마음의 습관Habit of the Heart》에서 개념을 차용했다. 사회학, 정치학, 역사학적 측면에서 개인주의가 사회 변화의 동력으로 발전해가는 과정을 모색한 책이다.

4   산타 크로체 성당에 안치되어 있는 영묘는, 영국 출신 그랜드 투어리스트였으며 피렌체에 거주하면서 마키아벨리의 전집을 영역했던 조지 나소 클래버링-쿠퍼George Nassau Clavering-Cowper 백작의 주도로 1787년에 제작되었다.

5   마키아벨리는 제2서기장과 함께, 군사 업무를 관장하던 '10인회'의 서기장도 겸임했다.

6   《로마사 논고》의 정확한 책 제목은 《티투스 리비우스의 로마사 첫 10권에 대한 논고》로, 1519년에 발표되었다. 한국에는 몇 가지 번역본으로 출간되었다. 니콜로 마키아벨리, 강정인·김경희 옮김, 《로마사 논고》 (한길사, 2019). 《전쟁의 기술》은 니콜로 마키아벨리, 이영남 역, 《마키아벨리의 전술론》 (스카이출판사, 2011)으로 출간되었다. 포복절도하게 만드는 희곡 〈만드라골라〉는 니콜로 마키아벨리, 이종인 역, 《군주론, 만드라골라, 카스트루초

카스트라카니의 생애》(연암서가, 2017)에 포함되어 있다.

7 피렌체 망명객이자 작가인 도나토 잔노티Donatio Giannotti가 마르칸티오 미켈레Marcantio Michelle에게 보낸 1533년 6월 30일 편지에, 마키아벨리가 자신에게 "이 방법으로 메디치 가문을 묘사해서 어려움을 피했다"고 말했다고 적혀 있다. 곽차섭, "자유와 예종 사이에서: 마키아벨리의 《피렌체사》", 〈서양사론〉, 제111호, 295.

8 John Najemy, "Machiavelli and the Medici: The Lessons of Florentine History," *Renaissance Quarterly* (Winter 1982), Vol. 35, No. 4, 558.

9 곽차섭은 마키아벨리의 원래 의도는 총 9권이었을 것이라고 추정하고 있다. 곽차섭, "자유와 예종 사이에서: 마키아벨리의 《피렌체사》", 〈서양사론〉, 제111호, 288.

10 1325년 피렌체에서 공식 기록에 등장하는 서기장은 직접선거로 선출되는 곤팔로니에레나 프리오리와는 달리 시뇨리아에서 대내외 행정 및 외교 문서 작성을 담당하는 서기에 해당하는 관직이다. 공문서를 작성해야 했으므로 뛰어난 인문학자들이 주로 임명되었다. 서기장은 시뇨리아의 선거를 통해 선발되었다.

11 피렌체의 귀족, 평민, 하층민 등의 호칭과 그 적용 범위의 변화에 대해서는 다음을 참고하라. Christiane Klapisch-Zuber, "Nobles or Pariahs? The Exclusion of Florentine Magnates from the Thirteenth to the Fifteenth Centuries," *Comparative Studies in Society and History*, Vol. 39, No. 2 (Apr., 1997), 215~230. 귀족을 '마그나스Magnas'로 표기하기도 한다.

1장 베키오 다리 _귀족의 피로 물든 다리의 비극

1 지금의 상태 기준으로 가장 오래된 다리는 베키오 다리 동쪽에 있는 그라치에 다리다. 1227년에 만들어진 이 다리는 과거 '루바콘테 다리Ponte di Rubaconte'로 불렸는데, 건축한 사람이 루바콘테 다 만델로Rubaconte da Mandello이기 때문이다. 그러나 원래 가장 오래된 다리는 로마 시대에 만들어진 베키

오 다리다.

2 원문은 다음과 같다. Nel trentatrè dopo il mille-trecento, il ponte cadde, per diluvio dell' acque: poi dieci anni, come al Comun piacque, rifatto fu con questo adornamento.

3 마넬리 가문은 본래 강북의 우베르티 가문과 뜻을 함께하는 황제파에 속했다. 그러나 1266년 교황파가 도시를 탈환할 때 도시에서 추방당한 뒤, 교황파에 충성을 약속하며 피렌체로 귀환했다.

4 Theresa Flanigan, "The Ponte Vecchio and the Art of Urban Planning in Late Medieval Florence," *Gesta*, Vol. 47 Issue 1 (2008), 4.

5 다음에서 재인용했다. 김상근,《천재들의 도시 피렌체》, 9.

6 도나티 가문은 나중에 루첼라이 정원이 들어서는 땅 일대를 소유하고 있었다. Leader Scott, *The Orti Oricellari* (Florence: G. Barbèra, 1893), 14.

7 단테 알리기에리,《신곡》, 천국 편 제16곡 139~143행. 저자의 번역이다. 다른 번역은 다음을 참고하라. 단테 알리기에리, 한형곤 옮김,《신곡》(서해문집, 2005), 792.

8 단테 알리기에리,《신곡》, 천국 편 제16곡 144~151행. 저자의 번역.

9 우베르티 가문의 아들 이름은 네리 피콜리노 델리 우베르티Neri Piccolino degli Uberti다.

10 Peter Sposate, "Chivalry in Late Medieval Tuscany and Florence: Current Historiography and New Perspectives, *History Compass* (2008: 16).

11 단테 알리기에리,《신곡》, 지옥 편 제28곡, 103~108행. 저자의 번역.

2장 시뇨리아 광장 _자유 만세! 피렌체 만세!

1 원래 그곳에 있던 저택의 이름은 팔라초 데이 판티Palazzo dei Fanti와 팔라초 델레세쿠토레 디 주스티치아Palazzo dell'Esecutore di Giustizia인데, 우베르티 가문이 사용하고 있었다.

2 벽면의 장식을 맡은 조르조 바사리는 오스트리아 합스부르크의 풍경을 그

렸다(1565년). 대공 코시모 1세의 아들 프란체스코 1세와 신성로마제국의 황제 막시밀리안 2세Maximilian II의 여동생인 조한나Johanna of Austria의 결혼을 축하하기 위한 그림이다.

3　니콜로 마키아벨리, 《피렌체사》, 2권 11장.

4　이 중에서 상위 5개의 조합은 1280년에 아르티 메디아네로 격상되었다. 이 때부터 아르티 메디아네는 아르티 마조리의 "유력한 평민들"과 함께 피렌체를 이끌어 간다.

5　니콜로 마키아벨리, 《피렌체사》, 2권 11장.

6　위의 책, 2권 12장.

7　위의 책, 2권 15장.

8　'12인의 선한 자'는 6개 구역에서 2명씩 선출되었고, 각 조합의 곤팔로니에레 16명과 함께 콜레지Collegi를 형성했다. 콜레지는 프리오리와 곤팔로니에레의 자문에 응하는 기구였다. 그 외에도 국방 업무를 관장하던 10인회, 치안을 담당하던 8인회, 재정을 담당하던 6인회 등이 시뇨리아의 부속기관이었다.

3장 단테의 집 _흑당과 백당으로 분열된 평민

1　단테 알리기에리, 《신곡》, 지옥 편 제25곡 10~12행.

2　"조상이 뿌린 씨앗"은 로마 공화정 말기에 반란을 일으켰던 카탈리나를 의미한다. 전설에 의하면 카탈리나는 피스토이아에서 태어났고, 인근 전투에서 전사했다.

3　니콜로 마키아벨리, 《피렌체사》, 2권 17장. 도표는 저자가 만든 것이다.

4　A. N. Wilson, *Dante in Love* (London: Altantic Books, 2011), 58. 피스토이아가 키케로 시절 반역을 일으켰던 카탈리나의 잔당들이 세운 도시라는 전설과 연관이 있다.

5　단테 알리기에리, 《신곡》, 지옥 편 제25곡 43, 50행.

6　단테 알리기에리, 《신곡》, 지옥 편 제25곡 141행.

7   피렌체를 이끌던 '14인회'를 8명의 교황파와 6명의 황제파로 구성하되, 전원 평민으로만 구성하게 했다.

8   단테 알리기에리, 《신곡》, 지옥 편 제22곡 1~9행.

9   단테 알리기에리, 《신곡》, 연옥 편 제22곡 119~129행.

10 청신체 문학Dolce stil novo이란 13세기부터 14세기까지 시칠리아와 토스카나 지방에서 유행했던 사랑을 찬미하는 시를 말한다. 단테는 《신곡》의 연옥 두 번째 비탈에서 본인이 이 방식으로 시를 지었다고 소개한다.

11 단테 알리기에리, 《신곡》, 지옥 편 제1곡 1~3행.

12 니콜로 마키아벨리, 《피렌체사》, 2권 18장.

13 단테 알리기에리, 《신곡》, 천국 편 제17곡 58~60행.

4장 메르카토 베키오 _ 발테르 공작은 물러가라!

1   David Wilkins, "Donatello's Lost Dovizia for the Mercato Vecchio: Wealth and Caristy as Florentine Civic Virtues, *The Art Bulletin* (Sep., 1983), 65: 3, 401~423.

2   위의 자료, 407~408.

3   니콜로 마키아벨리, 우현주 옮김, 《카스트루초 카스트라카니의 생애》 (살림, 2014). 이 책의 부록에 저자가 쓴 해제가 있다. 김상근, "《카스트루초 카스트라카니의 생애》에 나타난 마키아벨리의 시대와 사상." 앞의 책, 95~147.

4   니콜로 마키아벨리, 《피렌체사》, 2권 26장.

5   위의 책, 2권 30장.

6   위의 책, 2권 30장.

7   단테 알리기에리, 《신곡》, 연옥 편 제11곡 91~96행.

8   포데스타는 시정을 총괄하는 행정관이다. 원래 외국 출신의 경찰서장Capitano del popolo이었지만 1261년부터 포데스타란 명칭으로 불렸다. 이들은 바르젤로 정청에서 근무했다.

9   아테네 공작 발테르는 프랑스인으로, 지중해 연안에 많은 영토를 가지고 있

었고, 1311년부터 아버지를 이어 아테네의 공작이 되었다. 카탈란 용병들에게 빼앗긴 그리스의 영토를 회복하기 위해 십자군을 조직하고 이끌었을 때 나폴리의 왕이 그를 도왔다. 1342년 피렌체의 귀족들이 자신들의 군주로 초청해 피렌체로 왔다. 101쪽부터의 내용을 참고하라.

10 니콜로 마키아벨리, 《피렌체사》, 2권 34장.

11 위의 책, 2권 34장.

12 위의 책, 2권 35장.

13 위의 책, 2권 36장.

14 그 사람의 이름은 베토네 치니다. 혀가 잘려 그 상처 때문에 죽었다.

15 니콜로 마키아벨리, 《피렌체사》, 2권 36장.

16 여기서 마키아벨리는 하층민 대신 "장인"이라는 표현을 쓰고 있다.

17 아뇰로 아차이우올리는 피렌체 귀족 출신으로 1342년부터 1355년까지 피렌체 대주교를 역임했다. 아테네 공작 발테르를 축출하기 위해 선봉에 섰다. 1349년에 스투디오 피오렌티노Studio Fiorentino 설립을 주도했는데, 현재 피렌체대학교의 전신이다. 피렌체의 대사 자격으로 아비뇽 교황청을 3번 방문한 적이 있다.

18 니콜로 마키아벨리, 《피렌체사》, 2권 36장.

19 위의 책, 2권 37장.

20 위의 책, 2권 37장.

21 위의 책, 2권 39장.

22 위의 책, 2권 40장.

23 산타 크로체 성당에 남아 있는 바르디 채플에는 화가 조토 디 본도네가 그린 성 프란체스코의 일대기가 지금도 전시되어 있다.

24 니콜로 마키아벨리, 《피렌체사》, 2권 42장.

25 Franco Cardini, *An Illustrated History of Florence* (Pisa: Pacini, 2007), 155.

5장 산타 크로체 광장 _광장을 점령한 피렌체의 하층민들

1 이 주장에 대한 반론도 있다. 시뇨리아 정청과 두오모 공사는 아르놀포 디 캄비오가 맡았던 것이 분명하다.

2 Christiane Klapisch-Zuber, "Nobles or Pariahs? The Exclusion of Florentine Magnates from the Thirteenth to the Fifteenth Centuries," Comparative Studies in Society and History, Vol. 39, No. 2 (Apr., 1997), 221.

3 니콜로 마키아벨리,《피렌체사》, 3권 5장.

4 산타 마리아 소프라 포르타Santa Maria Sopra Porta 인근에 세워진 이 궁은 필리포 브루넬레스키가 1층 공사를 맡았고, 1452년경에 바소 디 바르톨로메우가 완성했다. 16세기에 조르조 바사리가 천장 공사를 맡았다. 현재 건물은 제2차 세계대전 당시 유실되었다가 다시 복원된 것이다.

5 교황청과의 전쟁은 이른바 '8인의 성자 전쟁'을 말한다. 밀라노의 비스콘티 가문과 일전을 불사하던 교황 그레고리우스 11세가 밀라노와의 휴전 협정 체결 후 피렌체를 포함한 토스카나 지방을 공격할 태세를 갖추자, 피렌체는 8명의 대표를 선출하여 교황청과 맞선다. 피렌체는 그동안 교황청의 용병 대장이었던 영국의 존 호크우드John Hawkwood를 고용했는데, 13만 플로린으로 용병 대금을 책정했다. 향후 5년간 600플로린의 연봉과 전쟁 후 죽을 때까지 매년 1,200플로린의 연금을 지불하는 계약을 맺었기 때문에 시뇨리아는 세금을 인상할 수밖에 없었다. 교황청과의 전쟁은 그레고리우스 11세가 사망하면서 끝나는데, 피렌체는 이 전쟁의 배상금으로 20만 플로린을 교황청에 지불했다.

6 니콜로 마키아벨리,《피렌체사》, 3권 13장.

7 Yves Winter, "Plebeian Politics: Machiavelli and the Ciompi Uprising," Political Theory, (2012) Vol. 40, No. 6, 736~766.

8 니콜로 마키아벨리,《피렌체사》, 3권 14장.

9 위의 책, 3권 15장.

10 위의 책, 3권 16장.

11 위의 책, 3권 17장.

12 위의 책, 3권 17장.

13 위의 책, 3권 22장.

14 Gene A. Brucker, "The Medici in the Fourteenth Century," *Speculum*, Vol. 32, No. 1 (Jan., 1957), 21.

15 니콜로 마키아벨리, 《피렌체사》, 3권 28장.

16 위의 책, 3권 28장.

17 작품의 주문자인 펠리체 브랑카치Felice Brancacci는 주 카이로 대사를 역임한 후 1423년에 피렌체로 돌아와 마솔리노 다 파니칼레Masolino da Panicale에게 채플 벽화 장식을 맡겼다. 마솔리노가 헝가리에서 주문을 받고 떠난 후에, 조수인 마사초가 작품을 그려나가던 중 1427년 로마에 작품 제작을 위해 갔다가 그곳에서 일찍 사망했다. 미완성 작품은 필리포 리피에 의해 완성되었다.

6장 산타폴리나레 광장 _ 그란디의 마지막 저항

1 Ross King, *The Bookseller of Florence: The Story of the Manuscripts that Illuminated the Renaissance* (New York: Atlantic Monthly Press, 2021).

2 니콜로 마키아벨리, 《피렌체사》, 4권 1장.

3 위의 책, 4권 1장.

4 피렌체는 늘 피사를 탐냈다. 모직의 수출과 은행의 해외 지점 교류를 위해서는, 바다를 끼고 있는 이 황제파의 항구 도시가 피렌체에 꼭 필요했기 때문이다. 피렌체와 피사는 이미 13세기부터 크고 작은 전쟁을 벌여왔다(1280년대, 1315~1316년, 1340~1342년, 1362~1364년). 밀라노의 비스콘티 공작이 토스카나 지방을 공략할 때 피사는 아예 밀라노 편에 서서 피렌체를 공격하기도 했다. 1406년 1월, 전쟁 내각이 구성되었고 마소 델리 알비치가 전쟁 사령관으로 임명되었다. 피렌체는 공성전을 펼쳤다. 피사 군대는 식량을 절약하기 위해 전투 요원이 아닌 노인, 여성, 어린이 들을 성 밖으로 추방했으나, 성채를 에워싸고 있던 피렌체 군대는 그들을 다시 성채로

돌려보냈다. 결국 피사 성채와 피렌체 막사 사이에 버려진 그들은 풀을 뜯어 먹다가 기아로 숨져갔다. 피사 성채 내부에서도 항전과 항복 사이에서 의견이 갈라져 서로 죽고 죽이는 살육전이 펼쳐지기도 했다. 결국 13개월을 버티던 피사는 1406년 10월 9일에 항복했다.

5 여기서 보나준타 데 메디치Bonagiunta de' Medici란 이름이 처음 나오는데, 단체 규약에 동의하는 사람으로 등장한다.

6 Gene A. Brucker, "The Medici in the Fourteenth Century," *Speculum*, Vol. 32, No. 1 (Jan., 1957), 3.

7 위의 자료, 4.

8 위의 자료, 13.

9 위의 자료, 14.

10 Gene A. Brucker, "The Medici in the Fourteenth Century," *Speculum*, Vol. 32, No. 1 (Jan., 1957), 20.

11 니콜로 마키아벨리,《피렌체사》, 4권 8장.

12 위의 책, 4권 10장.

13 1427년의 카타스토 기록은 피렌체와 르네상스의 관계를 연구하는 데 결정적인 자료를 제공해준다. D. Herlihy and C. Klapisch-Zuber, *Census and Property Survey of Florentine Domains in the Province of Tuscany, 1427-1480* (STG: Brown University, Providence, R.I., 2002).

14 김상근,《사람의 마음을 얻는 법》(21세기북스, 2011), 21~37.

15 니콜로 마키아벨리,《피렌체사》4권 16장.

16 구 성구실 공사는 1421년에 시작되어 1440년에 완공되었다. 원래는 독립 건물이었으나 후대에 산 로렌초 대성당 본당과 연결되었다. 정방형 구조에 돔을 올린 비잔틴 양식으로 지어졌다. 작은 돔에 있는 성좌星座의 의미에 대해서는 학자들의 의견이 갈린다. 코시모 데 메디치가 피렌체로 돌아온 날이라는 설, 구 성구실 제단이 완성된 날이라는 설(1422년 7월 9일), 피렌체 공의회가 폐회된 날이라는 설(1439년 7월 6일) 등이 있다.

17 니콜로 마키아벨리, 《피렌체사》 4권 16장.

18 위의 책, 4권 26장.

19 위의 책, 4권 27장.

20 위의 책, 4권 27장.

21 위의 책, 4권 27장.

22 위의 책, 4권 27장.

23 다음을 참고하라. 곽준혁, 《지배와 비지배》 (민음사, 2013).

24 니콜로 마키아벨리, 《피렌체사》, 4권 29장.

25 두 번째 도서관은 역시 미켈로초가 건축한 산 마르코 수도원 도서관이다. 1444년에 완공된 이 유럽 최초의 공공도서관은 인문학자 니콜로 데 니콜리Niccolò de' Nicoli의 장서와 코시모의 장서를 보관했다. 세 번째 도서관은 1460년대에 건축된 것으로 피에솔레 바디아에 설치되었다. 유명한 서적 판매상이었던 베스파시아노가 고용한 45명의 서기들이 2년 동안 200여 권의 인문 고전, 신학, 수학, 천문학 등의 책을 필사했다. 장서 목록을 코시모에게 추천한 톰마소 파렌티첼리Tommaso Parenticelli는 장차 교황 니콜라우스 5세 Nicolaus V (1447~1455년 재위)로 취임해 바티칸 도서관을 만들었다.

26 니콜로 마키아벨리, 《피렌체사》, 4권 33장.

27 이 시기의 역사 권위자인 니콜라이 루빈스타인에 따르면, 당시 추방된 사람이 73명이었다고 한다. Nicolai Rubinstein, *The Government of Florence under the Medici* (Oxford: Clarendon Press, 1997), 2.

28 이 날을 기념해서 산 로렌초 대성당의 구 성구실 돔 천장에 그날 밤의 천문도를 그렸다는 설이 있다. 주석 16번 참조.

7장 산타 마리아 노벨라 성당 _피렌체 공의회

1 이 작품은 〈루첼라이 마돈나〉로도 불리며, 현재 우피치 미술관에 소장되어 있다.

2 원문은 다음과 같다. IO FUI GIÀ QUEL CHE VOI SIETE E QUEL CHE

IO SON VOI ANCOR SARETE.

3 이 작품은 필리포 브루넬레스키의 친구 도나텔로가 산타 크로체 성당을 위해 제작한 〈십자고상〉에 대한 일종의 오마주로 제작되었다.

4 니콜로 마키아벨리, 《피렌체사》, 5권 1장.

5 니콜로 마키아벨리, 강정인·김경희 옮김, 《군주론》, 167. 이 번역에서는 "거칠게 다루어야 한다"는 의미로 해석했고, 이종인은 "때리고 괴롭혀야 한다"는 의미로 해석했다.

6 플라톤 아카데미의 활동과 주요 인물에 대해서는 다음 자료를 참고하라. Leader Scott, *The Orti Oricellari* (Florence: G. Barbèra, 1893), 22~26.

7 Nicolai Rubinstein, *The Government of Florence under the Medici* (Oxford: Clarendon Press, 1997), 35~38.

8 Riccardo Fubini, "Cosimo de Medici's Regime: His Rise to Power," *Revue française de science politique*, Vol. 64, No. 6, 95.

9 니콜로 마키아벨리, 《피렌체사》, 6권 1장.

10 Roger Crum, "Roberto Martelli, the Council of Florence, and the Medici Palace Chapel," *Zeitschrift für Kunstgeschichte*, Vol. 59 (1996), 403~417.

11 1439년 7월 6일 발표된 피렌체 공의회 여섯 번째 회기 기록. 자료 출처는 바티칸 백과사전 온라인.

8장 피티 궁전 _메디치 가문은 궁전을 만들지 않았다

1 Nicolai Rubinstein, *The Government of Florence under the Medici* (Oxford: Clarendon Press, 1997), 100.

2 위의 책, 36~37.

3 위의 책, 115.

4 니콜로 마키아벨리, 《피렌체사》, 7권 1장.

5 마키아벨리는 《피렌체사》 7권 2장에서 네리 카포니가 1455년에 죽었다고 썼지만, 실제로는 1457년에 죽었다.

6 니콜로 마키아벨리, 《피렌체사》, 7권 2장.

7 Riccardo Fubini, "Cosimo de' Medici's Regime: His Rise to Power" *Revue française de science politique*, Vol. 64, Iss. 6 (2014), 1139~1156.

8 니콜로 마키아벨리, 《피렌체사》, 7권 6장.

9 위의 책, 7권 5장.

10 위의 책, 7권 5장.

11 며느리의 이름은 루크레치아 토르나부오니Lucrezia Tornabuoni다. 시인으로 알려져 있다.

12 며느리의 이름은 코르넬리아 델리 알렉산드리Cornelia degli Alexandri다. 코시모가 베네치아에 유배되어 있을 때 도움을 주었던 니콜로 알렉산드리의 딸이었다.

13 추도사 부분은 니콜로 마키아벨리, 《피렌체사》 7권의 내용을 옮긴 것이다.

14 니콜로 마키아벨리, 《피렌체사》, 7권 6절.

15 위의 책, 7권 6절.

16 발데사르 카스틸리오네, 신승미 옮김, 《궁정론》 (북스토리, 2009), 263.

17 니콜로 마키아벨리, 《피렌체사》 7권 6절.

18 위의 책, 7권 6절.

19 위의 책, 7권 6절.

20 위의 책, 7권 6절.

9장 산 로렌초 대성당 _피에로는 눈물을 흘리지 않는다

1 앞 장의 추도사처럼 마키아벨리의 《피렌체사》 7권의 내용을 옮긴 것이다.

2 Nicolai Rubinstein, *The Government of Florence under the Medici* (Oxford: Clarendon Press, 1997), 151.

3 위의 책, 157.

4 위의 책, 159.

5 니콜로 마키아벨리. 강정인·김경희 옮김, 《군주론》 (까치글방, 2008), 115.

17장의 내용이다.

6 동방박사의 행진은 성탄절 이후 12일째 되는 날, 즉 주현절Epiphany 축제로
1417년부터 시작되었다. 피에로는 이를 정례 축제로 승격시켰다.

7 니콜로 마키아벨리,《피렌체사》, 7권 14장.

8 위의 책, 7권 15장.

9 위의 책, 7권 18장.

10 위의 책, 7권 18장.

11 위의 책, 7권 23장.

12 위의 책, 7권 23장.

10장 메디치 저택 _위대한 자 로렌초는 재택근무 중!

7 코시모가 처음에 필리포 브루넬레스키에게 저택 설계를 의뢰했다는 내용은
조르조 바사리의 《예술가 열전》에 기록되어 있다. Giorgio Vasari, *The Lives
of the Artists* (Oxford University Press: 1998), 140~141.

8 Ronald Forsyth Millen, Robert Erich Wolf, "Palazzo Medici into Palazzo Ric-
cardi: The extension of the Façade along via Larga," Mitteilungen des Kuns-
thistorischen Institutes in Florenz (1987), 88.

3 니콜로 마키아벨리,《피렌체사》, 7권 24장.

4 Alison Brown, *Bartolomeo Scala, 1430-1497, Chancellor of Florence: The
Humanist As Bureaucrat* (Princeton: Princeton University Press, 1979).

5 Nicolai Rubinstein, *The Government of Florence under the Medici* (Oxford:
Clarendon Press, 1997), 205.

6 팀 파스, 황소연 역,《메디치 머니》(청림출판, 2008), 80. 팀 파스의 역사 해
석에는 약간의 문제가 있다. 주로 2차 자료에 의존했기 때문에 피렌체 역사
를 설명하면서 다수의 오류를 범했다.

7 르네상스 시대의 명반 산업의 독점권에 대한 연구는 다음을 참고하라.
Andrea Günster and Stephen Martin, "A Holy Alliance: Collusion in the Re-

naissance Europe Alum Market," *Review of Industrial Organization*, Vol. 47, Iss. 1 (Aug 2015), 1~23.

8 니콜로 마키아벨리, 《피렌체사》 7권 30장.

11장 산타 마리아 델 피오레 대성당 _부활절 종은 울리고

1 〈출애굽기〉 22장 25절, 〈레위기〉 25장 35~37절, 〈신명기〉 23장 19~20절.

2 아우구스투스와 아그리파의 흉상을 선물한 이유는 로렌초가 자형 베르나르도 루첼라이와 함께 로마 교황청을 방문했기 때문이다. 로마제국의 초대 황제 아우구스투스와 그의 친구이자 사위인 아그리파의 관계를 암시하는 선물이었다.

3 파치 가문에 대해서는 다음을 참고하라. 김상근, 《사람의 마음을 얻는 법》, 144.

4 파치 가문의 음모 사건에 대해서는 다음을 참고하라. Lauro Martines, *April Blood: Florence and the Plot against the Medici* (Oxford University Press, 2004).

5 니콜로 마키아벨리, 《피렌체사》 7권 34장.

6 한글 번역 개역 개정은 '싹'으로 번역했지만, 이것은 오역이다. 현대인의 성경 번역에서 '가지 The Branch'로 수정되었다.

7 코시모 데 메디치는 자신의 손녀(로렌초 데 메디치의 누나)를 굴리엘모 파치와 결혼시켜 사돈이 되었다. 조반니 데 파치가 조반니 부온로메이의 딸과 결혼을 했는데, 장인이 죽고 재산을 남겼지만 조반니가 이를 차지하지 못하고 다른 친척에 넘어가자 이를 메디치 가문의 사주로 보았다. 니콜로 마키아벨리, 《피렌체사》 8권 2장.

8 니콜로 마키아벨리, 《피렌체사》 8권 8장.

9 위의 책, 8권 9장.

10 위의 책, 8권 10장.

11 Angelo Polizano, *Coniurationis commentarium commentario della Congiura* *dei Pazzi* (Florence: Firenze University Press, 2012).

12 이 해석에 대하여, 동방박사의 행진 축제일(성현절)에 맞추기 위해 1월 6일까지 연기했다는 설도 있다. Richard Trexler, "Lorenzo de Medici and Savonarola, Martyrs for Florence," *Renaissance Quarterly*, vol. 31, no. 3 (Autumn, 1978), 293~308.

13 니콜로 마키아벨리, 《피렌체사》 8권 17장.

14 위의 책, 8권 19장.

15 사르차나 대성당 정면 파사드에 칼집이 꽂혀 있다. 사르차나의 전설에 의하면 이 칼집은 현장에서 전투를 지휘했던 로렌초의 것으로, 전투가 끝난 다음 평화의 상징으로 전시되었다고 한다.

16 니콜로 마키아벨리, 《피렌체사》 8권 36장.

17 Lorenzo de' Medici, *The Complete Literary Works of Lorenzo de' Medici* (Italica Press, 2015).

18 니콜로 마키아벨리, 《피렌체사》 8권 36장.

19 위의 책, 8권 36장.

20 위의 책, 8권 36장.

21 위의 책, 8권 36장.

12장 산 마르코 수도원 _ 사보나롤라와 소데리니, 메디치의 빈자리를 차지하다

1 당시 피코 델라 미란돌라도 로마 교황청과 대립각을 세우고 있었다. 900개의 가설을 놓고 교황청에 학문적 도전을 해서 이단으로 몰리고 있던 상황이었다. 미란돌라는 사보나롤라의 교황청 비판에 관심을 가지고 있었다.

2 세월이 흘러 이 투자는 놀라운 결과를 낳았다. 교황 인노켄티우스 8세는 식스투스 4세를 배출한 델레 로베레 가문과 가까웠고, 델레 로베레 가문은 율리우스 2세를 배출한 후 로렌초의 둘째 아들 조반니 데 메디치를 지원했다. 결국 조반니와 그의 사촌 줄리오가 각각 교황 레오 10세와 클레멘스 7세가 된다.

3 김상근, 《마키아벨리》(21세기북스, 2013), 82~83.

4 지롤라모 사보나롤라를 지지했던 사람들을 '통곡파'라 불렀는데, 그의 설교를 듣고 회개하며 통곡했던 부류다. 반대로 지롤라모의 통치에 반감을 가진 사람들은 '분노파'로 불렸다. 마키아벨리는 분노파로 분류된다.

5 Richard Trexler, "Lorenzo de Medici and Savonarola, Martyrs for Florence," *Renaissance Quarterly*, vol. 31, no. 3 (Autumn, 1978), 293~308.

6 Sergio Bertelli, "Machiavelli and Soderini," Renaissance Quarterly, vol. 28, no. 1 (Spring, 1975), 6.

7 오르시니 가문의 3형제 줄리오Giulio, 파올로Paolo, 프란체스코Francesco 오르시니다.

8 Sergio Bertelli, "Machiavelli and Soderini," *Renaissance Quarterly*, vol. 28, no. 1 (Spring, 1975), 1~16.

9 10인회의 명단은 다음과 같다. 아르티 마조레 대표는 피에로 귀차르디니Piero Guicciardini, 니콜로 자티Niccolo Zati, 줄리아노 살비아티Giuliano Salviati, 필리포 카르두치Filippo Carducci, 안토니오 자코미니Antonio Giacomini, 피에르프란체스코 토신기Pierfrancesco Tosinghi, 아르티 미노리 대표는 루카 델리 알비치Luca degli Albizzi, 조반니 암브로지Giovanni Ambrogi, 로렌초 베닌텐디Lorenzo Benintendi, 마지막으로 메디치 가문의 대표로 피에로가 선출되었다.

10 이 안은 니콜로 자티가 제출해서 통과되었다.

11 알라만노 살비아티의 사위가 마키아벨리의 친구인 프란체스코 귀차르디니다. 귀차르디니는 마키아벨리와 함께 그 시대를 대표하던 정치가 및 역사가로 《피렌체사》와 《이탈리아 역사》를 썼다.

12 그 외에 후보로 나섰던 경쟁자 2명은 지롤라모 측 통곡파 인사인 조아키노 구아스코니Gioacchino Guasconi 그리고 판사 안토니오 말레곤넬레Antonio Malegonnelle였다.

13 베르길리우스, 《아이네이스》 1장 180~194절. 저자의 번역.

14 Sergio Bertelli, "Machiavelli and Soderini," *Renaissance Quarterly*, vol. 28, no. 1 (Spring, 1975), 13.

13장 루첼라이 정원 _교사로 변신한 마키아벨리

1 Leader Scott, *The Orti Oricellari* (Florence: G. Barbèra, 1893), 14.

2 조르조 바사리, 《르네상스 미술가평전》 2권 (한길사, 2018), 885. 그러나 알베르티가 이미 사망한 이후였기 때문에 이 견해에 의문을 던지는 학자들이 많다. 건물 자체는 1500년경에 조반니 베티니가 건축했다.

3 원래 이 땅은 베키오 다리에서 살해당한 부온델몬티와 약혼했던 도나티 가문의 소유였다. 도나티 가문이 몰락한 이후 이 공간은 직조 조합이 운영하는 병원이 되었다.

4 베르나르도 루첼라이는 《자유의 도시 로마에 대하여De urbe Roma liber》 외에 《로마 집정관들에 대하여De magistratibus Romanis》, 《이탈리아 전쟁에 대하여 De bello italico commentarius》, 《피사 전쟁에 대하여De bello Pisano》, 《밀라노 전쟁에 대하여De bello Mediolansi》, 《티베리우스 황제의 도움을 구하는 기도Oratio de auxilio Tifernatibus adferendo》를 썼다.

5 Leader Scott, *The Orti Oricellari* (Florence: G. Barbèra, 1893), 26.

6 베네치아의 대의회에 대해서는 다음을 참고하라. 김상근, 《삶이 축제가 된다면》 (시공사, 2020), 112~114.

7 Felix Gilbert, "Bernardo Rucellai and the Orti Oricellari: A Study on the Orgin of Modern Political Thought," *Journal of the Warburg and Courtauld Institutes*, vol. 12 (1949), 101~131.

8 베르나르도 루첼라이가 자발적 유배를 마치고 피렌체로 돌아온 해는 1511년이다. 루첼라이 정원 2기 모임은 그다음 해부터 시작되었다.

9 Leader Scott, *The Orti Oricellari* (Florence: G. Barbèra, 1893), 30.

10 루첼라이 정원 2기의 핵심 멤버는 루이지 디 피에로 알라만니Luigi di Piero Alamanni, 시인인 루이지 알라만니, 클리니토Crinito란 애칭으로 불렸던 피에로 델 리초Piero del Riccio(루첼라이 정원에 대한 상세한 설명과 찬양이 곁들여

진《명예로운 규율에 대하여De honesta disciplina》를 쓴 인물), 안토니오 브루치올리Antonio Brucioli, 조반니 코르시Giovanni Corsi, 프란체스코 비토리Francesco Vittori(마키아벨리의 친구), 피에트로 델 네로Pietro del Nero, 조반니 코르시니Giovanni Corsini, 단테의《신곡》에 대한 해설서를 쓴 크리스토포로 반디노Cristoforo Bandino, 피에로 마르텔리Piero Martelli와 니콜로 마르텔리Niccolò Martelli 형제, 조반니 카발칸테Giovanni Cavalcante, 파치 가문의 형제 그리고 마르실리오 피치노의 제자이자 플라톤 아카데미 교수였던 프란체스코 다 디아세토Francesco da Diacceto였다.

11 니콜로 마키아벨리, 이영남 옮김,《마키아벨리의 전술론》(스카이출판사, 2011), 18.

12 로베르토 리돌피, 곽차섭 옮김,《마키아벨리: 시인을 닮은 한 정치가의 초상》(아카넷, 2000), 340.

13 마키아벨리는 단테의《신곡》에서 처음 사용된 3음률 형식을 따라 역사 시를 썼다. 한 단락이 3행으로 구성되어 있고, 전체 음률의 구조는 ABA, BCB, DED, EFE 등의 형식을 따른다.

14 니콜로 마키아벨리,《피렌체사》3권 1장.

15 위의 책, 3권 1장.

16 위의 책, 3권 1장.

피렌체를 떠나며: 집으로 가는 길

1 장 자크 루소, 정병희 옮김,《에밀》(동서문화사, 2016), 695.

2 위의 책, 670.

그림 출처

18쪽 Wikimedia.

21쪽 Wikimedia/ⒸThe J. Paul Getty Museum.

24쪽 Ⓒ김도근.

35쪽 Ⓒ김도근.

42쪽 Wikimedia.

44쪽 Ⓒ김도근.

45쪽 Ⓒ김도근.

49쪽 Ⓒ김도근.

56쪽 Ⓒ김도근.

62쪽 Ⓒ김도근.

63쪽 Ⓒ김도근.

65쪽 Ⓒ김도근.

69쪽 Ⓒ김도근.

76쪽 Ⓒ김도근.

80쪽 Ⓒ김도근.

85쪽 Ⓒ김도근.

89쪽 Wikimedia/ⒸSailko.

95쪽 Wikimedia/ⒸAntonio Locatelli.

97쪽 Ⓒ김도근.

111쪽 Ⓒ김도근.

116쪽 Wikimedia/ⒸSailko.

123쪽 Ⓒ김도근.

127쪽 Wikimedia/ⒸLady Lever Art Gallery.

129쪽 Ⓒ김도근.

134쪽 Wikimedia.

154쪽 Ⓒ김도근.

161쪽 Ⓒ김도근.

171쪽 Wikimedia/ⒸRijksmuseum.

175쪽 Ⓒ김도근.

180쪽 Ⓒ김도근.

190쪽 Wikimedia/ⒸSailko.

200쪽 Ⓒ김도근.

203쪽 Ⓒ김도근.

208쪽 Ⓒ김도근.

214쪽 Ⓒ김도근.

221쪽 Ⓒ김도근.

223쪽 Ⓒ김도근.

227쪽 Ⓒ김도근.

237쪽 Ⓒ김상근.

239쪽 https://www.metmuseum.org/art/collection/search/199723

243쪽 Wikimedia/ⒸLouvre Museum.

248쪽 Ⓒ김도근.

253쪽 ⓒ김도근.

264쪽 ⓒ김도근.

268쪽 ⓒ김도근.

272쪽 ⓒ김도근.

275쪽 Wikimedia/ⓒSailko.

277쪽 ⓒ김도근.

281쪽 ⓒ김도근.

295쪽 ⓒ김도근.

300쪽 ⓒ김도근.

307쪽 ⓒ김도근.

309쪽 ⓒ김도근.

313쪽 Wikimedia/ⓒSamuel H. Kress Collection.

317쪽 Wikimedia/ⓒWeb Gallery of Art.

339쪽 Wikimedia.

342쪽 Wikimedia/ⓒWeb Gallery of Art.

353쪽 ⓒ김도근.

356쪽 ⓒ김도근.

365쪽 ⓒ김도근.

369쪽 ⓒ김도근.

370쪽 ⓒ김도근.

373쪽 Wikimedia/ⓒHoughton Library, Harvard University.

382쪽 ⓒ김도근.

386쪽 Wikimedia/ⓒSotheby's.

388쪽 ⓒAversa, Geneanet.

395쪽 ⓒ김도근.

400쪽 ⓒ김도근.

402쪽 ⓒ김도근.

405쪽 ⓒ김도근.

418쪽 ⓒ김도근.

출처가 표시되지 않은 사진들 중 일부 저작권자가 불분명하거나 연락이 닿지 않은 경우에는 확인되는 대로 별도의 허락을 받도록 하겠습니다.

찾아보기

붉은 백합의 도시, 피렌체

붉은 백합의 도시, 피렌체

1216년	베키오 다리의 암살이 벌어지다.
1239년	부온델몬티 가문이 우베르티 가문을 몰살시키다.
1250년	현재 피렌체 휘장(흰색 바탕에 붉은색 백합)이 채택되다.
1252년	피렌체가 금화 플로린을 주조해, 경제 성장과 급격한 인구 증가가 발생하다.
1260년	몬타페르티 전투가 벌어지다.
1265년	단테가 탄생한 것으로 추정되는 해.
1266년	교황파 군대가 피렌체를 황제파로부터 탈환하고 우베르티 저택을 약탈하다.
1282년	행정장관직(시뇨리, 프리오리)이 조합 연맹에 주어지다.
1288년	단테가 참전했던 캄팔디노 전투가 벌어지다.
1290년	단테의 연인 베아트리체가 사망하다.
1293년	자노 델라 벨라가 '정의의 규칙'을 발표하다. 귀족들의 정치 참여가 배제되다.
1294년	아르놀포 디 캄비오가 산타 크로체 성당 건축에 착수하다.
1299년	아르놀포 디 캄비오가 시뇨리아 정청 건축에 착수하다.

1300년	단테가 피렌체의 프리오리로 임명되다. 교황파가 백당과 흑당으로 분열되다.
1301년	단테가 대사 자격으로 로마로 파견되다. 샤를 드 발루아 백작이 피렌체의 통치자로 입성하다.
1309년	아비뇽 유수기(1309~1376년)가 시작되다.
1316년	루카의 용병대장 카스트루초가 프라토를 공격하다.
1321년	단테가 라벤나에서 임종하다.
1326년	칼라브리아의 공작인 카를로가 피렌체를 통치하기 위해 입성하다.
1328년	카스트루초와 카를로가 사망하다.
1335년	외국인 경비대장 야코포 데 가브리엘리가 횡포를 부리다(1335~1341년).
1342년	피렌체 임시 통치자 발테르 공작의 폭압적인 통치(1342~1343년)가 시작되다.
1343년	안드레아 스트로치가 선동한 하층민의 반란이 발생하다. 귀족들의 반란(피렌체 봉쇄 작전)이 벌어지고 메디치 가문이 이를 진압하다.
1345년	현재 모습의 베키오 다리가 완공되다.
1348년	흑사병이 창궐하다.
1364년	피사-피렌체 전쟁이 발발하다.
1375년	콜루초 살루타티가 시뇨리아의 서기장으로 임명되다. '8인의 성인 전쟁'으로 불렸던 교황청과의 갈등(1375~1378년)이 시작되다.
1378년	치옴피들의 반란(1378~1382년)이 시작되다.
1382년	치옴피 반란을 지지했던 살베스트로 데 메디치가

추방당하다.

1397년	조반니 디 비치 데 메디치가 메디치 은행을 창립하다.
1402년	밀라노의 잔 갈레아초 비스콘티 공작이 피렌체를 공격하다가 사망하다. 메디치 은행의 베네치아 지점이 개설되다.
1406년	피렌체가 피사와의 전쟁에서 승리하다.
1420년	피렌체 두오모의 돔 공사가 시작되다.
1423년	밀라노와 베네치아 간의 세력 다툼(일명 롬바르디아 전쟁, 1423~1454년)이 벌어지다.
1424년	차고나라 전투에서 피렌체가 충격적인 패배를 당하다.
1427년	레오나르도 브루니가 시뇨리아의 서기장으로 임명되어 임기(1427~1444년)를 시작하다. 인두세를 폐지하고 재산세를 부과하는 조세 개혁이 단행되다.
1428년	레오나르도 브루니가《피렌체인들의 역사》를 출간하다.
1429년	조반니 비치 데 메디치가 사망하고 코시모가 가업을 승계하다.
1431년	피렌체-루카 전쟁이 발발하다.
1433년	코시모 데 메디치가 베네치아로 유배를 떠나다.
1434년	코시모 데 메디치가 피렌체로 귀환하면서 메디치 가문의 통치가 시작되다.
1439년	피렌체 공의회(1439~1445년)가 개최되다.
1440년	앙기아리 전투가 벌어지다.
1458년	루카 피티가 주도한 메디치 가문을 위한 친위 쿠데타가 발생하다.
1464년	코시모 데 메디치가 임종하고 아들 피에로 데 메디치가

가업을 승계하다.

| 1466년 | 피에로를 암살하려던 니콜로 소데리니의 계획이 실패하다. 피에로의 장남 로렌초와 클라리체 오르시니의 결혼식이 거행되다. |

1469년   니콜로 마키아벨리가 탄생하다. 피에로 데 메디치가
         임종하다. 로렌초의 집권이 시작되다.

1472년   로렌초의 볼테라 명반 전쟁이 발발하다.

1478년   파치 가의 음모가 벌어지다. 줄리아노가 사망하다.

1480년   교황청-나폴리 연합군이 피렌체를 공격하다.

1487년   사르차나 전투가 벌어지다.

1490년   로렌초의 초청을 받고 지롤라모 사보나롤라가 피렌체로
         돌아오다.

1492년   '위대한 자' 로렌초 데 메디치가 사망하다. 로렌초의 자형
         베르나르도 루첼라이가 '루첼라이 정원'을 개설하다.

1494년   프랑스의 왕 샤를 8세가 피렌체를 침공하다. 피에로 데
         메디치가 피렌체에서 도피하고 지롤라모가 집권하다.

1498년   지롤라모가 화형당하다. 마키아벨리가 피렌체
         제2서기장으로 공직 생활을 시작하다.

1502년   피에로 소데리니가 종신 곤팔로니에레로 임명되다.

1512년   프라토 전투가 벌어지고 메디치 가문이 복귀하다.
         마키아벨리가 해임당하고 고문당한 뒤 가택 연금에
         처해지다. 1505년에 문을 닫았던 루첼라이 정원이 다시
         활동을 시작하다.

1513년   메디치 가문의 레오 10세가 교황으로 취임하다.
         마키아벨리가 가택 연금 상태에서 《군주론》을 펴내다.

1518년	마키아벨리가 '루첼라이 정원'에서 강의를 시작하다.
1519년	마키아벨리가 《로마사 논고》를 출간하다.
1520년	마키아벨리가 루카를 방문하고 《카스트루초 카스트라카니의 생애》를 출간하다. 마키아벨리가 《전쟁의 기술》을 출간하다. 마키아벨리가 줄리오 추기경에 의해 피렌체 공식 역사관으로 임명되다.
1522년	루첼라이 정원의 원우들이 꾸민 줄리오 추기경의 암살 계획이 발각되다.
1524년	마키아벨리가 희곡 〈만드라골라〉를 출간하다.
1525년	마키아벨리가 《피렌체사》를 출간하다.

붉은 백합의 도시, 피렌체

붉은 백합의 도시, 피렌체

초판 1쇄 발행일 2022년 6월 22일
초판 2쇄 발행일 2022년 8월 31일

지은이 김상근
옮긴이 하인후

발행인 윤호권
사업총괄 정유한

편집 최안나 **디자인** 박정원 **마케팅** 윤아림
발행처 ㈜시공사 **주소** 서울시 성동구 상원1길 22, 6~8층(우편번호 04779)
대표전화 02 - 3486 - 6877 **팩스(주문)** 02 - 585 - 1755
홈페이지 www.sigongsa.com / www.sigongjunior.com

글 ⓒ김상근, 2022 | 사진 ⓒ김도근, 2022 | 본문 그림 ⓒ최현진, 2022

ISBN 979-11-6925-051-1 03920